D1229680

Texas Woman's University
Library

GARCILASO DE LA VEGA

OBRAS COMPLETAS

CON COMENTARIO

GARCILASO DE LA VEGA

OBRAS COMPLETAS
CON COMENTARIO

EDICIÓN CRÍTICA
DE
ELIAS L. RIVERS

OHIO STATE UNIVERSITY PRESS
COLUMBUS, OHIO
1974

PUBLISHED JOINTLY BY THE
OHIO STATE UNIVERSITY PRESS
AND
EDITORIAL CASTALIA
MADRID

PRINTED IN SPAIN

I. S. B. N.: 0-8142-0183-0

DEPÓSITO LEGAL: V. 1.158 - 1974

ARTES GRÁFICAS SOLER, S. A. JÁVEA, 28. VALENCIA (8). 1974

Para Eulalia y Dámaso

PREFACIO

Al empezar a estudiar hace años el soneto del Siglo de Oro español, me di cuenta de la necesidad previa de una edición comentada de los sonetos de Garcilaso. Primero hubo que rehacer la agotada edición crítica que había hecho Keniston. Luego mi amigo E. Sarmiento publicó una concordancia garcilasiana, imprescindible para el estudio del léxico. Ahora, con la colaboración de A. Blecua, se ha mejorado notablemente la edición anterior, publicándose por fin un texto casi definitivo, con el detallado comentario antiguo y moderno que hace cincuenta años pedía G. Cirot.

Es un deber muy grato reconocer aquí la ayuda que muchos amigos me han dado en esta larga tarea. La colaboración de Sarmiento ha sido constante y utilísima desde el principio; no hay modo de señalar todos los detalles del comentario que él ha subsanado. La colaboración de A. Blecua, más reciente, afecta sobre todo al texto; se señala en el comentario la mayor parte de sus sugerencias, escritas u orales, siempre valiosísimas. Vuelvo a dar las gracias a todos los demás amigos y compañeros que me han aconsejado y ayudado, sobre todo a J. M. Blecua, J. O. Crosby, R. Green, D. A. Griffin, J. Guillén, R. Lida, † J. López de Toro, J. Loveluck, F. C. R. Maldonado, † A. Rodríguez-Moñino, G. Sabàt y E. M. Wilson. También agradezco a varias instituciones su apoyo material: Dartmouth College, Ohio State University, Johns Hopkins University, la Comisión Fulbright de Madrid (1964-1965) y el National Endowment for the Humanities (1967-1968, 1970-1971). Finalmente, a los directores editoriales de esta serie garcilasiana, a Amparo Soler y a Weldon Kefauver, les doy las gracias por su amistad, su comprensión y su paciencia.

ELÍAS L. RIVERS

Baltimore, Maryland
mayo de 1972

INTRODUCCIÓN

VIDA DEL POETA

Azorín ha afirmado que los rasgos fundamentales de Garcilaso son su europeísmo y su laicismo. ¿Cómo explicar tal desarrollo espiritual en un hijo de Toledo? Nació probablemente en 1501, segundón de familia aristocrática y literaria. Su padre era miembro de la Corte de los Reyes Católicos y embajador suyo en Roma. El niño se crió en Toledo y en Batres, donde era señora del castillo su madre, doña Sancha de Guzmán. Aprendió latín según los nuevos métodos humanísticos de Nebrija; tuvo lecciones también de música, esgrima y equitación. Su padre murió en 1512, y su hermano mayor estaba en la Corte; vivía Garcilaso bajo la influencia de su madre. En 1519 participó en un alboroto civil de Toledo, apoyando al Concejo municipal contra el Cabildo eclesiástico con respecto al patronazgo del hospital del Nuncio. Parece que ya tomaba una postura anticlerical, laica.

Al año siguente Garcilaso dio un firme paso hacia el europeísmo. Su hermano mayor, don Pedro Laso de la Vega, por su oposición al nuevo rey don Carlos de Hapsburgo, no podía asistir a las Cortes reunidas en Santiago. Garcilaso le sustituyó como procurador mayor de Toledo, encargado de oponerse a las nuevas contribuciones que el rey quería cobrar a los municipios. A pesar de esto, poco después fue nombrado "contino" de la Corte, y cuando se declaró la rebelión de los Comuneros, acaudillados en Toledo por su hermano don Pedro, Garcilaso siguió fiel al rey, recibiendo el 17 de agosto de 1521 su primera herida en la batalla de Olías, cerca de Toledo. Desde entonces hasta su muerte nuestro poeta se asociaba con la Corte del Emperador Carlos V, el que mandaría el saco de Roma. Se desarrollaba en un ambiente internacional de reformismo erasmiano y de humanismo renacentista.

En esta Corte, Garcilaso conoció a Juan Boscán, buen burgués de Barcelona, y a don Pedro de Toledo, tío del futuro duque de Alba. Con ellos participó en la malograda expedición española para la defensa de Rodas en 1522, y pasaron por Mesina y Civitavecchia antes de volver a Valladolid, donde seguía la Corte. En 1523 Garcilaso recibió del Emperador el hábito de la orden militar de Santiago; don Pedro de Toledo le armó caballero el 11 de noviembre en Pamplona. Aquí se organizaba una expedición contra Francia, en la cual participaron Garcilaso y el joven don Fernando Álvarez de Toledo, sobrino de don Pedro. Pasaron por Salvatierra (Sauveterre) y por Fuenterrabía, tomada ésta por las tropas españolas el 27 de febrero de 1524.

Después de su noviciado de un año, pasado al parecer en el monasterio de Uclés, Garcilaso, por consejo del Emperador, contrajo matrimonio en agosto de 1525 con doña Elena de Zúñiga, dama noble y rica de la Corte. El nuevo matrimonio, basado no en amoríos románticos sino en conveniencias políticas y sociales, se estableció en casa de doña Sancha de Guzmán, en Toledo, donde Garcilaso era regidor municipal. Se concertaron poco después otros casamientos de mayor categoría. La hermana del Emperador, doña Leonor de Austria, se desposó en Illescas, en febrero de 1526, con el entonces prisionero Francisco I de Francia. Y en marzo del mismo año la Corte se trasladó a Sevilla y Granada, donde durante seis meses se celebrarían las bodas de Carlos V con Isabel de Portugal.

A estas bodas asistieron dos embajadores italianos cuya conversación interesaba mucho a Garcilaso y a su amigo Boscán. Uno era el nuncio Baldassare Castiglione, autor del todavía inédito *Cortigiano;* más tarde, en 1528, se publicó esta obra capital del Renacimiento, y luego Garcilaso había de animar a Boscán a que la tradujera, brillantemente, al español. El otro era Andrea Navagero, gran humanista veneciano; éste, en Granada, convenció a Boscán de que debía adaptar al español la métrica italiana. Boscán nos cuenta que hizo sus primeros ensayos endecasilábicos mientras volvía de Granada a Barcelona, y que poco después Garcilaso empezó a colaborar con él. Por esto se suelen fechar en 1526 los principios de la revolución renacentista en la literatura española. También en Granada otra persona empezó a ejercer una influencia afectiva y literaria en Garcilaso: era doña Isabel Freire, hermosa dama portuguesa que acompañaba a la princesa Isabel.

Entre 1526 y 1529 Garcilaso llevó una vida externamente tranquila. Dedicaba una parte de su tiempo a la Corte, en varias ciudades de España, y otra parte a su familia en Toledo, donde en marzo de 1528 compró casa propia. Tenía ya tres hijos legítimos: Garcilaso de la Vega, Íñigo de Zúñiga y Pedro de Guzmán. También tenía un hijo ilegítimo, don Lorenzo, mencionado con ellos en su testamento de 1529. En el mismo testamento Garcilaso menciona también a cierta campesina extremeña, Elvira, creyendo que le era "en cargo de su honestidad". Pero su gran amor, el que influye en mucha poesía lírica suya, era Isabel Freire, quien continuaba acompañando a la nueva reina. No sabemos cómo serían realmente las relaciones sociales y personales entre los dos. Aunque ella le correspondiera con cierto favor, tendrían que mirar por su honra y la de la Corte misma; sólo podrían conversar muy discretamente. Fue un golpe cruel para Garcilaso que ella fuera desposada, estando la Corte precisamente en Toledo (entre octubre de 1528 y marzo de 1529), con don Antonio de Fonseca, señor de Toro, apodado el *Gordo*. Este suceso nos da la clave autobiográfica de la Copla II y de la canción de Salicio en la Égloga I.

El 9 de marzo de 1529 la Corte salió de Toledo para Italia, donde Carlos V quería recibir del papa mismo la corona imperial. Después de un mes pasado en Zaragoza, llegaron a Barcelona hacia finales de abril, y allí estuvieron tres meses. El 25 de julio, dos días antes de embarcarse, Garcilaso firmó su testamento. En la primera sección, escrita en letra notarial, con muchas fórmulas legales, se establece el mayorazgo de su hijo legítimo mayor, con mención especial de ciertas propiedades familiares: 120.000 maravedís de renta de hierba en las dehesas de la Lapa y en la dehesa del rincón de Gila (cerca de Badajoz) y otras rentas parecidas en tierras de Toledo, regaladas por su madre: Castrejón, Albaladejo, el Allozar, Bargas. En otras secciones, escritas de su puño y letra, encontramos datos de un interés humano considerable. Dispone 1.230 misas por su alma y las ánimas de Purgatorio. Dispone otras obras de caridad o limosna. Un rasgo que parece reflejar cierto anticeremonialismo erasmista es esta prohibición: "no conviden a nadie para mis honras, ni haya sermón en ellas". A su hijo ilegítimo don Lorenzo le destina primero una preparación universitaria en las humanidades, y luego una carrera de derecho canónico o civil. Nota que el rey le debe unos 200 ducados de sueldo. Finalmente hace una lista de todas sus deudas; hay alguna todavía de la campaña francesa de 1523. Es evidente que Garcilaso sigue la costumbre general de satisfacer en la hora de la muerte todas sus deudas, en metálico si era posible y, si no, con misas. Algunas de estas deudas eran triviales, como el dinero que debía a su barbero; otras eran préstamos formales, asegurados con joyas y plata que eran propiedad de su mujer y de su madre. La deuda de honor que quizá le tocaba a la campesina Elvira se calculaba en algo menos de 27 ducados. Los primeros testigos de su firma fueron su amigo Juan Boscán y su hermano mayor don Pedro Laso de la Vega.

La flota imperial de unos cien barcos llegó a Génova el 12 de agosto de 1529. A principios de noviembre la Corte se estableció en Bolonia. Garcilaso pasó ocho meses en Italia, llegando a conocer la lengua, la literatura y la nueva cultura renacentista de ese país. Volvió a España en abril de 1530. Después de estar pocos meses con su familia en Toledo, fue mandado en agosto a la corte francesa a llevar las felicitaciones de la reina española a su cuñada, Leonor de Austria, quien se casaba por fin con Francisco I. Además de desempeñar esta embajada de carácter social, Garcilaso había de observar las fortificaciones de la frontera y analizar el ambiente político de Francia. Volvió a Toledo antes de abril de 1531.

El 14 de agosto de ese mismo año Garcilaso asistió como testigo al secreto desposorio de su sobrino y tocayo, hijo de don Pedro, con la heredera del duque de Alburquerque, doña Isabel de la Cueva. El Emperador se oponía a este casamiento por haber sido comunero don Pedro hacía diez años. Por su participación en este desposorio Garcilaso fue detenido en febrero de 1532, en el pueblo vasco de Tolosa, cuando en compañía del joven duque de Alba iba a la Corte del Emperador en Alemania. Después de un prolongado interrogatorio fue oficialmente desterrado; luego continuó el viaje, atravesando los Pirineos. En la Égloga II (versos 1433-1504) el poeta mismo nos cuenta que desde la frontera siguió acompañando él solo al duque, pasando por París (donde enfermó don Fernando), por Utrecht y por Colonia hasta llegar a Ratisbona (Regensburg), donde por fin, hacia finales de marzo, alcanzaron al Emperador. Éste, a pesar de la intercesión de don Pedro de

Toledo, enseguida mandó confinado por varios meses a Garcilaso en una cercana isla del Danubio; a esto se refiere el poeta en su Canción III. Después el Emperador le permitió continuar su destierro en Nápoles, acompañando a don Pedro, nombrado virrey a principios de julio. Es posible que Garcilaso participara antes en la campaña imperial, acaudillada por el duque de Alba, que liberó a Viena del sitio de los turcos (véase Égloga II, versos 1505-1691); en todo caso ya había llegado a Nápoles en noviembre de 1532.

Durante el resto de su vida Garcilaso había de residir principalmente en Nápoles; aquí fue donde alcanzó la plena madurez como cortesano renacentista y gran poeta español. Antes de este período había escrito poca poesía significativa; sus cuatro canciones y pocos sonetos petrarquistas no se podían comparar con el gran *canzoniere* de Boscán, con sus diez canciones y casi cien sonetos. Sólo en la Canción III de Garcilaso, escrita probablemente en 1532 durante su confinamiento isleño, se nos anuncia el estilo de las églogas. Pero fue en Nápoles, entre 1533 y 1536, donde llegó a conocer bien el humanismo y la nueva poesía de Italia. Asistía a las reuniones de la Academia Pontaniana, donde los miembros leían y escribían versos latinos; Antonio Minturno era quizá la figura ahora mejor conocida de este grupo. Estaban muy vivos todavía recuerdos personales de Sannazaro, antiguo director de la academia, que había fallecido en 1530; se estudiaban y se imitaban sus obras, tanto las latinas (*De partu Virginis*, por ejemplo) como las italianas (entre ellas sobre todo la *Arcadia*). De los poetas que escribían en italiano Garcilaso conocía especialmente a Luigi Tansillo, a Bernardo Tasso y a Giulio Cesare Caracciolo. Apreciaba mucho la amistad paternal del teólogo agustino Girolamo Seripando. Había también algún humanista español: el erasmista Juan de Valdés, quien en su *Diálogo de la lengua* menciona los buenos criterios estilísticos de Garcilaso; el historiador imperial Juan Ginés de Sepúlveda, a quien nuestro poeta le había de dedicar una oda latina. La comunicación bilingüe no era problema dentro de la brillante corte hispanoitaliana de don Pedro de Toledo. Allí Garcilaso se hizo enseguida famoso por su elegante presencia social y por sus poemas en español y en latín (véase sobre todo su Ode II, en la que nos describe el ambiente académico). También tenía poéticos flirteos y amores con damas napolitanas, más literarias y menos esquivas, sin duda, que las españolas y portuguesas.

Garcilaso era además uno de los lugartenientes y embajadores principales del virrey. En abril de 1533, por ejemplo, llevó cartas suyas al Emperador, quien estaba en Barcelona. Y estando ahí revisó con Boscán la traducción que éste había hecho del *Cortigiano* de Castiglione; hacía tiempo que Garcilaso le había mandado un ejemplar del libro, publicado en 1528. Para esta brillante versión, modelo de prosa renacentista castellana, nuestro poeta escribió entonces un prólogo muy interesante (Carta I); se publicó ya en abril del año siguiente.

Después de hacer en mayo una breve visita a su familia en Toledo, Garcilaso tuvo que volver a Nápoles, donde le encontramos de nuevo en junio de 1533. Se supone que en esta época terminaba la composición de la Égloga II, dedicada al duque de Alba, el poema más largo y ambicioso de Garcilaso.

Durante el año siguiente Garcilaso fue enviado por dos veces a España; fue probablemente en uno de estos viajes cuando se enteró de la muerte de Isabel Freire, ocurrida en 1533 ó 1534, al nacer su tercer hijo. Dirigiéndose a Nápoles por segunda vez en 1534, salió de Barcelona el primero de octubre y pasó el 12 por Aviñón, donde visitó la recién descubierta tumba de la Laura petrarquesca y escribió a Boscán su Epístola en versos sueltos. Hacia finales del año se supone que terminaba la Égloga I, resumen poético de sus amores con Isabel Freire, dedicado al virrey de Nápoles. En octubre de 1534, a petición de éste, Garcilaso fue nombrado por el Emperador alcaide de Reggio (Ríjoles); parece que nuestro poeta pensaba quedarse definitivamente en Nápoles, aun cuando este nombramiento, merced de Carlos V, señalaría la terminación de su destierro legal.

Pero Garcilaso ya no iba a tener épocas de estable tranquilidad en ninguna parte. En la primavera de 1535 fue con la armada napolitana a unirse a la jornada africana del Emperador. Desembarcando en junio cerca de las antiguas ruinas de Cartago, las tropas españolas empezaron a sitiar la fortaleza de la Goleta, ocupada por los turcos de Barbarroja. Aquí Garcilaso recibió heridas ligeras en la boca y en el brazo derecho (véase Soneto XXXIII); luego participó en la entrada triunfal en Túnez que celebró el Emperador el 22 de julio. Un mes después la expedición se encontraba ya volviendo por el puerto siciliano de Trápani. Aquí se murió don Bernardino de Toledo, hermano menor del duque de Alba; a éste, Garcilaso le dirigió su Elegía I, comunicación de condolencia y de fortaleza estoica. También en Sicilia, todavía aguardando el regreso a Nápoles, escribió su Elegía II, epístola en tercetos dirigida a Boscán en Barcelona, en la que le confía sus celosas preocupaciones por la querida a quien había tenido que abandonar en Nápoles. En ambas elegías el poeta se queja de la guerra y de la política, anhelando una vida más tranquila. En noviembre, las tropas imperiales volvieron a Nápoles, donde durante varios meses se celebró la victoria africana. Favorecido de nuevo por Carlos V, Garcilaso también recibía felicitaciones del gran Pietro Bembo por sus odas latinas. Escribió a Ginés de Sepúlveda su Ode III, en la que ponderaba la gloria del César africano. Estaba en su cumbre la carrera militar y literaria de nuestro poeta; pero en menos de un año, a la edad de 35, estaría ya muerto.

En la primavera de 1536, Garcilaso tuvo que renunciar a la alcaidía de Reggio para poder tomar parte en otra jornada imperial. El Emperador le nombró maestre de campo de tres mil nuevos soldados españoles que venían a luchar contra los invasores franceses de Italia. Empezaron a desembarcar cerca de Génova el 20 de mayo (véase Carta II). Quizá por entonces Garcilaso terminaba su último gran poema, la Égloga III, dedicada a la virreina de Nápoles. A mediados de julio mandó a su amigo el padre Seripando, en Nápoles, su última comunicación (Carta III). Pocos días después cruzaron la frontera. La invasión de Francia fue desastrosa. El 19 de septiembre de 1536 nuestro poeta quedó mortalmente herido por una piedra al intentar escalar la torre de Muy, cerca de Frejus; murió en Niza el 13 ó 14 de octubre. Más que ningún otro autor español de la gran época que se inauguraba, este aristócrata toledano había llegado a ser europeo, laico, cosmopolita. A pesar de sus instrucciones de que "si muriere pasado la mar, déjenme donde me enterraron", su familia hizo trasladar su cuerpo de Provenza a Toledo, donde fue enterrado en la iglesia conventual de San Pedro Mártir. Otra vez, en el siglo XIX, se le desenterró, trasladándosele al Panteón de Hombres Ilustres de Madrid, y otra vez se le devolvió a Toledo, pueblo castellano y ciudad imperial donde había nacido nuestro poeta.

Historia del texto

Según Garcilaso mismo nos da a entender en varios poemas suyos, hurtó tiempo durante su breve carrera de cortesano y soldado para escribir poesía, "tomando ora la espada, ora la pluma". No tenemos edición preparada por él, ni originales autógrafos; probablemente se le perdieron muchos poemas, sobre todo de época temprana. Para nosotros su verdadera carrera poética empezó con su destierro en 1532. Antes de la Canción III ("Cerca el Danubio una isla") había escrito coplas octosilábicas, varios sonetos y probablemente las Canciones I, II y IV ("El aspereza de mis males quiero"). En esta última y en la III, Lapesa encuentra un conflicto entre la antigua raíz hispánica y el nuevo arte petrarquesco, conflicto que nos sugiere su carácter transicional. Pero con estas pocas excepciones preliminares, pertenece a la época napolitana toda la poesía importante suya que nos ha llegado. Parece que en Nápoles tenía más tiempo para la literatura; por lo menos se conservaban mejor sus poemas, que ya eran obras plenamente renacentistas.

A base de algunos manuscritos se puede reconstruir una fragmentaria tradición textual, sobre todo para ciertos sonetos sueltos. Esta tradición ha sido estudiada por Oreste Macrí (152 y 153) y por Alberto Blecua en su importante libro *En el texto de Garcilaso.* Su conclusión es que los manuscritos representan casi siempre la misma redacción definitiva en la que se basó la primera edición; así es que se pueden utilizar para enmendar las erratas evidentes de esta edición, entre ellas los casos de hipometría e hipermetría. Pero la mayor parte de la poesía garcilasiana no se encuentra en los manuscritos, sino exclusivamente en la primera edición, base principal de todas las ediciones posteriores.

La amistad de Boscán es la mayor garantía de la autenticidad de la primera edición, según nos explica la viuda de Boscán en su prólogo:

"...de las quales [obras de Garcilaso de la Vega] se encargó Boscán por el amistad grande que entrambos mucho tiempo tuvieron, y porque después de la muerte de Garcilasso le entregaron a él sus obras para que las dexasse como devían de estar." Boscán fue, entonces, el albacea literario de Garcilaso; él reunió, ordenó y quizá en algún caso retocó los restos poéticos que se encontraban de su amigo. Habían transcurrido más de cinco años desde la muerte de Garcilaso cuando, en marzo de 1542, Boscán y su mujer firmaron un contrato (Riquer, 201.229-236) para la publicación de un tomo titulado *Las obras de Boscán y algunas de Garcilasso de la Vega.* Habían de imprimirse mil ejemplares en papel de buena calidad. Pero durante su impresión, que bajo la corrección del poeta adelantaba a razón de un pliego diario, Boscán tuvo que marcharse de Barcelona, con el duque de Alba, a Perpiñán, donde enfermó; en septiembre de 1542 se murió. Al año siguiente, bajo la dirección de la viuda, se terminó la impresión, y se publicó el libro con privilegios de diez años otorgados por Carlos V y por el rey de Portugal. A pesar de estos privilegios, dos reimpresiones furtivas, sin duda más baratas, aparecieron enseguida, una en Barcelona y la otra en Lisboa; por lo visto la viuda pudo suprimirlas (Peixoto, 187). En 1544 aparecieron dos reimpresiones autorizadas, una en Medina del Campo y la otra en Amberes; durante los 13 años siguientes aparecía por lo menos una reimpresión cada año. Así vemos cómo se imponía definitivamente la nueva poesía italianizante de Boscán y Garcilaso.

Siempre se apreciaba la evidente superioridad de los versos de Garcilaso. Después de 1557 la edición conjunta ya no se agotaba tan rápidamente. No es sorprendente, pues, que en 1569 realizara un librero salmantino la feliz idea de publicar en tomo aparte (Rivers, 206) sólo la poesía de Garcilaso. Esta impresión es el punto de partida de la importante edición comentada del Brocense.

En su dedicatoria, el editor salmantino se enorgullece de la enmendación del texto garcilasiano: "también se ha ganado que le di a corregir a hombres que lo entendían, y ¡qué de ingenio, qué de libros le han puesto!, de manera que parece sin encarecimiento que sale tan de nuevo como de solo..." Sin duda se refiere sobre todo al erudito catedrático Francisco Sánchez de las Brozas, quien seguiría enmendando el texto; también encontraba poemitas inéditos y anotaba fuentes clásicas e italianas. Salió en 1574, con seis sonetos y cinco coplas inéditos, el tomito de las *Obras del excelente Garci Lasso de la Vega, con anotaciones y enmiendas del licenciado Francisco Sánchez, Catedrático de Rhetórica en Salamanca.* Esta edición enmendada y comentada había de ser la mejor y la más divulgada y conocida de todas, reimprimiéndose en 1577 (revisada), 1581, 1589 (revisada), 1600, 1604 y 1612. Además de los textos añadidos (tres sonetos más en 1577) y las sucintas y eruditas anotaciones, la edición del Brocense tiene el gran valor de conservarnos las variantes más significativas de un buen manuscrito que posteriormente se ha perdido (A. Blecua, pp. 2-3).

En 1580 se publicó en Sevilla otra edición comentada, con las anotaciones mucho más amplias del erudito poeta Fernando de Herrera. Más que una mera edición de Garcilaso, ésta era una enciclopedia de erudición poética, un curso universitario de lecciones sobre teoría poética del Renacimiento, con largos "discursos" o tratados sobre los temas muy variados que debía dominar el poeta ideal español, hombre teóricamente universal. Por las críticas que el andaluz Herrera hacía a veces a Garcilaso, y por rivalidades regionales, le atacó por escrito un amigo castellano del Brocense oculto bajo el seudónimo de Prete Jacopín; y Herrera, de inmediato, contestó a cada observación. Pero esta deplorable y prolongada controversia (195) no importa mucho ni a la historia del texto ni a su fama, como tampoco les importa mucho la edición de Herrera. Éste, al parecer, no manejaba apenas manuscritos interesantes, y siempre que podía, procuraba disentir de las variantes y buenas enmiendas propuestas por el Brocense (A. Blecua, p. 4). Por lo demás, convierte a Garcilaso en loísta andaluz, y le impone cuidadosamente su propia ortografía.

Todavía menos valiosa es la erudita edición publicada en 1622 por el toledano don Tomás Tamayo de Vargas. Su texto y sus comentarios se basan generalmente en los del Brocense; pero en ellos se nota también la huella de Herrera y de su controversia con Prete Jacopín (Alatorre, 1). No hubo apenas reediciones de Garcilaso entre 1622 y 1765, cuando apareció la de Azara. El texto de éste, acompañado de breves notas basadas en el Brocense, no significó ningún progreso crítico. La edición de Azara siguió reimprimiéndose durante el siglo XIX, dando al público lector una nueva ordenación de la poesía garcilasiana: en vez de terminar con las églogas, empezaba con ellas. En esto le sigue la edición más conocida del siglo xx, la que en 1911 basó Tomás Navarro Tomás en el texto de Herrera, que es el tomo 3 de los "Clásicos Castellanos".

La crítica moderna del texto garcilasiano empieza con Keniston, quien en 1925 publicó con el título de *Works* un texto crítico con descripciones bibliográficas y con variantes. Después de cotejar muchas ediciones y varios manuscritos, Keniston basó su texto principal en el de la primera edición, sabiendo que así se acercaba al auténtico texto garcilasiano; corrigió las erratas tipográficas evidentes, pero no enmendó muchos versos amétricos, pues creía que Garcilaso era capaz de cometer durante su aprendizaje tales faltas de forma. Sustituyó la ortografía algo rara de la primera edición por la de la edición de Amberes (1544). Tienen un valor permanente las detalladas descripciones que hizo Keniston de casi todas las ediciones antiguas; a ellas remitimos al especialista bibliográfico. También las numerosas variantes registradas por Keniston son todavía útiles para la historia exacta de los pequeños cambios textuales.

La edición neoyorquina de Keniston, a pesar de su evidente calidad científica, tuvo poca influencia; se publicaron pocas reseñas, se distribuyeron pocos ejemplares, y el texto herreriano, en la edición de T. Navarro, siguió siendo casi el único conocido. Agotada e inasequible ya la edición de Keniston, en 1964 Rivers publicó una edición binacional (Madrid y Columbus, Ohio) basada en el texto, y en la ortografía, de la primera edición; aunque apenas diferente de la edición de Keniston, la de Rivers se divulgó mejor, reimprimiéndose en 1968 y utilizándose en 1969 como base para la nueva edición popular de "Clásicos Castalia". La divulgación del texto primitivo de Garcilaso ha tenido felices repercusiones críticas, entre ellas la "recensión textual" de O. Macrí (153) y el ya mencionado libro de A. Blecua, publicado en 1970. Aunque todavía sigan discutiéndose media docena de enmiendas diferentes, el estudio de Blecua ha resuelto la mayor parte de los problemas; el texto de la presente edición crítica se apoya casi siempre en los argumentos del excelente libro titulado *En el texto de Garcilaso.*

Alberto Blecua empieza revalorando las ediciones antiguas y los fragmentarios manuscritos todavía existentes (véase reseña de Rivers, 207). Establece el hecho de que la edición del Brocense, cotejada con la primera, es la mejor de las antiguas, por su inteligente enmendación a base de un manuscrito fidedigno ahora perdido; sólo es criticable por un ocasional exceso enmendatorio. Herrera, en cambio, apenas hacía más que llevarle la contraria al Brocense; carecía de base manuscrita, y sólo alguna vez le ayudaba su intuición de poeta. Blecua plantea claramente la cuestión fundamental: ¿cuándo hace falta de veras enmendar el texto de la primera edición? Su premisa innovadora, frente a Keniston y Rivers, es que la irregularidad métrica indica de por sí la necesidad de enmienda. Esta premisa tiene que aceptarse ya como indiscutible. (Pero, aunque indiscutible en principio, en la práctica es alguna vez difícil saber a qué sutilezas obedecía el oído de Garcilaso.) Además de su premisa métrica, Blecua afirma la necesidad de enmendar el texto cuando lo pide la sintaxis, la coherencia lógica, o el uso extravagante de algún epíteto, sustantivo o preposición. Estos criterios, en la práctica, exigen un exacto conocimiento de las fuentes clásicas e italianas, y del lenguaje poético español del siglo XVI. Se verá a menudo en los comentarios textuales de esta edición la exactitud de los conocimientos de Alberto Blecua.

En la edición presente hemos seguido el criterio de Blecua, utilizando como texto de base el de la primera edición para todos los poemas ahí publicados. Para los demás poemas (Coplas II-VIII, Sonetos XXX-XL, odas latinas) la fuente primaria se indica como la primera entre paréntesis al principio de sus variantes. Las variantes del texto de Keniston se señalan sólo cuando no coinciden con las de la primera edición y de Rivers.

Historia de los comentarios y de la crítica

Ya hemos visto lo bien que se vendían durante el siglo XVI las ediciones, primero (1543-1557) de Boscán y Garcilaso, y luego (1569-1612) de Garcilaso solo, sobre todo en la edición del Brocense. La influencia de Garcilaso era ya a mediados del siglo un hecho literario primordial. La novela pastoril, desde la *Diana* de Montemayor, repite ecos de palabras e ideas que se encuentran en las églogas de Garcilaso. Un gran catedrático salmantino, amigo del Brocense, Fray Luis de León, usaba moldes garcilasianos para sus traducciones e imitaciones de Virgilio y de Horacio. También en Andalucía, en la Sevilla de Herrera, la poesía de Garcilaso era el único modelo clásico español para la naciente escuela clasicista de aquella región. Incluso los eclesiásticos más devotos reconocían la popularidad de la poesía italianizante: de ahí el extraño fenómeno de la versión a lo divino de Boscán y Garcilaso, publicaba por Sebastián de Córdoba en Granada (1575). A través de esta divinización, como ha demostrado Dámaso Alonso, la influencia de Garcilaso afectaba al gran poeta místico San Juan de la Cruz, en cuya poesía reconocemos el paisaje pastoril de las églogas, fundido con el mundo bíblico del *Cantar* de Salomón. Mucho más fuerte y directa es la influencia que tuvo en Cervantes la poesía garcilasiana. No sólo en la *Galatea* (1585) encontramos, como era de esperarse, el ambiente pastoril de las églogas, sino que también en el *Quijote* y en la obra entera de Cervantes se hallan a menudo versos y actitudes renacentistas que se remontan al poeta toledano (véanse J. M. Blecua, 34, y A. Castro, *El pensamiento de Cervantes*). Finalmente, sin la poesía renacentista de Garcilaso sería luego inconcebible la barroca de Góngora, cuyo estilo en parte se puede definir históricamente como un último desarrollo genial de la lengua poética garcilasiana.

Al mismo tiempo que se popularizaba así entre el gran público lector, la poesía de Garcilaso fue canonizada entre eruditos humanistas por las ediciones comentadas del Brocense, de Herrera y de Tamayo. La doctrina horaciana de la imitación de buenos modelos se ilustraba con el ejemplo de Garcilaso, quien había encontrado en B. Tasso y Sannazaro, en Horacio y Virgilio, los hermosos lugares clásicos: "y más gloria merece por esto —dice el Brocense en su prólogo— que no si de su cabeza lo compusiera, como afirma Horacio en su *Arte poética*". Garcilaso se convirtió así en representante principal de la cultura literaria española, motivo de orgullo internacional.

En el siglo XVII siguió siendo indiscutible la alta reputación de Garcilaso (Herrero García, 119). Su poesía era piedra de toque tanto para culteranos como para anticulteranos. Jáuregui, en su *Antídoto* (1614) contra Góngora, critica el uso que hace éste de la palabra *errante*, "que rara vez se halla en poeta nuestro, y nunca en Garcilaso". Díaz de Ribas contesta diciendo "¿Qué importa?"; pero él mismo en sus *Discursos apologéticos* (hacia 1618) cita en defensa de Góngora los neologismos de Garcilaso. Quevedo termina su "Aguja de navegar cultos" convirtiendo en incienso a Garcilaso:

> Mientras por preservar nuestros pegasos
> del mal olor de culta jerigonza,
> quemamos por pastillas Garcilasos.

Pero en la misma página Quevedo se burla de los "poetas hortelanos" que atestan "las mejillas de rosas y azucenas": pensamos en el Soneto XXIII de Garcilaso ("En tanto que de rosa y d'açucena"), tan apreciado por Góngora ("Mientras por competir con tu cabello"). Y Gracián, a lo largo de su *Agudeza y arte de ingenio* (1648), cita unos diez sonetos garcilasianos como ejemplos de varios tipos de conceptismo. Así es que durante todo el Siglo de Oro Garcilaso fue considerado, unánimemente, el príncipe de los poetas castellanos. Pero hemos visto cómo, después de 1622, ya no se reeditaba en España su poesía. Sin duda, en el siglo XVII, el paladar barroco la encontraba cada vez más sosa; lo que de veras gustaba entonces eran las extremadas agudezas culteranas de Góngora y de Quevedo.

La edición de Azara en 1765 acompaña a cierto renacimiento del gusto clásico; otra vez se apreciaban las dulces églogas garcilasianas, puestas ahora al principio de la edición. Pero Azara critica duramente el "mal gusto" de algunos de los sonetos; a propósito del V dice: "... en casi todos sus sonetos habla del amor con tantas figuras, y con ideas tan poco naturales, tan extraordinarias y confusas, que apenas se acierta con lo que quiere decir ... Sus églogas son cosa muy distinta". Garcilaso figura por supuesto en las historias y antologías de la poesía española que empiezan a publicarse en el siglo XVIII. Son significativas las traducciones de Conti al italiano (Madrid, 1782-1790) y de Wiffen al inglés (Londres, 1823); en la introducción de esta última hay muestras de seria investigación erudita. El estudio garcilasiano de mayor importancia en el siglo XIX fue la bien documentada biografía escrita por el historiador E. Fernández de Navarrete (Madrid, 1850). También merecen mención especial los hallazgos bibliográficos de B. J. Gallardo, publicados en los tomos 3 y 4 de su gran *Ensayo...* (89); empezaron entonces a renacer las cuestiones textuales y críticas, llevándonos hacia los estudios fundamentales de Keniston.

Antes de su edición de 1925, Keniston publicó en 1922 un tomito sobre Garcilaso que se subtitulaba "estudio crítico de su vida y obra". A los datos de Navarrete se les integraron otros descubiertos por B. Croce, el marqués de Laurencín, el Sr. San Román y el mismo Keniston; el resultado es una breve biografía bien documentada y casi definitiva, en la que hemos basado la primera sección de esta introducción. En su estudio de la obra de Garcilaso, además de darnos extensos análisis de su versificación y su lenguaje, Keniston se aprovechó de los comentarios del Brocense y de Herrera para intentar explicar el proceso creador de la imitación renacentista. Aunque fueron algo ingenuos los criterios estéticos de Keniston, sus cuidadosos análisis han sido el punto de partida para los estudios posteriores más importantes.

Mele (171) ha continuado la tradición de los comentaristas antiguos, señalando muchas posibles fuentes clásicas e italianas. Parecido es el método de Fucilla, en varios estudios petrarquistas, y de M. Alcalá y M. J. Bayo, quienes se han limitado a la influencia de Virgilio. B. González de Escandón y M. R. Lida, en cambio, han estudiado de un modo más coherente la "transmisión y recreación" de ciertos temas o tópicos clásicos: el "carpe diem" y la brevedad de la rosa, el ruiseñor, el ciervo herido y la fuente, el susurro de la abeja. También es importante el estudio de G. A. Davies sobre el "beatus ille" de la Égloga II, en el cual ha demostrado la presencia taraceada, no sólo del Épodo II de Horacio, sino de pasajes del *Hippolytus* de Séneca y de las *Églogas* y *Geórgicas* de Virgilio.

De métodos y sensibilidad más modernos son los ensayos de Azorín, sobre la ideología de Garcilaso y su delicado equilibrio de naturaleza y artificio. Esta apreciación se prolonga con la generación del 27. Salinas, por ejemplo, reconoció con el título de *La voz a ti debida* lo que tenía en común su poesía amorosa con el "conceptismo interior" de Garcilaso. Además, en una conferencia universitaria, Salinas analizó la idealización garcilasiana de la realidad natural. A esta tradición azoriniana pertenecen también, en cierto sentido, el libro de Margot Arce y los ensayos de Dámaso Alonso.

Pero más aún que Azorín, el padrino intelectual del libro de Margot Arce (1930) fue el Américo Castro de *El pensamiento de Cervantes* (1925); estos dos ensayos en la historia de las ideas fueron publicados, como anejos VI y XIII de la *Revista de Filología Española*, por el Centro de Estudios Históricos de Madrid. El propósito de la autora portorriqueña era demostrar que Garcilaso, por su temática poética, sus ideas religiosas, filosóficas y morales, su actitud hacia la naturaleza y su estilo, fue en todos los aspectos típico del renacimiento de principios del siglo XVI. Según este estudio, el uso de las convenciones pastoriles demuestra que Garcilaso creía, como pagano, en la Naturaleza como fuerza autónoma. La autora analiza también su concepto del amor. Una especie de desengaño, según ella, provocó en Garcilaso un melancólico estoicismo frente al destino. Su paisaje expresa una soledad sensual. Su estilo demuestra una disciplina y claridad clásicas. En una reseña (238), Vossler señala la presencia de otra temática más bien medieval. Y se podría sospechar que la autora atribuye al hombre Garcilaso ciertas actitudes que él quizá alentaba sólo como ficciones de poeta. Pero este libro sigue siendo una de las mejores introducciones a la lectura de Garcilaso. Y posteriormente Margot Arce ha escrito análisis útiles de tres poemas singulares.

En su gran estudio estilístico *Poesía española* (1950), Dámaso Alonso dedicó a Azorín la sección garcilasiana, señalando así su filiación espiritual. Con gran sutileza el filólogo y poeta analiza la delicada expresividad de los endecasílabos suave y abruptamente encabalgados de la Égloga III, que con su escogido léxico sabiamente ordenado evoca un quintaesenciado paisaje mitológico y español. A esta tradición estilística aplicada a Garcilaso pertenecen el artículo de Francisco García Lorca (criticado luego por P. Groult), y el libro sobre el epíteto publicado por G. Sobejano, discípulo de Dámaso Alonso.

En un homenaje antológico que coincidió con la guerra civil, G. Díaz-Plaja recogió tributos líricos dedicados a Garcilaso durante cuatro siglos. Son de especial interés los de poetas del siglo XX: Alberti, Vivanco, Altolaguirre, Rosales, Bleiberg y Miguel Hernández. Después de la guerra el garcilasismo fue consagrado por la revista *Garcilaso: juventud creadora.* El evasionismo formalista de ésta fue criticado luego por el naciente "tremendismo": el P. Antonio G. de Lama, contestando a Alberti, declaró que "si Garcilaso volviera, yo no sería su escudero, aunque buen caballero era".

En cierto sentido, pues, el Garcilaso de Azorín y de Margot Arce se fue convirtiendo así en el Garcilaso oficial: soldado europeo de Carlos V y poeta puramente clásico. Pero, quizá influido por la reseña de Vossler, R. Lapesa nos descubre otro Garcilaso preclásico, con raíz hispánica en la poesía cancioneril y de Ausias March. Su *Trayectoria poética de Garcilaso* (1948) es la biografía del poeta como tal: fechando con cuidado todos los poemas posibles, Lapesa nos señala paso a paso el desarrollo de la poesía garcilasiana que, empezando con alegorías, conceptismos y juegos de palabra abstractos, va asimilando el nuevo arte sensorial de los clásicos italianos y latinos para llegar a una plenitud renacentista. Aún más que los libros de Keniston y de M. Arce, el de Lapesa es imprescindible para la justa comprensión de la poesía de Garcilaso.

Merece mención especial otro erudito español, quien ha dedicado a Garcilaso muchas publicaciones suyas. A. Gallego Morell ha añadido a la antología de G. Díaz Plaja dos más, una poética y otra teatral. Ha publicado una bibliografía muy útil de estudios sobre Garcilaso. Ha estudiado "la escuela de Garcilaso". Y ha hecho asequibles, en reimpresión moderna, los comentarios del Brocense (1577), de Herrera, de Tamayo y de Azara. Todo estudioso de Garcilaso le debe mucho, por estas publicaciones y otras varias, a Gallego Morell.

Dos estudios recientes de cierta importancia general son el de O. H. Green (1963), quien demuestra la continuidad en Garcilaso del amor cortés medieval, y el librito escolar de C. Sabor de Cortazar (1967), quien nos ofrece una nueva visión de conjunto.

Los estudios generales, especialmente los libros de Keniston y de Lapesa, contienen a menudo valiosos análisis de poemas singulares. Desgraciadamente se ha perdido la tesis doctoral de A. Rüffler (214) sobre los sonetos. En las introducciones particulares de los poemas se citarán los estudios especiales más importantes, entre cuyos autores se distinguen sobre todo los nombres de ciertos profesores ingleses: W. J. Entwistle, A. A. Parker, A. Lumsden, R. O. Jones, P. N. Dunn.

Visión sincrónica de la obra garcilasiana

Tiene un sentido evidente la ordenación de poemas que se encuentra en la primera edición, ordenación que, aun cuando no sea de Garcilaso mismo, refleja sin duda la intención que le atribuía su amigo y albacea Boscán. En esta edición hay tres divisiones principales. La primera es un fragmentario *canzoniere* petrarquista, de sonetos y canciones. (El hecho de que la Canción I en la primera edición se encuentre metida entre los Sonetos XVI y XVII, indica la esencial unidad de esta agrupación). La que se llama tradicionalmente Canción V no lleva tal título, sino el de *Ode ad florem Gnidi,* lo cual nos da a entender que no es el último poema del *canzoniere,* sino el primero de otra sección más clásica: oda horaciana, elegías, epístola horaciana. La tercera y última sección, siempre claramente distinguida, es la de las tres églogas. Este conjunto trimembre tiene que ser desde luego la base de nuestra visión sincrónica, complemento de la diacrónica de Lapesa.

A dos apartados de menor categoría se deben asignar las coplas octosilábicas y las odas latinas, las cuales por su fecha y su lenguaje constituyen dos extremos opuestos. Ninguna de ellas aparece entre la poesía garcilasiana de la primera edición.

Hay que suponer que en Nápoles Garcilaso ya no tomaba en serio sus coplas más o menos juveniles, que apenas se distinguen de los centenares de poemas parecidos que se encuentran en los cancioneros. Sus temas fundamentales pertenecen a la tradición literaria que se estableció en Europa con la poesía de los trovadores. Esta tradición del amor cortés, tal como se desarrolló en España, era aguda y conceptista, cortesana más bien que sentimental. La dama hermosa y cruel suele ser, por supuesto, la figura central, enmarcada siempre por la abnegada, o a veces rebelde, actitud del poeta amante que se desvive.

Así es la temática de las Coplas II, III, IV y VIII, todas villancicos zejelescos. La Copla VI, en redondillas, es más bien de flirteo colectivo, y las I y VII pertenecen a otra tradición trovadoresca y cancioneril de chistes y burlas. Sólo la Copla V, también dos redondillas, es de tema clásico, una traducción ovidiana que, por su metro tradicional, nos recuerda las de Castillejo.

Al otro extremo de la obra garcilasiana pertenecen las tres odas latinas, escritas no en España para una corte castellana, sino en Italia, para un público internacional. Sin duda le importaban mucho al poeta maduro; pertenecen a la misma tradición poética de sus grandes poemas contemporáneos en español (oda, elegías, epístola, églogas). La Ode I es de tema anacreóntico, un diálogo mitológico entre Venus y Cupido en el que se pondera el gran poder del amor. Son formalmente horacianas las otras dos odas, la II íntimamente personal, la III más bien heroica. Este grupo de poemas (otros parecidos se perderían) se destinaba a aquella minoría humanista, más grande en Italia que en España, que trasladaba a la actualidad las fórmulas poéticas de los romanos antiguos. Al lector de Garcilaso estas tres odas le interesan sobre todo, no como gran poesía neolatina, sino como muestra de ejercicios poéticos que facilitaban la captación y recreación en español de la antigua poesía clásica.

En la obra esencial de Garcilaso (*canzoniere* petrarquista, poesía horaciana y elegíaca, poesía pastoril) vemos claramente la importancia de los distintos géneros poéticos que dan forma a su impulso creador. Como ha demostrado Lapesa, Garcilaso no era poeta de una sola voz auténtica. En efecto, él se ponía máscaras poéticas diferentes, probándoselas, con éxitos muy variados. Siempre se puede discutir el aspecto posiblemente autobiográfico de la poesía amorosa, por ejemplo; pero es indiscutible que nuestro poeta utilizaba siempre tradiciones y géneros literarios que ya existían en los cancioneros, en Petrarca, Sannazaro y Ariosto, en Horacio, Ovidio y Virgilio, y que con éstos se fundía la voz de Garcilaso. La poesía que él buscaba no era una serie de poemas radicalmente originales, sino una obra colectiva, una serie de tradiciones autónomas a las que se sometían gustosos todos los buenos poetas antiguos y modernos. En efecto, el tradicionalismo de Garcilaso no sería esencialmente distinto al definido por Menéndez Pidal; se puede sospechar a veces que la improvisación viva y auténtica de nuestro poeta clásico dependiera de una memoria acústica parecida a la del juglar.

En su *canzoniere* petrarquista, la figura central no es realmente la de una dama, sino la de un amante cortés que sufre más o menos desesperadamente. Esta figura se expresa en primera persona; es un hombre de ingenio verbal que analiza e imagina su propio sufrimiento por medio de palabras intrincadas, imágenes alegóricas e ideas abstractas que se repiten obsesionadamente. En el *canzoniere* de Garcilaso son abstracciones casi incorpóreas las figuras tradicionales de amante, dama y amor. (Otra cosa son varios sonetos de tema clásico.)

Muy diferentes son aquellos que podemos llamar experimentos horacianos y elegíacos. En la oda, las dos elegías y la epístola, el poeta se refiere a ciertas circunstancias históricas de tal manera que estos poemas pueden considerarse, hasta cierto punto, literalmente autobiográficos: en ellos Garcilaso se preocupa por sus amigos Mario Galeota y Violante Sanseverino, por la muerte de don Bernardino de Toledo, por una querida napolitana que él teme le engañe con otro, por su amistad con Boscán. Ya no es el mundo privado de dos amantes literariamente estilizados, sino un mundo público con evidentes correspondencias sociales e históricas. Todavía en el centro de cada poema hay un yo, pronombre masculino de la primera persona singular; pero ahora se identifica este yo, no con el arquetipo del amante cortés, sino con un militar español particular que está en Nápoles, en Sicilia, en el sur de Francia. Ya no es alegórico el lugar, ni la figura central tampoco: en vez del cortés amante medieval, vemos a menudo al poeta clásico que imita a Horacio y a los poetas neolatinos. El poeta se refiere a sí mismo como a un ser histórico que está escribiendo, imitando modelos clásicos. Al salir de la tradición cancioneril y entrar en la de los poetas latinos e italianos, Garcilaso pudo descubrirse históricamente: ahora podemos verle enmarcado por su propia poesía, ver al desterrado español que era al mismo tiempo humanista, poeta moderno que escribía sus elegías, oda y epístola clásicas.

En toda la poesía garcilasiana que hemos comentado hasta ahora, el poeta y el protagonista comparten el mismo pronombre "yo", el cual pertenece simultáneamente a dos mundos, al más o menos histórico y al más o menos ficticio o literario. Esto cambia radicalmente en las églogas, en las que el poeta nos presenta, en tercera persona objetiva y distanciada, a varios personajes pastoriles diferentes. (Claro es que, como en Virgilio, también estos pastores y ninfas son a veces poetas y artistas.) Nuestro poeta mismo ahora aparece *in propria persona* sólo al principio de las Églogas I y III, en sus dedicatorias prologales, y en la transición central de la I, donde él hace la apología de su humildad pastoril, de su falta de grandeza heroica. Lo pastoril pertenece a un mundo de mitos que se aparta de la actualidad histórica. Es un mundo declarada y esencialmente ficticio, un mundo autónomo de pura poesía, y como tal tiene profundas raíces en el idealismo renacentista. Los otros géneros poéticos eran en cierto sentido morales, didácticos, utilitarios; en ellos el poeta analizaba sus dilemas eróticos o daba solemnes lecciones de fortitud estoica, persuadía a una dama adorada o se comunicaba con un amigo. Pero el mundo pastoril se libera de tales cuestiones personales, prácticas y morales. En el mundo mitológico de ninfas y pastores hay un deleite estético inmediato, una vida autónoma de los sentidos, un goce hedonista del paisaje, de la música y del arte, de cierta dulce, melancólica y vaga nostalgia causada, quizá, por la eventual pérdida de ese mismo mundo inocente (pues también allí existe la muerte: "Et in Arcadia ego"). Los dilemas morales, si en efecto existen en este mundo, se dejan ablandar por la distancia estética; en él se generalizan los problemas esencialmente humanos, es decir que se hacen genéricos al mismo tiempo que ficticiamente se individualizan, y en esta nueva forma simbólica sirven como objetos de contemplación. Como dice Ortega, "El artista ...se ha levantado sobre sí mismo, sobre su espontaneidad vital": en este nuevo nivel mitológico el poeta nos invita a meditar sobre las eternas alegrías y tristezas de la condición humana, llevándonos al mundo de pastores elementales que no tienen problemas económicos, sociales ni históricos.

Tal es, en términos generales, el cuadro que nos presenta la poesía garcilasiana. En las páginas que siguen iremos comentando poemas y pasajes específicos. No todos los sonetos son típicamente cancioneriles o petrarquistas, por ejemplo; algunos presentan escenas mitológicas parecidas a las de la Égloga III. Merece en efecto un estudio detallado la clasificación formal de todos los sonetos. Tampoco las cuatro canciones son todas iguales, ni mucho menos. Una de las elegías es fúnebre, y la otra es erótica: hay que recordar la ambigüedad del género clásico, que abarcaba lamentaciones de temática variada, con transiciones a veces sorprendentes. La Égloga II, por su extensión y por su sección heroica, se distingue claramente de las otras dos, más puramente pastoriles. El lector ideal de Garcilaso tendrá presente el cuadro general de su obra mientras la va analizando verso por verso. En esta edición comentada, cada poema se presenta primero por medio de una breve introducción particular. Después se van presentando el texto crítico, con variantes, y al pie de la página los comentarios, completos en el caso del Brocense y muy abreviados en el de los demás: Herrera, Mele, Lapesa, A. Blecua y los otros que han hecho significativas contribuciones a nuestra comprensión del texto. Sin duda quedan todavía sin resolver muchas cuestiones de detalle; lo que es peor, otras cuestiones no se habrán reconocido siquiera. Pero, por lo menos, el lector que consulta esta edición encontrará los comentarios que ya se han hecho, teniendo así un firme punto de partida para sus propios estudios.

SIGLAS Y REFERENCIAS ABREVIADAS

A	edición no. 7 (Azara)
Arce	libro no. 2
B	edición no. 3 (Brocense)
BH	*Bulletin Hispanique*
BHS	*Bulletin of Hispanic Studies*
Blecua	libro no. 4
BRAE	*Boletín de la Real Academia Española*
BRAH	*Boletín de la Real Academia de la Historia*
BSS	*Bulletin of Spanish Studies*
C	edición no. 8 (A. de Castro)
CH	*Cuadernos Hispanoamericanos*
FyL	*Filosofía y Letras*
H	edición no. 4 (Herrera)
HR	*Hispanic Review*
K	edición no. 10 (Keniston)
Keniston	notas de la edición no. 10; pero la indicación de página remite al libro no. 10
Lapesa	libro no. 11
M, Ma, etc.:	véase lista de manuscritos
Mele	artículo no. 171
MLN	*Modern Language Notes*
MLR	*Modern Language Review*
MP	*Modern Philology*
n	variante encontrada en nota
N	edición no. 9 (Navarro)
NRFH	*Nueva Revista de Filología Hispánica*
O	edición no. 2 (Boscán)
Ópera	edición no. 6
PMLA	*Publications of the Modern Language Association*
PQ	*Philological Quarterly*
QIA	*Quaderni Iberoamericani*
R	edición no. 11 (Rivers)
RABM	*Revista de Archivos, Bibliotecas y Museos*
RF	*Romanische Forschungen*
RFE	*Revista de Filología Española*
RFH	*Revista de Filología Hispánica*
RH	*Revue Hispanique*
RL	*Revista de Literatura*
RPh	*Romance Philology*
T	edición no. 5 (Tamayo)
ZfRPh	*Zeitschrift für romanische Philologie*

BIBLIOGRAFÍA

Para la descripción detallada de los principales manuscritos y ediciones de Garcilaso es fundamental la bibliografía que se encuentra en la edición de Keniston (New York, 1925); sólo se le escaparon, por lo visto, algunos manuscritos (véase A. Blecua, quien añade dos importantes) y tres ediciones cuyos ejemplares se hallan en bibliotecas alemanas (con Boscán, Anvers, 1557, en Bonn; con Boscán, Leon, 1580, en Berlín; Garcilaso solo, Madrid, 1621, en Berlín y Göttingen: véase Rüffler). Para los estudios sobre Garcilaso ha sido útil, además de la bibliografía de Keniston, la de A. Gallego Morell (1949), la cual se encuentra ahora ampliada en su edición de Garcilaso (Madrid, 1972). Damos a continuación listas selectivas de manuscritos, ediciones y versiones, y de libros y artículos sobre Garcilaso (se podrían añadir por supuesto muchas historias literarias, introducciones escolares y obras de referencia generales), con las siglas y numeración utilizadas en nuestras notas y variantes. Para las notas de Herrera, Tamayo y Azara, damos la numeración de Gallego Morell (edición 12); para las del Brocense mantenemos la numeración original e indicamos entre corchetes las variantes de las ediciones diferentes (1574, 1577 y 1589).

Manuscritos

1. El manuscrito, hoy perdido, que fue entregado a Boscán después de la muerte de Garcilaso y que fue utilizado por los impresores de la primera edición. *M(O)*.
2. El ejemplar o libro "muy antiguo de mano que nos quiso comunicar el señor Tomás de Vega," al cual se refiere a menudo el Brocense; hoy perdido. *M(B)*.
3. Madrid, Biblioteca del Palacio, MS. II-B-10: Sonetos XIV y XXXVIII. *Mb*.
4. Madrid, Biblioteca Nacional, MS. 17969 (Lastanosa-Gayangos): Coplas I, II, VI, VII, VIII; Sonetos I, II, V, X, XI, XIV, XVII, XXVII, XXXVII, XXXIX, XL; Canción I; Églogas I y III (vv. 1-312). *Mg*.
5. París, Bibliothèque Nationale, MS. Esp. 307: Copla III; Sonetos I, V, VI, XXIX; Canciones II, V; Églogas I (vv. 57-210) y III. *Mp*.
6. Madrid, Biblioteca Nacional, MS. 3993 (el *Cancionero de Gallardo,* editado por J. M. Azáceta, Madrid, 1962): Sonetos I, X. *Ma*.
7. Madrid, Biblioteca Nacional, MS. 17689: Sonetos II, V, X, XXXVII. *Mz*.
8. Barcelona, Biblioteca Universitaria, MS. 1649: Soneto XXXVII. *Mc*.
9. Madrid, Biblioteca Nacional, MS. 3902: Soneto XXXVIII. *Md*.
10. París, Bibliothèque Nationale, MS. Esp. 371: Soneto XXXVIII. *Ms*.

11. Nápoles, Biblioteca Nazionale, MS. XIII. AA. 62: Odas I, II. *Mx.*
12. Madrid, Biblioteca Nacional, MS. 5785: Oda III. *Mo.*
13. Simancas, Archivo Nacional, Estado (Génova), legajo 1369: Carta II.
14. Nápoles, Biblioteca Nazionale, MS. XIII. AA. 53, f. 1: Carta III.
15. Toledo, Archivo Histórico Provincial, protocolos del escribano Payo Rodríguez Sotelo, año 1537, folios 1-32: testamento.

Ediciones

1. B. Castiglione, *Los quatro libros del Cortesano... traduzidos en lengua castellana por Boscán,* Barcelona, 1534: Carta I.
2. *Las obras de Boscán y algunas de Garcilasso de la Vega,* Barcelona, 1543. *O.* Edición facsimilar de M. Artigas, San Sebastián-Madrid, 1936.
3. *Obras del excelente poeta Garci Lasso de la Vega. Con Anotaciones y enmiendas del Licenciado Francisco Sánchez,* Salamanca, 1574 (añade las Coplas II-VI y los Sonetos XXX-XXXV), 1577 (Sonetos XXXVI-XXXVIII), ...1589... *B.*
4. *Obras de Garci Lasso de la Vega con anotaciones de Fernando de Herrera,* Sevilla, 1580. *H.*
5. *Garcilasso de la Vega, natural de Toledo, príncipe de los poetas castellanos, de Don Thomás de Tamaio de Vargas,* Madrid, 1622. *T.*
6. *Antonii Thylesii Cosentini Opera,* Nápoles, 1762 (Oda II). *Opera.*
7. *Obras de Garcilaso de la Vega, ilustradas con notas* [de José Nicolás de Azara], Madrid, 1765. *A.*
8. "Poesías de Garcilaso de la Vega", en *Poetas líricos de los siglos XVI y XVII,* edición de Adolfo de Castro, tomo I (BAE XXXII), Madrid, 1854. *C.*
9. Garcilaso, *Obras,* edición de Tomás Navarro Tomás (Clásicos Castellanos, 3), Madrid, 1911, 1924, 1935. *N.*
10. Garcilaso de la Vega, *Works: A Critical Text with a Bibliography,* edición de Hayward Keniston, New York, 1925. *K.*
11. Garcilaso de la Vega, *Obras completas,* edición de Elías L. Rivers, Columbus, 1964; Madrid, 1964, 1968. *R.*
12. Antonio Gallego Morell, *Garcilaso de la Vega y sus comentaristas,* Granada, 1966; Madrid, 1972.
13. Garcilaso de la Vega, *Poesías castellanas completas,* edición de Elías L. Rivers (Clásicos Castalia, 6), Madrid, 1969.

Versiones a lo divino

1. *Las obras de Boscán y Garcilasso trasladadas en materias cristianas y religiosas por Sebastián de Córdova,* Granada, 1575; Zaragoza, 1577; ed. G. R. Gale, Madrid, 1972.
2. *Christo Nuestro Señor en la cruz, hallado en los versos de... Garcilasso de la Vega... por don Juan de Andosilla Larramendi,* Madrid, 1628.

Traducciones

1. Giovambattista Conti, *Colección de poesías castellanas traducidas en verso toscano,* Madrid, 1782-1790; el tomo II (de cuatro) está dedicado a Garcilaso.

2. J. H. Wiffen, *The Works of Garcilasso de la Vega,* London, 1823.
3. Paul Verdevoye, *Garcilaso de la Vega: Poésies,* Paris, 1947.

Libros sobre Garcilaso

1. Altolaguirre, Manuel. *Garcilaso de la Vega,* Madrid, 1933.
2. Arce Blanco de Vázquez, Margot. *Garcilaso de la Vega: contribución al estudio de la lírica española del siglo XVI,* Madrid, 1930; Río Piedras, 1961...
3. Arrando, María del Pilar. *Auzias March y Garcilaso de la Vega: poetas del dolorido amar,* México, 1948.
4. Blecua, Alberto. *En el texto de Garcilaso,* Madrid, 1970.
5. Caballero, Andrés (seudónimo de A. Andrés Belmas). *Garcilaso, capitán y poeta,* Madrid, 1943.
6. Díaz-Plaja, Guillermo. *Garcilaso y la poesía española (1536-1936),* Barcelona, 1937.
7. Fernández de Navarrete, Eustaquio. *Vida del célebre poeta Garcilaso de la Vega* (Codoin XVI), Madrid, 1850.
8. Gallego Morell, Antonio. *Antología poética en honor de Garcilaso de la Vega,* Madrid, 1958.
9. ———. *El poeta Garcilaso de la Vega en el teatro español,* Granada, 1963.
10. Keniston, Hayward. *Garcilaso de la Vega: A Critical Study of His Life and Works,* New York, 1922.
11. Lapesa, Rafael. *La trayectoria poética de Garcilaso,* Madrid, 1948, 1968.
12. Sabor de Cortazar, Celina. *La poesía de Garcilaso de la Vega,* Buenos Aires, 1967.
13. Torres Bodet, Jaime, con A. Quintero y R. Solana. *Tres ensayos de amistad lírica para Garcilaso,* México, 1936.

Artículos sobre Garcilaso

1. Alatorre, Antonio. "G., Herrera, Prete Jacopín y Don Tomás Tamayo de Vargas", *MLN,* 78 (1963), 126-151.
2. Alcalá, Manuel. "Virgilio y G.: cinco escolios", *Tierra Nueva,* 1 (México, 1940), 334-344.
3. ———. "Del virgilianismo de G. de la V.", *FyL,* XI, Nos. 21-22 (1946), 59-78 y 227-245.
4. ———. "Virgilio en las odas latinas de G.", *FyL,* XX, No. 37 (1950), 157-164.
5. Alcántara, M. "La incorporación de la frase hecha en la poesía española", *RABM,* 63 (1957), 222-250.
6. Alda Tesán, J. M. "Fortuna de un verso garcilasiano [Eg. III. 2]", *RFE,* 27 (1943), 77-82.
7. Almeida, J. A. "G. a través de los nuevos aspectos del 'New Criticism' ", *CH,* 64 (1965), 325-356.
8. Alonso, Dámaso. "Elogio del endecasílabo", en sus *Ensayos sobre poesía española* (Madrid, 1944; Buenos Aires, 1946) y en su *De los siglos oscuros al de oro* (Madrid, 1958).

9. Alonso, Dámaso. "Raíz española: la tradición culta" en *La poesía de San Juan de la Cruz,* Madrid, 1946...
10. ———. *Poesía española,* Madrid, 1950...
11. ———. "G., Ronsard, Góngora (apuntes de una clase)", en su *De los siglos oscuros al de oro,* Madrid, 1958.
12. ———. "El destino de G.", en *Cuatro poetas españoles,* Madrid, 1962.
13. Altolaguirre, M. "Enseñanzas de G.", *Universidad de la Habana,* 5 (1940), 174-181.
14. Andrés Hernández, Elena. "Estudio del paisaje en G.", tesina de la Universidad de Madrid, 1954.
15. Antonio, Nicolás. *Bibliotheca Hispana Nova,* Roma, 1672; Madrid, 1783.
16. Anzoátegui, I. B. "Poética y política de G.", en su *Extremos del mundo,* Madrid, 1942.
17. Aragonés, A. "Efemérides toledanas: en 14 de octubre del año 1536 murió G. de la V.", *Toledo,* IX, no. 200 (1923), 770-771.
18. Arce Blanco de Vázquez, M. "La égloga segunda de G. de la V.", *Asomante,* V (1949), no. 1, 57-73, y no. 2, 60-78.
19. ———. "La égloga primera de G.", *La Torre,* I (1953), no. 2, 31-68.
20. ———. "Cerca el Danubio una isla...", *Studia philologica: homenaje ofrecido a Dámaso Alonso,* t. I (Madrid, 1960), 91-100.
21. Arce de Raffuci, M. "G., Fray Luis y Góngora en el *Beatus ille*", *Revista de la Asociación de Mujeres Graduadas,* II, no. 4 (Puerto Rico, 1940), 37-40.
22. Artigas, M. "Boscán y Garcilaso", prólogo de la edición facsimilar de la primera edición, San Sebastián-Madrid, 1936.
23. Ashcom, B. B. "A Note on G. and Cervantes", *HR,* 19 (1951), 61-63.
24. Aubrun, Ch. "Salid, lágrimas", *BH,* 60 (1958), 505-507.
25. Avalle-Arce, J. B. "Tres notas al Quijote", *NRFH,* 1 (1947), 86-89.
26. Azorín. Cuatro ensayitos sobre G., en *Lecturas españolas* (1912), *Al margen de los clásicos* (1914), *Los dos Luises y otros ensayos* (1921) y *Los clásicos redivivos* (1945).
27. Babín, M. T. "G. de la V. y Sir Philip Sidney", *La Nueva Democracia,* XXXIII (1953), no. 4, 64-74.
28. Bataillon, M. "Glosa americana al Soneto II de G.", *Correo Erudito,* V (1952), nos. 35-36, 195-196, y en su *Varia lección de clásicos españoles,* Madrid, 1964.
29. Bayo, M. J. *Virgilio y la pastoral española del renacimiento, 1480-1530,* Madrid, 1959.
30. Bécquer, G. A. "Enterramiento de G. de la V. y su padre", *La Ilustración de Madrid,* 27 feb. 1870; recogido en J. López Núñez, *Bécquer,* Madrid, s. f., y en *Páginas desconocidas de Gustavo Adolfo Bécquer recopiladas por Fernando Iglesias Figueroa,* t. I, Madrid, 1923.
31. Beltrán Guerrero, L. "La voz a ti debida: en el cuarto aniversario de la muerte de G.", *Repertorio Americano* (Costa Rica), 21 nov. 1936.
32. Blasi, F. *Dal classicismo al secentismo in Ispagna (G. de la V., Herrera y Góngora),* Aquila, 1929.
33. Blecua, J. M. "G. y Cervantes", *Homenaje a Cervantes,* Madrid, 1948.
34. ———. "Las obras de G. con anotaciones de Fernando de Herrera: nota bibliográfica", *Homenaje a A. M. Huntington,* Wellesley, 1952.

35. Bohigas, P. "Más sobre la Canción IV de G.", *Ibérida,* No. 5 (Río de Janeiro, 1961), 79-90.
36. Bonilla y San Martín, A. "Oda latina de G. de la V.", *Revista crítica de historia y literatura españolas, portuguesas e hispano-americanas,* 4 (1889), 362-371.
37. Bourland, C. B. "G. de la V., Soneto XXV", *Homenaje a A. M. Huntington,* Wellesley, 1952.
38. Bravo Villarroel, R. "El dulce lamentar de G. de la V.", *Artes y Letras,* II (1959), no. 3.
39. Brocense (Francisco Sánchez de las Brozas). Varias cartas eruditas dirigidas a Juan Vázquez de Mármol (BNM, MS. R-176), publicadas por Gayangos (*Ensayo,* t. 4, no. 3829) y en la *BAE,* t. 62.
40. Cabañas, P. *El mito de Orfeo en la literatura española,* Madrid, 1948.
41. ———. "G. de la V. y Antonio de Lofrasso (un soneto conocido y una glosa olvidada)", *RL,* 1 (1952), 57-65.
42. Cañete, M. "Paralelo de G., Fray Luis de León y Rioja", *Discursos leídos ante la Real Academia Española en la recepción pública de Don Manuel Cañete,* Madrid, 1858.
43. Carayon, M. "Le monde affectif de G.", *BH,* 32 (1930), 246-253.
44. Carbonell Basset, D. "G. de la V.: primera y tercera églogas", *Cultura Universitaria,* 93 (1966), 56-63.
45. Casella, M. "Il monaco Severo nella Egloga Segunda di G.", *Bol. Storico Piacentino,* XXXIII (1925), no. 2.
46. Cayol, A. "Un soneto [el XIII] de G.", *Garcilaso,* no. 33 (Madrid, 1946), 12-13.
47. Cernuda L. "Tres poetas clásicos" (1941), reimpreso en su *Poesía y literatura,* Barcelona, 1960.
48. Cidade, H. "Dívidas de Camões à poesia espanhola", *Homenatge a Antoni Rubió y Lluch,* Barcelona, 1936, III, 401-403.
49. Cirot, G. "A propos des dernières publications sur G. de la V.", *BH,* 22 (1920), 234-255.
50. ——— con Paul Laumonier. "Ronsard et les Espagnols", *BH,* 44 (1942), 168-171.
51. Cisneros, L. J. "Diego Mexía y G.", *QIA,* nos. 19-20 (1956), 182-184.
52. Clariana, B. "Dos vidas casi paralelas: Albio Tibulo y G. de la V.", *Universidad de la Habana,* 7 (1942), 19-41.
53. Clement, M. E. "An analysis of the sonnets of G. de la V.", tesina, Ohio State University, 1963.
54. Consiglio, C. "I sonnetti di G. de la V.: problemi critici", *Annali del corso di lingue e letterature straniere presso l'Università di Bari,* 2 (1954), 215-274.
55. Cossío, J. M. Cuatro ensayitos sobre G. en su *Poesía española: notas de asedio,* Madrid, 1936; Buenos Aires, 1952.
56. ———. *Fábulas mitológicas en España,* Madrid, 1952.
57. Cotarelo, E. "El retrato de G.", *BRAE,* 1 (1914), 582-585.
58. Croce, A. "Il Petrarca spagnolo G. de la V.", *Aretusa,* mayo-abril de 1944, 57-67.
59. Croce, B. "Intorno al soggiorno di G. de la V. in Italia", *Rassegna Storica Napoletana di Lettere ed Arti,* 1 (1894), y en libros suyos posteriores.

60. Davies, G. A. "Notes on Some Classical Sources for G. and Luis de León", *HR*, 32 (1964), 202-216.
61. Díaz-Plaja, G. "G. el múltiple", en sus *Ensayos escogidos*, Madrid, 1944.
62. ———. "G. de la V.: prosopografía y etopeya", *Bol. de la Academia Argentina de Letras*, 16 (1947), 403-410, y *Finisterre*, 2 (1948), 239-247.
63. ———. "La efigie de G.", en su *Poesía y realidad*, Madrid, 1952.
64. Diego, G. "Poesía militar española, II: G. de la V.", *Orientación Española*, no. 39 (Buenos Aires, 1939).
65. Domingo, J. "A los dos años de una muerte: G. y Altolaguirre", *Papeles de Son Armadans*, 22 (1961), 297-303.
66. Dunn, P. N. "G.'s Ode *A la Flor de Gnido:* A Commentary on Some Renaissance Themes and Ideas", *ZfRPh*, 81 (1965), 288-309.
67. Dutton, B. "G's *sin duelo*", *MLN*, 80 (1965), 251-258.
68. Entenza de Solare, B. E. "Fernando de Herrera ante el texto de G.", *Filología*, 11 (1965), 65-98.
69. Entrambasaguas, J. de. "G.", en su *La determinación del romanticismo español y otras cosas*, Barcelona, 1939.
70. Entwistle. W. J. "The First Eclogue of G.", *BSS*, 2 (1925), 87-90.
71. ———. "La Date de l'*Egloga primera* de G. de la V.", *BH*, 32 (1930), 254-256.
72. ———. "The Loves of G.", *Hispania*, 13 (1930), 377-388.
73. ———. "G.'s Fourth Canzon and Other Matters", *MLR*, 45 (1950), 225-228.
74. Espantoso, A. M. "Petrarchan Patterns in the Sonnets of G. de la V.", tesina, The Catholic University of America, 1955.
75. Etcheverry, J. E. "Un soneto clásico: el X de G.", *Número*, 3 (1951), 344-347.
76. Fernández López, V. *Homenaje a Toledo con motivo de la traslación de los restos de G. de la V.*, Toledo, 1900.
77. Flamini, F. "Imitazioni italiane in G. de la V.", *Biblioteca delle Scuole Italiane*, 8 (2.ª serie, Milano, 1899), 200-203.
78. Frattoni, O. "Influssi prepetrarcheschi nei sonetti di G.", *Italica*, 25 (1948), 300-305.
79. Fucilla, J. G. *Estudios sobre el petrarquismo en España*, Madrid, 1960.
80. ———. *Superbi colli e altri saggi*, Roma, 1963.
81. ———. "Two Generations of Petrarchism and Petrarchists in Spain", *MP*, 27 (1930), 277-295.
82. ———. "Notes on Spanish Renaissance Poetry", *PQ*, 11 (1932), 225-262.
83. ———. "Un Italien, imitateur des poètes espagnols", *BH*, 36 (1934), 195-197.
84. ———. "The Present Status of Renaissance and 'Siglo de Oro' Poetry", *Hispania*, 30 (1947), 182-193.
85. ———. "Sobre dos sonetos [XI y XXV] de G.", *RFE*, 36 (1952), 113-117.
86. ———. "Una versione sconosciuta dell' *Egloga Primera* di G.", *QIA*, no. 24 (1959), 595-600.
87. Gale, G. R. "G.'s *Sonnet XIII* Metamorphosed", *RF*, 80 (1968), 504-509.
88. Gallagher, P. "Liturgical Profanation and its Implications in G.'s *Second Eclogue*", *Beitraege zur Romanischen Philologie*, 7 (1968), 223-228.

89. Gallardo, B. J. "Observaciones..." y otros textos, en su *Ensayo de una biblioteca española de libros raros y curiosos,* t. 4 (Madrid, 1889), columnas 1271-1325; véase también t. 3, columnas 317-330.
90. Gallego Morell, A. "La decepción de G.", *Cuadernos de Teatro,* No. 2 (Granada, 1945), 25-27.
91. ———. "La voz de G. en Don Quijote", *Ínsula,* No. 29 (1948), p. 2.
92. ———. "Bibliografía de G.", *Revista Bibliográfica y Documental,* 3 (1949), 53-92.
93. ———. "La escuela de G.", *Arbor,* 17 (1950), 27-47; reimpreso en sus *Dos ensayos sobre poesía española del siglo XVI,* Madrid, 1951, y en sus *Estudios sobre poesía española del primer siglo de oro,* Madrid, 1970.
94. ———. "Pleito de D.ª Elena de Zúñiga, viuda de G., con la ciudad de Badajoz (1547)", *Revista de Estudios Extremeños,* 6 (1950), 145-190.
95. ———. "Lugares garcilasianos", *Clavileño,* no. 10 (1951), 55-57.
96. ———. *El mito de Faetón en la literatura española,* Madrid, 1961.
97. García Lorca, Francisco. "Análisis de dos versos de G.", *HR,* 24 (1956), 87-100. Véase P. Groult.
98. García Nieto, J. Conferencia inédita sobre el garcilasismo contemporáneo, 1963.
99. García Rey, V. "Nuevas noticias referentes al poeta G. de la V.", *Bol. de la Sociedad Española de Excursiones,* 34 (1926), 287-302, y 35 (1927), 71-90; también en separata de 40 páginas con lámina, Madrid, 1927.
100. Garganta, J. de. "G.: caballero y cortesano", *Universidad de Antioquía,* 30 (1954), 683-690.
101. Gauthier, M. "A propos de l'harmonie des vers: essai sur le consonantisme chez G. de la V.", *Les Langues Néo-latines,* LIV (1960), No. 152, 44-52.
102. Gerhardt, M. I. "La pastorale de la Renaissance en Espagne: G. de la V.", en su *La Pastorale: essai d'analyse littéraire,* Assen, 1950.
103. Glaser, E. "G.'s Minnesklave", *MLN,* 80 (1955), 198-203.
104. ———. "La crítica de las églogas de G. hecha por Manuel de Faria e Sousa...", en sus *Estudios hispano-portugueses,* Valencia, 1957.
105. ———. "*Cuando me paro a contemplar mi estado:* trayectoria de un *Rechenschaftssonett*", en sus *Estudios hispano-portugueses,* Valencia, 1957.
106. ———. "El cobre convertido en oro: Christian *rifacimentos* of G.'s poetry in the Sixteenth and Seventeenth Centuries", *HR,* 37 (1968), 61-76.
107. González de Escandón, B. *Los temas del "carpe diem" y la brevedad de la rosa en la poesía española,* Barcelona, 1938.
108. Goodwyn, F. "Una teoría para la interpretación de la poesía, aplicada al primer soneto de G. de la V.", *Hispanófila,* 9 (1966), no. 26, 7-21.
109. ———. "G. de la V., Representative in the Spanish Cortes", *MLN,* 82 (1967), 225-229.
110. Gorra, E. "Imitazioni italiane in G.", *Rassegna Bibliográfica della Letteratura Italiana,* 6 (1899), 200.
111. Green, O. H. "The Abode of the Blest in G.'s *Egloga Primera*", *RPh,* 6 (1952-1953), 272-278.
112. ———. "G.", en su *Spain and the Western Tradition,* t. I, Madison, 1963.
113. Groult, P. "Sur deux vers de G.", *Lettres Romanes,* 12 (1958), 189-192. Véase F. García Lorca.
114. Grüzmacher, W. "G.'s erste Ecloge", *Archiv für das Studium der neueren Sprachen und Literaturen,* 16 (1854), 360-363.

115. Guillén, C. Unas páginas sobre la Egloga I en su *Literature as System* (Princeton, 1971), pp. 182-188.
116. Gutiérrez Volta, J. "Las odas latinas de G. de la V.", *RL*, 2 (1952), 281-308.
117. Henríquez Ureña, P. "El endecasílabo castellano", *RFE*, 6 (1919), 132-157.
118. Hernández Vista, V. E. "De César a G.: la determinación de modelo literario a través del análisis estilístico", *Estudios Clásicos*, 5 (1959-1960), 323-345.
119. Herrero García, M. "G.", capítulo II de su *Estimaciones literarias del siglo XVII*, Madrid, 1930.
120. Ilg, M. "Die Verkörperung des Renaissance—Ideals in G. de la V. als Mensch und Dichter", tesina, Heidelberg, 1945.
121. Iventosch, H. "G.'s Sonnet 'Oh dulces prendas': a Composite of Classical and Medieval Models", *Annali dell' Istituto Universitario Orientale* (sezione romanza), 7 (1965), 203-227.
122. Jones, R. O. "The Idea of Love in G.'s Second Eclogue", *MLR*, 46 (1951), 388-395.
123. ———. "G., poeta del humanismo", *Clavileño*, V (1954), no. 28, 1-7.
124. ———. "Ariosto and G.", *BHS*, 39 (1962), 153-164.
125. ———. "Bembo, Gil Polo, G.", *Revue de Littérature Comparée*, 40 (1966), 526-540.
126. Justi, K. "Ein Bildnis des Dichters G. de la V.", *Jahrbuch der königlich preussischen Kunstsammlungen*, 14 (1893), 177-190.
127. ———. "G. de la V.", *España Moderna*, 310 (oct. 1914), 135-150.
128. Komanecky, P. M. "Epic and Pastoral in G.'s Eclogues", *MLN*, 86 (1971), 154-166.
129. Lama, A. G. de. "Si G. volviera", *Cisneros*, 6 (Madrid, 1943), 122-124.
130. Lapadat, B. "Diferencias técnicas entre Boscán y G.", *Acta Philologica Aenipontana*, 3 (1964), 203-220.
131. Lasso de la Vega, J. S. "Un motivo literario", *Estudios Clásicos*, 5 (1959-1960), 311-322.
132. Latour, A. de. *Tolède et les bords du Tage*, Paris, 1860.
133. Laurencín, Marqués de. "El poeta G. de la V. no vistió el hábito de Alcántara: errónea atribución de su retrato", *BRAH*, 65 (1914), 532-556.
134. ———. *Documentos inéditos referentes al poeta G. de la V.*, número extraordinario (marzo de 1915) del *BRAH*, t. 66.
135. Lida, M. R. "Transmisión y recreación de temas grecolatinos en la poesía lírica española", *RFH*, 1 (1939), 20-63.
136. ———. "Dido y su defensa en la literatura española", *RFH*, 4 (1942), 209-252, 313-382, y 5 (1943), 45-50.
137. ———. "El amanecer mitológico en la poesía narrativa española", *RFH*, 8 (1946), 77-110.
138. ———. "La tradición clásica en España", *NRFH*, 5 (1951), 183-223.
139. ———. "Perduración de la literatura antigua en Occidente", *RPh*, 5 (1951-1952), 99-131.
140. ———. "La abeja: historia de un motivo poético", *RPh*, 17 (1963-1964), 75-86.
141. Lipmann, S. "G.'s Second Elegy", *MLN*, 86 (1971), 167-181.
142. Loveluck, J. "Una nota para la *Egloga I* de G.", *Atenea*, XXX (1953), no. 113, 69-75.

143. Lumsden, A. "New Interpretations of Spanish Poetry: X. — Two Sonnets [X y XXV] by G. de la V.", *BSS*, 21 (1944), 114-116.
144. ———. "New Interpretations of Spanish Poetry: XII. — G. de la V.: Sonnet XXXII", *BSS*, 21 (1944), 168-170.
145. ———. "A Spanish Viceroy of Naples in the Sixteenth Century", *BSS*, 23 (1946), 30-37.
146. ———. "Problems Connected with the Second Eclogue of G. de la V.", *HR*, 15 (1947), 251-271.
147. ———. "G. de la V. as a Latin Poet", *MLR*, 42 (1947), 337-341.
148. ———. "G. and the Chatelainship of Reggio", *MLR*, 47 (1952), 559-560.
149. ———. "Two Echoes of the Bible and the Christian Liturgy in G. de la V.", *BHS*, 29 (1952), 147-152.
150. Macdonald, I. "La segunda égloga de G.", *Bol. del Instituto Español*, No. 12 (Londres, oct. de 1950), 6-11.
151. Macrí, O. "Revisión crítica de la *Controversia* herreriana", *RFE*, 42 (1958-1959), 211-227.
152. ———. "Un testo inédito del Son. XXXIII di G.", *QIA*, 30-32 (1965: *Studi di lingua e letteratura spagnola*, Univ. di Torino, Pubblicazioni della Facoltà di Magistero, t. 31), 245-252.
153. ———. "Recensión textual de la obra de G.", en *Homenaje* (La Haya, 1966), 305-330.
154. Maiorana, M. T. "Dafne en G. y en el Bernini", *La Nación* (Buenos Aires, 10 dic. 1967).
155. Marañón, G. "G., natural de Toledo", cap. VIII de su *Elogio y nostalgia de Toledo*, Madrid, 1941.
156. ———. "El destierro y la muerte de G.", *Finisterre*, 1 (1948), 5-35, y en su *Españoles fuera de España* (Col. Austral 710).
157. Marichalar, A. "G., diverso entre contrarios (retrato)", prólogo de su edición de Garcilaso (Col. Austral, 63).
158. ———. "El uso de *Don* en G.", *RFE*, 35 (1951), 128-132.
159. ———. "Lares de G.: Batres", *Clavileño, II* (1951), no. 7, 13-22.
160. ———. "Una variante en la vida de G.", *Clavileño*, IV (1953), no. 21, 16-20.
161. Martelli, J. C. "G. o el sentido de un poetizar", *Lyra*, nos. 192-194 (1964).
162. Martínez López, E. "Sobre 'aquella bestialidad' de G. (Egl. III. 230)", *PMLA*, 87 (1972), 12-25.
163. Mas, A. "Le mouvement ternaire dans les hendécasyllabes de la troisième églogue de G.", *BH*, 64 bis (1962: *Mélanges offerts à M. Bataillon*), 538-550.
164. Mazzei, A. "El agua en la poesía de Boscán y G.", *Bol. de la Academia Argentina de Letras*, 10 (1942), 497-505.
165. McCormick, B. A. "G. de la V. y la poesía española contemporánea", *Hispania*, 48 (1965), 837-840.
166. Mele, E. "Lettre autographe de G. au cardinal Seripando", *BH*, 25 (1923), 134-135 y 192.
167. ——— con P. Savj-López. "Una oda latina de G. de la V.", *Revista Crítica de Historia y Literatura...*, 2 (1897), 248-251.
168. ———. "Una oda latina inédita de G. de la V. y tres poesías a él dedicadas por Cosimo Anisio", *Revista Crítica de Historia y Literatura*, 3 (1898), 362-368.

169. Mele, E. "Sonetti spagnoli tradotti in italiano", *BH*, 16 (1914), 448-457.
170. ———. "Las poesías latinas de G. de la V. y su permanencia en Italia", publicado parcialmente en *Revista Castellana*, nos. 20-21 (Valladolid, 1917), y completamente en *BH*, 25 (1923), 108-148, 361-370, y 26 (1924), 35-51. Contiene edición de las tres odas latinas (sigla: *Mele*).
171. ———. "In margine alle poesie di G.", *BH*, 32 (1930), 218-245.
172. Menéndez Pidal, R. "Cartapacios literarios salmantinos del siglo XVI", *BRAE*, 1, (1914), 43-55, 151-170 y 298-320.
173. Meneses, G. "Un personaje piensa en G.", *Cultura Universitaria*, no. 46 (1954), 36-39.
174. Michäelis de Vasconcellos, C. *Poesias de Francisco de Sa de Miranda*, Halle, 1885 (notas, pp. 831-838).
175. Montesinos, J. F. "Centón de G.", *El Sol*. 23 feb. 1936, y en sus *Ensayos y estudios de literatura española*, México, 1959; Madrid, 1970.
176. Montoliu, M. de. "La lengua española en el siglo XVI: notas sobre algunos de sus cambios fonéticos", *RFE*, 29 (1945), 151-160.
177. Morales, M. de. "G. de la V.", *Bol. de la Sociedad Arqueológica de Toledo, I* (1900), no. 6, 125-130.
178. Morel-Fatio, A. "Notes [inéditas] sur la versification des poésies de G.", citadas en *BH*, 23 (1921), 220.
179. Moreno Báez, E. "G. y Góngora ante Toledo", *Ínsula*, V (1950), no. 53.
180. Moreno Villa, J. *Leyendo*, México, 1945.
181. Navarro, T. "El endecasílabo en la tercera égloga de G.", *RPh*, 5 (1951-1952), 205-211.
182. Nessi, A. O. "La plástica del mito en G.", *Humanidades*, 31 (1948), 515-526.
183. Orozco Díaz, E. "De lo humano a lo divino: del paisaje de G. al de San Juan de la Cruz", *Revista de la Universidad de Oviedo*, 6 (1945), 99-123; reimpreso, en forma abreviada, en su *Poesía y mística*, Madrid, 1959.
184. Pagés, A. *Auzias March et ses prédecesseurs*, Paris, 1912.
185. Parker, A. A. "Theme and Imagery in G.'s First Eclogue", *BSS*, 25 (1948), 222-227.
186. Pascual, S. "G. de la V.", *Alma Cubana*, 3 (1925), 119-125.
187. Peixoto, J. "A edição de Lisboa de 1543 das *Obras* de Boscán e G.", *Bol. Internacional de Bibliografia Lusobrasileira*, 1 (Lisboa, 1960), 377-386.
188. Pemán, J. M. "Glosas del Redentor en la poesía", *Cauces*, núms. 2-3 (Jerez de la Frontera).
189. Pérez Sáez, V. "Origen y antecedentes de la versificación y formas métricas en Boscán y G.", *Revista del Instituto de Humanidades de Salta*, 5 (1952), 13-14.
190. Pitollet, C. "Sur la mort de G.", *BH*, 38 (1936), 129-150.
191. Pol, F. de. "El paisaje en G. de la V.: de la naturaleza muerta al *Cántico espiritual*", *FyL*, 9 (1945), 79-90.
192. Pons, J. S. "Note sur la Canción IV de G. de la V.", *BH*, 35 (1933), 168-171.
193. Porqueras-Mayo, A. "La ninfa degollada de G. (Égloga III, versos 225-232)", *Actas del Tercer Congreso Internacional de Hispanistas* (México, 1970), 715-724.

194. Poullain, C. "G. de la V.", *Revue des Langues Romanes,* 79 (1965), 79-90.

195. Prete Jacopín (seudónimo). "Observaciones de el Condestable de Castilla, don Juan Fernández de Velasco, contra Fernando de Herrera" (seguidas de la "Respuesta" de éste), Biblioteca Nacional de Madrid, MS. 17.553. En otro manuscrito inferior se basa la única edición impresa, la de J. M. Asensio, titulada *Controversia...,* Sevilla, 1870.

196. Quiroga Villarreal, A. "G. de la V. en la poesía lírica española", *Armas y Letras,* XI (Monterrey, 1954), núm. 11, y *Vida Universitaria,* V (1955), número 213.

197. Rendall, S. F., y M. D. Sugarmon. "Imitation, Theme and Structure in G.'s First Elegy", *MLN,* 82 (1967), 230-237.

198. Reyes, Alfonso. "En la casa de G.", en sus *Obras completas,* III (México, 1956), 490-492.

199. Reyes, Antonio. "Pasó una vez: tres amantes y tres expresiones líricas", *Bol. de la Academia Venezolana,* 23 (1955), nos. 86-87, 23-28.

200. Rico, F. Reseña de la edición que hizo J. M. Azáceta del *Cancionero de Gallardo* (Madrid, 1962), en *Romanistisches Jahrbuch,* 15 (1964), 375-376.

201. Riquer, M. de. *Juan Boscán y su cancionero barcelonés,* Barcelona, 1945.

202. Rivers, E. L. "The Horatian Epistle and its Introduction into Spanish Literature", *HR,* 22 (1954), 175-194.

203. ———. "The Sources of G.'s Sonnet VIII", *Romance Notes,* 2 (1960-1961), 96-100.

204. ———. "The Pastoral Paradox of Natural Art", *MLN,* 77 (1962), 130-144.

205. ———. "Las églogas de G.: ensayo de una trayectoria espiritual", *Atenea,* no. 401 (1963), 54-64, y en las *Actas del Primer Congreso Internacional de Hispanistas,* Oxford, 1964, 421-427.

206. ———. "G. divorciado de Boscán", *Homenaje a Rodríguez-Moñino,* II (Madrid, 1966), 121-129.

207. ———. "On the Text of G.", *HR,* 42 (1974).

208. ———. "Nymphs, Shepherds and Heroes: G.'s Second Eclogue", *PQ,* 51 (1972), 123-134.

209. ———. "Albanio as Narcissus in G.'s Second Eclogue", *HR,* 41 (1973), 297-304.

210. Rodríguez-Luis, J. "Algunos aspectos de la evolución de lo pastoril de G. a Góngora", *Hispanófila,* VIII (1964), no. 22, 1-14.

211. Rodríguez Marín, F. *Luis Barahona de Soto,* Madrid, 1903.

212. Rojas Paz, P. "Paisajes literarios: G. de la V. y Rubén Darío", *Síntesis,* 1 (Buenos Aires, 1927), 207-221.

213. Rosales, L., y L. F. Vivanco. "Inciso sobre la espiritualidad garcilasiana", en su *Poesía heroica del imperio,* Madrid, 1943.

214. Rüffler, A. "Kritische Studien zu den Sonetten Garcilasos de la Vega", disertación doctoral inédita y desaparecida, Breslau, 1923; sumario de 4 páginas impreso en el mismo año.

215. ———. "Zur Garcilaso-Frage", *Archiv für das Studium des neueren Sprachen und Literaturen,* 153 (1928), 219-230.

216. Ruggero, E. *Intorno alle egloghe di G. de la V.,* Caserta, 1932.

217. Sabat Mercadé, G. "A propósito de Sor Juana Inés de la Cruz: tradición poética del tema 'sueño' en España", *MLN,* 84 (1969), 171-195.

218. Salinas, P. "The Idealization of Reality: G. de la V.", capítulo II de *Reality and the Poet in Spanish Poetry,* Baltimore, 1940 y 1966.
219. San Román, F. B. de. "Documentos de G. en el Archivo de Protocolos de Toledo", *BRAH,* 73 (1918), 515-536.
220. ———. "G. desterrado de Toledo", *Bol. de la Academia de Bellas Artes de Toledo,* 2 (1919), 193-199.
221. ———. *Los protocolos de los antiguos escribanos de la ciudad imperial,* Madrid, 1934.
222. Scarpa, R. E. "El dulce lamentar de G.", *Universidad Católica Bolivariana,* 5 (1940), 177-186.
223. Schneider, L. M. "Apuntes sobre la mitología greco-romana en Castillejo y G.", *Revista de la Facultad de Humanidades,* 2 (San Luis Potosí, 1960), 295-312.
224. Schottus, A. *Hispaniae Bibliotheca* e *Hispaniae Illustratae,* Francofurti, 1603-1608.
225. Selig, K.-L. "El soneto XXIX de G.", *Wissenschaftliche Zeitschrift der Humboldt-Universität zu Berlin,* XVIII (1969), no. 4 (*Festschrift... R. Schober),* 585-586.
226. Serra, L. "Sannazaro e G.", *Convivium,* 17 (1948), 173-181.
227. Serrano Poncela, S. *Formas de vida hispánica,* Madrid, 1964.
228. Sobejano, G. *El epíteto en la lírica española,* Madrid, 1956, 1970.
229. Spaulding, R. K. "And Who is Flérida?", *HR,* 6 (1938), 76-77.
230. Spitzer, L. "G., Third Eclogue, Lines 265-271", *HR,* 20 (1952), 243-248.
231. Ter Horst, R. "Time and Tactics of Suspense in G.'s *Egloga Primera*", *MLN,* 83 (1968), 145-163.
232. Torraca, F. "Gl' imitatori stranieri di J. Sannazaro" (1889), en sus *Scritti varii...,* Roma, 1929.
233. Trend, J. B. "Musical Settings of Famous Poets", *RH,* 71 (1927), 547-554.
234. Valbuena Prat, A. "Camões y G.", *Estudios eruditos en memoria de A. Bonilla,* II (Madrid, 1930), 467-478.
235. ———. "Isabel Freyre en las 'Eglogas' de G.", *Homenaje al Excmo. Sr. Dr. D. Emilio Alarcos García,* II (Valladolid, 1965-1967), 483-493.
236. Valera, J. "La originalidad y el plagio", en sus *Disertaciones y juicios literarios,* Madrid, 1878.
237. Vicente y Carabantes, J. "Biografía española: G. de la V.", *Semanario Pintoresco Español,* 4 (Madrid, 1842), 292-294.
238. Vossler, K. Reseña del libro de M. Arce Blanco, *Literaturblatt für germanische und romanische Philologie,* LIII (Leipzig, 1932), nos. 7-8, 267-268.
239. Wilson, E. M. "La estrofa sexta de la Canción a la Flor de Gnido", *RFE,* 36 (1952), 118-122.
240. Woods, M. J. "Rhetoric in G.'s First Eclogue", *MLN,* 84 (1969), 143-156.
241. Zamora Vicente, A. *De G. a Valle-Inclán,* Buenos Aires, 1950.
242. Zardoya, C. "Valores cromáticos de la poesía de G.", *Cuadernos Americanos,* Año XIX, Vol. CX (1960), 221-237.
243. Zolesi, C. I. *Mi primer viaje literario: de G. a Rodó,* Montevideo, 1927.

ADDENDA

244. Alonso, D. "Primer escalón de los manierismos del siglo XVI...", *Asclepio,* 18-19 (Madrid, 1966-67), 61-76.

245. Allué y Morer, F. "Notas garcilasianas", *Poesía española,* nos. 160-172 (1966-1967), passim.
246. ———. *El sepulcro de Garcilaso,* Málaga: Guadalorce, 1968.
247. Berenguer Carisomo, A. "Una posibilidad dramática en la Egloga II.ª de Garcilaso", en *Homenaje* (La Haya, 1966), 89-105.
248. Bertini, G. M. "Originalità del Rinascimento spagnuolo...", *Studi di Letteratura Ispano-Americana,* no. 2, 1969.
249. Blanco White, J. "G. en inglés", *Variedades,* I (Londres, 1824), no. 5, 435-444.
250. Bohigas, P. "Ausias March i Garcilaso", *Butlletí de la Societat Catalana d'Estudis Històrics,* II (1953), 63-64.
251. Bonet Navarro, A. *Invitación al viaje,* Zaragoza, 1965.
252. Cabañas, P. "Garcilaso, Góngora y Arguijo (Tres sonetos sobre el mismo tema)", *BHS,* 47 (1970), 210-222.
253. Caldera, E. *G. e la lirica del Rinascimento,* Genova: Bozzi, 1966.
254. Ciocchini, H. "Una hipótesis de simbología figurada en dos obras de Garcilaso", *RFE,* 49 (1966), 329-334.
255. Fehleisen de Ibáñez, E. *Dos ensayos: G., Unamuno,* Paraná, 1965.
256. Ferreiro Alemparte, J. "Garcilaso de la Vega en Colonia y el culto de las once mil vírgenes en España", *Homenaje universitario a Dámaso Alonso* (Madrid: Gredos, 1970), 119-126.
257. Ferreres, R. "La interpretación del sueño en G.", *Vértice,* no. 56 (Madrid, 1942), 45.
258. Gallego Morell, A. *En torno a Garcilaso y otros ensayos,* Madrid: Guadarrama, 1970.
259. García Gómez, J. J. "Algunas notas sobre el masoquismo y la estructuración de la Egloga I de G. de la V.", *Humanitas,* no. 10 (Méjico, 1969), 327-342.
260. Gil, I-M. "Un verso de G. disimulado en la prosa de Clarín", *Ínsula,* no. 190 (1962), 4.
261. Gómez-Menor, J. "Tres escrituras suscritas Garcilaso", *BRAE,* 51 (1971), 475-480.
262. Goodwyn, F. "Tipos de verso y ritmo en la segunda égloga de Garcilaso", *Hispanófila,* 34 (1968), 1-25.
263. Guillén, C. "Sátira y poética en Garcilaso" en *Homenaje a Casalduero* (Madrid: Gredos, 1972), 209-233.
264. Moir, D. "Bances Candamo's Garcilaso: An Introduction to *El César africano*", *BHS,* 49 (1972), 7-29.
265. Navarro Tomás, T. "La musicalidad de Garcilaso", *Bol. de la R. Academia Española,* 49 (1969), 417-430.
266. Peers, E. A. "The Alleged Debts of San Juan de la Cruz to Boscán and G.", *HR,* 21 (1953), 1-19, 93-106.
267. Poullain, C. "Le mouvement strophique dans les églogues de G.", *Revue des Langues Romanes,* 77 (1966), 61-89.
268. Ringuelet, C. "G. y su paisaje", *Bol. del Instituto de Investigaciones Literarias,* La Plata, 1941, no. 2, 7-82.
269. Rosales, L. *Lírica española,* Madrid: Editora Nacional, 1972.
270. Sarmiento, E. *Concordancias de las obras poéticas en castellano de Garcilaso de la Vega,* Madrid-Columbus, 1970.

271. Selig, K.-L. "Garcilaso and the Visual Arts: Remarks on Some Aspects of Visualization", en *Interpretation und Vergleich: Festschrift für Walter Pabst,* s. l., Erich Schmidt Verlag, 1972, 302-309.

272. Simón Díaz, J. "G. de la V." (unas 300 fichas bibliográficas), *Bibliografía de la Literatura Hispánica,* t. X (Madrid, 1972), 553-579.

273. Stanton, E. F. "Garcilaso's Sonnet XXIII", *HR,* 40 (1972), 198-205.

274. Foster, D. W. "Formulaic Structure in G's Ode 'A la flor de Gnido' ", *Language and Style,* 4 (1971), 144-152.

275. Granell, E. F. "Paisaje superpuesto", *Torre,* 68 (1970), 11-54.

276. Reichenberger, K. "G's 'Ode ad florem Gnidi' ", *Studia Iberica* (Bern, 1973), 511-527.

TEXTOS

[COPLA I]

VILLANCICO DEL MISMO [BOSCÁN] Y DE GARCILASSO DE LA VEGA A DON LUIS DE LA CUEVA PORQUE BAYLÓ EN PALACIO CON UNA DAMA QUE LLAMAVAN LA PÁXARA

Ya que entre los nombres de los diez colaboradores, en su mayor parte miembros de la familia de los Toledo, figura el del segundo duque de Alba, afirma Keniston (pp. 63-64) que este fragmento de villancico, o de glosa colectiva, tuvo que escribirse antes de 1531, fecha de la muerte del duque; en esto Lapesa está de acuerdo. Supone Keniston además que se escribiera hacia 1526-1527. El título explica la ocasión, el mote o estribillo da el tema fundamental, y el desarrollo que hace Garcilaso es una muestra de su ingenio humorístico.

Esta estrofa de Garcilaso se encuentra impresa por primera vez entre las obras de Boscán (edición de 1543, f. XV), y no entre las de Garcilaso (ff. CLXIII-CCXXXVII). Por esto se encuentra en las ediciones modernas de Boscán (Knapp, p. 125, y Riquer, p. 67), y en las ediciones de Garcilaso sólo a partir de la hecha por Azara.

¿Qué testimonios son éstos
que le queréys levantar?
Que no fue sino baylar.
... ...

Garcilasso

¿Ésta tienen por gran culpa?
No lo fue, a mi parecer,

porque tiene por desculpa
que lo hizo la muger.
Ésta le hizo caer
mucho más que no el saltar
que hizo con el baylar.
... ...

(*O* y *Mg,* sin variantes)

[COPLA II]

CANCIÓN, AVIÉNDOSE CASADO SU DAMA

En su primera edición (*B74*) esta copla se titula "Canción, habiéndose casado su dama", pero en el manuscrito de Gayangos (*Mg*) el título es más específico: "De Garçilasso a doña Ysabel Freyra porque se casó con un hombre fuera de su condición". La inferioridad del marido, don Antonio de Fonseca, señor de Toro, no sería tanto social como personal o fisiológica, si hemos de juzgar por su apodo de "el Gordo" y por la alusión del mismo Garcilaso, en la Égloga I (vv. 175-181), a la figura quizá disforme y fea de su rival. La Copla II se escribiría, pues, en la ocasión de estas bodas, es decir, entre octubre de 1528 y marzo de 1529; en esto están de acuerdo Keniston (pp. 79-82) y Lapesa.

En el manuscrito *Mg* faltan los versos 6-10, y el último verso (v. 15) es repetición exacta del verso 5. El texto del Brocense, más completo y en general de calidad y autoridad superiores, ofrece en el caso de este verso 15 cierta dificultad; es más claro el sentido del último verso tal como lo encontramos en el manuscrito. Así como lo hemos hecho con los demás poemas zejelescos, hemos combinado en una sola estrofa larga (mudanza y vuelta) la segunda y tercera del Brocense.

Culpa deve ser quereros,
según lo que en mí hazéys,
mas allá lo pagaréys

(*B, Mg*)
título: De Garcilasso a doña Ysabel Freyra porque se casó con hombre fuera de su condición. *Mg*

---

2 *en mí*: cfr. Son. II. 7 ("para que sólo en mí fuesse provado").

do no sabrán conoceros,
por mal que me conocéys.

Por quereros, ser perdido
pensava, que no culpado;
mas que todo lo aya sido,
así me lo avéys mostrado
que lo tengo bien sabido.
¡Quién pudiese no quereros
tanto como vos sabéys,
por holgarme que paguéys
lo que no an de conoceros
con lo que no conocéys!

6-10 —faltan en *Mg*— 15 Por mal que me conocéys. *Mg*

---

4 *sabrán*: plural de antecedente indefinido por medio del cual el poeta irónicamente evita la referencia singular al marido como persona definida; cfr. v. 14.
conoceros: reconocer vuestro valor, apreciaros.

5 Es decir, "por lo mal, o inadecuadamente, que me apreciáis".

6-10 Estos cinco versos faltan en *Mg*.

8 *aya:* será más bien primera que tercera persona, es decir, significará "que yo haya sido tanto culpado como perdido".

13-15 Está claro el sentido general, que el poeta quisiera poder alegrarse de que su dama encuentre en otro la misma falta de aprecio que él ha encontrado en ella. El texto del Brocense (v. 15: "con lo que no conocéys") da lógicamente un sentido al revés: pagar por el no ser apreciada el no apreciar. Bastante más directo es el sentido del manuscrito *Mg*: pagar el no ser apreciada por el apreciarme mal. Pero mantenemos la lectura del Brocense por *difficilior*; la de *Mg* sencillamente reproduce el verso 5.

[COPLA III]

OTRA

Supone Lapesa que esta copla, así como las IV, V, VI y VIII, se escribiera probablemente antes de 1533. Lapesa llama la atención (p. 89) sobre la semejanza de contenido, fuentes y palabras que hay entre esta copla y los versos 31-36 de la Canción IX, en versos italianizantes, de Boscán; el verso 36 de éste, por ejemplo, reza "y más que nada os habla el no hablaros". El silencio del amante era un tópico ya de la tradición cancioneril y trovadoresca.

Yo dexaré desde aquí
de offenderos más hablando,
porque mi morir callando
os ha de hablar por mí.

Gran ofensa os tengo hecha
hasta aquí en aver hablado,
pues en cosa os he enojado
que tan poco me aprovecha.

(B, Mp) 4 Se que os ha *T*

---

4 Es hipermétrica la variante de Tamayo ("sé que os ha de hablar por mí"), pues normalmente en Garcilaso la *h* aspirada impide la sinalefa.

7-8 La "cosa" tan poco provechosa es evidentemente el hablar.

Derramaré desde aquí
mis lágrimas no hablando,
porque quien muere callando
tiene quien hable por sí.

[COPLA IV]

A UNA PARTIDA

El sentido de esta copla (fechada por Lapesa como escrita probablemente antes de 1533) no es del todo fácil de comprender. En ella el poeta comenta la buena suerte de otro hombre, que fue capaz de dejar para siempre de ver a la dama después de haberla visto una vez. Se supone que si este hombre hubiera llegado a apreciarla de veras, no hubiera podido escaparse tan fácilmente de querer volver a contemplarla, realmente o en su imaginación.

Acaso supo, a mi ver,
y por acierto quereros
quien tal yerro fue a hazer
como partirse de veros
donde os dexase de ver.

Imposible es que este tal,
pensando que os conocía,

(B)

1-3 Es decir que accidentalmente *(acaso)* un error *(yerro)* aparente resultó ser una manera de querer "correctamente" a la dama (*supo...por acierto quereros*). Este enigma irónico se desarrolla en la estrofa siguiente.

4 En las ediciones de Navarro, con la excepción de la primera, se lee la errata "partiese".

4-5 Estos dos versos, por lo visto redundantes, no son fáciles de entender. ¿Cuál es la distinción que se hace aquí entre *partirse de ver* y *dexar*

supiese lo que hazía
quando su bien y su mal
junto os entregó en un día.
Acertó acaso a hazer
lo que si por conoceros
hiziera, no podia ser:
partirse y, con solo veros,
dexaros siempre de ver.

14 Que un hora sola pudiera *B74*

---

de ver? ¿Significan estos versos "marcharse de veros [yendo] adonde cesara definitivamente de veros"? Parece mejor entenderlos de esta manera: "cesar [físicamente] de veros cuando todavía pudiera dejar [espiritualmente] de veros". Para cualquier interpretación hay que tomar en cuenta los versos 11-15.

9 *su bien y su mal*: la gloria de veros, y el sufrimiento de no veros.

12 *por conoceros*: habiéndoos conocido bien.

14 *con solo veros*: habiéndoos visto una sola vez, sin llegar a conoceros bien. (La variante de *B74*, "Que un hora sola pudiera", no rima con ningún otro verso.)

[COPLA V]

TRADUCIENDO QUATRO VERSOS DE OVIDIO

Fechada por Lapesa como probablemente anterior al año 1533, esta copla quizá no sea auténtica, pues se atribuye también a Diego Hurtado de Mendoza en la primera edición de sus obras (Keniston, p. 185); véase la edición de Knapp (1877), p. 432, donde la encontramos con versos trocados y dos variantes (inferiores). Como señala Tamayo (f. 82), es una "tradución muy puntual" del final de la epístola ovidiana de Dido a Eneas (*Heroides,* VII, 193-196):

> Nec consumpta rogis inscribar Elissa Sychaei,
> hoc tamen in tumuli marmore carmen erit:
> Praebuit Aeneas et causam mortis et ensem;
> ipsa sua Dido concidit usa manu.

El tópico de la espada de Eneas y la muerte de Dido se estudia en el artículo de María Rosa Lida, "Dido y su defensa en la literatura española" (136), pp. 237-246.

> Pues este nombre perdí,
> "Dido, muger de Sicheo",
> en mi muerte esto desseo
> que se escriva sobre mí:

(B)

---

1 Es hipométrica la variante que se encuentra en la citada edición de Mendoza: "Pues tal nombre perdí".

1-2 Dido perdió este apelativo ("mujer de Siqueo") por su infidelidad cometida con Eneas, quien luego la abandonó, dándole así motivo de su suicidio;

"El peor de los troyanos
dio la causa y el espada;
Dido, a tal punto llegada,
no puso más de las manos."

---

véase Virgilio, *Eneida,* IV, fuente principal de Ovidio, según indica María Rosa Lida en su citado artículo.

8 *más de*: más que.

En la edición de Mendoza se lee esta variante posterior (pues se aparta más de la fuente): "Puso la muerte y las manos".

[COPLA VI]

A UNA SEÑORA QUE, ANDANDO ÉL Y OTRO PASEANDO, LES ECHÓ UNA RED EMPEÇADA Y UN HUSO COMENÇADO A HILAR EN ÉL, Y DIXO QUE AQUELLO AVIA TRAVAJADO TODO EL DÍA

Fechada por Lapesa como probablemente anterior al año 1533, esta copla tiene títulos variantes. En la primera edición, en vez de "paseando", se leía "pescando", y Keniston cree que esta lectura "makes better sense", sin duda por tratarse de una red. (Pero ¿pescaban los caballeros del siglo XVI?) En el verso 6 de la copla se encuentra el verbo "pasearen", que confirma la enmienda del Brocense. En el manuscrito *Mg* se encuentra otro título: "Del mismo [Garcilaso] a doña Mençía de la Cerda, que le dio una red y díxole que aquello avía hilado aquel día". Sin el título se entendería difícilmente la coquetería de la copla: que si ella se deshace tan fácilmente de su propio trabajo, ¿qué hará con el trabajo, o sufrimiento, ajeno?

De la red y del hilado
hemos de tomar, señora,
que echáys de vos en un hora
todo el travajo pasado;

(B, Mg)
título: otro pescando *B74*
título: Del mismo a doña Mencía de la Cerda, que le dio una red y díxole que aquello avía hilado aquel día. *Mg*
2 Hemos de sacar *T*

1-4 Suponiendo que son partitivas las preposiciones del primer verso, entendemos de esta manera la estrofa: "Tenemos que aceptar la red y el

y si el vuestro se ha de dar
a los que se pasearen,
lo que por vos trabajaren
¿dónde lo pensáys echar?

7 Los que *Mg* 8 Donde los *Mg*

---

hilado, señora, porque vos os deshacéis en un momento de todo el trabajo pasado".

7-8 En vez de "lo" en estos dos versos, el manuscrito *Mg* reza "los", que difícilmente da otro posible sentido al final de la copla. Es lógica y poéticamente preferible el texto del Brocense.

[COPLA VII]

DEL MISMO [GARÇILASSO] A BOSCÁN, PORQUE ESTANDO EN ALEMAÑA DANÇÓ EN UNAS BODAS

Keniston cree que es probable (p. 186), o por lo menos posible (en sus notas), que esta copla se refiera a una hipotética estancia de Boscán (sin Garcilaso) en Alemania en el verano de 1530. Pero tanto Menéndez Pelayo, en su estudio sobre Boscán (1.ª ed., p. 479), como Lapesa creen que se escribió esta copla en Ratisbona entre febrero y julio de 1532, cuando sabemos que Garcilaso estaba allí, y probablemente Boscán también. Se supone que éste hizo una pirueta graciosa o extraordinaria. Esta es quizá la última copla escrita por Garcilaso.

La gente s'espanta toda,
que hablar a todos distes,
que un milagro que hezistes
uvo de ser en la boda;

pienso que avéys de venir,
si vays por esse camino,
a tornar el agua en vino,
como el dançar en reýr.

(Mg)
1 sespanta *Mg*
8 dancar *Mg*

---

1 *s'espanta*: se maravilla.
7 Se refiere al milagro que hizo Jesucristo en la boda de Caná (S. Juan, cap. II).

[COPLA VIII]

VILLANCICO DE GARÇILASSO

Fechada por Lapesa como probablemente anterior al año 1533, esta copla pertenece a la más ortodoxa tradición del amor cortés cancioneril; se le puede comparar, por ejemplo, el villancico que empieza "No puede el que os ha mirado" (*Cancionero de Barbieri,* f. 110). En esta tradición la hermosura y la crueldad de la dama causan simultáneamente gozo y sufrimiento indecibles.

Nadi puede ser dichoso,
señora, ni desdichado,
sino que os aya mirado.

Porque la gloria de veros
en esse punto se quita
que se piensa mereçeros;
así que sin conoçeros,
nadi puede ser dichoso,
señora, ni desdichado,
sino que os aya mirado.

(Mg)

---

3 *sino que*: a menos que.
7 *así que*: por lo tanto.

SONETO [I]

De fecha probablemente temprana (¿1526-1532?), según Lapesa, este soneto ha solido relacionarse con los amores isabelinos (Keniston). El razonamiento estoico de los seis versos primeros no hay por qué atribuirlo, de acuerdo con la nota del Brocense, a ninguna influencia directa de Plutarco. Más verosímil es el eco petrarquista del primer verso: "Quand' io mi volgo in dietro a mirar gl' anni" (Petrarca, Son. CCXCVIII), señalado por Herrera y aceptado por el Brocense. Pero, como dicen Mele y Lapesa (n. 95), esta influencia se limita a un solo verso. Lapesa encuentra "más puntos de contacto" en el Madrigal II de Petrarca, y "algo parecido" en los *Trionfi* ("Triumphus Cupidinis", II. 109-111). Pero, para Lapesa (pp. 81-82), los versos iniciales se explican mejor por un recuerdo del extravío de Dante en la selva oscura (*Inferno*. I. 25-27):

> Così l'animo mio, ch' ancor fuggiva,
> si volse a retro a rimirar lo passo
> che non lasciò giammai persona viva...

La imagen del camino peligroso reaparecerá en la obra de Garcilaso: en el Son. VI. 1-4, en el Son. XXXVIII. 5-8, en la Ég. II. 1113-1118 (pasajes señalados ya por Keniston y Lapesa). También se encuentra en la obra de Boscán: Son. XII. 1-8, Son. XIII. 12-14, Son. XXXIII. 3-4 (cfr. Lapesa, p. 89 y n. 100; ed. Riquer, pp. 103, 104, 153). Lapesa (p. 55) nota la fuerte influencia de la tradición cancioneril (voluntarismo, reiteración conceptista de palabras).

El Soneto I de Garcilaso, y sobre todo su primer verso, se hizo tan famoso que hay innumerables ecos de él en la poesía posterior del Siglo de Oro. Muy conocida es la admirable versión a lo divino hecha por Lope de Vega (Soneto I de las *Rimas sacras*). Herrera (H-12) señala un eco en Juan de Malara, Rodríguez Marín (211. 67-68) en el duque de Sesa, Mele en el primer verso de una canción a lo divino de B. Argensola (ed. Blecua, Vol. II, pp. 201-205; comentada por Cervantes en *Viaje del Parnaso,* Cap. VII, ed. Schevill y Bonilla, p. 102); véase también Gil Polo, *Diana enamorada,* ed. "Clás. Castellanos", p. 62. Toda esta tradición ha sido bien estudiada como la "trayectoria de un *Rechenschaftssonett*" por E. Glaser (105).

Además del breve análisis de Lapesa (pp. 81-82), hay uno detalladísimo dedicado a este soneto por F. Goodwyn (108), quien presta atención especial a su aspecto "fónico", además del histórico, el imaginativo y el retórico.

Quando me paro a contemplar mi 'stado
y a ver los passos por dó m'han traýdo,
hallo, según por do anduve perdido,
que a mayor mal pudiera aver llegado;
mas quando del camino 'stó olvidado,
a tanto mal no sé por dó é venido;
sé que me acabo, y más é yo sentido
ver acabar comigo mi cuydado.
Yo acabaré, que me entregué sin arte

(O, B, Ma, Mg)
2 ver mis pasos *Ma*
m'ha traydo *O R*
me han traydo *Ma Mg B74*
4 pudiera ser llegado *Ma*
6 [no sé] como he *Ma*
7 Mucho mas que perderme he yo sentido *Ma*
8 El perder comigo *Ma*
9 Yo me perdi *Ma*

---

1 (B-1) *Quando me paro, etc.* Dize Plutarcho, en un libro de *Tranquilitate vitae,* que si los hombres en sus tribulaciones mirassen otros más fatigados, o a sí mismos, en lo que pudieran caer, que aprouecha para el sossiego de la vida. Porque los que a esto no miran, qualquiera aduersidad les dará pena.

[Vide Petrarcha, parte 2, soneto 30 [CCXCVIII]. (B89<H)]

2 Es sin duda superior la lectura variante de *Mg y B74*: *han* en vez de *ha.* Con el verbo singular hay que entender que su estado le ha traído por esos pasos, lo cual es difícil. Pero con el verbo plural se entiende perfectamente: "a ver por dó me han traído los pasos". Como en todo caso la diferencia entre las dos lecturas dependía de una sola tilde (*ha, hã*) en la ortografía de Garcilaso, creo con A. Blecua (pp. 15-20) que se debe aceptar la lectura de *Mg* y *B74,* que también se encuentra en *Ma.*

5 *estó*: doblete de *estoy.*

7-14 Sobre el poliptoton (señalado ya por Herrera, H-9) y el voluntarismo cancioneriles de estos versos, véase Lapesa (pp. 55 y 82).

8 *cuidado*: preocupación amorosa (metáfora lexicalizada ya en los cancioneros).

9 *sin arte*: sin engaño, sinceramente.

a quien sabrá perderme y acabarme
si quisiere, y aún sabrá querello;
que pues mi voluntad puede matarme,
la suya, que no es tanto de mi parte,
pudiendo, ¿qué hará sino hazello?

11 Y se tanbien que sabra querello *Ma*
Si ella quisiere *BHTA*
12 voluntad pudo matarme *Ma*
quiere matarme *H Tn*
13 no estando *Ma*
14 Queriendo *Tn*

---

11 Todos los editores, menos Keniston, han aceptado la enmienda (*si ella quisiere*) autorizada por el Brocense, sin duda justificándola por hipometría, pues normalmente en Garcilaso la palabra *aun* es monosilábica. Pero aquí es enfática y puede ser bisilábica, como señala Keniston; cfr. el caso semejante de Ca. I. 24 (enmendado por Blecua). También es posible que el Brocense y los demás quisieran subrayar el carácter femenino del antagonista; pero sería muy discutible una enmienda basada en tal criterio. Como dice A. Blecua (pp. 22-23, n. 22) esta enmienda es "inadmisible": "La aparición del pronombre *ella* rompe todo el misterioso secreto..." Blecua sugiere como posibilidad otra diéresis ("quisïere"), que nos parece menos verosímil que "aún".

12-14 Según Herrera (H-11), Luis Barahona de Soto "muda el verbo *puede* en *quiere*", perfeccionando así el silogismo. Hay que reconocer que es propio a la voluntad el verbo *querer*. Tamayo prefiere dejar sin enmendar el v. 12 y hacer un cambio parecido en el v. 14: *pudiendo* > *queriendo*. "Pero", concluye Tamayo correctamente, "después de todo esto, la lectura ordinaria es buena..."

13 *tanto de mi parte*: tan favorable para mí.

SONETO [II]

De fecha incierta para Lapesa, el Soneto II se atribuye a una época temprana (1527-8) en Keniston. La metáfora central es evidentemente la de la dama como cruel enemiga militar; otra secundaria, en el primer terceto, se caracteriza por Herrera (H-17) como "traslación de la agricultura".

En fin a vuestras manos é venido,
do sé que é de morir tan apretado
que aun aliviar con quexas mi cuydado
como remedio me's ya deffendido;
mi vida no sé en qué s'ha sostenido
si no es en aver sido yo guardado

(O, B, Mg, Mz) 2 Adonde se que de morir *Mg*

---

2 Es hipermétrica la variante de *Mg* ("adonde" por "do").

4 *defendido*: prohibido.

6-8 Esta imagen, que seguramente se basa en un refrán, ha sido motivo de extensos comentarios, a partir de Herrera (H-14, H-15), quien nos recuerda la crueldad de Aquiles para con el Héctor rendido (quien dijo a los griegos que "al león muerto, aun las liebres le pelan las barbas"), y la de Eneas para con Turno. También cita a Torres Naharro (Epístola I. 43-44): "¿Cuál honra te puede ser / dar lanzada a moro muerto?" Y téngase en cuenta el refrán, citado por Navarro: "A moro muerto gran lanzada". Tamayo (T-2) cita también a Horacio, *Carmen saeculare*, vv. 51-52 ("iacentem / lenis in hostem") y a Virgilio, *Eneida* VI. 853 ("parcere subiectis"). A éstos se les puede añadir fácilmente otros antecedentes literarios: Sófocles, *Antigone*, escena V, discurso de Teiresias, por ejemplo, y Gil Vicente, *Don Duardos*, v. 1556 ("al moro muerto matallo"). Véase también la nota de M. Bataillon (28), en la que se documenta históricamente esta cruel costumbre: a un cacique rendido de Oaxaca "le dieron una gran cuchillada como las suelen dar los españoles por solamente probar...cómo cortan sus

para que sólo en mí fuesse provado
quánto corta una 'spada en un rendido.
Mis lágrimas an sido derramadas
donde la sequedad y el aspereza
dieron mal fruto dellas, y mi suerte:
¡basten las que por vos tengo lloradas;
no os venguéys más de mí con mi flaqueza;
allá os vengad, señora, con mi muerte!

8 vn 'spada *O*
una espada *MgTK*
un espada *MzBH*
la espada *TnA*

10 la aspereza *A*
11 mas fruto *Mg*
13 Nos vengues mas *Mg*

---

espadas". Lapesa (n. 68) sugiere otro pasaje de Torres Naharro más semejante (Epístola VI. 95-97): "Dexad las armas de azero / para allende; / no matéis a quien se riende". Pero reconoce que es un lugar común difícil de precisar, encontrándolo también en Boscán (ed. Riquer, p. 37, vv. 76-80): "Ya caído / estoy en tierra, vencido, / y vos, señora sin fe, / no me tomáys a mercé, / sabiendo que 'stoy rendido".

7 Es decir, "solamente para que fuese probado en mí".

11 La variante de *Mg* ("más fruto") tiene que ser errata.

14 (B-2) *En fin a uuestras manos.* En el soneto segundo, en el verso último, se lea: *allá os uengad señora.*

Pero la "enmienda" del Brocense coincide con la única lectura conocida. Este verso según Herrera (H-18), es epítrope o permisión, "cuando permitimos que se haga lo que menos queremos", es decir, una especie de ironía.

SONETO [III]

De fecha incierta, según Lapesa (p. 193: "pudo ser escrito durante el primer viaje a Italia... o durante la empresa de Túnez"), este soneto para Keniston pertenece probablemente a la época del primer viaje de Garcilaso a Italia (1529-1530); Navarro (1924) da toda una lista de ocasiones posibles, basada en los viajes suyos que conocemos. El tema del sufrimiento causado por la ausencia es por supuesto universal en la poesía amorosa de todas las tradiciones; reaparecerá a menudo en la obra de Garcilaso.

La mar en medio y tierras é dexado
de quanto bien, cuytado, yo tenía;
y yéndome alexando cada día,
gentes, costumbres, lenguas é passado.
Ya de bolver estoy desconfïado;
pienso remedios en mi fantasía,
y el que más cierto espero es aquel día
que acabará la vida y el cuydado.

(O, B) Y yendome *BTA*
3 Yendome *O R* Iëndome *H*

1-3 (B-3) *La mar en medio, y tierras, he dexado de quanto bien, cuytado yo tenía: y yéndome alex.* Ansí leo yo esta letra sin más enmendar, aunque algunos han querido mudar no sé qué, no entendiendo la construción, que ha de ser desta suerte: He dexado la mar y las tierras en medio de quanto bien yo, cuytado, tenía. Es imitación de Sanazaro, prosa 7: *Per tanta longuinquità di terra, per tanti seni di mari, dal mio disio dilungato, in continuo dolore e lagrime mi consumo.*

Petrarcha, Canc. 4 [XXXVII. 41-43]:

Quante montagne & acque
Quanto mar, quanti fiumi
M'ascondon quei duo lumi.

De qualquier mal pudiera socorrerme
con veros yo, señora, o esperallo,
si esperallo pudiera sin perdello;
mas de no veros ya para valerme,
si no es morir, ningún remedio hallo,
y si éste lo es, tampoco podré havello.

14 esto *BHT*

Lo entendemos de esta manera: "He puesto tierra y mar entre mi bien (ella) y yo mismo". La enmienda (*yendo* > *y yendo*) autorizada por el Brocense, y aceptada por Tamayo, Azara y nosotros, es desde luego mejor que la diéresis (*ïendo*) defendida como licencia poética por Herrera, pues en español sería lingüísticamente muy violenta; ya dijo Keniston que mejor que ésta sería el hiato entre *me* y *alejando,* que fue defendido por Navarro. (Herrera también hubiera preferido *el mar,* y no *la mar,* según su comentario H-19, e identifica *cuitado* como "intergeción" afectiva en H-20.)

4 Herrera (H-22) llama la atención sobre el asíndeton de este verso.

6 Según Herrera (H-24), la fantasía era "potencia natural de la ánima sensitiva,...movimiento o acción de las imágenes aparentes y de las especies impresas,...la fuerza de imaginar".

8 *que acabará*: "cacénfaton, o cacófaton, o escrología", según Herrera (H-25).

10-11 El pronombre *lo* se refiere en cada caso al infinitivo *veros.*

11 (B-4) *Con ueros yo señora o esperallo, si esp.* Como si dixera: Con veros yo, señora, o esperar de poderos ver, si esto pudiera esperar seguramente y sin miedo de perdello.

Cfr. Herrera (H-28): "si pudiera esperar veros sin temor de perder esta vista, porque el amor, como dice Ovidio, es lleno de temor congojoso". Este verso se explica efectivamente en el terceto siguiente.

14 El Brocense, Herrera y Tamayo todos prefieren el pronombre neutro *esto* para referirse a la idea de *morir.* Herrera (H-29) critica ambiguamente este verso: "floxo i desmayado verso, i sin ornato i composición alguna para remate de tan hermoso soneto; pero artificioso para lo que pretende, porque con aquel lassamiento i número caido i sin espíritu, descubre su intención". (Esta ambigüedad poética ha sido llamada "la falacia de la forma imitativa" por el crítico norteamericano W. K. Wimsatt.) Tamayo (T-3) se indigna contra Herrera: "El [Soneto] III es aún mejor, y no sé qué desmayo se puede en él notar, siendo igual su ornato". Pero las críticas de Azara (A-2) son más fuertes: "Los seis últimos versos forman una antítesis ridícula, y con trabajo se descubre lo que quieren decir: esto es, que morirá si ve o no ve a su dama". Comenta Navarro (1911): "No es cierto: el poeta no dice *que morirá si ve a su dama*; todo lo contrario". Lo que quiere decir es esto: que no viéndola, su único remedio es morir; pero si muere, tampoco tendrá remedio, porque, muerto, no la verá.

SONETO [IV]

La mención de *prisión* en el v. 12 es para Lapesa prueba de que este soneto fue escrito entre febrero y julio del año 1532, pues sabemos que Garcilaso fue encarcelado en Tolosa en febrero y confinado en la isla del Danubio entre marzo y julio. (Navarro ha sugerido que el Soneto IX también fue escrito en esa isla, y cita otros sonetos que tratan el tema de la ausencia.) En su estudio cronológico, Lapesa relaciona el Soneto IV con el XXVI y, por supuesto, con la Canción III. Ve en el Soneto IV una asimilación incompleta "al módulo artístico de Petrarca": el "furor apasionado" de Garcilaso "no se aviene con la dulce melancolía habitual en el italiano" (p. 83). El análisis de Lapesa (pp. 83-85) es insustituible, tanto por su estudio de las fuentes (Petrarca, Ausias March) como por su apreciación de la originalidad de Garcilaso. También señala Lapesa (pp. 89-90 y n. 101) la influencia que tuvo este soneto de Garcilaso en la Canción II y el Soneto XXVIII de Boscán.

El gran número de variantes en los textos de este soneto se explica por los cuatro versos hipermétricos de la primera edición. En el v. 2, pese a A. Blecua (p. 27), hemos aceptado la supresión del vocablo *tan*; la enmienda de Herrera (supresión de *más*) nos parece menos aceptable por motivos de sentido y de ritmo. (Pero en el v. 3 no hemos hecho el cambio innecesario de *que* por *y*.) En los vv. 7, 12 y 14 hemos seguido la tradición casi unánime de la enmendación antigua, apoyada en parte por A. Blecua (pp. 28-29).

Un rato se levanta mi esperança,
mas cansada d'averse levantado,
torna a caer, que dexa, a mal mi grado,
libre el lugar a la desconfiança.

(O, B)
2 Mas tan cansada *O R*
Mas cansada *BTA*

Tan cansada *H*
3 caer y dexa mal mi grado *BTA*
dexa mal mi grado *H*

1-3 Herrera (H-31), seguido por Tamayo (T-86), señala cierta semejanza entre estos tres versos y los vv. 160-162 de la Elegía II.

¿Quién suffrirá tan áspera mudança
del bien al mal? ¡O coraçón cansado,
esfuerça en la miseria de tu 'stado,
que tras fortuna suele aver bonança!

7 Esfuerça con la *O R* Esfuerça en la *BHTA*

1-4 Flamini señaló primero la semejanza entre estos versos y los 107-110 de la Canzone IV (XXXVII, "Si é debile il filo") de Petrarca; véase el citado análisis de Lapesa (pp. 83-85):

> Però ch'ad ora ad ora
> S'erge la speme, e poi non sa star ferma,
> Ma ricadendo afferma
> Di mai non veder lei che'l ciel onora...

3 *que*: lo cual.
a mal mi grado: sobra la preposición *a*, según todos los editores antiguos. También para A. Blecua (p. 27) es anómala esta preposición, que no se encuentra en frases semejantes de Garcilaso (Ég. II. 256 y Ég. III. 348). Sin embargo, puede ser un italianismo que se remonta, por ejemplo, a Petrarca: "a mal mio grado" (Son. CXXXII. 6, que empieza "S'amor non è, che dunque è quel ch'io sento?").

5-6 Pagés (184.412) señaló el paralelo con dos versos de Ausias March (XI, 2-4; cfr. Lapesa, pp. 62-63):

> Cor malastruch, enfastijat de viure...
> Com soferrás los mals qui't son devant?

6-8 Aquí, según demuestra Lapesa (p. 84), Garcilaso vuelve a la Canzone IV de Petrarca, vv. 11-13:

> Mantienti, anima trista:
> Che sai s'a miglior tempo anco ritorni
> Et a più lieti giorni?

8 *fortuna*: tormenta marítima, el contrario de *bonanza*; cfr. Dante, Son. XIV: "fortuna od altro tempo rio". La sentencia optimista de esta metáfora es común a muchas lenguas y culturas. El Brocense da cuatro antecedentes:

(B-5) *Esfuerça en la miseria de tu estado, que tras fortuna suele auer mudança.* Lo mismo dixo Bernardo Tasso en el hymno, *Non sempre il cielo irato. etc.;* y Sanazaro, prosa 8, *Et sperar nelle aduersità fermamente di uenire in piu lieto stato, che certo non puo essere che fra tanti nuuoli, alcuna uolta non appaia il Sole.* Todos lo pudieron tomar de Theócrito en el edilio 4:
Batte malis etiam considere rebus oportet, Cras meliora dabunt superi fortasse benigni: Omnibus in rebus uiuis sperare relictum est, Lumine nam uitae functis spes nulla medetur. Nubibus obscuris

Yo mesmo emprenderé a fuerça de braços
romper un monte que otro no rompiera,
de mil inconvenientes muy espesso;
muerte, prisión no pueden, ni embaraços,

9 mismo *HA* prision no *BHTA*
12 prisiones no *O R*

---

nunc Iupiter aëra turbat, Nunc iterum claro caelum splendore serenat.

Trató esto elegantemente Horacio, Oda 10, lib. 2. Y porque un docto destos reynos la traduxo bien y ay pocas cosas déstas en nuestra lengua, la pondré aquí toda; y ansí entiendo hazer en el discurso destas Anotaciones quando se ofreciere.

Si en alto mar Lycino
...... [34 vv.] ......
la uela que ua hinchada con el uiento.

(El "docto de estos reinos" es, por supuesto, Fray Luis de León, compañero del Brocense en la Universidad de Salamanca; el anonimato se debe, sin duda, a los escrúpulos del religioso. Cfr. Dámaso Alonso, "Fray Luis en la 'Dedicatoria' de sus poesías (desdoblamiento y ocultación de personalidad)", en *Studia philologica et litteraria in honorem L. Spitzer* [Bern: Francke, 1958], pp. 15-30.) Herrera (H-33) nos da una elegante versión castellana del pasaje de Teócrito:

Bato, tener conviene confiança,
será mejor mañana por ventura;
el vivo nunca pierde la esperança;
no espera el que está muerto en sombra oscura;
ya Jove está sereno, ya en mudança
se buelve, y con la pluvia l'apressura.

Y en la misma nota cita Herrera otros antecedentes: "dum vivis, sperare decet"; Plinio (vii, 42); Camoens (*Lusíadas,* canto IV); y otros. A éstos se les puede añadir la frase latina "dum spiro, spero", y algunos refranes: "mientras hay vida, hay esperanza" y "tras el nublo viene el sol".

10-11 Siendo *espesso* el *monte,* debe de significar más bien "bosque" que "montaña"; pero en el Son. XXVI. 11 ("que un monte puesto encima rompería") parece tener más bien este significado que aquél. Cfr. "monte espesso" (El. II. 28).

12 Herrera (H-34) critica así *embarazos*: "La dificultad de la consonancia compelió a G. L. que pusiese al fin lo que sin comparación era menos". Es decir, que la serie *muerte, prisión, embarazos* va de mayor a menor.

quitarme de yr a veros como quiera,
desnudo 'spirtu o hombre en carne y huesso.

14 'spiritu *O R* espirtu *HA*

---

14 (B-6) *Desnudo spíritu, o hombre en carne y huesso.* Petrarcha, canción 4: *O spirto ignudo, od huom di carne, e d'ossa.* Garci Lasso, fol. 60: *Desnudo spíritu, o carne y huesso firme.*

Efectivamente, el verso final de este soneto coincide con el verso final de la Canzone IV de Petrarca, pero Lapesa (p. 85) subraya la gran diferencia de valor afectivo. Casi el mismo verso, según señala el Brocense, reaparece en la Eg. II. 882; parecido también, según señala Keniston, es el v. 919: "Espirtu soy, de carne ya desnudo". La referencia que hace Herrera (H-35) al soneto 114 de la parte primera de Petrarca, parece ser un error; quizá quería referirse al 13 (XV, "Io mi rivolgo indietro a ciascun passo"). La misma palabra *espirtu,* normal en la versificación garcilasiana, es por supuesto un italianismo *(spirto),* que quizá Garcilaso estrenó en este soneto suyo; cfr. Boscán, *Leandro,* 1332.

SONETO [V]

Para Keniston este soneto es de época temprana y pertenece al ciclo isabelino; Navarro, influido quizá por Mele, sugiere la posibilidad también de que se dedicara a la napolitana. Lapesa, siempre más exigente de datos específicos, concluye que es de fecha incierta. Su análisis magistral (pp. 66-68) demuestra cómo en este soneto "Garcilaso trata con la mayor libertad temas e imágenes procedentes de Ausias [March]", cruzados quizá con algún influjo de Petrarca. (Esto le fue sugerido por D. Luis Rosales, quien tenía otra versión manuscrita, quizá *Mz,* del soneto de Garcilaso; véase Lapesa, nota 80.) Todo el soneto refleja cierta hipérbole sagrada cancioneril. Trend ha señalado que este soneto se encuentra con música en Daza (*Libro de música en cifras*..., Córdoba, 1576, f. 79).

A. Blecua (pp. 30-33) ha publicado una versión manuscrita (*Mz,* f. 77) muy diferente, que para él puede ser o bien una divinización del soneto de Garcilaso, o bien una versión primitiva del mismo. La reproducimos en nuestras variantes.

Escrito 'stá en mi alma vuestro gesto
y quanto yo escrivir de vos desseo:
vos sola lo escrivistes; yo lo leo
tan solo que aun de vos me guardo en esto.
En esto 'stoy y estaré siempre puesto,

(O, B, Mg, Mp, Mz)
2 yo de vos escrivir desseo *Mg*
escrevir *H*
3 escrevistes *H*
escribiste *A*
5 y siempre estare puesto *B*

---

1 (B-7) *Escrito está en mi alma.* Bembo en el soneto *Ch'io scriua*:
Ma che diró signor prima: che poi?
Quel, ch'io t'ho gia di lei scricto nel core,
Et quel che leggerai ne suoi begli occhi.

Lapesa (p. 67) señala el verso 2 del Son. V de Petrarca ("E 'l nome che nel cor mi scrisse Amore") y dos versos de Ausias March como influencias posibles (LXII, 49-50):

M'oppinió es en mon cor escrita,
que sino vos, als no la m'en pot raure.

Más o menos de acuerdo con Herrera (H-36), Lapesa dice que *escrito* tiene el sentido de "grabado", "dibujado" o "impreso", como dijo Mena: "emprensada tu figura" (n. 79). (Y *gesto* significa por supuesto "expresión" o "rostro"; cfr. S. XXIII. 20, Castillejo, *Polifemo,* v. 279, y el *Leandro* de Boscán.) Tamayo (T-5) ve en todo esto un topos clásico que remonta a Píndaro, Olympica Ode X: "...qua in parte mentis meae scriptus est." Cita también a Cicerón (*De natura deorum,* I: "Natura insculpsit in mentibus nostris ut deos beatos haberemus") y a Terencio (*Andria,* I. 282: "...nunc mihi scripta illa docta sunt in animo..."). A través de este verso de Garcilaso se divulga el tópico en la poesía ibérica: Hurtado de Mendoza, Son. XXI, 5-6, citado por Keniston ("Pero ya que en el alma tu figura / tengo en humana forma abreviada") y Camoens, Son. VIII. 1, citado por Tamayo ("Amor que o gesto humano na alma escreve").

2 La variante de *Mg* ("de vos escrivir") es hipermétrica.

4 *tan solo*: tan a solas.

4-5 "La repetición [de *en esto*] al fin y al principio de estos dos versos se llama anadiplosis" (H-37); y Herrera cita ejemplos latinos.

5 *puesto en*: dedicado a. La variante de B ("siempre estaré") es rítmicamente inferior. Azara (A-3) critica como "durísimos" los vv. 5 y 9; el conceptismo de los sonetos de Garcilaso, herencia de los cancioneros castellanos, lo atribuye Azara al "mal gusto [italiano] de espiritualizar, por decirlo así, las cosas más naturales y sencillas". (Estima mucho más las églogas, y por eso sin duda las antepuso a todo lo demás en su edición.)

que aunque no cabe en mí quanto en vos veo,
de tanto bien lo que no entiendo creo,
tomando ya la fe por presupuesto.
Yo no nascí sino para quereros;
mi alma os ha cortado a su medida;
por hábito del alma misma os quiero;
quanto tengo confiesso yo deveros;

8 Teniendo ya *Mg*
10 Mi mal *A*
12 ya deveros *Mg*
Es muy diferente la versión *Mz* (A. Blecua, pp. 30-31):

Sellado está en mi alma vuestro jesto
y en ella vuestro amor sellar deseo,
pues vos me amastes tanto, según veo,
que no podré igualaros çierto en esto.
De vos toda belleza y bien onesto
recibe ell alma mía y todo arreo
y mucho más, que yo no entiendo, creo,
tiniendo biua fe por presupuesto.
Por vos naçí, por vos tengo la vida,
por ábito del alma mía os quiero
... ...
y en sola vuestra fe y bondad espero
gozar de vuestra paz no mereçida,
en vos é de biuir y por vos muero.

6-8 Cfr. Boscán, Can. III, vv. 49-51 (Lapesa, p. 90):

No puedo yo sentir
de hermosura un tan subido enxemplo;
por fe os ha de querer aquel que os quiere.

A. Lumsden (149.148) añade un verso posterior de Hurtado de Mendoza (ed. Knapp, p. 154): "quedándome tal fe por presupuesto". Pero para la estudiosa inglesa, la fuente del "fuerte sabor teologizante" notado por Lapesa es la liturgia (secuencia de Santo Tomás de Aquino para la fiesta del Corpus Christi):

Quod non capis,
quod non vides,
animosa firmat fides,
praeter rerum ordinem.

Según afirma A. Lumsden, "cabe" parece ser un eco directo de "capis"; esto nos parece discutible.

9 Cfr. Ausias March, LVIII, 30 (Lapesa, p. 67): "Por vos amar fon lo meu naximent".

10 Cfr. Montemayor, *Diana* (ed. de 1586, f. 158v), citada por Keniston: "...mi alma tan cortada a la medida de la suya...".

11 Herrera (H-39) señala, de un modo algo oscuro, el doble sentido de la palabra *hábito* en este verso: la metáfora de la ropa, quizá religiosa, introducida en el v. 10, se complica aquí con el segundo sentido de "disposición" o "costumbre".

12-14 "Todo este terceto es de espléndida i numerosa oración, con que se

por vos nací, por vos tengo la vida,
por vos é de morir, y por vos muero.

muestra más amoroso su enamorado intento, i más ilustres i nobles las palabras generosas" (H-40). La cuádruple repetición la llama "sinonimia tetrácolos, que es de cuatro miembros cuando van unas cláusulas como otras de tantas sílabas, i dizen en sí lo mesmo; i es anáfora la repetición *por vos*; i antíteto, o contrapuesto de nacer i morir, i muerte i vida" (H-41).

SONETO [VI]

Para Keniston este soneto pertenece a la misma época de la Canción III. Para Lapesa es seguramente anterior a la Égloga II, quizá mucho más temprano; le asigna tentativamente como términos las fechas 1526(?)-1532. Por las imágenes del alegórico camino montañés, este soneto se relaciona con el Soneto I y los versos 1.113-1.121 de la Égloga II (cfr. Lapesa, pp. 54-55 y 116). El análisis de Lapesa (pp. 82-83) muestra la fusión de reminiscencias de Petrarca con otras de Ausias March. Trend ha encontrado este soneto con música de Mudarra.

Por ásperos caminos é llegado
a parte que de miedo no me muevo,
y si a mudarme a dar un passo pruevo,
allí por los cabellos soy tornado;

(O, Mp)

3 mudarme o dar *HA*
mudarme o a dar *T*

---

1 Cfr. Boscán, Son. XXXIII: "Yo por caminos ásperos rodeo / por llegar a sosiego el alma mía" (Lapesa, n. 100).

1-4 En estos versos Lapesa (pp. 65-66) ha señalado la influencia de A. March, CXVI, 45-50, y XVIII, 37 ("Per los cabells a mi sembla qu'm porten").

2 "a un sitio donde tengo tanto miedo que no me atrevo a moverme".

3 El sentido de este verso está claro: "si pruebo a mudarme para dar un paso". Pero Herrera ("mudarme o dar") quiso enmendarlo para evitar la repetición de la preposición *a,* y Tamayo lo complicó un poco más, cambiando el sentido: "mudarme o a dar".

4 Herrera (H-43) cita lo que llama el adagio, o refrán, "traer por los cabellos"; pero como nota Navarro, Garcilaso lo usa con un sentido particular, como también en la Canción IV. 7 (citado por Herrera). Para Herrera (H-44) *tornado* era ya un arcaísmo: "esta dición en esta forma á envejecido, i está desusada". Keniston cita versos parecidos de Hurtado de Mendoza:

Arrástranle durmiendo y aun despierto
Y llévanle tras sí por los cabellos (Epíst. III, p. 119).

mas tal estoy que con la muerte al lado
busco de mi bivir consejo nuevo,
y conozco el mejor y el peor apruevo,
o por costumbre mala o por mi hado.
Por otra parte, el breve tiempo mío
y el errado processo de mis años,

5 tal 'stoy *O*
7 Conozco lo mejor, lo peor apruevo *BTA* lo mejor y lo peor *Mp*
10 Y el amargo processo de mis daños *Hn Tn*

Arrastran por los cabellos
Al que no quiere ir con ellos (Carta VIII, p. 318).

7 (B-8) *Conozco lo mejor.* Es tomado de Ouidio en el libro 7 de Metamorphosis [vv. 20-21]:

Video meliora, proboque
Deteriora sequor.

Petrarcha en la canción última de la primera parte [Poema CCLXIV, 135-136]:

Cerco del uiuer mio nouo consiglio.
E ueggio il meglio, & al peggior m'appiglio

[En un antiquissimo libro de mano se lee: *Y conozco el mejor, y el peor aprueuo.* (B77-89)]

La versión variante ("conozco lo mejor, lo peor apruevo") de este verso será lógica, pero se aparta más del citado modelo petrarquesco, que se encuentra al final de la Canzone XXI, que empieza "I' vo pensando, e nel penser m'assale". Tamayo defiende la lectura "antigua" sugerida por el Brocense. Como demuestra Herrera (H-45) con otros ejemplos (Cariteo, el Comendador Salvago), la idea ya se había hecho tópico de la poesía italiana, y se había extendido a la española (Bernardim do Ribeiro, Diego Hurtado de Mendoza); habría influido en ello también la frase de San Pablo (*Ad Romanos,* VII, 15: "Non enim quod volo bonum hoc ago, sed quod odi malum illud facio").

La palabra *peor* es aquí monosilábica.

8 Lapesa (p. 83 y n. 96) ve en la misma Can. XXI de Petrarca (v. 105), la fuente de *costumbre mala*: "il mal costume".

10 Se atribuyen a Francisco de Figueroa las variantes de este verso ("el amargo proceso de mis daños") encontradas en las notas de Herrera (H-46) y de Tamayo (T-6). Tamayo defiende razonadamente la lectura original. Es posible que Figueroa se dejara influir por "el proceso luengo de mis daños" (Ca. II. 54), del mismo Garcilaso; pero en el Son. VI no podría haber repetición de la misma palabra consonante (también el v. 13 termina en *daños*).

en su primer principio y en su medio,
  mi inclinación, con quien ya no porfío,
la cierta muerte, fin de tantos daños,
me hazen descuydar de mi remedio.

14 hace *Mp*

---

12 Véase la nota de Navarro sobre el uso de *quien* con antecedente impersonal.
13 "*Fin* es aposición" (H-48).

SONETO [VII]

Lapesa, de acuerdo en este caso con casi todos los críticos (Keniston, Navarro, Mele, Entwistle), da para este soneto una fecha napolitana, 1535: "Los sonetos VII y XXVIII surgen meses después [de la Epístola] al comienzo de los amores con la dama de Nápoles, a los que se refiere también el XIX" (p. 188 y n. 222). Estos amores inspiran "una serie poemática interesante... Los sonetos, inferiores en emoción a los de años atrás, están mejor construidos... Inicia la serie el soneto VII, de sabor horaciano y acertada distribución..." (Lapesa, pp. 155-156).

Los dos versos hipermétricos de la primera edición (vv. 3 y 9) han provocado una serie de enmiendas. En el v. 3 (véase nota) *jamás* ha sido sustituido por *nunca* (*BTA*), o ha sido trocado de posición con *haber*; cada solución tiene su ventaja (o no separar el verbo compuesto, o no cambiar las palabras originales). En el v. 9 es fácil suprimir el *de* superfluo.

No pierda más quien ha tanto perdido;
bástate, amor, lo que á por mí passado;
válgame ora jamás aver provado
a deffenderme de lo que as querido.

(*O, B*)
2 Baste t'Amor *BHTA*
lo que por mi ha passado *T*
lo que por ti he pasado *A*

3 Valgame agora jamas *O R*
agora nunca aver *BTA*
agora aver jamas provado *H*

---

2 Las enmiendas de este verso han sido algo gratuitas, pues no es ni amétrico ni falto de sentido. Pero es verdad que los vv. 1 y 3 empiezan con subjuntivos que se refieren al poeta, y lo mismo sería de esperar en el v. 2. El indicativo constrastante, con referencia al amor, en segunda persona, expresa una diferencia de actitud. Mucho más discutibles son las enmiendas ulteriores de Tamayo y Azara; Tamayo se apoya en el sentido del v. 4 y en "un cartapacio antiguo que fue de don Diego de Mendoza, insigne poeta nuestro, en el Escorial entre sus libros" (T-8).

3 Herrera (H-51) defiende su enmienda ("aver jamás" por "jamás aver"), y el principio general de la enmendación de versos defectuosos, afirman-

Tu templo y sus paredes é vestido
de mis mojadas ropas y adornado,
como acontece a quien ha ya escapado
libre de la tormenta en que se vido.
Yo avia jurado nunca más meterme,
a poder mio y a mi consentimiento,
en otro tal peligro como vano;

9 jurado de nunca *O R*
jurado nunca *BHTA*

10 y mi consentimiento *A*

---

do ser él "el primero que puse la mano en esto". De esta enmienda dice Tamayo (T-8) que "puede ser que con la autoridad de algún manuscrito se confirme esta lección; pero la vulgar [es decir, "nunca aver", la del Brocense] es buena". Pero como el Brocense aquí no dice corregir con su "libro de mano", es preferible sustituir *agora* por *ora*, que es la variante bisílaba más frecuente en Garcilaso; cfr. Ca. II. 36, donde hemos hecho una enmienda parecida.

5 (B-9) *Tu templo y sus paredes.* Horacio, Oda 5, libro 1 [13-16]:
...Me tabula sacer
Votiua paries indicat humida
Suspendisse potenti
Vestimenta maris Deo.
Bernardo Tasso en la canción *Lelio qui doue*:
Giunto al fin del uiaggio
Appende su le sponde
L'humilde ueste al Dio dele salse onde.

A los dos pasajes citados por el Brocense les añade Herrera (H-53) dos más, de Virgilio (*Eneida*, XII. 769: "...et votas suspendere vestes") y de don Diego de Mendoza a Filis [ed. Knapp, p. 300]: "...colgar las mojadas prendas..." Pero, como ya había dicho Herrera (H-49), "La intención deste soneto es tan común que muchos poetas Latinos i Toscanos l'an tratado..." (Cfr. Navarro y Lapesa, p. 156.)

Sobre el orden de palabras de los vv. 5-6 (se entiende que el verbo completo es *he vestido... y adornado*), Herrera (H-52) sugiere una especie de quiasmos: que "he vestido tu templo (género) y adornado sus paredes (especie)".

8 *vido*: doblete de "vio", corriente en Garcilaso.

9 *avia*: "este verbo es bissílabo por sinéresis...; i desta suerte ái muchos versos en G. L." (H-54).

9-11 "Porque esta oración está confusa, se deve entender assí: yo, como vano, avia jurado, a poder i consentimiento mío, no meterme más en otro semejante peligro. La oscuridad de este lugar nació del ipérbaton, no dudoso vicio de la sintáxis..." (H-55). También la frase "a poder y consentimiento mío" es algo oscura; significa que el poeta no iba a

mas del que viene no podré valerme,
y en esto no voy contra el juramento,
que ni es como los otros ni en mi mano.

---

meterse en otro peligro semejante "si podía yo evitarlo, y en todo caso no voluntariamente".

9-14 Para esta especie de palinodia, o "corrección, con que se modera la presunción y el efeto de su juramento", Herrera (H-56) señala antecedentes en Propercio (II. ii. 1-2 y iii. 1-2), en Tibulo (I. v. 1-2) y en Bembo (soneto que empieza "Io, che gia vago et sciolto havea pensato").

11 Siguiendo a Herrera, Navarro señala que *como* no es correlativo de *tal*; *como vano* ha de tomarse con el *yo* del v. 9.

14 Como sugiere Herrera (H-57 y H-58), aquí el poeta afirma la desemejanza del nuevo peligro (cfr. *tal* del v. 11) y la imposibilidad de evitarlo (cfr. v. 10).

SONETO [VIII]

Lapesa cree que este soneto es probablemente del año 1535; no acepta la hipótesis de Keniston y Entwistle, de que fuera escrito durante el primer viaje a Italia (Lapesa, p. 192 y n. 236). La fuente principal del soneto, que es *Il cortigiano* de Castiglione, viene a fijar un probable *terminus a quo* de 1533, cuando Garcilaso repasó la versión castellana que hacía Boscán; hay alguna coincidencia verbal entre *El cortesano* de Boscán (publicada en 1534) y el soneto de Garcilaso (véase Rivers, 203). Aceptemos, pues, la fecha aproximada de 1533-1535.

Es sorprendente que ninguno de los comentaristas antiguos se fijara en el pasaje del *Cortesano* que dio motivo a este soneto; sólo en el siglo XX, y más o menos independientemente, han hecho este descubrimiento Rüffler (215.221-222), Altolaguirre (pp. 201-202), Rivers (203) y Green (112.146-147). He aquí el pasaje de Castiglione, en la versión de Boscán (Libro IV, secciones 65-66 o capítulo 7):

> ... el estar ausente de la que amáis no puede sino afligir mucho, porque aquel penetrar o influir que hace la hermosura, siendo presente, es causa de un estraño y maravilloso deleite en el enamorado, y callentándole el corazón, despierta y derrite algunos sentimientos o fuerzas que están adormidas y heladas en el alma, las cuales, criadas y mantenidas por el calor que del amor les viene, se estienden y retoñecen y andan como bullendo al derredor del corazón, y envían fuera por los ojos aquellos espíritus, que son unos delgadísimos vapores hechos de la más pura y clara parte de la sangre que se halle en nuestro cuerpo, los cuales reciben en sí luego la imagen de la hermosura... Así que el enamorado que contempla la hermosura solamente en el cuerpo, pierde este bien luego a la hora que aquella mujer a quien ama, yéndose de donde él está presente, le deja como ciego, dejándole con los ojos sin su luz, y, por consiguiente, con el alma despojada y huérfana de su bien; y esto ha de ser así forzadamente, porque estando la hermosura ausente, aquel penetrar y influir que hemos dicho del amor, no calienta el corazón como hacía estando ella presente, y así aquellas vías por donde los espíritus y los

> amores van y vienen quedan entonces agotadas y secas, aunque todavía la memoria que queda de la hermosura mueve algo los sentimientos y fuerzas del alma. Y de tal manera los mueve, que andan por estender y enviar a su gozo los espíritus; mas ellos, hallando los pasos cerrados, hállanse sin salida y porfían cuanto más pueden por salir, y así encerrados no hacen sino dar mil espoladas al alma, y con sus aguijones desasosiéganla y apasiónanla gravemente...

Menos importantes son las posibles influencias notadas por el Brocense (el soneto de Bembo que empieza "Usato di mirar forma terrena"), por Flamini (Dante, *Vita nuova,* Canz. I.70-73), por Keniston (Navagero, *Rime,* VI.1-2), por Mele (170.35-36: un madrigal de B. Tasso que empieza "Escono ad ora ad ora"), y por Herrera (H-63: el Son. CCLVIII de Petrarca, "Vive faville uscian de' duo bei lumi", y el de Marmita, "Quei ch' uscir, donna, da bei lumi chiari"). El gran número de estas posibles fuentes nos hace ver que era un tópico ya consagrado de la poesía amorosa el tema de los rayos "visivos" que salen de los ojos de la hermosa dama y que a través de los ojos de él hieren en el corazón al enamorado que la contempla. La citada fuente inmediata (el *Cortesano*) también tiene su fuente, no notada por V. Cian, en Platón, *Fedro,* 251. Incluso en la Biblia hay eco de esta tradición: "Vulnerasti cor meum in uno oculorum tuorum" (*Cant.* IV.9).

(B-10) *De aquesta uista pura.* Este soneto me pareció estar errado y emendé algunas dictiones en él, como: *Me passan.* En el de mano está: *No paran.* Más abaxo: *Encuéntranse en el camino fácilmente.* Otros quitaron aquella palabra, *el,* porque sobraua. Yo leo: *Entranse en el camino fácilmente.* Abaxo leo: *Se mueuen y se encienden.* Más abaxo: *Que los suyos entrando derretían,* leo: *detenían.*

El soneto es imitado del Bembo en el soneto que comiença:
Usato di mirar forma terrena.
& infra: *Corsemi un caldo allhor, di uena in uena: Dolce et acerbo et passo dentro al cuore.*

Tamayo (T-9, T-10, T-11, T-12) hace los siguientes comentarios textuales, siguiendo generalmente al Brocense:

- v. 4: aprueba la enmienda del Brocense;
- v. 5: en vez de las lecturas del Brocense y de Herrera, dice que "la de G. L. sin duda fue *Encuéntranse el camino fácilmente,* cuyo apoyo es el verso 1 del terceto 2..."; pero también aplaude "Penetran el camino...", enmienda de F. Fernández de Caso;
- v. 6: aprueba la enmienda de Herrera (sugerida por Francisco de Medina);
- v. 13: en vez de *derretían* o *detenían,* sugiere *descubrían.*

A Keniston le gusta la primera enmienda de Tamayo para el v. 5, que es en efecto el único verso defectuoso en la primera edición: además de ser hipermétrico, el sentido no está nada claro. Pero nosotros aceptamos la bien argumentada defensa que hace A. Blecua de la enmienda del Brocense.

Tanto Herrera (H-61, H-62, H-66) como Tamayo (T-11) alargan sus comentarios fisiológicos, psicológicos y filosóficos sobre este soneto. Bastará aquí recordar ciertas ideas escolásticas, sin apelar a Plotino, Aristóteles, Cicerón, Platón, Melecio, Lucrecio, Heliodoro, Ovidio, y otros muchos citados por los eruditos sevillano y toledano: entre el ánima y el cuerpo interviene el espíritu, "qui vapor quidem est tenuissimus et perlucidus, per cordis calorem ex subtilissima parte sanguinis genitus... Animo igitur formosi hominis simulacrum conceptum semel apud se reformatumque memoriter conservanti satis esset amatum quandoque vidisse. Oculo tamen et spiritui quae veluti specula praesente corpore imagines capiunt, absente dimittunt; perpetua formosi corporis praesentia opus est, ut eius illustratione continue lucescant, foveantur et oblectentur" (*Commentarium Marsilii Ficini Florentini in* Convivium *Platonis de amore,* Oratio VI, cap. 6, ed. S. R. Jayne, p. 83). Cfr. Albertus Magnus, *De Spiritu et Respiratione, De Anima,* etc. Son éstos los espíritus que salen y entran por los ojos.

De aquella vista pura y excellente
salen espirtus bivos y encendidos,
y siendo por mis ojos recebidos,
me passan hasta donde el mal se siente;
éntranse en el camino fácilmente

(O, B)
2 espiritus *O R*
espirtus *HA*
4 No paran hasta *BTA*
5 Encuentrase en el *OK*
Entranse en el camino *BT*
Encuentrans' al camino *H*
Encuentranse el camino *Tn*
Penetran el camino *Tn*
Encuentranse en camino *A*
Encuentrase el *R*

1 *pura y excelente*: "epíteto de la amplificación" (H-59).
vista: ojos (de la dama).

2 "Este verso está mui lleno de la *s,* i por esto los griegos lo llaman polysígma, cuando este elemento se dobla muchas vezes. Pero aquí, por no herirse una *s* con otra, no es insuave sonido" (H-60).

4 *donde el mal se siente*: "perífrasis del coraçón i de los sentidos interiores..." (H-63). A. Blecua defiende con otro pasaje del *Cortesano,* en la traducción de Boscán "se van derechos al corazón, y hasta allí no paran", la lectura "no paran, en vez de "me passan"; pero retiene ésta por la supuesta influencia dantesca (*Vita nuova,* Canz. I. 73: "e passan sì che 'l cor ciascun ritrova").

5 Herrera defiende su propia enmienda (*al camino*): "es modo común de

por do los mios, de tal calor movidos,
salen fuera de mí como perdidos,
llamados d'aquel bien que 'stá presente.
  Ausente, en la memoria la imagino;
mis espirtus, pensando que la vían,
se mueven y se encienden sin medida;
  mas no hallando fácil el camino,
que los suyos entrando derretían,
rebientan por salir do no ay salida.

6 Con los mios que de tal *HTn*
los mios del calor *A*
9 en mi memoria *BTA*
10 espiritus *O R*
espirtus *A*
13 detenian *BTA*
descubrian *Tn*

---

nuestra lengua decir *al paso* por *en el paso,* y *al camino* por *en el camino*"; cfr. Ca. IV. 34 (H-64). Pero, con Blecua (pp. 34-41), aceptamos la enmienda del Brocense.

7 *perdidos*: locos (cfr. Ca. I. 12), según Navarro.

8-9 *presente. / Ausente*: cfr. anadiplosis del S. V. 4-5, pero aquí con signo negativo.

13 "Porque los espíritus que salían de los ojos de ella, entrando por los de él al coraçón, les solían abrir el paso" (H-67). Para Rüffler la enmienda del Brocense ("detenían" por "derretían") desacredita bastante su manuscrito, pues la lectura de la primera edición se comprueba por el texto del *Cortesano*: "liquefà" o "derrite" (Boscán).

14 *revientan*: "rompiendo en lágrimas o en suspiros. I trajo el color de aquel lugar de Virgilio [Eneida, VII. 466], *nec se iam capit unda*" (H-69).

SONETO [IX]

Tamayo, en su vida de Garcilaso, f. 8r, dice de este soneto que "quiçá esta absencia [del destierro a la isla del Danubio] fue ocasión de aquel tan bello como llano Soneto IX". Y Keniston cree que es probablemente temprano. Pero Lapesa se niega a asignarle fecha.

Para Herrera (H-70), el Soneto IX, que llama también epigrama, "está dispuesto con llaneza i sin algún trabajo... I assí resplandece, i mucho más en los cuarteles, la puridad, que tanto conviene a la poesía...". Pasa a explicar en detalle lo que significa "puridad".

Hay dos versos hipermétricos (vv. 7 y 8) en la primera edición que necesitan enmienda. El Brocense introduce algunas variantes más; esto, según A. Blecua, puede representar una redacción posterior del poeta.

> (B-11) En el soneto ix tenía el de mano mejores lectiones y ansí las hize imprimir. Son quatro emiendas, que cada uno podrá ver cotejándolas.

Creyendo, sin duda, que *mia* era voz bisilábica, Herrera estropeó el v. 1, pero acertó enmendando el v. 8. Tamayo (T-13) dice que este soneto "está vario en todas las impresiones; como creo que se ha de leer le puse"; siempre sigue en efecto al Brocense.

Señora mia, si yo de vos ausente
en esta vida turo y no me muero,
paréceme que offendo a lo que os quiero
y al bien de que gozava en ser presente;

(O, B) 1 si de vos yo ausente *HA*

---

1 Herrera (H-70) señala uno de los usos convencionales en la poesía del amor cortés: "Particularmente declaran los poetas que escriben cosas de amor, a la que sirven, por este nombre *señora,* como tirana i poseedora de su libertad".

1-8 Sobre el sentido de los cuartetos, véase lo que dice Herrera a propósito de *gozaba*: "porque el gozo es del bien presente, como el dolor i tristeza del mal presente, i la esperanza del bien venidero, como el miedo del mal futuro" (H-71).

2 *turar*: doblete de *durar* (Navarro).

3 *a lo que*: es decir, "a lo mucho que".

tras éste luego siento otro acidente,
que's ver que si de vida desespero,
yo pierdo quanto bien de vos espero,
y ansí ando en lo que siento differente.
En esta differencia mis sentidos
están, en vuestra ausencia, y en porfía;
no sé ya qué hazerme en mal tamaño;
nunca entre sí los veo sino reñidos;
de tal arte pelean noche y día
que sólo se conciertan en mi daño.

5 accidente *K*
6 Y es ver *BT*
7 He perdido *O R*
Yo pierdo quanto bien viendoos espero *BTA*
Yo pierdo cuanto *H*
8 ando con lo *O R*
Y assi estoy en mis males diferente *BTA*
ando en lo *H*
10 Combaten con tan aspera porfia *BTA*
11 Que no se que hazerme *BTA*

---

7 Aceptamos la primera enmienda del Brocense, que, como señala Blecua (p. 43), ya existía en ediciones anteriores, quizá no encontrándose en *M(B)*.

7-11 Para A. Blecua las lecturas del Brocense mejoran estos versos: cree que la repetición de "siento" (vv. 5 y 8) era "un desacierto poético", y que era discutible la rima interna entre "diferencia" y "ausencia". (Pero el sonido de "bien viéndoos" es quizá más feo.) Con Blecua aceptamos como indiscutible la enmienda *con* > *en.*

11 *tamaño*: "tan grande". Es voz arcaica, según Herrera (H-72): "Esta dición ya es desusada de los buenos escritores, i justamente, porque ni la formación della es buena, ni el sonido agradable, ni el sinificado tan eficaz que no se hallen vozes que representen su sentido". Este comentario provocó la indignada observación 4.ª de Prete Jacopín, quien dice que es un vocablo muy usado, de buena formación latina y que gusta a muchos. En su respuesta aclara Herrera que *tamaño* en español está bien como sustantivo, que significa "cantidad", pero que es arcaico en el sentido de "tan grande, tan crecido", así como *antaño, ogaño* y *cadaño*. (Que Garcilaso no es infalible: "más le sirvió el ingenio i naturaleza que l'arte".) Hay una discusión semejante sobre *alimañas* en la Ca. V. 9 (véanse comentarios al propósito). Aparece otra vez el adjetivo *tamaño* en el Son. XIII. 12. Navarro lo cita en el *Corbacho* y en el *Quijote*; véase también Rodríguez Marín (211.680-681).

12 *veo*: palabra aquí monosilábica.

13 *noche y día*: "*por todo tiempo,* i es adagio: *noctes atque dies*" (H-73).

14 Herrera (H-74) cita un eco de este verso en una copla de Fernando de Cangas.

SONETO [X]

Para Keniston (pp. 122-123) este soneto tiene que haberse escrito poco después de la muerte de Isabel (1533-1534); en sus notas lo relaciona estrechamente con la estrofa 26 de la Égloga I (vv. 352-365), en la que Nemoroso llora sobre los cabellos de Elisa. Y otros estudiosos (Navarro, Entwistle, Lumsden) han tendido a seguir la opinión de Keniston, que es la establecida interpretación tradicional. Lapesa (p. 128) respeta esta interpretación "aunque nada obliga a ello; todas las frases del poema pueden explicarse por la presencia de cualquier objeto que, viva o muerta la amada, evocara en el poeta recuerdos de pretéritos días venturosos". Así que para Lapesa es de fecha incierta; como términos bien discutibles le asigna 1534 - principios de 1535 (p. 17).

Siempre ha sido éste uno de los sonetos más populares de Garcilaso; incluso Azara, duro crítico de sus sonetos en general (A-3), dice que "es, sin comparación, el más dulce y suave de los de G. L." (A-6). Son innumerables los ecos durante el Siglo de Oro. Keniston ha señalado el Son. XXXII de Camoens (*Rimas,* Pt. I, p. 98), pero se podrían señalar varios más. Navarro y Mele han comentado los ecos en Cervantes (cfr. *Persiles,* ed. Schevill y Bonilla, I, 348-349, y el *Quijote* II, cap. 18, con las notas de Rodríguez Marín y el artículo 25 de Avalle-Arce); véanse también los estudios de Herrero García (119) y de J. M. Blecua (33). Mele (loc. cit.) también señala el soneto de B. Argensola, "¡Oh dulces prendas por mejor perdidas!" (ed. Blecua, Vol. II, p. 687).

Son de sumo valor las páginas dedicadas por Lapesa (pp. 127-129) al análisis de este soneto: el primer cuarteto, "perfecto en su ajuste de sentimiento y ritmo", seguido en el segundo por una especie de "desajuste" rítmico "que conviene al nervioso arranque del movimiento interrogatorio"; luego, en los tercetos, pasamos por un "complejo entrecruzamiento de antítesis" y conceptos adelgazados para desembocar en "el maravilloso balbuceo del último verso". Véanse también los ensayos de A. Lumsden (143) y de J. E. Etcheverry (75), y el ambicioso estudio de H. Iventosch (121), análisis de este soneto como "composite of classical and medieval models", en el que se subraya la gran diferencia de tono entre cuartetos y tercetos.

Si con A. Blecua (pp. 46-49) tomamos en cuenta las variantes de *Ma, Mg* y *Mz,* vemos que es muy complicada la transmisión manuscrita del texto; pero Blecua nos lleva a la conclusión de que la primera edición representa la redacción definitiva, quizá única, de Garcilaso.

¡O dulces prendas por mi mal halladas,
dulces y alegres quando Dios quería,
juntas estáys en la memoria mía
y con ella en mi muerte conjuradas!

(O, B, Mg, Ma, Mz) 4 Y en ella con mi muerte *Mz*

---

1 (B-12) *O dulces prendas.* Parece que habla con algunos cabellos de su dama. Es imitación de Virgilio en el 4 de la Eneida: *Dulces exuuiae dum fata, Deusque sinebant.*

Al suponer que las prendas eran cabellos, el Brocense sin duda se dejaba influir por la citada estrofa de la Égloga I (vv. 352-365); pero, como dice Tamayo (T-14), "su sujeto no es cosa señalada, sino cualquiera prenda de voluntad, o imaginada o verdadera": un regalo de la dama quizá, que antes le alegraba al poeta, y ahora, por un cambio de circunstancias, le entristece.

El eco virgiliano (*Eneida,* IV. 651) ha sido aceptado universalmente por la crítica; pero hay algo parecido también en Gil Vicente (*Don Duardos,* v. 823: "nel tiempo que Dios quería", verso de una canción más bien popular que culta) y en Boscán (Canción V, ed. Riquer, p. 157: "cuando Dios quería"). Quizá haya contagio con otro pasaje virgiliano, donde aparecen tanto "exuvias" como "pignora" o "prendas", con un contraste temporal parecido (Ecl. VIII. 91-92):

has olim exuvias mihi perfidus ille reliquit,
pignora cara sui: quae nunc ego...

Véase el estudio de la posterior tradición garcilasiana de las "dulces exuviae" virgilianas, publicado por María Rosa Lida (136.243-246).

Herrera (H-75) reconoce la señalada fuente virgiliana y pondera "la suavidad i grandeza del espíritu [de Garcilaso]. Sírvese aquí de la figura prosopopeya..."

2 *cuando Dios quería*: Según Herrera, "es de Virgilio en el lugar dicho, i de Petrarca en la Canc. 4 de la parte I. I assí dixo don Diego de Mendoza [ed. Knapp, p. 2]:

Días cansados, duras horas tristes,
crudos momentos en mi mal gastados,
al tiempo que pensé veros mudados,
en años de pesar os me bolvistes".

La canción citada aquí por Herrera (H-76) es el Poema I, que empieza "Ne la stagion che 'l ciel rapido inchina"; no se parece mucho al soneto de Garcilaso.

4 Se entiende que las prendas están conjuradas con la memoria del poeta para darle muerte. Lapesa, p. 128: "Este prodigioso endecasílabo... obedece a la sugestión del petrarquesco 'O stelle congiurate a 'mpoverirme' (son. CCCXXIX); pero alcanza una intensidad infinitamente

¿Quién me dixera, quando las passadas
oras que'n tanto bien por vos me vía,
que me aviades de ser en algún día
con tan grave dolor representadas?
Pues en una ora junto me llevastes
todo el bien que por términos me distes,

5 dixera a mi que las *Mz*
cuando en las passadas *HT*
6 Oras por vos quen tanto bien me via *Mg*
Oras que con vos en tanto bien me via *Ma*
Oras por vos en quien tanto bien me via *Mz*
Horas en tanto *BHTA*
7 me avian de *Mz*
habiais *A*
8 tan gran dolor *Ma*
9 ora sola me *Mg*
en solo en un punto me *Ma*
Pues junto en un ora me *Mz*
un hora *A*

---

mayor al sustituir la artificiosa noción de 'pobreza' por la de *muerte*, y al hacer que esta palabra lleve el acento principal".

5-6 *vía*: doblete de "veía", corriente en Garcilaso.
Las varias enmiendas de estos dos versos se explican por cierta oscuridad, o ligereza, sintáctica, que a su vez se debería en parte al deseo del poeta de evitar la repetición de la preposición *en* (véanse enmiendas de Herrera y Tamayo). Pero si esta preposición no hace falta al v. 5, ¿no sobra en el v. 6 la conjunción *que*? Parece que sí, y todos siguen al Brocense en quitarla. Sin embargo, puede ser anacoluton deliberado, así que no nos atrevemos a quitarla. El sentido en todo caso está claro: "¿Quién me hubiera dicho, cuando en tiempos pasados me veía en tanta felicidad por vosotras, que...?"

5-8 "Conmiseración del bien pasado a la miseria del estado presente" (H-77). Ya en su primer discurso sobre el soneto en general (H-1), Herrera había alabado el encabalgamiento de los vv. 5-6 (pasadas / horas): "No dexaré de traer esta adversión, ...que cortar el verso en el soneto...no es vicio, sino virtud, i uno de los caminos principales para alcançar la alteza y hermosura del estilo..."

7 *habiades*: doblete arcaizante de *habíais*, muy usado todavía en el Siglo de Oro. Aquí es voz de sólo tres sílabas.

8 *representadas*: además de la acepción más corriente, tiene el sentido de "presentadas de nuevo", al ser halladas (quizá la dama misma se las presentó, o regaló, la primera vez).

9-10 Keniston señala la semejanza entre estos dos versos y otros de Garcilaso: S. XXVI. 3 ("¡Oh quánto s'acabó en solo un día!") y Ca. III. 43-45:

...pues ha sido en una hora
todo aquello deshecho
en que toda mi vida fue gastada.

llevâme junto el mal que me dexastes;
si no, sospecharé que me pusistes
en tantos bienes porque desseastes
verme morir entre memorias tristes.

11 Levadme *Mg* Llevad tambien el mal *Ma*
Llevadme *Mz*

---

11 *llevá*: llevad (= quitad).

SONETO [XI]

Con alguna duda, Lapesa asigna a la composición de este soneto los términos cronológicos de 1533-1536; bastan como indicio de esto la influencia de Sannazaro y las ninfas parecidas de las Églogas II (vv. 611-612, 623-628) y III.

Como en este soneto predomina el mundo de la mitología clásica, se ha sugerido toda una serie de influencias literarias más o menos remotas; pero ya el Brocense indicó las principales (la fábula virgiliana de Aristeo, *Geórgica,* IV.333-385, y la Prosa XII de la *Arcadia* de Sannazaro), a las que añaden Mele y Lapesa (p. 164) una más (la Prosa VIII de Sannazaro). Otras, más discutibles, se indicarán a continuación de esta nota del Brocense.

(B-13) *En colunas de uidrio sostenidas.* Sanazaro, prosa 12. *Et colonne di translucido uetro che sosteneuano il non alto tetto.* Es también imitación de Virgilo en el 4 de las Geórgicas, en la fábula de Aristeo.

Herrera (H-78) cita a Petrarca, Son. CCCIII.10 ("O ninfe, e voi che 'l fresco erboso fondo"), a Geronimo Mucio, lib. V, egl. ii ("Ninfe ch' i vivi et morbidi alabastri"), a Claudiano, 6º consulado de Honorio, v. 146 ("undosâ tum forte domo vitreisque sub antris") y a B. Tasso, *Amores,* lib. I ("Alza, Arethusa, fuor le chiome bionde"). Rechazada por Lapesa (n. 194) es la sugerencia de Flamini y Keniston (Sannazaro, última estrofa del Poema LIX, Canzone XI: "Ninfe che'l sacro fondo"). Fucilla (85) añade finalmente el soneto de Sannazaro que empieza "Liete, verdi, fiorite e fresche valli" (*Rime,* Venezia, 1571, p. 73; ed. Mauro, Poema LXXXVIII).

En nuestro apéndice se pueden cotejar los pasajes más interesantes de Sannazaro.

En la poesía española han tenido larga resonancia estas ninfas de Garcilaso. Keniston (p. 425) y Lapesa (p. 165) señalan un soneto quizá apócrifo de Camoens ("Moradoras gentis e delicadas": cfr. ed. da Costa Pimpão, 1953, p. XIX). Herrera (H-80) cita un soneto propio ("Betis qu'en este tiempo solo i frio"), Rodríguez Marín (211.692-693) cita el Son. XV de Barahona de Soto ("Hermosas ninfas que en la blanca arena", p. 692), y Mele cita de L. Martín de la Plaza el Son. 181 de la primera parte de *Flores de poetas ilustres* ("Nereidas que con manos de esmeraldas").

Al soneto de Camoens añade Cossío (56.41-43) un pasaje de la *Fábula de Genil,* de Pedro Espinosa, que a su vez influyó en los poetas románticos, en el *Canto a Teresa* de Espronceda, por ejemplo ("la sacra ninfa que bordando mora / debajo de las aguas cristalinas"). Lapesa (p. 165) indica también un eco en la égloga garcilasiana de Miguel Hernández (véase antología de Díaz-Plaja).

Es grande el entusiasmo de Herrera (H-78) por el Son. XI: "Hermosíssimo es este soneto con epítetos, perífrasis, descrición de tratos i la admirable división con que concluye, aludiendo a la naturaleza de las Náyades, que están en agua, y él se ha de convertir en ella...". Para Herrera las características principales de su estilo son el "color" y la "claridad". Tamayo (T-15) explica muy sucintamente su sentido: "El XI es a las lágrimas que el sentimiento de verse ausente le hacía derramar". El análisis de Lapesa (pp. 164-165), como siempre, aclara aspectos esenciales de la poesía, con la conclusión siguiente: "Este mundo translúcido y dorado, estos versos en que la muerte aparece como un suave desleimiento, ejercen una sugestión inolvidable".

Hermosas nymphas, que en el rio metidas,
contentas habitáys en las moradas
de reluzientes piedras fabricadas
y en colunnas de vidrio sostenidas,
agora estéys labrando embevescidas
o texendo las telas delicadas,
agora unas con otras apartadas
contándoos los amores y las vidas:
dexad un rato la labor, alçando
vuestras rubias cabeças a mirarme,
y no os detendréys mucho según ando,
que o no podréys de lástima escucharme,
o convertido en agua aquí llorando,
podréys allá d'espacio consolarme.

(O, B, Mg)
4 vidro *HTA*
6 texiendo *A*
11 Y nos deterneys *Mg*
12 Que no podreys *MgA*

5-7 Cfr. sintaxis de Ég. I. 10-20.
11 *según ando*: por lo próximo a morirme que estoy.

SONETO [XII]

En su primera edición Navarro no asignó este soneto a la serie napolitana (ed. 1911, pp. 235-236); Keniston en cambio lo ve como escrito al principio del nuevo episodio napolitano, entre junio de 1533 y agosto de 1534 (nota *ad locum* y p. 126). Esto es quizá lo que le hace vacilar a Navarro en su edición de 1924 (cfr. pp. XLI y 214). Lapesa le asigna tentativamente la fecha de 1535.

Las fábulas mitológicas aludidas en los tercetos provocan una serie de comentarios humanísticos. El Brocense es muy sucinto:

> (B-14) En el soneto XII toca la fábula de Icaro y la de Faetón, que por ser vulgares no las cuento.

Las anotaciones de Herrera, como siempre, son mucho más extensas, primero sobre Icaro (H-86), con citas de Plinio, Pausanias y Ovidio, y luego sobre Faetón (H-87). Sobre Icaro, Mele aporta otro pasaje de Ovidio (*Tristia,* I, i) y dos sonetos italianos: el II de Tansillo ("Amor m'impenna l'ale, e tanto in alto") y el LXXIX de Sannazaro ("Icaro cadde qui, queste onde il sanno"). Para Lapesa (p. 156) hay realmente reminiscencias de este último soneto en el de Garcilaso. Véase también los comentarios de Fucilla (79.51-52) y de Gallego Morell (96.32).

El análisis de Lapesa (p. 156) es breve: "un soneto bello y bien delineado... la autonomía de Garcilaso es completa".

Si para refrenar este desseo
loco, impossible, vano, temeroso,
y guarecer de un mal tan peligroso
que es darme a entender yo lo que no creo,

(O, B) 3 de mal *A*

---

2 Herrera (H-82) llama la atención sobre el asíndeton de este verso.

3 *guarecer*: curarme (cfr. Égl. II. 1866).

4 "que es el convencerme yo de lo que no puedo creer". Tal paradoja o hipérbole psicológica se repite al final del segundo cuarteto.

no me aprovecha verme qual me veo,
o muy aventurado o muy medroso,
en tanta confusión que nunca oso
fïar el mal de mí que lo posseo,
¿qué me á de aprovechar ver la pintura
d'aquel que con las alas derretidas,
cayendo, fama y nombre al mar á dado,
y la del que su fuego y su locura
llora entre aquellas plantas conocidas,
apenas en ell agua resfrïado?

7 que ya no oso *BTA* 12 Ni la del *BTA*

---

6 "antíteto" (H-83).

7-8 Hipérbole, según Herrera (H-84), "porque ninguna cosa ai que no fiemos de nosotros". Encuentra antecedentes en Pedro de Cartagena ("lo que siento / no fío del pensamiento") y en Antonio de Soria ("de mí mesmo no lo fío").

Entre *nunca* y *oso* hay que hacer hiato; la variante del Brocense ("que ya no oso") no evita esta necesidad.

9-14 "Devió vêr la pintura de Icaro i Faetón, o sea la pintura o la istoria, porque la poesía es pintura que habla, como la pintura poesía muda, según dixo Simonídes" (H-85). Tamayo (T-16) cree que la vista de los cuadros ("de Icaro ahogado en el mar, y de Faetón abrasado por sus atrevimientos") fue la ocasión, o motivo, del soneto; pero Herrera tiene razón con su ambigua "pictura-poesis".

13 Herrera (H-88) encuentra aquí un problema entre botánico y humanístico: ¿en qué plantas fueron convertidas las Elíadas, hermanas de Faetón? Él cree que fueron "égiros o álamos negros". Virgilio, en la Égl. VI.63, las convierte en álamos ("alnos"), pero en la *Eneida*, X.190 son "povos" ("populeas inter frondes"), así como en Ovidio, Apolonio y los griegos. Para Azara (A-7) también son álamos negros.

14 Según Herrera (H-89), *apenas* tiene una ese paragógica, pues para él *apena* (arcaísmo, según Cuervo; cfr. ital. "appena") es la forma normal. Cita aquí (H-90) su propio soneto sobre las dos fábulas, el que empieza "Dichoso fue el ardor, dichoso el vuelo".

SONETO [XIII]

Lapesa (pp. 17 y 192), con ciertas reservas, sitúa este soneto entre los términos cronológicos de 1533-1536, señalando su "estrechísima coincidencia" con las estrofas 20 y 21 (vv. 153-168) de la Égloga III.

(B-15) En el soneto XIII imita a Petrarcha, Canción I, stanza 3. Es la fábula de Ouidio, en el primero del Metamorphosis.

Si es discutible la supuesta imitación petrarquesca (Poema XXIII.49: "e 'n duo rami mutarsi ambe le braccia"), no lo es la ovidiana (*Metamorphosis,* I, vv. 548-552):

vix prece finita torpor gravis occupat artus,
mollia cinguntur tenui praecordia libro,
in frondem crines, in ramos bracchia crescunt,
pes modo tam velox pigris radicibus haeret,
ora cacumen habet: remanet nitor unus in illa.

Mele vuelve a señalar el pasaje petrarquesco (Poema XXIII.41-49), pero reconoce, con Flamini, que probablemente Garcilaso sólo tenía presente la fuente ovidiana. Y, como dice Mele, aunque los cuartetos tienen fuente ovidiana, los tercetos son completamente independientes de ella y de Petrarca.

Herrera (H-95) nos da un extenso "discurso" sobre la fábula. También (H-91) analiza la propiedad de los epítetos: los *brazos-ramos* son *luengos,* los *tiernos miembros* se cubren de *áspera corteza,* etcétera. Prete Jacopín, en su observación 39, se burla de este análisis de Herrera, diciendo que es obvio todo, pero que no son los miembros del cuerpo humano, sino el pellejo, lo que corresponde a la corteza del árbol. En su respuesta se defiende Herrera: que sí hay correspondencia entre la corteza y "la cute o cobertura i velo de los miembros, la membrana".

Como posible imitación de Garcilaso, Herrera (H-95) cita una octava de don Diego Hurtado de Mendoza (*Fábula de Adonis,* ed. Knapp, pp. 235-236), en la que Mirra se convirtió en árbol:

Oyóla Dios en su deseo postrero,
y el blanco pie de tierra le cubrió;
la carne y huesos convirtió en madero,

los dedos en raíces retorció;
en rayada corteza el blanco cuero,
los dos brazos en ramos extendió,
y ella con la vergüenza y la graveza,
dejó sumir el rostro en la corteza.

Para Herrera (H-91), el estilo de este soneto "es perspicuo, blando y suave". Vemos a Dafne en el proceso mismo de una metamorfosis ovidiana. En su análisis del soneto (pp. 165-166), Lapesa subraya la plasticidad y sensaciones de vida, color y forma que le dan "extraordinario poder de representación visual". Pero en los tercetos, sobre todo el segundo, nos encontramos en un mundo más abstracto de causas y efectos, de un paradójico círculo vicioso del sentimiento amoroso. Como en otros sonetos de Garcilaso, vemos que lo plástico sirve para la sección expositiva, digamos, pero que para la conclusión hace falta una agudeza más conceptista (cfr., por ejemplo, los Sonetos XI, XXIII, XXIX, XXXIII). Téngase en cuenta el buen análisis estilístico del S. XIII hecho por A. Cayol (46).

A Daphne ya los braços le crecían
y en luengos ramos bueltos se mostravan;
en verdes hojas vi que se tornavan
los cabellos quel oro escurecían;
de áspera corteza se cubrían
los tiernos miembros que aun bullendo 'stavan;

(O, B, Mz)
2 ramos se mostrauan *Mz*
4 qu'al *HA*
5 D'aspera *O R*
De aspera *Mz BHTA*

3 *vi*: "A mi parecer sólo sirve este verbo de sustentar el verso. Pero puede tolerarse por causa de elegancia i ser figura [de superfluidad]..." (H-92). Sin embargo, como sugiere Lapesa (p. 166), no es mero ripio, pues nos da el punto de vista del poeta que, contemplando quizá alguna pintura, se inspiró de ella; así que Herrera pudiera llamarlo "écfrasis" (ἔκφρασις) o *descriptio* ("una perfecta descripción parnasiana", como dice Lapesa). Recuérdese que la misma escena se presenta en la Ég. III como écfrasis de una tela bordada, que se llama "pintura" (v. 156).

4 *escurecían*: es decir, brillan tanto que superan al oro; por eso añade Herrera la preposición *a*.

5 Sería un verso hipométrico si no aceptáramos el hiato sugerido por Herrera (H-93): *de áspera*. Señala otro parecido en el Son. XVI.12: *de aire*. Y podremos añadir el del Son. XII.7: *nunca oso*. En todos estos casos la segunda vocal lleva acento tónico. Hay que suprimir,

los blancos pies en tierra se hincavan
y en torcidas raýzes se bolvían.

Aquel que fue la causa de tal daño,
a fuerça de llorar, crecer hazía
este árbol, que con lágrimas regava.

¡O miserable 'stado, o mal tamaño,
que con llorarla crezca cada día
la causa y la razón por que llorava!

7 Los blandos pies *Mz O R*
Los blancos pies *BA*

11 El arbol *H*

---

pues, como dice A. Blecua (pp. 50-51), la elisión de la primera edición ("d'áspera").

7 Después de un detenido análisis, A. Blecua (pp. 51-55) acepta la lectura del Brocense: en vez de los "blandos pies" de la primera edición, se debe leer "blancos pies", lectura que se encuentra no sólo en el Brocense y en *Mg,* sino también en la Ég. III.116 de la primera edición, pasaje probablemente posterior al soneto. Además, como señala Blecua, el epíteto "blando" en Garcilaso nunca tiene un sentido físico, sino moral (por ejemplo, Son. XXVIII.4: "blando coraçón"; cfr. Égl. II.738: "la tierna planta del pie mío"). Y esta confusión tipográfica de *d* y *c* es corriente.

9 *Aquel* se refiere por supuesto a Apolo, cuya persecución de la ninfa causó su metamorfosis.

11 Herrera intenta justificar su enmienda, *el árbol,* más que por el sentido (supuesta oposición entre *aquel* del v. 9 y *este),* "por mejor sonido del verso, que es lo que tanto miran i procuran componer los buenos poetas" (H-94). Enmienda muy discutible, según nuestros criterios; pero Navarro la acepta en su edición de 1924, como acepta casi todas las de Herrera.

12 *tamaño*: tan grande (cfr. Son. IX.11 y nuestra nota correspondiente).

13-14 El sentido aquí es casi evidente: el árbol causa que Apolo llore, y sus lágrimas a su vez causan que crezca el árbol, en círculo perpetuo de causas y efectos mutuos.

SONETO [XIV]

Este soneto es de fecha incierta. Desde la segunda edición del Brocense, consta claramente la influencia en él de una estrofa de Ausias March, reproducida por Lapesa (p. 62; son los vv. 19-24 del canto 28 que empieza "Axi com cell qui'n lo somni's delita"):

> Malament viu qui té son pensament
> per enemich, fent-li d'enugs report
> e, com lo vol d'algún plaer servir,
> li'n pren axí com don' ab son infant,
> que, si verí li demana plorant,
> ha tan poch seny que no'l sab contradir.

Pero para Keniston (nota *ad locum* y p. 210) la influencia es posiblemente indirecta, pasando por el Son. LXXII.12-14 de Boscán (ed. Riquer, p. 217; cfr. Menéndez Pelayo, *Antología de poetas líricos castellanos,* ed. nacional, t. X [1945], pp. 263-264):

> ...como madre con hijo regalado,
> que si le pide rejalgar, llorando,
> no sabe sino dalle lo que pide.

Se encuentra la misma influencia también en Mendoza (Son. XII.11-14; véase H-96):

> ...y si algún bien me trae, con él me va
> como a madre con hijo regalado
> que si llorando pide algún veneno,
> tan ciega está de amor que se lo da.

Sería quizá un tópico de la tradición trovadoresca, pues incluso hay algo parecido en algún soneto de Petrarca (Poema CCLXXXV: "Nè mai pietosa madre al caro figlio"), y en uno de M. Filosseno (Son. IX, señalado por Flamini, según Mele); véanse las notas de E. Mele.

Entre los sonetos de Garcilaso éste es único por su forma sintáctico-figurativa: los cuartetos (que empiezan con *Como*) constituyen el primer término, bien elaborado, de un extenso símil clásico, y los tercetos (que empiezan con un *así* correlativo) nos revelan el segundo término, o plano real. Como dice Herrera (H-96), "Es semejança de cuatro: madre i hijo, pensamiento i G. L. Con esta figura se declara lo que es menos conocido por lo más conocido. I se divide esta similitud en dos: una es la colación o comparación de cosas dessemejantes en género, que los griegos llaman parábola; otra la imagen, que los mesmos nombran icon".

Como se puede ver, el manuscrito *Mg* nos ofrece en este caso una versión sustancialmente distinta de la impresa; y ésta, que según Blecua (p. 58) representa la redacción definitiva, ha sido enmendada con razón en sus dos versos hipométricos (vv. 10 y 11), y probablemente también en el v. 8. Se comentarán las enmiendas en las notas correspondientes.

(B-16) En el soneto XIIII se emendó del de mano: *Lo que le pide,* y *os me pide,* y *quitalle este mortal.* [Es tomada la comparación del poeta Osias March, en el capítulo primero de la cantica de Amor. (B77-89)]

Como la tierna madre —quel doliente
hijo le 'stá con lágrimas pidiendo
alguna cosa de la qual comiendo
sabe que ha de doblarse el mal que siente,
y aquel piadoso amor no le consiente
que considere el daño que, haziendo
lo que le piden, haze— va corriendo

(O, B, Mg, Mb)
2 Hijo con lagrimas lesta pidiendo *Mg Mb*
3-4 Cosa de la qual sabe que co- [miendo
Se le a de doblar el mal que [siente *Mg*
4 doblar el mal *Mb*
5 Ia que el *Tn*
6-7 Considerar el daño y va corrien- [do
Para su mal su desseo cumplien- [do *Mg*
7 pide *MbBHTA*

---

1 *qu'el*: cuyo (sintaxis coloquial corriente).
doliente: enfermo.

4 *sabe* [ella].

5 Tamayo (T-18) sostiene que su enmienda (*ya que el* en vez de *y aquel*) "no tendrá mal sentido" y que tendrá "más gallardía . . . , si bien puede pasar como en la Égloga I" (v. 330: "y aquel dolor que siente").

7 *piden*: plural indefinido, no imposible en Garcilaso (cfr. Ca. III.17); pero los editores antiguos han preferido cambiarlo en singular personal, con referencia al *hijo* del v. 2. Esta lectura tiene además, como señala A. Blecua, un apoyo manuscrito (*Mb*).

y aplaca el llanto y dobla el accidente:
assí a mi enfermo y loco pensamiento,
que en su daño os me pide, yo querría
quitalle a este mortal mantenimiento;
mas pídemele y llora cada día
tanto que quanto quiere le consiento,
olvidando su muerte y aun la mía.

8 el mal y *O R*
Aplaca el llanto y dobla el acidente *MgMbA*
I dobla el mal i aplaca el acidente *H*

9 Assi a mi mi enfermo pensamiento *Mg*

10 os pide *O R*
daño es me pide *Mg*
os me pide *MbBHTA*

11 este mal mantenimiento *O R*
Quitalle este mortal mantenimiento *MgMbBTA*
Quitar este mortal *H*

12 pidemelo *BHA*

---

8 De Francisco de Medina, Herrera (H-97) recogió una enmienda muy inteligente: como en el v. 4 se lee "doblarse el mal", en el v. 8 es el mal, o enfermedad, el que había de doblarse, y no el accidente, o síntoma, pues éste había de aplacarse. Tamayo (T-19) apoya con argumentos esta lectura contra la del Brocense. Pero es digno de nota que Montemayor, en su versión de Ausias March, escribiera "dobla el accidente": no sería sólo por influencia del conocido texto garcilasiano, sino porque también "accidente" significaba "enfermedad", además de "síntoma".

Hay otro pasaje garcilasiano en el que tenemos símil, situación y vocabulario semejantes: en la El. II.121-144, donde el verdadero amigo del "mísero doliente" le dice la verdad, pero su tierna mujer le alegra con dulces engaños. En el v. 126 figuran los dos sustantivos discutidos: "le muestra el grave *mal* de su *acidente*". Si el *mal* aquí no es puramente espiritual, este verso apoya la distinción semántica que hacen Medina y Herrera. Pero, en la enmienda de éstos, no nos satisface el cambio de orden de los verbos: se había de aplacar primero lo superficial, y luego, después, se daría uno cuenta de que se ha agravado lo fundamental.

Es manifiesto, pues, el error semántico de la primera edición (contradicción entre los vv. 4 y 8). Pero la enmienda lógica de Herrera, además de no tener base manuscrita, destruye el crescendo. Aceptamos la conclusión de A. Blecua (p. 61), quien prefiere la lectura de *Mg*, *Mb* y *A*: "el llanto" en vez de "el mal". (De esta manera resultan sinónimos "el mal" del v. 4 y "el accidente" del v. 8.)

10 *en su daño*: cfr. El. II.135 ("con su daño").

10-11 Las enmiendas unánimes de los editores antiguos (*os pide* > *os me pide* y *mal* > *mortal*) dan otra sílaba a versos hipométricos y al mismo tiempo mejoran el sentido; tienen además el apoyo de los manuscritos *Mg* y *Mb*. Así es que, como concluye A. Blecua (pp. 59-60), son indiscutibles.

SONETO [XV]

Tanto Keniston (p. 206) como Lapesa (p. 192) creen que este soneto fue escrito en Nápoles, por el "tema mitológico y la abundancia de epítetos..., ambos rasgos... raros en la producción garcilasiana anterior" (Lapesa); su fecha aproximada sería entonces el año 1535.

Los temas principales de los comentaristas son la fábula mitológica y las enmiendas:

> (B-17) *Que enfrenaron el curso*. Otros leen *refrenan*; pero enfrenar es muy usado en este poeta a este propósito.
>
> Toca la fábula de Orfeo. Parece aquí que imita algunos versos de Virgilio [Ec. VIII, 4, y Geórg. IV, 151]:
>
> *Et mutata suos requierunt flumina cursus.*
>
> y
>
> *Mulcentem tigres & agentem carmine quercus.*

Mele sugiere un pasaje horaciano (Odas I.xii.7-12):

> unde vocalem temere insecutae
> Orphea silvae,
>
> arte materna rapidos morantem
> fluminum lapsus celeresque ventos,
> blandum et auritas fidibus canoris
> ducere quercus?

La fábula de Orfeo se asoma a menudo en las poesías napolitanas de Garcilaso: Ca. V.1-10, Eg. II.942-945, Eg. III.129-144, et passim (cfr. Pablo Cabañas, *El mito de Orfeo en la literatura española,* Madrid: CSIC, 1948). En este soneto, como dice Lapesa (p. 156), "la leyenda de Orfeo, aludida en dos armoniosos cuartetos —algo desmayados tal vez—, sirve de introducción a una súplica de piedad...".

Si quexas y lamentos pueden tanto
que enfrenaron el curso de los ríos
y en los diversos montes y sombríos
los árboles movieron con su canto;
si convertieron a escuchar su llanto
los fieros tigres y peñascos fríos;
si, en fin, con menos casos que los míos
baxaron a los reynos del espanto:

(O, B)
1 lamentos pudieron tanto *O R*
lamentos pueden tanto *BHTA*
2 Que reffrenaron *O R*
Que enfrenaron *BTA*
Qu'el curso refrenaron de *H*
3 desiertos montes *BTA*
5 convirtieron *A*
6 Las fieras tigres *H*

1-2 En la primera edición estos dos versos son hipermétricos. El pretérito *pudieron* se convierte fácilmente en presente (no histórico sino general), *pueden*: enmienda unánime. Se debe conservar el paralelismo de los cuatro pretéritos de los versos siguientes (2, 4, 5, 8): el del v. 2 también se puede convertir en presente, como sugiere el Brocense, pero tanto éste como los demás editores antiguos han preferido otras soluciones (*enfrenaron,* o bien *Qu'el curso refrenaron de los ríos*), las dos bien posibles. (Garcilaso utiliza tanto "enfrenar" como "refrenar", éste 5 veces y aquél 3.)

Según comentario de Herrera (H-99), el uso de cualquiera de estos dos verbos es por supuesto metafórico ("traslación"). También cree que es "enálage del tiempo" (H-98) el uso de *pueden* en vez de *pudieron*: "es frecuentíssimo el uso del presente por el pretérito", y da ejemplos latinos. Pero en efecto no parece ser presente histórico, sino atemporal.

3 La enmienda del Brocense (*diversos* > *desiertos*), aunque no sea necesaria, armoniza los epítetos del verso: "desiertos y sombríos".

6 Para Herrera, y la poesía renacentista en general, *tigre* era normalmente voz femenina (cfr. Garcilaso mismo, Ég. II.563); pero aquí quizá se ha querido evitar el cambio de género (*tigres y peñascos*), con un solo artículo antepuesto.

7 *casos*: caídas (latinismo), desastres.

8 *reinos del espanto*: "perífrasis del infierno, figura ornatísima i muy poética, i que haze más sublime la oración" (H-100). A continuación Herrera cita la perífrasis aun más expresiva de Ég. III.139: "al triste reino de la escura gente". Como antecedente clásico da "pallida regna" de Silio Itálico. Cfr. los epítetos que les pone Virgilio a los reinos del infierno: "regna invia vivis" (*Eneida,* VI.154), "durissima regna" (*En.* VI.566), "inania regna" (*En.* VI.269).

¿por qué no ablandará mi trabajosa
vida, en miseria y lágrimas passada,
un coraçón comigo endurecido?
Con más piedad devria ser escuchada
la boz del que se llora por perdido
que la del que perdió y llora otra cosa.

12-14 Termina el soneto con un argumento *a fortiori*: que merecen más piedad las lágrimas de quien llora la propia muerte que no las de quien, como Orfeo, llora la muerte ajena (la de Eurídice).

14 Es algo torpe el ritmo de este verso, con su rara combinación de acentos y sinalefas en las sílabas 6, 7 y 8.

SONETO [XVI]

PARA LA SEPULTURA DE DON HERNANDO DE GUZMÁN

Este soneto se escribió como epitafio para don Fernando de Guzmán, hermano menor de Garcilaso, muerto por la peste mientras los franceses en 1528 sitiaban la ciudad de Nápoles (Mele, 170.361). Pero, como dice Lapesa (p. 189), "la maestría y corte clásico del poema" nos hacen pensar que no puede pertenecer a época tan temprana como 1528, sino a la época madura de la residencia de Garcilaso en Nápoles (1533-1536), donde estaba el sepulcro de su hermano.

El soneto se consideraba a menudo el equivalente moderno del epigrama clásico; en este caso es un epigrama especial, el epitafio, que también en la antigüedad clásica se cultivaba como género literario, del cual Herrera (H-101) cita el precepto de brevedad: "La ley que se debe guardar en semejantes inscripciones i títulos es, según Platón, que no ecedan el número de 4 versos, para que el caminante que passa los lea fácilmente". Retóricamente, el epitafio se dirigía normalmente a ese caminante o peregrino ideal; en este caso el poeta no le habla en propia persona, sino a través de la persona de su hermano sepultado, quien explica la ocasión de su muerte, en un solo período largo. Sobre esto comenta acertadamente Tamayo (T-21): "El juntarse los tercetos con los cuartetos con oración continuada pudiera repararse; pero en los poetas griegos y latinos lo vemos varias veces, y si en alguna parte se puede permitir es en un epitafio..., en que la brevedad de las razones, la simplicidad del sujeto, la misma narración lo permite...".

Según Tamayo (T-21), en ciertos manuscritos aparece el soneto sin título; los que le ponen el Brocense y Azara son bastante más discursivos y explicativos que el brevísimo de la primera edición.

(O, B)

título: A la sepultura de Don Fernando de Guzmán, su hermano, que murió de pestilencia estando en el exército de nuestro César, contra Franceses, en Nápoles *B*

...de pestilencia a los veinte años de su edad, estando... *A*

No las francesas armas odïosas,
en contra puestas del ayrado pecho,
ni en los guardados muros con pertrecho
los tiros y saetas ponçoñosas;

no las escaramuças peligrosas,
ni aquel fiero rüydo contrahecho
d'aquel que para Júppiter fue hecho
por manos de Vulcano artificiosas,

pudieron, aunque más yo me ofrecía
a los peligros de la dura guerra,
quitar una ora sola de mi hado;

mas infición de ayre en solo un día

9 aunque io mas *TA*
11 un hora *A*
12 d'ayre *O*
del ayre *A*

---

2 Sobre el orden de palabras en este verso, Herrera (H-102) dice que es un caso de anástrofe, o inversión gratuita; cita como ejemplo clásico bien conocido el v. 13 de la *Eneida*: "Carthago, Italiam contra..."

3 *pertrecho*: municiones, armas.

6-8 (B-18) *Ni aquel fiero ruydo contrahecho.* Ariosto, canto 9 [.88.8], del arcabuz:

Ch'al fulmine assimiglia in ogni effetto.

Keniston también afirma que es arcabuz. Herrera (H-103) alaba la "hermosa perífrasis de la artillería" y discurre largamente sobre la invención de la pólvora, y sobre las perífrasis de ella en la poesía moderna, tanto la neolatina (Pedro Angelio Barga, Geronimo Fracastorio, Geronimo Faleto, Aonio Paleario) como la italiana: Ariosto (cantos 9 y 11), Trissino (*Italia libertada,* lib. 9) y A. Minturno (en una canción toscana). Claro está que Ariosto es la fuente más verosímil.

También sobre Júpiter y Vulcano nos da Herrera (H-104 y H-105) un diluvio de erudición; pero lo esencial es evidente, que según la perífrasis de Garcilaso, la explosión de la pólvora es ruido que imita el del trueno, causado mitológicamente por los rayos que forjaba Vulcano para Júpiter, el tonante o fulminante.

9 La variante de Tamayo parece que desmejora el ritmo del verso; quizá sea errata.

12 *de aire*: hiato, reforzado por la enmienda de Azara (*del aire*). Según Herrera (H-106), *infición de aire* es "perífrasis de la pestilencia": cfr. *Eneida,* III.138 ("corrupto coeli tractu"). También (H-107) señala la correlación entre *día* y *hora,* "peste" y "peligros de la guerra".

me quitó al mundo y m'ha en ti sepultado,
Parthénope, tan lexos de mi tierra.

---

14 Otra perífrasis clásica tenemos en *Parténope,* nombre de una legendaria sirena sepultada en Nápoles (en H-108 se cita a Plinio, *Historia naturalis,* III, v). Garcilaso usa la misma figura en El. II.37-38 ("de la Serena la patria") y en Ode. II.22 ("sirenum amoena iam patria"; cfr. notas de Navarro y de Keniston).

La cláusula *tan lejos de mi tierra* es, para Herrera (H-109), "comiseración de epitafios, i assí acaba el que se lee en Cápara de Domicio Toranio (TAM.LONGE.A.PATRIA), i es conceto de uno de Platón... Casi como esto dixo Garci Sánchez de Badajoz en una canción:

Si muero en tierras agenas
lexos de donde nací,
¿quién avrá dolor de mí?"

SONETO [XVII]

De fecha incierta, este soneto se cita por Lapesa (p. 180) como ejemplo de la selección garcilasiana con respecto a la influencia de Petrarca: "no tomó sino los contrastes representativos de la lucha interior, o la contraposición entre el punto de vista objetivo y el subjetivo". Según Herrera (H-110), "la composición de este soneto es blanda i suave, i assí el estilo es jocundo, porque ni quiere ni en efeto añade grande dignidad a las cosas que trata...".

Pensando que'l camino yva derecho,
vine a parar en tanta desventura
que imaginar no puedo, aun con locura,
algo de que 'sté un rato satisfecho:
el ancho campo me parece estrecho,
la noche clara para mí es escura,
la dulce compañía amarga y dura,
y duro campo de batalla el lecho.

(O, B, Mg)
2 Viene *O* Vine a *MgBHTAKR*
6 La clara luz para mi *Mg*

---

4 *algo*: en frase negativa se esperaría *nada*; pero porque el infinitivo afirmativo *imaginar* antecede al verbo negativo (*no puedo*), y *algo* es complemento directo de ese infinitivo, es quizá lógico que no se sustituya por la forma negativa.

5-8 "Todo este cuartel está lleno de contrapuestos" (H-111).

8-11 (B-21) *Y duro campo de batalla el lecho,* etc. Petrarcha, soneto 190 [CCXXVI. 8-11]:

Et duro campo di battaglia il letto.
Il sonno e ueramente, qual huom dice,
Parente de la morte: e'l cor sottragge
A quel dolce penser, ch'in uita il tene.

Ouidio [*Amores,* II. ix. 41]: *Stulte, quid est somnus, gelidae nisi mortis imago?*

Del sueño, si ay alguno, aquella parte
sola ques ser imagen de la muerte
se aviene con el alma fatigada.
En fin que, como quiera, 'stoy de arte
que juzgo ya por ora menos fuerte,
aunque en ella me vi, la que es passada.

11 ell alma *Mg*

12 'sto yo d'arte *O R*
estoy de arte *MgBHTA*

Herrera (H-113) confirma la fuente petrarquesca, y añade textos paralelos de Boscán ("el campo que era de batalla el lecho") y de Mendoza ("mi alma es hecha campo de batalla", idea que aparece también en su fábula de Anajárete). Cervantes, empapado de frases garcilasianas, hace eco de ésta en el *Quijote* I.46: "y no por duro campo de batalla este lecho" (Keniston *ad locum*). Góngora, al final de su epitalamio que empieza "¡Qué de invidiosos montes levantados!" (Millé, 388), cambia así el verso de Garcilaso: "sea el lecho de batalla campo blando".

Herrera (H-114) elabora mucho la historia del tópico del sueño como imagen de la muerte, encontrándolo en Jenofonte y Catón, antes del verso clásico de Ovidio (*Amores,* II.ix.41).

12-14 Sólo la primera edición trae la lectura *'stó yo d'arte*; el manuscrito *Mg* y los demás editores antiguos hacen hiato entre *de* y *arte,* quitando el (*y*)*o*. La palabra *arte* aparece 18 veces en la poesía de Garcilaso, pero una sola con vocal anterior, y ésta idéntica, con sinalefa (Ca. I.25: "d'otra arte"). En efecto se esperaría aquí un hiato (cfr. S. XVI.12: "de aire"). Aceptemos, pues, la lectura más generalizada y verosímil.

El sentido de este segundo terceto no está del todo claro; lo entendemos de esta manera: "Así que, sea como sea, estoy tan mal que creo ahora que era menos penoso el tiempo pasado, aunque también en aquel tiempo, como ahora en éste, estuve [y por supuesto entonces me parecía penosísimo]".

SONETO [XVIII]

De este soneto Lapesa (p. 193) dice sólo que es de fecha incierta. Dice Herrera (H-115) que "el sugeto de este problema [sic] es la vista, i alábala por los diferentes efetos que obra maravillosamente en su pecho; i parece imitación de Petrarca [CXXXIII.1]: *Amor m'ha posto come segno al strale*".

Si a vuestra voluntad yo soy de cera
y por sol tengo solo vuestra vista,
la qual a quien no inflama o no conquista
con su mirar es de sentido fuera,
¿de dó viene una cosa que, si fuera
menos vezes de mí provada y vista,
según parece que a razón resista,
a mi sentido mismo no creyera?

(O, B) —sin variantes—

---

1 *de cera*: blando, fácil de derretir. Keniston cita como fuente un verso de la Canz. XX (CCVII, "Ben mi credea passar mio tempo omai") de Petrarca, v. 32: "Ed io, che son di cera, al foco torno".

3-4 "Dura locución es ésta, que usa aquí G. L. porque quiere dezir que quien no se enciende o vence con la vista de su señora, es fuera de sentido [loco], aunque las palabras i la estrutura dellas hazen difícil sinificado" (H-116), siendo "anástrofe" *de sentido fuera* (H-117).

5 *una cosa*: es decir, un fenómeno. (En Garcilaso la palabra *cosa* se usa a menudo, no con el sentido de un objeto concreto, sino con el de una abstracción o de un suceso.)

7 *que a razón resista*: que contradice a la razón. (Es probablemente italianismo este uso del subjuntivo después del verbo *parecer*.)

8 Según Herrera (H-118), el *sentido* aquí referido es sentido interior o común: "el sentido común es como centro, i el sentido esterior como líneas..., es potencia del'ánima sensitiva que recibe todos los sensibles...i es un medio entre los otros sentidos i el entendimiento".

Y es que yo soy de lexos inflamado
de vuestra ardiente vista y encendido
tanto que en vida me sostengo apenas;
mas si de cerca soy acometido
de vuestros ojos, luego siento elado
cuajárseme la sangre por las venas.

Dice además: "Piensan algunos que G. L. incurrió en este lugar en el vicio de pleonasmos... ; mas yo entiendo que aquí el *mismo* tiene mayor espressión, i que es antes acrecentamiento de sinificación que vicio".

9 (B-22) *Y es que yo soy de lexos inflamado.* Dilató este verso del Petrarca, soneto 12 [CXCIV. 14]:

Che da lunge mi struggo, e da press'ardo.

Y Petro Bembo dize en sus tercetos:

Un dinanzi al suo fuoco esser di neue,
Et tutto in fiamma andar sendo in disparte.

Añade Herrera (H-119) de un soneto de Ariosto:

Che certo io so, che quel che perde il core,
lontan' arder solea per questi rai;
et io che gli son presso, agghiaccio et tremo.

Pero, según Mele, Flamini rechazó todas estas fuentes sugeridas por el Brocense y Herrera; es evidentemente un tópico petrarquista.

14 Navarro (1924) señala que este verso es el contrario del familiar "encenderse la sangre" y lo compara con Espinel (*Diversas rimas,* ed. D. C. Clarke, p. 53):

Antes que tantas penas
cuajen la sangre en las heladas venas.

SONETO [XIX]

Lapesa (pp. 17 y 188) asigna a este soneto la fecha de 1535, relacionándolo con los amores napolitanos. Ya Herrera (H-120) había identificado el Julio del v. 1: Giulio Cesare Caracciolo, poeta napolitano a quien se deben, según Keniston, 25 sonetos de las *Rime di diversi signori napolitani* Vinegia, 1556 (pp. 192-204). Sobre él nos da más detalles Tamayo ("Vida", f. 7^{r}) y Mele (170.132-133): poeta bien conocido en la primera mitad del siglo XVI, y figura política de cierta importancia durante el virreinato de don Pedro de Toledo.

De "este numeroso i bellíssimo i afetuoso soneto" (H-120) el Brocense señaló el punto de partida petrarquesco:

> (B-23) *Iulio, después que me partí.* Petrarca, soneto 175 [CCIX.1]:
> *I dolci colli, ou'io lasciai me stesso,*
> *Partendo, onde partir giamai non posso.*
> La dificultad que tiene al fin este soneto, parece que se puede soltar diziendo que Garci Lasso llegó donde estaua el alma (que es la dama) de Iulio, y Iulio quedó donde estaua la de Garci Lasso.

Julio, después que me partí llorando
de quien jamás mi pensamiento parte
y dexé de mi alma aquella parte
que al cuerpo vida y fuerça 'stava dando,
de mi bien a mí mesmo voy tomando
estrecha cuenta, y siento de tal arte

(O, B)
5 a mi me voy *O R* — a mi mesmo voy *B* — a mi mismo voy *HTA*

1-3 Lapesa (p. 57 y n. 65) señala la "reiteración conceptista en juegos de palabras" de estos tres versos (*partí, parte, parte*), que de forma más atenuada se daba ya en el modelo petrarquesco (*partendo, partir*).

3-4 Según Herrera (H-122), tenemos aquí una "perífrasis del coraçón, de quien pende la vida".

5 Verso hipométrico en la primera edición; aceptamos la enmienda del Brocense. (Pero *mesmo,* por *mismo,* sólo se encuentra en Son. IV.9.)

faltarme todo'l bien que temo en parte
que á de faltarme el ayre sospirando.
Y con este temor mi lengua prueva
a razonar con vos, o dulce amigo,
del amarga memoria d'aquel día
en que yo comencé como testigo
a poder dar, del alma vuestra, nueva
y a sabella de vos del alma mía.

10 Arrazonar *O* de vos el alma mia *A*
14 Y sabella *B*

El efecto de la aliteración de este verso es más extenso de lo que creía Herrera (H-124), pues además de la repetición de la *m*, hay dos bilabiales más (*b* y *v*). Herrera señala antecedentes virgilianos y petrarquesco, así como otro verso de Garcilaso (Ég. I.66).

6 *estrecha*: rigurosa.
de tal arte: de tal modo.

12-14 No es muy claro el sentido de este terceto; basándonos en la explicación del Brocense (véase arriba), aprobada por todos los comentaristas, podemos dar esta paráfrasis explicativa: "aquel día de mi partida, en el que empecé a poder daros, como quien vive cerca de ella, noticias de vuestro amor, y a recibirlas de vos sobre el amor mío, que se queda en esa ciudad de Nápoles".

Herrera (H-125) añade que es imitación formal del principio del "Somnium Scipionis" de Cicerón: "Ego illum de suo regno, ille me de nostra republica percunctatus est". Y Azara (quien en su edición estropea el verso final, por no entenderlo) añade esta crítica del estilo: "Con todo, de puro exquisito, es ridículo este modo de explicarse". Cfr. defensa de Navarro (1911).

14 Nos ha sugerido A. Blecua que la lectura del Brocense ("Y sabella") quizá hace referencia a Isabel, o Isabella.

SONETO [XX]

Los estudiosos han vacilado en cuanto a la fecha de este soneto; Lapesa (p. 193 y n. 242) la considera incierta. Según Navarro y Keniston, el motivo del soneto fue una ausencia (véase el v. 10).

Aceptamos las enmiendas comentadas por A. Blecua (véanse notas a los vv. 7, 11 y 14).

Con tal fuerça y vigor son concertados
para mi perdición los duros vientos
que cortaron mis tiernos pensamientos
luego que sobre mí fueron mostrados.
El mal es que me quedan los cuydados
en salvo destos acontecimientos,
que son duros y tienen fundamientos
en todos mis sentidos bien echados.
Aunque por otra parte no me duelo,
ya que'l bien me dexó con su partida,
del grave mal que en mí está de contino;

(O, B)

7 Porque son *O R*
Que son *BHTA*
fundamentos *K*

11 Del grande mal *O R*
Del grave mal *BHT*
El grave mal *A*

2-3 En *duros vientos* encuentra Herrera (H-126) "alegoría y traslación del tocamiento; y la misma metáfora es en *tiernos pensamientos,* aunque diferente en *atajar la guerra* [v. 14]".

5 *el mal*: Se puede tomar en el sentido de "lo malo". Pero también significa algo así como "mi enfermedad" (cfr. S. XIV.4); compruébese esto por el v. 11, donde *el...mal* hace contraste con *el bien* del verso anterior.

7 *fundamientos*: raíces (para continuar la metáfora del primer cuarteto). Este verso se ha enmendado por ser hipermétrico en la primera edición: en vez de *porque* hay que leer *que.*

11 Como epíteto de *mal,* en el sentido de "enfermedad" (véase nota al v. 5), la variante *grave* (*BHTA*) es más normal y corriente que la lectura de la

antes con él me abraço y me consuelo,
porque en processo de tan dura vida
ataje la largueza del camino.

14 Atajare la guerra *O R* — Ataje la largueza del camino *BTA*

---

edición príncipe (cfr. El. II.126, Égl. I.246 y Égl. II.119); sería además el único caso garcilasiano de *grande* (en vez de *gran*) antepuesto al sustantivo. Aceptamos, pues, los argumentos de A. Blecua.

13 Keniston nos llama la atención sobre el uso muy semejante de *proceso* en el S. VI.10.

14 Excelente es la variante manuscrita que nos da el Brocense:
(B-24) *Atajaré la guerra.* En el de mano está: *Ataje la largueza.*

Esta enmienda fue aceptada por Tamayo y Azara, pero no por Herrera; a Navarro también le gusta, como más fácil de entender. No es tan lógico el sentido de la primera edición ("me abrazo con mi mal porque voy a acortar el sufrimiento de una vida tan dura") como el de la del Brocense: "me abrazo con mi mal para que él acorte la largueza de una vida tan dura". Y es fácil de entender como errata gráfica la lectura de la primera edición. Los argumentos de A. Blecua (pp. 64-65) son definitivos, a pesar de Tamayo (T-25).

SONETO [XXI]

Pertenece seguramente a los años napolitanos (1533-1536) este soneto heroico. No sabemos a ciencia cierta a quién va dedicado; dos marqueses posibles, candidatos desde los comentarios de Herrera (H-127), son el de Villafranca (don Pedro de Toledo, virrey de Nápoles) y el del Vasto (don Alfonso Dávalos). Éste, según Herrera, fue gran amigo de Garcilaso; Tamayo, en su biografía (f. 10^{r}), dice: "celebróle en el Soneto XXI aunque algunos quieren que se aia escrito a don Pedro de Toledo...". Mele, máximo conocedor del ambiente napolitano de Garcilaso (sobre Dávalos cita un pasaje de A. Salza, *Luca Contile,* Firenze, 1903, pp. 37 ss.), vacila entre los dos candidatos (170.121 y nota *ad locum*); también vacilan Navarro y Lapesa. Si tuviéramos que tomar una decisión, nos inclinaríamos claramente, con Keniston, hacia don Pedro de Toledo, quien figuró con una importancia mucho mayor en la vida de Garcilaso; compárese además la dedicatoria al virrey de la Égloga I, donde reaparece la misma "pluma" (en el v. 24) de este soneto (v. 5).

Claríssimo marqués, en quien derrama
el cielo quanto bien conoce el mundo,
si al gran valor en que'l sugeto fundo
y al claro resplandor de vuestra llama
arribare mi pluma y do la llama
la boz de vuestro nombre alto y profundo,
seréys vos solo eterno y sin segundo,
y por vos inmortal quien tanto os ama.

(O, B)

---

3 *en que'l sugeto fundo*: en el cual baso el tema de este soneto.
4 *llama*: metáfora del alma.
5 *arribare mi pluma*: alcanza mi poder expresivo.
7 *sin segundo*: muy lejos de tener igual (cfr. El. I.306, Ég. I.9 y Ég. II.1217).
8 *quien tanto os ama*: es decir, el poeta mismo.

Quanto del largo cielo se desea,
quanto sobre la tierra se procura,
todo se halla en vos de parte a parte;
y, en fin, de solo vos formó natura
una estraña y no vista al mundo idea
y hizo igual al pensamiento el arte.

11 s'halla *O*
de parte en parte *B74 H*

12 En fin *H*

---

9 *largo*: generoso.

11 *de parte a parte* (según *B74* y *H, de parte en parte*): llena y completamente; cfr. *de parte a parte* (Son. XXXIII.8) y *de todo en todo* (Ég. II.1112).

12-14 "Quiere dezir este terceto que la naturaleza formó un exemplar en su imaginación i ánimo para el efeto de aquella singular obra que produzió i compuso en el marqués; porque Idea es la forma, figura i representación primera de las cosas..." (H-128). Como dice aquí el poeta mismo, la naturaleza no sólo formó esta idea, sino que fue capaz de realizarla perfectamente en el marqués.

13 *al mundo*: en el mundo.

SONETO [XXII]

Lapesa (p. 193) coloca este soneto entre los de fecha incierta, aunque no niega la probabilidad de que pertenezca a la época napolitana: "Es natural suponer que el XXII, con el verso último tomado de Petrarca y en italiano, fuera escrito en Italia; ahora bien: tanto pudo serlo en la estancia de 1529 a 1530 como en la de 1532 a 1536, aunque esto último sea lo más probable".

La ocasión y sentido del soneto han sido objeto de diversos comentarios. El Brocense se atrevió primero, ampliando en 1577 su explicación de 1574:

> (B-25) *Con ansia extrema.* Más fácil sería en este soneto refutar lo que otros han dicho que dezir cosa cierta, porque no se sabe el intento a qué fue hecho. Parece que ⌊él la topó algún día descompuesta y descubierto el pecho, y ella pesándole dello, acudió con la mano a cubrillo y hirióse con algún alfiler de la beatilla [?] en él, de lo qual el Poeta se duele. (B77-89)⌋ [ella se deuió dar alguna pequeña herida en su pecho, de lo qual él se duele. (B74)] El postrer verso es de Petrarca en la Canción 4, stanza 2 [Poema XXIII. 34]. *Gonna* es ropa larga ⌊o Saboyana (B77-89)⌋.

Herrera pondera la dificultad del soneto con varias explicaciones distintas (H-129): "El argumento deste soneto es caso particular, i por esso difícil de inteligencia. Parece que iendo a vêr a su Señora, que tenía descubiertos los pechos, puso los ojos en ellos, alargándose en la consideración de la belleza del' alma, aunque el duro encuentro de la hermosura corporal impidió su intento, i compelió a olvidar su primer pensamiento i parar en la belleza esterior, hasta que ella advertida los cubrió con la mano. O fue que ella descubrió los lazos de la gorguera, que es lo que llama puerta, con la mano, que no perdona a su pecho, porque cubriéndolo luego, no le permitió o que gozasse del fresco del' aura, o que llevasse más despojos, teniendo invidia que su pecho gozasse de la gloria de su belleza. O por ventura alaba la mano, que era tal que se enamoró della, i por esso perdió él la esperança, si ya no entiende por el desdén con que la cubrió". Interviene Tamayo (T-26): "El XXII tiene menos dificultosa la sentencia de lo que la multitud de las ajenas la hacen, porque no es tan espiritual como Herrera le imagina; más material es porque la que llama *puerta hecha por mi dolor con esa mano* es la gorguera que ella misma había hecho, y por la abertura de ella dice *que aun a su mismo pecho no perdona,* en que con gracia la llama cruel su último verso...". Y concluye sensatamente Azara (A-12): "Algún caso particular que sucedió a Garcilaso, entrando a visitar a su dama y hallándola desataviada, debe de ser el asunto de este soneto. Las circunstancias con que lo visten Herrera y Sánchez son conjeturas que no satisfacen". Navarro (ed. 1911) hace resumen de estos comentarios; Keniston dice que la explicación del Brocense es "la menos insatisfactoria". A nuestro parecer, *de vuestra hermosura el duro encuentro* (v. 6) podría quizá ser un golpe de mano con el que se tapó la dama el pecho (vv. 9-10 y 13); pero no hay en el soneto indicio de ningún alfiler. Quizá más verosímil sea un sentido figurativo: su hermosura carnal era de por sí una cruel barrera para los ojos del poeta, quien quería verle el alma.

Con ansia estrema de mirar qué tiene
vuestro pecho escondido allá en su centro
y ver si a lo de fuera lo de dentro
en aparencia y ser igual conviene,
en él puse la vista, mas detiene
de vuestra hermosura el duro encuentro
mis ojos, y no passan tan adentro
que miren lo que'l alma en sí contiene.
Y assí se quedan tristes en la puerta
hecha, por mi dolor, con essa mano,
que aun a su mismo pecho no perdona;
donde vi claro mi esperança muerta
y el golpe, que en vos hizo amor en vano,
non esservi passato oltra la gona.

(O, B) 13 que vos hizo *A*

3-4 Aquí se juega con la ambigüedad (sentido sentimental y sentido físico) de la palabra *pecho.*

6 Herrera (H-130) da aquí una larga explicación filosófica del concepto de la hermosura.

9-11 Es decir, que los ojos del poeta, desilusionados, no pueden penetrar la mano con la que la dama se tapa el pecho.

13 La variante de Azara, si no es errata, hay que rechazarla como contraria a la gramática de Garcilaso, quien nunca usa "vos" como complemento verbal.

14 Ya el Brocense encontró en Petrarca la fuente de este verso (XXIII.34: "non essermi passato oltra la gonna") y explicó que *gonna* es ropa

larga, lo que en español se llama "bata". Herrera (H-132) cita otra supuesta imitación del verso en un soneto de Ariosto ("a me il cor fisse, a voi non toccò il manto").

Y en la misma anotación Herrera inicia una controversia criticando el uso del verso italiano: "No puedo dexar de dezir aquí que es vicio mui culpable entremeter versos de otra lengua..." Esto provocó las observaciones 6, 7 y 12 de Prete Jacopín, con sus respuestas correspondientes. También Tamayo (T-26) defiende a Garcilaso: "...engáñase no considerando que debía de ser este soneto para alguna señora de Italia..., fuera de que no es cosa vituperable cuando se toman estos versos de hombres insignes, y los toma quien lo es..." Pero, según señala Mele, también Juan de la Cueva criticó este verso en su *Ejemplar poético,* II.295-297:

> Cuando en vulgar de España se razona,
> no mezcles verso extraño, como Laso:
> "non essermi passato oltra la gonna".

SONETO [XXIII]

Para Lapesa (pp. 192-193), este soneto, junto con el XI, el XIII y el XXIX, forman un grupo de sonetos clásicos que se apartan decisivamente de las tradiciones cancioneril y petrarquista; "...saben...a frutos de plenitud: la paganía que respiran los cuatro sonetos, la plasticidad de sus descripciones y las fuentes de inspiración, todo conduce, casi con evidencia, al período final del arte garcilasiano". Les asigna a todos los términos cronológicos aproximados de 1533-1536.

Ya el Brocense señaló el modelo principal, que es un soneto de Bernardo Tasso (*Gli Amori,* Venecia, 1534, p. 65):

(B-26.1) *En tanto que de rosa.* Este florido soneto es sacado del Tasso:

Mentre che l'aureo crin u'ondeggia intorno
al'ampia fronte con leggiadro errore:
mentre che di uermiglio, e bel colore
ui fa la Primauera il uolto adorno:
Mentre che u'apre il ciel piu chiaro il giorno,
cogliete, ò giouenette, il uago fiore
dei uostri piu dolci anni, et con amore
state souente in lieto et bel soggiorno.
Verrà poi'l uerno, che di bianca neue
suole i poggi uestir, coprir la rosa
et le piagge tornar aride et meste.
Cogliete, ah stolte, il fior, ah siate preste,
che fugace son l'hore e'l tempo lieue,
et ueloce a la fin corre ogni cosa.

Ausias, canción 63:

No sabeu prou si leixau temps fugir
e temps perdut no pot esser cobrat.

Entrambos lo podrían sacar de aquel florido epigrama que anda entre las obras de Virgilio, cuyo título es *Rosae* y el postrer disticho dize ansí:

Collige, uirgo, rosas, dum flos nouus, et noua pubes,
Et memor esto aeuum sic properare tuum.

Al reués desto se burla Horacio de una dama, motejándola de vieja, y que ya se le passó la flor, aunque ella no lo piensa. Y por estar traduzida por el mismo que las passadas, pongo aquí la Oda, que es del libro 4, la 13:

Cumplióse mi desseo
... [40 vv.] ...
buelta en pauesa ya la hacha ardiente.

Si bien el soneto italiano tuvo una influencia directa en el de Garcilaso, los demás textos citados por los comentaristas pertenecen a una conocida tradición clásica y renacentista de la que se podrían citar otras docenas de textos; sin duda, algunos de éstos u otros confluían vagamente en la mente del poeta con el soneto de Tasso. Como dice Herrera en una larga nota (H-137), "El argumento deste soneto es tan común que muchos griegos i latinos, muchos italianos i españoles lo an tratado casi infinitas vezes, pero ninguno como Ausonio (si él fue el que escrivió aquella elegía de la rosa)...". Ésta (que empieza "Ver erat..." y sigue siendo anónima), con su dístico culminante ya citado por el Brocense, es desde luego el *locus classicus* al que se refieren todos; véanse Menéndez Pelayo, *Obras completas,* ed. nacional, t. XLIV, pp. 216-217, Rodríguez Marín (211.295-297 y 628-630), y muchos otros. Se debe mencionar también la oda 10 (A Ligurino) del libro IV de Horacio, citada por Lapesa (p. 163), y el Son. V de Bembo: "Crin d'oro crespo...". Sobre el tópico en general, véase el útil libro de B. González de Escandón (107), del que se dedican a Garcilaso las pp. 56-60.

De la popularidad de este soneto no cabe duda. Trend (233) cita la música de F. Guerrero (Villanescas, no. 4). Está quizá relacionado con un pasaje de Boscán (*Octava rima,* vv. 1041-1056) y con el Son. XXXVIII de Herrera. El conocido soneto de Góngora, "Mientras por competir con tu cabello", parece ser una elaboración de éste de Garcilaso; véase Dámaso Alonso, "Garcilaso, Ronsard, Góngora (apuntes de una clase)" (11. 183-191).

Herrera (H-133) identifica sucintamente el tema del soneto: "El sugeto es la belleza, alabada por las partes i efetos que haze, y el deleite della, a que le persuade con la brevedad de la vida". El análisis de Lapesa (pp. 162-163) es imprescindible. Sin rasgo casi de la melancolía habitual, el soneto de Garcilaso impone a la alegría vital renacentista "un sello de dignidad que da elegancia al epicureísmo"; la inolvidable imagen femenina se evoca "en versos de andar pausado y señoril". El primer terceto da la nota imperativa; el segundo deja a la rosa "diluida en la caducidad general de las cosas".

En tanto que de rosa y d'açucena
se muestra la color en vuestro gesto,
y que vuestro mirar ardiente, honesto,
con clara luz la tempestad serena;
y en tanto que'l cabello, que'n la vena
del oro s'escogió, con buelo presto

(O, B)
1 acucena *O*
i açucena *H*
4 tempestad sera *O*
tempestad serena *BAKR*
Enciende al coraçon i lo refrena *H*
Enciende el coraçon i lo refrena *T*

---

1 Este verso, según Herrera (H-133), inicia una "descrición por metáfora".

2 *gesto*: cara (cfr. S. V.1).

4 Herrera pone *enciende al coraçón i lo refrena,* en vez de *con clara luz la tempestad serena.* Esta notable variante, introducida por Herrera en 1580, fue notada por el Brocense en 1589:

(B-26.2) [(Con clara luz la tem.) Otros leen: *Enciende el coraçón, y lo refrena.* (B89<H)]

Y Tamayo la aceptó en 1622, con la pequeña subvariante del Brocense (*el* en vez de *al*). Revisemos brevemente los argumentos.

Herrera (H-134) afirma: "Assí se á de leer, i desta suerte dize don Antonio Puertocarrero que lo tiene de su suegro; porque como anda impresso, más sirve de sustentamiento del cuartel que de prosecución del intento. I deste modo usa aquí G. L. de hermosíssima figura, regressión o reversión, dicha de los griegos epanodos..." Y tanto le gusta a Herrera que lo adapta en su propio Son. XXXVIII.2: "...qu'enciende i junto enfrena". Tamayo está de acuerdo (T-27): "Herrera la aprueba; Sánchez lo apunta y a mi parecer es lección verdaderísima, porque fuera de no servir la que Sánchez sigue más de sustentar el cuartel, y no de proseguir el intento, en el primero sale de la metáfora, y en éste la sigue perfectísimamente, correspondiendo *honesto* a *lo refrena, vuestro mirar ardiente* a *enciende el corazón*". Navarro acepta esta enmienda (en 1911 con *el corazón* y en 1924 con *al corazón*). A. Blecua (pp. 68-71) llega a la conclusión de que representa una segunda redacción garcilasiana, pues en ningún otro caso inventa Herrera así un verso nuevo; que hay que reconocer su autoridad (Puertocarrero) y su calidad poética, pero que no se debe introducir en el texto crítico, pues así resultaría ecléctico, por combinar dos redacciones diferentes.

5-6 *qu'en la vena del oro s'escogió*: por lo visto significa algo así como seleccionado de un venero o filón de oro.

6-8 Cfr. El. I.238-239: "desordenaba con lascivo vuelo / el viento sus cabellos..."

por el hermoso cuello blanco, enhiesto,
el viento mueve, esparze y desordena:
coged de vuestra alegre primavera
el dulce fruto antes que'l tiempo ayrado
cubra de nieve la hermosa cumbre.
Marchitará la rosa el viento elado,
todo lo mudará la edad ligera
por no hazer mudança en su costumbre.

12 viento alado *Tn*

---

7 Herrera (H-135) señala el asíndeton de este verso.

9-11 Herrera (H-136) dice que es alegoría.

12 En una nota (T-27) dice Tamayo: "No será sin propósito... llamar al viento *alado* [en vez de *helado*], por su ligereza, como a la edad *ligera*..." (*edad ligera*: *tiempo fugaz*).

13 Probablemente influye en este verso la frase virgiliana (Ecl. IX.51): "omnia fert aetas, animum quoque".

13-14 Lapesa (p. 57) señala el poliptoton de estos dos versos. Dice Herrera (H-137) del último: "Éste es lánguido i casi muerto verso, i mui plebeyo modo de hablar. I fue común falta en aquella edad... acabar el soneto, no con la fuerça i espíritu de los cuarteles, sino floxa i desmayadamente". Con esta crítica empieza una serie de discusiones. Prete Jacopín (observación 8) dice que es excelente verso, blando y compuesto de dicciones cortesanas; responde Herrera que "dicción cortesana no es alabanza, pues en la corte se corrumpe la buena lengua común". Añade Tamayo (T-27): "El último verso es engaño de esta profesión llamarle lánguido, porque es nervosamente dulce". Aceptemos la conclusión de Lapesa (p. 163): "El último verso se repliega en una paradoja incolora...; pero este final desdibujado facilita la evasión del pensamiento, librándolo de fijarse en la futura ruina".

Una paradoja semejante (que el ser de la fortuna es mudanza, pero en este caso deja su ser) es la base del Son. XXII (ed. Riquer, p. 142) de Boscán.

SONETO [XXIV]

A la época napolitana (1533-1536; cfr. Lapesa, p. 188) hay que asignar este soneto panegírico dedicado a la conocida poetisa italiana doña María de Cardona, marquesa de Padula, con invocación de tres poetas contemporáneos; sobre estos italianos véanse las varias notas de Mele (170, y notas *ad locum*). Herrera (H-147) reproduce un soneto atribuido a Cetina que es a la vez imitación de éste y superación hiperbólica: "Ilustre honor del nombre de Cardona, / no décima a las nueve de Parnaso, / mas la primera...". Y Keniston encontró en la Biblioteca Nacional de París (MS. Esp. 373, f. 127[v]) otra imitación, de la que reproduce cuatro versos.

Illustre honor del nombre de Cardona,
décima moradora de Parnaso,
a Tansillo, a Minturno, al culto Taso
sujetto noble de imortal corona:

(O, B) 2 del Parnaso *BA*

---

2 (B-27) *Décima moradora de Parnasso.* Muchos han usado esta frasi de llamar a las damas doctas Décima musa o Quarta Gracia, siendo las musas nueue y las gracias tres; y ansí lo hizo Minturno en un soneto que comiença:

Eran le Gratie tre care sorelle, etc.

A esta breve nota del Brocense añade Herrera otra (H-139): "Assí dixo Ausonio al simulacro de Safo, siguiendo el conceto de Antípatro Sidonio: *Lesbia Pieriis Sappho soror addita Musis...*" Tamayo (T-28) está de acuerdo con Herrera: es tradición clásica que remonta a Safo. Cita de la antología griega a Platón ("Sappho Pieris est decima"), a Antípatro ("Post reliquas decima") y a otro anónimo ("Musa sed in Musis adstruitur decima").

3 (B-28.1) *A Tansillo, a Minturno, al culto Tasso.* Fueron estos tres poetas célebres en tiempo de Garci Lasso, y por esso los nombra a ellos solos, dexando a Homero y Virgilio, por acomodarse al tiempo. Destos poetas se hará mención todas las vezes que se ofrezca porque lo merecen.

si en medio del camino no abandona
la fuerça y el espirtu a vuestro Lasso,
por vos me llevará mi osado passo
a la cumbre difícil d'Elicona.
Podré llevar entonces sin trabajo,
con dulce son que'l curso al agua enfrena,
por un camino hasta agora enxuto,
el patrio, celebrado y rico Tajo,
que del valor de su luziente arena
a vuestro nombre pague el gran tributo.

8 dificil Elicona *O* de Elicona *BHTAKR*

Keniston añade sus fechas: A. S. Minturno (m. 1574), B. Tasso (1493-1569), y L. Tansillo (1510-1568). Según Mele, este último poeta, más joven, fue muy influido por Garcilaso, a quien dedicó tres sonetos; fue también autor de un *capítolo* dedicado a Mario Galeota (cfr. Canción V de Garcilaso: véase Mele, 170.36-37 y 129-131).

5 Dice Herrera (H-144) que *abandona* es verbo toscano que significa "desamparar"; cita el *Adonis* de Mendoza (ed. Knapp, p. 248: "como quien por amores se abandona").

6 *Lasso*: Garcilaso aquí hace un juego de palabras con su primer apellido, que como adjetivo latino e italiano significa "cansado, debilitado".

8 Según Herrera (H-145), "es parágoge, o proparalesis, cuando se junta algo al fin de la dición, como aquí *Elicona* por *Elicón*". En el español moderno este monte clásico se llama normalmente *Helicón* (Navarro, ed. 1911); pero, como indica Keniston, Garcilaso sin duda seguía la forma italiana (cfr. Petrarca, XXVIII, Canz. II.40: "Doctrina de sanctissimo Elicona"). Se ha sugerido que podría ser adjetivo en el texto de *O* ("cumbre elicona"); pero el adjetivo clásico daría "eliconia".

10 Para Herrera (H-146), éste es "lleno i numeroso verso". Es un recuerdo de la leyenda de Orfeo, cuya música hacía detenerse el fluir de los ríos (cfr. notas al Son. XV).

12-14 Es tradición clásica que el río Tajo (llamado aquí "patrio" por pertenecer a la patria de Garcilaso) llevaba granos de oro entre sus arenas. Herrera (H-147) cita a Juvenal: "tanti tibi non sit opaci / omnis arena Tagi, quodque in mare volvitur aurum". Keniston señala otros pasajes garcilasianos que se refieren a esta leyenda: Ég. III.106, y Ode II.18-19 y 69.

SONETO [XXV]

Aunque para Keniston este soneto pertenecía probablemente al año 1533, Lapesa (pp. 17 y 187) lo coloca en 1534 o principios de 1535 (época de la Égloga I). Los dos ven como motivo del soneto la muerte de Isabel Freire, y quizá una visita a su sepulcro (v. 9). Cuando Garcilaso en abril de 1533 estuvo en España, Lapesa cree (al contrario de Keniston) que Isabel aún vivía; volvió a España en agosto y setiembre de 1534, sabiendo ya que estaba muerta. Pero en todo caso, como dice Lapesa, al escribir este soneto, Garcilaso no tenía que estar físicamente presente ante la tumba; muy bien podía ser una presencia recordada o imaginada.

Se han sugerido muchas fuentes e influencias literarias diferentes. En su análisis (pp. 126-127 y nn. 146 y 148), Lapesa las ha considerado críticamente y ha añadido una importante: para el primer cuarteto es primordial un pasaje de la prosa XII de la *Arcadia* de Sannazaro ("...i fiori ed i frutti sparsi per terra..."). En el segundo cuarteto Lapesa subraya un recuerdo de la Canz. XXVI. 46-47 de Petrarca, ya señalado por Herrera (CCCI: "Or mie speranze sparte / Ha Morte, e poca terra il mio ben preme"). En el segundo terceto Lapesa encuentra efectivamente unas vagas ideas de Virgilio y de Petrarca. Fucilla (85.116) añade un soneto de Tansillo (ed. Pèrcopo, pp. 139-140: "Come quercia talor alta ed annosa") en el que el árbol cortado es el de la esperanza, y hay "frutto, fronde e fiore". (Véanse abajo las demás sugerencias, menos significativas.)

El soneto todo es para Lapesa una muy "inmediata expresión del dolor experimentado" por la muerte de Isabel. Además del importante análisis de Lapesa, véase el de A. Lumsden (143).

¡O hado secutivo en mis dolores,
cómo sentí tus leyes rigurosas!
Cortaste'l árbol con manos dañosas
y esparziste por tierra fruta y flores.
En poco espacio yazen los amores,
y toda la esperança de mis cosas,
tornados en cenizas desdeñosas
y sordas a mis quexas y clamores.

(*O, B*)
1 executivo *BA*
essecutivo *HTK*
2 leyes tan rigurosas *O R*
tus leyes rigurosas *BHTA*
5 jazen *OK*
yazen *BHTAR*
mis amores *H*
7 tornadas *H*

---

1 (B-28.2) *O hado executiuo.* Petrarcha, soneto 278 (B89). Todos enmiendan el *secutivo* de la primera edición, o en *executivo (BA)* o en *essecutivo (HTK);* pero véase *secutando el efetto su assunto* (Ég. II.253), donde la métrica lo exige así.

2 Verso hipermétrico en la primera edición, lo enmendaron ya los editores prebrocenses quitándole la palabra superflua *tan.* Explica Herrera (H-149) *leyes rigurosas* "por la dureza de la muerte, que es inesorable, i que nunca se muda".

3 Herrera (H-150) comenta el ritmo raro de este verso (acentos en las sílabas 2, 4, 7 y 10): "Á de leerse haziendo el assiento en el *árbol,* i con gran conmiseración; i declara su tristeza con el afeto de la pronuciación, i con desatar el número del verso..." Nos lo explica Lapesa (p. 127) en términos más claros y modernos: "El tercero, de quebrada musicalidad, pide a raíz de su quinta sílaba una pausa, traducción rítmica del golpe que secamente ha derribado el árbol".

Herrera (H-150) cita como fuente el Son. 255, Poema CCXCVI de Petrarca, y Mele el Son. 277, Poema CCCXVIII del mismo, y la *Eneida,* IV.443-444; pero todos estos pasajes se encuentran reflejados en la prosa XII de Sannazaro, citada por Lapesa (p. 126 y n. 146).

5-8 La fuente petrarquesca aquí citada por Herrera (H-151) es la Canz. XXVI, Poema CCCXXXI.46-47, comprobada por Lapesa (p. 127 y n. 148). Tamayo (T-29) añade de Petrarca el "epitafiio" a Laura: "...e il chiude in poca fossa", suponiendo que Garcilaso lo vio (cfr. Epístola, vv. 83-85). Mele vuelve a citarlo, pero correctamente (CCCXXVI.3-4: "or di bellezza il fiore / e 'l lume ài spento e chiuso in poca fossa") y añade el Poema CCXCII.8 ("poca polvere son che nulla sente").

6 "Dulce i afetuoso verso" (H-152).

7 *tornados*: "dición antigua i que no tiene buen lugar en versos elegantes i suaves" (H-153). *Cenizas* es para Herrera (H-154) alusión "a la antigua costumbre i rito de quemar los muertos", y cita un dístico de Tibulo (II.vi.33-34).

Las lágrimas que en esta sepultura
se vierten oy en día y se vertieron
recibe, aunque sin fruto allá te sean,
hasta que aquella eterna noche escura
me cierre aquestos ojos que te vieron,
dexándome con otros que te vean.

9-11 El verbo *recibe* es imperativo dirigido a la sepultada. Según Tamayo (T-29), es otra alusión a las costumbres de los antiguos, que "ponían en los sepulcros de los que amaban redomillas de lágrimas".

12-13 Tamayo (T-29) cita, a propósito de estos dos versos, uno de Virgilio: "in aeternam clauduntur saecula noctem" (*En.* X.746; en vez de "saecula" léase "lumina").

14 Keniston (*Works,* p. 279) ve aquí reflejada la creencia cristiana en la inmortalidad, es decir en la resurrección del cuerpo glorioso, y lo compara con un trozo de la estrofa dirigida a la "divina Elisa" (Ég. I.405-406). Pero, como indica Lapesa (pp. 127 y 146), más bien que una creencia ortodoxamente religiosa, son en ambos casos esperanzas petrarquistas orientadas "hacia la visión perdurable de la belleza femenil glorificada".

SONETO [XXVI]

Son discutibles las fechas sugeridas para el Son. XXVI. En un principio (ed. 1911) Navarro lo creía del período napolitano; pero Keniston señaló luego su semejanza con el Son. IV, del año 1532. En su edición de 1924 Navarro sugiere que el primer cuarteto puede referirse a la muerte de Isabel, pero reconoce semejanzas con el Son. IV y la Can. III. 48-52. Lapesa, por sus rasgos cancioneriles, cree (pp. 17 y 54) que pudiera escribirse incluso muy temprano (1526?), pero concluye (pp. 191-192) que probablemente se debe situar entre febrero y julio de 1532, lo mismo que el Son. IV y la Canc. III; téngase en cuenta sobre todo la coincidencia entre el Son. XXVI.3 ("...s'acaba en solo un día...") y la Canc. III.52 ("...me quitó en un día"), coincidencia no sólo verbal sino anímica.

Inmediatamente después del Son. IV (pp. 83-85) Lapesa analiza (pp. 85-86) el XXVI; afirma que en éste "la alternativa de rendimiento y exaltación es menos violenta" y que "la perfección del verso acompaña a esta mayor compenetración [petrarquesca]".

Echado está por tierra el fundamento
que mi bivir cansado sostenía.
¡O quánto bien s'acaba en solo un día!
¡O quántas esperanças lleva el viento!

(O, B) cuanto bien s'acaba en *HA*
3 quanto s'acabo en *O R* en un solo dia *T*

1-8 "Suaves son todos estos ocho primeros versos, porque la suavidad de la oración es donde no ai muchas consonantes i se evitan los elementos ásperos" (H-155).

3 Aunque el Brocense no lo enmienda (haciendo quizá hiato entre *acabó* y *en*), este verso les parecería a Herrera y Tamayo ser hipométrico en la primera edición; sin aportar nuevas lecturas ni discutirlo, hacen dos enmiendas independientes (*cuánto bien s'acaba* y *en un solo día*). En una bien razonada discusión del problema, A. Blecua (pp. 72-80) llega a la conclusión de que "entre la lección de *O* y de *H*, esta última tiene más posibilidades de ser garcilasiana", porque "corrige la medida

¡O quán ocioso está mi pensamiento
quando se ocupa en bien de cosa mía!
A mi esperança, assí como a baldía,
mil vezes la castiga mi tormento.

---

vacilante del v. 3 y sitúa el soneto de lleno dentro del armónico pensamiento renacentista". Como señala Blecua, el tiempo presente del v. 4 pide el mismo tiempo en el v. 3. Hemos aceptado por estas razones la enmienda herreriana, tan bien defendida por A. Blecua.

La anotación de Herrera (H-156) es interesante por su análisis retórico y por las fuentes que sugiere: "es esclamación, que declara los varios sentimientos i mudanças de su ánimo, si ya no es epifonema o aclamación, que es cuando se sigue sentencia con admiración. La imitación es de Petrarca en la parte 2 [CCLXIX.13-14]:

Com' perdi agevolmente in un mattino
quel che 'n molt' anni a gran pena s'acquista!

Como en un día fácilmente pierdes
lo que se gana a pena en muchos años!

Don Diego de Mendoça:

i como lo perdí solo en un día.

I el mesmo G. L. en el Soneto 10:

pues en un' ora junto me llevastes...

Que todo es de Estacio en el 2[.54] de las Silvas, en el Epicedio de Glaucia:

cuncta in cineres gravis intulit hora".

Mele sugiere otra fuente petrarquesca (Son. CCCXVII.7-8: "ahi, Morte ria, come a schiantar se' presta / il frutto de molt' anni in sì poche ore!"). Ya hemos señalado, con Keniston y Lapesa, la semejanza entre este verso y la canción III de Garcilaso (vv. 43-45 y 52).

4 (B-29) *O quántas esperanças lleua el uiento.* Petrarca, soneto 59 [CCCXXIX.8]: *Quante speranze se ne porta il uento*!

Herrera, Tamayo y Lapesa (n. 98) confirman todos la evidente influencia de este verso petrarquesco. Los otros autores citados por Herrera (H-157) demuestran lo divulgado que estaba el tópico dentro de la tradición clásica y renacentista: Ovidio (*Heroides,* XVII.234: "fallitur augurio spes bona saepe suo"), Plinio (*Epistulae,* lib. VIII.xxiii.7 ad Marcellinum: "Tot spes, tot gaudia dies unus in adversa convertit"),

Las más vezes me entrego, otras resisto
con tal furor, con una fuerça nueva,
que un monte puesto encima rompería.
Aquéste es el desseo que me lleva
a que desee tornar a ver un día
a quien fuera mejor nunca aver visto.

Acuña ("Mis esperanças se las lleva el viento") y Figueroa ("Aora yaze mi esperança muerta...").

7 *baldía*: Este adjetivo, que se aplica normalmente al terreno estéril, se traslada aquí metafóricamente a la esperanza, que por mucho que se castigue o cultive con el arado del tormento, no produce fruto alguno.

11 *un monte*: "Metáfora del ímpetu y encendimiento del deseo" (H-158). Se entiende, por supuesto, *puesto encima* [de mí]. Cfr. Son. IV.10 (Keniston): "romper un monte que otro no rompiera".

12 (B-30) *Aqueste es el desseo que, etc.* Petrarcha, soneto *Ne per sereno* [CCCXII. 13-14]:

Ch'i'chiamo il fine per lo gran desire
Di reueder, cui non ueder fu'l meglio.

Todos los comentaristas (Herrera, Tamayo, Flamini, Keniston, Mele; Lapesa, n. 98) confirman la influencia directa de estos dos versos petrarquescos.

SONETO [XXVII]

Morel-Fatio llegó a negar, a base de errónea premisa, la autenticidad de este soneto; Menéndez Pelayo, Foulché-Delbosc y sobre todo Lapesa han dado contestación definitiva a tal argumento. No es, como sostenía Morel-Fatio, caso único de rimas agudas en las obras de Garcilaso: se encuentran también en las Canciones I y II y el Soneto XXXVII. Además, nadie ha puesto en tela de juicio la autenticidad de ninguna de las obras de Garcilaso contenidas en la primera edición, compilada por el propio Boscán. Keniston, también a base de premisa errónea (la de que Garcilaso no conociera directamente las obras de Ausias March), se inclinaba a corroborar la hipótesis de Morel-Fatio, pero luego llegó a conclusiones bien equilibradas (10.210-212). Baste al lector el resumen breve y claro que nos da Lapesa en sus páginas 195-196.

Por esas mismas rimas agudas Lapesa (pp. 189-191) le asigna al soneto una fecha probablemente anterior al período napolitano, entre 1526 (?) y 1532; los rasgos cancioneriles y de inmadurez tienden a confirmar esta deducción (p. 190).

El primer cuarteto, como señaló ya el Brocense, es traducción literal del envío del Canto LXXVII ("No pot mostrar lo mon menyspietat") de Ausias March (cfr. Lapesa, p. 62):

> Amor, amor, un habit m'e tallat
> de vostre drap, vestint-me l'espirit:
> en lo vestir, ample molt l'e sentit,
> e fort estret quant sobre mi's posat.

Evidentemente estos cuatro endecasílabos, con sus rimas cruzadas, bastan por sí solos para sugerir al italianizante un posible soneto; Garcilaso, después de traducirlos, desarrolló independientemente los diez versos restantes (algo desmayados, es verdad, en el segundo terceto).

Existe otra versión con rimas llanas; se publicó en el llamado *Cancionero general* de 1554, f. clxxxv, y ahí, como en varios manuscritos fehacientes, se le atribuye a Mendoza. Luego el Brocense publicó en su edición de Garcilaso una versión intermedia, restituida, según él, de acuerdo con un manuscrito:

(B-31) *Amor, amor, un ábito uestí.* Este soneto es traduzido de Ausias March, poeta lemosino. Restituyóse agora por el de mano.

¿Será ésta en efecto una redacción hecha por Garcilaso mismo? Es muy posible. Pero también es posible que sea de otro autor, quien, quizá teniendo a la vista la estrofa de Ausias March, el soneto primitivo de Garcilaso y la versión atribuida a Mendoza, pudiera hacer por su cuenta una nueva versión híbrida.

Dice Herrera (H-160): "Este pensamiento es de Ausias, i pareció tan bien a don Diego de Mendoça que lo traduzió, pero con tan poca felicidad como G. L., porque cierto no trató éste con la hermosura i pureza i suavidad que los otros". Tamayo (T-31), aunque dice hacer una nueva versión ecléctica, sigue la del Brocense, dando variantes en su comentario: "En el XXVII tengo por mejores las lecciones que puse en el texto, sacadas de la variedad de las que están impresas... [El] pensamiento [de Ausias March lo] siguió también don Diego de Mendoza en una canción, que también repetiré por explicarse con ella nuestro poema más [Égloga I, ed. Knapp, p. 65]:

Como una vestidura
ancha y dulce al vestir, y a la salida
estrecha y desabrida,
así es Amor."

Veamos luego cómo Tamayo combina variantes para inventar otra: "Lo vi en el ms. del Escorial, el verso 4 del cuartel 2, que ordinariamente anda así:

A romper deste paño este vestido:
A romper de tu paño este vestido.

Parece que se podía acomodar a Amor, con quien habla; mas yo leyera:

A romper este paño, este vestido,

en que se muestra más afecto y mayor elegancia".

La cuestión textual ha sido estudiada, con todo rigor, por A. Blecua (pp. 81-90), quien toma en cuenta también los textos de *Mg*, del Brocense, del *Cancionero* de 1554, del Ms. 2973 de la Biblioteca Nacional de Madrid ("Flores de varia poesía", México, 1577) y de la edición de Mendoza que hizo Knapp. Blecua llega a una sorprendente conclusión hipotética: que, de ser Garcilaso el autor de las tres redacciones, la de *O* sería la final, y "representaría un esfuerzo del poeta por permanecer más fiel a la fuente". Aunque no es definitiva, aceptemos provisionalmente esta conclusión, editando sin enmienda el texto de la edición primera.

Amor, amor, un ábito vestí
el qual de vuestro paño fue cortado;
al vestir ancho fue, mas apretado
y estrecho quando estuvo sobre mí.
Después acá de lo que consentí,
tal arrepentimiento m'á tomado
que pruevo alguna vez, de congoxado,
a romper esto en que yo me metí;
mas ¿quién podrá deste ábito librarse,
teniendo tan contraria su natura
que con él á venido a conformarse?
Si alguna parte queda, por ventura,
de mi razón, por mí no osa mostrarse,
que en tal contradición no está segura.

(*O, B, Mg*)

1 Amor un abito a vestido en mi *Mg*
un abito he vestido *BTA*

2-5 Del paño de tu tienda bien [cortado
Al vestir le halle ancho y hol- [gado
Pero despues estrecho y desa- [brido
Despues aca de averlo consen- [tido *BTA*

8 Arromper *O*
A romper deste paño este ves- tido *BTA*
A romper este paño *Tn*
A romper de tu paño *Tn*

11 Con el a venido a conformarse *Mg*

9-11 La palabra *ábito,* usada hasta aquí con el sentido de una ropa metafórica, en este terceto llega a significar también costumbre arraigada, la que según Aristóteles venía a ser como una segunda naturaleza. Cfr. Son. V.10-11, donde aparece la misma metáfora ambigua.

SONETO [XXVIII]

Basándose en la hipótesis de que la "perfeta edad" (v. 9) es 35 años, Keniston (p. 127) llega a la conclusión de que este soneto no podría haberse escrito antes de 1536 (a menos que el poeta naciera antes de 1501); en una nota posterior (*Works, ad loc.*) da como fecha el año 1535 ó 1536. También para Lapesa (p. 188) este soneto se escribió en el año 1535, lo mismo que el Son. VII, al comienzo de los amores napolitanos, aunque "la discreción le veda indicar nada respecto de la dama" (Lapesa, p. 156; cfr. pp. 70-71 y n. 83). Tamayo ("Vida", ff. 6^{v}-7^{r}) supone que Garcilaso escribió el soneto después de la jornada de Túnez: "Volvió, acabada con felicidad esta jornada, a Nápoles tan lleno de despojos de mejor fama que era la admiración i estimación de todo el reino; con la ocasión de tan honrado ocio pudo la blandura del amor regalar su coraçón, como dize a Boscán...".

Boscán, vengado estáys, con mengua mía,
de mi rigor passado y mi aspereza,
con que reprehenderos la terneza
de vuestro blando coraçón solía;
agora me castigo cada día
de tal selvatiquez y tal torpeza,
mas es a tiempo que de mi baxeza
correrme y castigarme bien podría.

(*O, B*)
4 caraçon *O*

6 salvatiquez *H*
salvatiqueza *K*

---

6 *selvatiquez*: italianismo señalado ya por Herrera (H-162), quien cita un verso del *Filóstrato* de Boccaccio: "deh, lascia star questa selvatichezza". Es el contrario de la cortesanía: el *rigor* y la *aspereza* del v. 2 pertenecen al hombre rústico o salvaje (de la selva), y no al culto amante cortesano. Las variantes de Keniston (*salvatiqueza,* lectura con desinencia italiana de la segunda edición, que Keniston usa como base) y de Herrera (*salvatiquez*) muestran en su primera vocal una contami-

Sabed que'n mi perfeta edad y armado,
con mis ojos abiertos, m'he rendido
al niño que sabéys, ciego y desnudo.
De tan hermoso fuego consumido
nunca fue coraçón; si preguntado
soy lo demás, en lo demás soy mudo.

14 Soy lo que mas en *O R* Soy lo de mas *BHTA*

---

nación con la palabra española más familiar, *salvaje* (cfr. Navarro). La palabra *selvatiquez,* o *salvatiquez,* se encuentra de vez en cuando usada por poetas españoles posteriores (Rodríguez Marín, 211.632, citado por Mele).

9 A propósito de *perfeta edad,* Keniston (10.455, n. 5, 1) se refiere "a la teoría generalmente aceptada de que el punto culminante de la vida se alcanza con la edad de 35". Cree posible que Garcilaso tuviera presente un pasaje en el que Dante (*Convivio,* IV.23) lo afirma con respecto a los "perfettamente naturati".

11 Perífrasis de Cupido, dios del amor, de quien, según Herrera (H-163), los platónicos decían que era al mismo tiempo el más antiguo y el más joven de los dioses. Cita un verso de Ovidio (*Amores,* I. x. 15): "et puer est et nudus Amor".

12-13 Tamayo (T-32) señala que esta frase se debe relacionar con un terceto de la Elegía II (vv. 151-153):

> ...alégrate, que más hermosa llama
> que aquella qu'el troyano encendimiento
> pudo causar el coraçón t'inflama...

Y este terceto, como ya habían indicado el Brocense y Herrera, es imitación de Horacio (*Epod.* xiv); véase el comentario correspondiente.

14 Todos los comentaristas antiguos han enmendado el texto de *O.* Sólo se podría mantenerlo como expresión elíptica (por ejemplo, "lo que más [me place]", o forma indirecta de "qué más"), deliberadamente enigmática. Pero para A. Blecua (p. 91), también, es evidente que se nos impone esta enmienda; aceptémosla, pues, entendiéndola de esta manera: "si me preguntan los detalles restantes, no digo nada sobre ellos".

SONETO [XXIX]

Este soneto de tema clásico, con los otros tres agrupados por Lapesa (XI, XIII, XXIII), pertenece seguramente a la madurez garcilasiana, es decir, al período napolitano de 1533-1536; tiene además un verso común con la Égloga II, escrita en la primera parte de este mismo período (véase Lapesa, pp. 17 y 192-193).

Es accidental su colocación actual al final de los sonetos publicados en la primera edición de Garcilaso: se le traspapeló al impresor, quien lo puso por fin en una de las páginas preliminares en blanco. Por esto aparece al final de las ediciones del Brocense.

Ya hemos visto, a propósito del Son. XVI, que el soneto era a menudo la forma moderna equivalente al epigrama clásico. El Son. XXIX es ampliación de dos dísticos de Marcial (*De spectaculis,* xxv), citados ya por el Brocense:

(B-236.1) *Passando el mar Leandro.* Marcial, libro I, Epigrama 25:
Quum peteret dulces audax Leandrus amores,
Et fessus tumidis iam premeretur aquis,
Sic miser instantes affatus dicitur undas:
Parcite dum propero, mergite dum redeo.

Herrera (H-164) señala, como versiones conocidas de la leyenda, las de Museo (en griego) y de Boscán, en versos sueltos castellanos (adaptación de Museo). Además de los dísticos de Marcial, Herrera (H-166) cita como fuente seis versos de Virgilio (*Geórgicas,* III.258-263, a los que volveremos a propósito del v. 2) y ocho de Estacio (libro VI).

Tamayo (T-33) añade otro epigrama de Marcial (lib. XIV, ep. clxxxi):

Clamabat tumidis audax Leander in undis:
"Mergite me, fluctus, quum rediturus ero."

Para Lapesa (p. 164) es inferior al Son. XXIII este otro soneto clásico de Garcilaso, en el que "parafrasea un conocido epigrama de Marcial. Garcilaso convierte la instantánea del bilbilitano en un relato de gradual desarrollo y extrema facilidad; sólo en el cuarteto segundo es menos ágil la amplificación".

Con respecto a la tradición posterior del tema de Hero y Leandro en la poesía española, Herrera (H-166) cita dos octavas del *Adonis* de Mendoza (ed. Knapp, pp. 252-253), una octava propia, de su *Lausino,* y dos sonetos estrechamente relacionados al de Garcilaso: uno de Sa de Miranda ("Entre Sesto y Abido en mar estrecho") y uno de Cetina, "que parece que quiso contender con G. L.": empieza "Leandro, que de amor en fuego ardía". A continuación Herrera cita tres sonetos italianos, de los que el último es traducción mala del de Garcilaso (Geronimo Fenarolo, el Mentovato y "un Pedro Pintor"). Todo esto y más lo trató detalladamente Menéndez Pelayo en sus estudios sobre Boscán (ed. nacional, pp. 292-332) y a propósito de Marcial (*Obras completas,* t. 50, pp. 146-147); véase también la nota de Mele. Lapesa (p. 164) cita las imitaciones de Coloma, Montemayor, Ramírez Pagán y Camoens, ponderando el gran éxito del soneto de Garcilaso, que Trend ha encontrado con música de Guerrero, Fuenllana y Pisador. Véanse también los estudios de Cabañas (41) y de Selig (225).

Passando el mar Leandro el animoso,
en amoroso fuego todo ardiendo,
esforçó el viento, y fuésse 'mbraveciendo
el agua con un ímpetu furioso.

(*O, B, Mp*)

1-4 Comenta Herrera (H-165): "Como el cuartel de G. L. es el de Juan Sáez de Çumeta en cuanto al pensamiento, porque en la composición (si no me engaña el juyzio) estos versos están más trabajados:

Llévame mi pasión por mar estrecho
alterado con viento impetuoso,
y en medio de este trance peligroso
las ondas rompen el gobierno al pecho."

2 (B-236.2) *En amoroso.* Está este verso otra vez en la segunda Ecloga, y es de Ariosto, canto 19, [como se dixo antes, en la annotación 196. (B77-89].

Además de la del verso de Ariosto (*Orlando.* XIX. xxvi. 8: "tutto infiammato d'amoroso fuoco"), Lapesa (n. 192) ve aquí la influencia de la versión virgiliana de la leyenda de Leandro (*Geórgicas,* III. 258-259): "Quid iuvenis, magnum cui versat ossibus ignem / durus amor?" Herrera (H-165) compara la repetición del mismo verso (véase Egl. II. 1702) con la repetición de versos en Virgilio; Prete Jacopín, en su observación 9, creyendo ver aquí crítica, defiende a Virgilio y a Garcilaso contra Herrera.

3 *fuésse embraveciendo*: fue embraveciéndose.

Vencido del trabajo pressuroso,
contrastar a las ondas no pudiendo,
y más del bien que allí perdia muriendo
que de su propia vida congoxoso,
como pudo, 'sforçó su boz cansada
y a las ondas habló d'esta manera,
mas nunca fue su boz dellas oýda:
"Ondas, pues no se 'scusa que yo muera,
dexadme allá llegar, y a la tornada
vuestro furor essecutá en mi vida."

6 a las olas *Mp*
8 quexoso *Mp*
su propria muerte *BHTA*
13 Dexame *Mp*
14 executa *K*

7-8 Es decir, "más congojoso, o preocupado, por la amada a quien perdía que por su propia vida".

13 A propósito de "tornada", véase el comentario de Lope en *Las fortunas de Diana* (BAE, XXXVIII, p. 10): "*Tornada,* y otros vocablos que se ven en sus obras, era lo que se usaba entonces...".

14 *essecutá*: ejecutad. Véase el comentario de Navarro sobre la pérdida de la *d* final; en Garcilaso encontramos "secutar" (Eg. II. 253) y "essecutar", pero no "executar".

SONETO [XXX]

Lapesa (pp. 17 y 192) cree que este soneto, por coincidir temáticamente con la ausencia y sospechas de la Elegía II, refleja probablemente los amores napolitanos de 1535. El poeta declara en él su derrota, y el triunfo de los celos.

Sospechas que, en mi triste fantasía
puestas, hazéys la guerra a mi sentido,
bolviendo y rebolviendo el afligido
pecho con dura mano noche y día:
ya se acabó la resistencia mía
y la fuerça del alma; ya rendido,
vençer de vos me dexo, arrepentido
de averos contrastado en tal porfía.
Llevadme a aquel lugar tan espantable
que, por no ver mi muerte allí esculpida,
cerrados hasta aquí tuve los ojos.

(B) 10 Do por *H*

1-4 "Es la sospecha un consentimiento temeroso, o (por dezir mejor) assentimiento, que anda variando como las ondas con una inclinación, pero no perfeta, a una de las partes" (H-167).

8 *contrastado*: resistido. Mele, para autorizar este sentido del verbo, cita dos versos de Petrarca (LXXIII. 25-26):

> e la ragione è morta,
> che tenea'l freno, e *contrastar* nol pote.

9-11 Este terceto se comprende más claramente si se lee el pasaje correspondiente de la El. II. 103-114, donde el poeta habla de estar "contemplando / mi amado y dulce fruto en mano ajena, / y el duro posesor de mí burlando". En el soneto el poeta consiente ya en dejarse llevar por sus sospechas "a aquel lugar tan espantable" donde hasta ahora no ha querido ver la evidente infidelidad de su dama.

Las armas pongo ya, que concedida
no es tan larga defensa al miserable:
colgad en vuestro carro mis despojos.

---

12 "Figurado y hermoso modo de elocución, i a lo que yo pienso, traído a nuestra lengua por G. L." (H-168). Navarro explica que aquí *pongo* significa *depongo* o *rindo.*

14 En los carros triunfales se colgaban los despojos de los vencidos. Hay otro carro triunfal en la estrofa 4 de la "Ode ad florem Gnidi" (Ca. V. 16-20; cfr. Navarro).

SONETO [XXXI]

Este soneto, en el que se nota la influencia de uno de Sannazaro y que a su vez fue imitado por Tansillo, pertenece seguramente a la época de amores napolitanos; Lapesa (pp. 17, 192, 198) le asigna la fecha aproximada de 1535.

Herrera (H-170) es quien primero cita de Sannazaro "un bellísimo soneto al cielo", y Lapesa (p. 198) afirma que su "influencia se deja ver en el XXXI"; es el Son. XXIII, que empieza "O gelosia, d'amanti orribil freno", del que el Son. XXXIX atribuible a Garcilaso es traducción.

Según Herrera (H-169), "descrive en este soneto G. L. el celo, dándole por padre al amor i por madre a la invidia... Naciendo el celo, crece el amor con daño de quien lo tiene, i assí da vida al amor i mata a G. L. Contra esto dixo Bernardo Capelo, en un soneto, llamando al celo fría culebra:

che s'ei ben nasce
d'Amor, è prole che 'l suo padre ancide
col dolor, con lo sdegno, ond' ei si pasce".

Comenta Lapesa (p. 158) que "su imaginación se pierde en enrevesadas alegorías que nos extrañan en época tan avanzada", pero que quizá "en el alma del poeta, revuelta pos los celos, se vivificara pasajeramente el gusto por la manera del maestro valenciano [Ausias March]" (pp. 160-161).

Mele (170.37 y 171.243; cfr. Lapesa, p. 158 y n. 185) es quien señaló la influencia que tuvo este soneto en dos de Tansillo (Son. VII y Son. CI).

Dentro en mi alma fue de mí engendrado
un dulze amor, y de mi sentimiento
tan aprovado fue su nacimiento
como de un solo hijo deseado;

(B) 1 Dentro de mi alma *A*

mas luego dél nació quien ha estragado
del todo el amoroso pensamiento;
en áspero rigor y en gran tormento
los primeros deleytes ha tornado.
¡O crudo nieto, que das vida al padre
y matas al agüelo!, ¿por qué creces
tan desconforme a aquél de que has nacido?
¡O celoso temor!, ¿a quién pareces?,
que aun la invidia, tu propia y fiera madre,
se espanta en ver el monstruo que á parido.

5 luego nacio del quien *A*
7 Qu'en aspero *H*
8 a trocado *H*
10 avuelo *A*
13 Que la embidia *H*

---

9 Navarro dice que es dactílico este verso; en efecto hay también cierta interferencia espondaica de acentos (*...niéto que dás vída...*).

10 El *agüelo,* o abuelo, es el poeta mismo, padre del amor que engendró en la envidia al nieto (el celoso temor).

13-14 Según Herrera (H-170), es imitación de Virgilio (*Eneida,* VII.327-328):

> ...odit et ipse pater Pluton, odere sorores
> Tartareae monstrum...

Apenas hace falta señalar, como lo hacen Mele y Navarro, que el *monstruo* no es la dama, sino los celos.

SONETO [XXXII]

Este soneto es probablemente anterior a la época napolitana; Lapesa (pp. 17, 190) le asigna, como términos cronológicos aproximados, los años 1526(?)-1532. (Herrera omite este soneto, y es el único soneto atribuido por el Brocense que Tamayo [T-40] "no se atreve" a incluir en su texto; lo incluye en nota.) Como rasgos cancioneriles Lapesa (pp. 55-56) señala las personificaciones, la contraposición de la lengua y la voluntad del enamorado, y la reiteración conceptista en juegos de palabras (vv. 1-2: *dolor, guía*). Véase también sobre este soneto el breve ensayo de A. Lumsden (144).

Mi lengua va por do el dolor la guía;
ya yo con mi dolor sin guia camino;
entrambos emos de yr con puro tino;
cada uno va a parar do no querría:
yo porque voy sin otra compañía
sino la que me haze el desatino;
ella porque la lleve aquel que vino
a hazella dezir más que querría.

(*B*; *H* lo omite)
4 Y cada uno *B74* Cada uno a parar do no queria *A*
8 queria *Tn*

---

3 *con puro tino*: a tientas, ciegamente, intuitivamente.
7 Según el subjuntivo de este verso, la lengua del poeta tiene voluntad propia: va adonde no quiere parar "para que la lleve" el dolor que la guía (v. 1) y que ha venido a hacerla decir más de lo que ella quisiera. Sería más fácil de entender el verso si el verbo fuera indicativo: va adonde no quiere porque la lleva el dolor.

Y es para mí la ley tan desygual
que aunque inocencia siempre en mí conoçe,
siempre yo pago el yerro ageno y mío.
¿Qué culpa tengo yo del desvarío
de mi lengua, si estoy en tanto mal
que el sufrimiento ya me desconoçe?

---

9 *desigual*: excesiva, injusta. Cfr. Eg. I. 348.
10 *conoce*: es decir, que reconoce mi inocencia.
14 Diríamos "que yo no conozco ya el sufrimiento", es decir, "que ya no resisto más".

SONETO [XXXIII]

A Boscán desde la Goleta

El título de este soneto nos permite fecharlo con insólita precisión. La Goleta era la fortaleza expugnada por las tropas de Carlos V el 14 de julio de 1535, antes de su entrada triunfal en Túnez, así que podemos decir con seguridad que se escribió el soneto en julio o agosto de ese año. Su estructura (un fondo de victoria militar que da relieve al celoso sufrimiento amoroso) nos hace pensar en la Elegía II, también dirigida a Boscán, y escrita sólo un par de meses más tarde, al final de la misma campaña (cfr. notas de Keniston y Navarro).

En los cuartetos el poeta considera la invasión de África por el Emperador (a quien llama "César africano" en la Elegía II.5) como renovación del Imperio Romano en aquel continente. Esta consideración le lleva en los tercetos a una contemplación del incendio y las ruinas de Cartago como metáfora de su martirio amoroso. Tal combinación (las ruinas antiguas y el amor de quien las contempla) era un tópico ya de la poesía renacentista. Herrera (H-186) cita como modelo un famoso soneto de Castiglione sobre las ruinas romanas, "Superbi colli, e voi, sacre ruine", pero es posible que se dejara influir por el hecho de que Cetina posteriormente lo adaptara precisamente a Cartago ("Excelso monte, do el romano estrago"). Quizá Garcilaso recordara también, lejanamente, el soneto de B. Tasso, "Sacra ruina che'l gran cerchio giri". Sobre este tópico y su tradición en España, véase el estudio de Fucilla (80, primer artículo). La independencia y originalidad de Garcilaso es evidente. Como dice Tamayo (T-38), "El [XXXIII] escribió G. L. desde la Goleta, tomando ocasión de su sitio para descubrir los sentimientos de su amor, representando a un tiempo la valentía en la descripción de cosa tan grande, y la sencillez en la ternura de su afición".

Boscán, las armas y el furor de Marte,
que con su propria fuerça el africano
suelo regando, hazen que el romano
imperio reverdezca en esta parte,
han reduzido a la memoria el arte
y el antiguo valor italïano,
por cuya fuerça y valerosa mano
África se aterró de parte a parte.
Aquí donde el romano encendimiento,
dond' el fuego y la llama licenciosa
solo el nombre dexaron a Cartago,

(B)
2 propria sangre'l *HTA*
9 entendimiento *A*

---

2 La enmienda de Herrera (*sangre* en vez de *fuerza*) trae cierta aclaración del sentido. Más corriente en Garcilaso sería *propia* que *propria,* pero siempre puede ser latinismo medieval o italianismo renacentista.

3-4 Las palabras *regando* y *reverdezca* constituyen por supuesto una metáfora vegetal, o como dice Herrera (H-183), "traslación de los árboles i plantas".

5 Es decir, "han retraído, o devuelto, a nuestra memoria, nos han recordado, la habilidad militar..." Es latinismo este sentido de la palabra *reducido.*

6-8 Referencia a los Escipiones, "que vencieron i destruyeron a Cartago" (H-184).

10 A Herrera (H-185) le entusiasma la palabra *licenciosa*: "voz alta, significante, rotunda, armoniosa, propria, bien compuesta, de bien assiento i de sonido eroico, i dina de ser mui usada, i quien la rehusare pecará de inorancia... Ariosto en el canto 27 [*Orlando,* xxvii. 24. 1-3] llamó a la llama licenciosa, de adonde se aprovechó G. L.:

Come quando si da foco a la mina,
pel lungo solco de la negra polve
licenzïosa fiamma arde e camina..."

En todos estos casos "licenciosa" es adjetivo personificador, que atribuye a la llama una voluntad golosa o lujuriosa.

11 Herrera (H-186) da una nota geográfica sobre la antigua ciudad de Cartago, que estaba en una península que forma una laguna contra la costa. En la "garganta" de la laguna está la Goleta, y en su seno está Túnez, "apartada de Cartago por la laguna 18 millas".

buelve y rebuelve amor mi pensamiento,
hiere y enciend' el alma temerosa,
y en llanto y en ceniza me deshago.

14 El "deshacerse en llanto" también ocurre en la Eg. I. 138 (cfr. nota de Mele).

SONETO [XXXIV]

Según Keniston, este soneto, único por su tema de libertad amorosa, se escribió hacia el final de la vida de Garcilaso. Pero Lapesa dice (p. 193) que no podemos saber si este "canto de triunfo al verse libre de la pasión" se refiere a la pasión inspirada por la portuguesa o a la más tardía, inspirada por la napolitana. Lapesa cree (p. 162) que después de la campaña de Túnez sí hubo superación de la crisis de celos descrita en la Elegía II y en el Soneto XXXIII, y se inclina a asociar posiblemente con ella este Soneto XXXIV; pero también pasaría por una parecida superación anterior, referida en la Égloga II, vv. 1089-1128, por boca de Nemoroso (Lapesa, n. 188).

El número de variantes significativas introducido por Herrera en el texto de este soneto indicará quizá que disponía aquí de un manuscrito independiente del del Brocense, uno que reflejara quizá otra redacción. Pero no es evidente en ella ni superioridad poética ni autenticidad mayor. Sospechosa es la palabra "corrección" (H-182) que emplea Herrera a propósito de los vv. 10-12, y el soneto suyo que cita ("¿Nací yo por ventura destinado?").

Gracias al cielo doy que ya del cuello
del todo el grave yugo he desasido,
y que del viento el mar embravecido
veré desde lo alto sin temello;

(B)

2 jugo *B74K*
yugo *B77HTAR*
e sacudido *HTA*
4 desde la tierra *HTA*

---

2 Metáfora tradicional de la "esclavitud" del amor es *el grave yugo*; se encuentra sobre todo en Horacio, con el epíteto "aënium" (por ejemplo, *Odas,* III, ix, 17-18: "Quid si prisca redit Venus / diductosque iugo cogit aëno?").

3-4 Herrera (H-179) señala aquí la influencia de los cuatro versos primeros del libro II del *De rerum natura* de Lucrecio:

veré colgada de un sutil cabello
la vida del amante embevecido
en error, en engaño adormecido,
sordo a las vozes que le avisan dello.
Alegraráme el mal de los mortales,
y yo en aquesto no tan inhumano
seré contra mi ser quanto parece:
alegraréme como haze el sano,
no de ver a los otros en los males,
sino de ver que dellos él carece.

7 En su error i en su engaño *HA*

10 Mas no es mi coraçon tan inhumano *HA*
Aunque en aquesto no tan inhumano *T*

11 En aqueste mi error, como parece *HA*

12 Porque yo huelgo como huelga el sano *HA*

Suave mari magno turbantibus aequora ventis
e terra magnum alterius spectare laborem,
non quia vexari quemquam est iucunda voluptas,
sed, quibus ipse malis careas, quia cernere suave est.

Herrera cita a continuación la adaptación de Mendoza en su epístola a don Diego Lasso (ed. Knapp, p. 167). En la variante que nos da Herrera en el v. 4 (*desde la tierra* en vez de *desde lo alto*) vemos una influencia más directa del texto lucreciano (*e terra*); pero por eso mismo podemos considerar sospechosa esta variante.

5-8 "Alusión a la istoria de Dámocles" (H-180): éste no podía disfrutar de un banquete porque sobre su cabeza estaba suspendida de una cerda *(sutil cabello)* una aguda espada. Pero en el cuarteto de Garcilaso está consciente del peligro, no el amante mismo, sino el poeta que le observa desde lejos. El amante mismo vive engañado, según los vv. 7-8, donde dice Herrera (H-181) que se "toca la fábula de las Sirenas".

9 Azara y Adolfo de Castro ponen *Alegrárame* en vez de *Alegraráme,* pero es evidente el predominio del tiempo futuro en los tercetos; cfr. sobre todo el *alegraréme* del v. 12.

9-14 En los tercetos volvemos al *De rerum natura* (véase nota a los vv. 3-4); los versos 12-14 de Garcilaso son casi una traducción de los versos 3-4 de Lucrecio. (En el v. 11, *mi ser* significa "mi naturaleza humana".) Tamayo (T-37) afirma que Mendoza imitaba, al mismo tiempo, tanto a Garcilaso como a Lucrecio. Con estos versos de ataraxia filosófica, contrástese el sadismo explícito de la caza de pájaros en la Égloga II, en los versos 257-259, por ejemplo:

Andavan forcejando una gran pieça,
a su pesar y a mucho plazer nuestro,
que assí d'un mal ageno bien s'empieça.

SONETO [XXXV]

A MARIO, ESTANDO, SEGÚN ALGUNOS DIZEN, HERIDO EN LA LENGUA Y EN EL BRAÇO

Este soneto, lo mismo que el XXXIII, se escribió en el verano (junio-agosto) de 1535, durante la campaña de Túnez. Según una carta de Enrique Enríquez de Guzmán, fechada el 22 de junio (véase Keniston, pp. 133-135), eran heridas de lanza; la de la boca era poca cosa, y la del brazo derecho, aunque más seria, no era peligrosa. Estas heridas las recibió Garcilaso de las tropas de Barbarroja antes que se tomara la Goleta; no sabemos las circunstancias exactas (además de Keniston, véanse Herrera [H-173], Tamayo [T-36 y "Vida", ff. 6[v] y 10[v]], Navarrete, p. 71, Mele [170.133-134] y Lapesa, pp. 17 y 188). El Mario a quien iba dirigido el soneto era sin duda el amigo napolitano Mario Galeota, a cuya instancia se escribió la Canción V; es el "Marius meus" mencionado también en la Ode II.58.

Según la ficción del soneto, Garcilaso interpreta las heridas en el brazo y en la boca (Lapesa, p. 158) "como alevosa precaución del Amor para que no pueda expresar de palabra ni por escrito sus sentimientos, y anuncia que se vengará del dios".

Sobre el texto de este soneto, véase el estudio de Macrí (152), quien dispone de dos manuscritos nuevos. Otra vez las variantes de Herrera parecen ser enmiendas gratuitas y arbitrarias, sobre todo la del v. 7.

Mario, el ingrato amor, como testigo
de mi fe pura y de mi gran firmeza,
usando en mí su vil naturaleza,
qu'es hazer más ofensa al más amigo,

(B)

título: A Mario Galeota *A* —falta en *K*—

3 mostrando en mi *H*

teniendo miedo que si escrivo y digo
su condición, abato su grandeza,
no bastando su esfuerço a su crüeza,
ha esforçado la mano a mi enemigo;
y ansí, en la parte que la diestra mano
govierna y en aquella que declara
los concettos del alma, fuy herido.
Mas yo haré que aquesta offensa cara
le cueste al offensor, ya que estoy sano,
libre, desesperado y offendido.

5 o digo *H*
6 abaxo su *H*
7 su fuerça a mi crueza *H*
11 Los concetos *B77*
El conceto *H*
13 que ya estoi sano *H*

---

7 La palabra *crüeza* ("crueldad") aparece a menudo en Garcilaso (Ca. I. 11, Ég. I. 382, Ég. II. 709 y 1222).

8 El *enemigo* aquí mencionado es por supuesto el enemigo militar que hirió físicamente a Garcilaso; no es el *ofensor* (Amor) del v. 13.

9-11 "Perífrasis del braço i lengua" (H-174). Es decir que el brazo derecho es "la parte que la diestra mano govierna", y la lengua es "aquella que declara los concetos del alma": según Herrera (H-175), "aquello con que se expresa y declara el pensamiento del ánimo", lo que Cicerón llama "sententia".

12-14 Herrera (H-177 y H-178) nota en este terceto dos figuras: lo que él llama la "hermosa traducción", o poliptoton (Lapesa, p. 57), de *ofensa, ofensor* y *ofendido,* que Herrera había comentado ya a propósito del Soneto I; y el "sinatrismós, o congerie i coacervación en latín, i amontonamiento en nuestra lengua (como se puede vêr en el Soneto XII)", de la serie de adjetivos con la que termina el soneto.

13 "Indudablemente el *ofensor* es Eros, no los sarracenos de Túnez, como parece haberse entendido en otros estudios" (Lapesa, nota 184).

SONETO [XXXVI]

Sólo Consiglio se ha atrevido a sugerir fecha (temprana) para este soneto cuya autenticidad, según Lapesa (n. 63), es "problemática". Tamayo apoya al Brocense en aceptarlo (T-38 y T-39), hablando de "la paridad del estilo y conformidad de los sujetos". Pero Herrera y Azara lo rechazan, y Castro lo tiene por indigno (Navarro). Mirado objetivamente, el Soneto XXXVI tiene sus semejanzas estilísticas con el Soneto III, por ejemplo, sobre todo con los tercetos de éste. Lapesa (p. 56) sólo comenta el poliptoton de su primer cuarteto.

El sentido del análisis interior de este soneto, muy cancioneril, no es fácil de desentrañar; los cuartetos, sobre todo, requieren bastante atención de parte del lector. El dolor, volviendo loco al poeta, ha reducido su capacidad de sentir ese mismo dolor; si no se volviera loco, sería por ser poco sensible. Así es que en el primer terceto encontramos al poeta cogido entre dos contrarios que le atormentan: su propia cordura, o sensibilidad (*seso*), y la locura que se ha adueñado de él. Termina muy cortesanamente bendiciendo su propia destrucción (cfr. el verso final de la Elegía II, mucho más racional: "y así diverso entre contrarios muero").

Siento el dolor menguarme poco a poco,
no porque ser le sienta más senzillo,
mas fallece el sentir para sentillo,
después que de sentillo estoy tan loco;

ni en sello pienso que en locura toco,
antes voy tan ufano con oýllo
que no dexaré el sello y el sufrillo,
que si dexo de sello, el seso apoco.

(*B77*; *H* y *A* lo omiten)   3 fallace *B77*

---

2 Es decir, "no porque sienta yo que el dolor está reducido".

5 Es paradoja: "no pienso que en volverme loco (*sello*: "serlo") hago locura".

6 *oíllo*: quizá significa "oír que soy loco".

Todo me empece, el seso y la locura:
prívame éste de sí por ser tan mío;
mátame estotra por ser yo tan suyo.
Parecerá a la gente desvarío
preciarme deste mal do me destruyo:
yo lo tengo por única ventura.

9 Todo me me empece *B77*

---

8 "Si dejara de ser loco, rebajaría la agudeza de mi sentido o sensibilidad *(seso)*."

9 *empece*: perjudica.

OTRO

SONETO [XXXVII]

La autenticidad de este soneto, algo dudosa según el manuscrito citado por el propio Brocense, se confirma por su atribución a Garcilaso en el manuscrito *Mg*; todos los editores menos Herrera lo han aceptado. Pero nadie le asigna fecha sino Consiglio (temprana). El paisaje alegórico, si no la imagen del perro, pertenece a la época prenapolitana. Tamayo (T-39) cita un notable caso de fidelidad canina en Toledo, además de muchos casos clásicos, junto con la exclamación de Plinio: "O fidelissimum ante omnia homini canem!". Pero no parece ser clásica la imagen del perro abandonado como figura de la angustia humana, figura que reaparece en la poesía de Antonio Machado, y en "A Pizca" (Dámaso Alonso, *Hijos de la ira*).

A la entrada de un valle, en un desierto
do nadie atravesava ni se vía,
vi que con estrañeza un can hazía
estremos de dolor con desconcierto:
aora suelta el llanto al cielo abierto,
ora va rastreando por la vía;
camina, buelve, para, y todavía
quedava desmayado como muerto.

(*B77, Mg, Mz, Mc*; *H* lo omite)
2 Do nadi atravesava ni se oya *Mg*
ni se oya *Mz*
5 Aora [a]lçando el rostro al *Mz*
Ora sube su llanto al *Mc*
Agora *Mg A*
6 Agora *Mg*
7 vuelve y para *Mg Mc*
8 Andava desmayado y como *Mz*

---

5 Aquí *aora* es trisílabo, como *agora*.
7 *todavía*: siempre (acepción medieval).

Y fue que se apartó de su presencia
su amo, y no le hallava, y esto siente:
mirad hasta dó llega el mal de ausencia.

Movióme a compassión ver su accidente;
díxele, lastimado: "Ten paciencia,
que yo alcanço razón, y estoy ausente."

9 Y es que vio apartado de *Mz*
10 Su dueño y no lo halla *Mz*
Su dueño aquesto brama y siente *Mc*
11 Ved a quanto llega el *Mc*
12 compassion con su *Mg Mz*
13 Dixele: lastimado ten *BK*
Dixele lastimado: ten *TAR*
Que dixe lastimado *Mz*
Y dixele *Mc*

11-12 *mal, accidente*: quizá signifiquen "enfermedad" y "síntoma", respectivamente (cfr. Son XIV y comentario).

13 En la edición del Brocense, y otras, a nuestro parecer erróneamente, se puntúa este verso como si *lastimado* fuera vocativo: "Lastimado, ten paciencia..."

14 El sentido de este verso parece ser el siguiente: "que yo soy racional, no mero animal como tú, y sin embargo yo también sufro por la ausencia de un ser querido". Hay un posible eco de este último verso en el último verso de "Solo" (Dámaso Alonso, *Oscura noticia*), poema en el que es primaria la influencia de A. Machado: "soy hombre, y estoy solo".

OTRO

SONETO [XXXVIII]

Este soneto, de fecha incierta según Lapesa (p. 193), es aceptado como auténtico incluso por Herrera, quien cita la autoridad de Puertocarrero y sigue quizá otro manuscrito, según sus variantes. Tamayo (T-35) dice que "no puede dejar de ser de G. L. por su maravillosa elocución". Lapesa (n. 61) ve en él un aspecto convencional del amor cortés ("la pasión oculta por temor a la repulsa de la dama") y dice (p. 197) que "reelabora el tema tratado en los sonetos I y IV, pero sin el acento atormentado que hay en éstos, y con un arte más suave, armónico y dueño de sí; el poema es, por su gran belleza, digno de Garcilaso".

Estoy contino en lágrimas bañado,
rompiendo siempre el ayre con sospiros,
y más me duele el no osar deziros
que he llegado por vos a tal estado;
que viéndome do estoy y en lo que he andado
por el camino estrecho de seguiros,

(*B77, Mb, Md, Ms*)
2 Rompiendo el aire siempre con *H*
al ayre *K*
3 me mata *Ms*
nunca osar *Md*
duele nunca osar *H*
4 Que soy por vos venido a *Ms*
5 Y viendome en *Md*
Mas viendo donde *Ms*
i lo qu'e andado *HTA*

---

3 Con su enmienda, o variante, Herrera evita el hiato difícil de *no osar*.

4 Mele cita a propósito de este verso uno de Petrarca, "in questo stato son, donna, per vui" (CXXXIV, 14).

5-8 Este segundo cuarteto se parece bastante, por su pensamiento, al primero del Son. I. La enmienda de Herrera (v. 5), aceptada por Tamayo, no mejora el sentido.

si me quiero tornar para hüyros,
desmayo, viendo atrás lo que he dexado;
y si quiero subir a la alta cumbre,
a cada paso espántanme en la vía
exemplos tristes de los que han caýdo;
sobre todo, me falta ya la lumbre
de la esperança, con que andar solía
por la oscura región de vuestro olvido.

7 Si me pruevo apartar *Ms*
8 he pasado *Md Ms*
9 Si a subir pruevo la dificil cumbre *Md Ms*
Si a subir pruevo en la dificil cumbre *H*
10 espantarme en la vida *B77*
en la vida *Ms*
11 triste *B77*
12 Y sobre todo faltame la lumbre *Md Ms H*

---

9 Según Herrera (H-171), este verso "alude a la aspereza y estrechura del camino de la virtud", lo cual no tiene gran sentido. Quien ocupa la cumbre no es la virtud, sino la dama a quien sigue con tanta dificultad el poeta (cfr. v. 6).

12-14 "Hermosíssima alegoría por todo el terceto; i no sé si se hallará en la lengua latina otra más ilustre i bien tratada que ésta" (H.-172).

SONETO [XXXIX]

Knapp, el editor de Boscán y Mendoza, es quien primero notó (ed. Boscán, p. 522) que este soneto y el siguiente en el manuscrito *Mg* se atribuían a Garcilaso; Vollmöller los publicó como suyos en los *Romanische Studien* (ed. E. Boehmer, IV, 203-204). Keniston (pp. 216-217), por sus endecasílabos y rimas defectuosos, cree que no pueden ser auténticos y los edita en apéndice. Sin embargo, como dice Lapesa (p. 198), en ese manuscrito los textos aparecen a menudo estropeados, pero sus atribuciones son generalmente fidedignas.

Este Son. XXXIX es traducción casi literal del conocido Son. XXIII de Sannazaro, "O gelosia, d'amanti orribil freno" (cfr. Son. XXXI de Garcilaso y notas). Herrera (H-170) menciona de paso que este soneto "anda traducido en español", pero evidentemente no creía que la traducción fuera de Garcilaso. Probablemente la conocía en otra versión distinta, más libre, que se había publicado en el *Cancionero* de 1554, f. clxxxvi (Lapesa, p. 198 y n. 249). Como nos ha indicado A. Blecua, hay una tercera versión publicada entre las obras de Hernando de Acuña (*Varias poesías,* 1591; ed. A. Vilanova, p. 252). Publicamos aquí el texto de *Mg,* con el de Sannazaro, el cual nos sugiere alguna enmienda de la traducción, de posible derivación garcilasiana.

Soneto XXIII de Sannazaro

Oh gelosia, d'amanti orribil freno,
Ch'in un punto mi volgi e tien sì forte;
Oh sorella dell'empia amara Morte,
Che con tua vista turbi il ciel sereno;
Oh serpente nascosto in dolce seno
Di lieti fior, che mie speranze hai morte;
Tra prosperi successi avversa sorte;
Tra soavi vivande aspro veneno:
Da qual valle infernal nel mondo uscisti,
Oh crudel mostro, oh peste de' mortali,
Che fai li giorni miei sì oscuri e tristi?
Tòrnati giù, non raddoppiar miei mali.
Infelice paura, a che venisti?
Or non bastava Amor con li suoi strali?

¡O çelos, de amor terrible freno
quen un punto me buelve y tiene fuerte;
hermanos de crueldad, deshonrrada muerte
que con tu vista tornas el çielo sereno!
¡O serpiente naçida en dulçe seno
de hermosas flores, que mi esperança es muerte:
tras prósperos comienços, adversa suerte,
tras suave manjar, rezio veneno!
¿De quál furia infernal acá saliste,
o crüel monstruo, o peste de mortales,
que tan tristes y crudos mis días heziste?
Tórnate al infierno sin mentar mis males;
desdichado miedo, ¿a qué veniste?,
que bien bastava amor con sus pesares.

(*Mg*)
6 muerta *Mg* 11 hezistes *Mg*

---

3 Enmienda probable: *crueldad > cruel.*
4 Enmienda probable: *tornas > torvas, turbas.*
12 Enmienda probable: *mentar > aumentar.* Se debe quizá leer así este verso: "Tórnate ya sin aumentar mis males".

SONETO [XL]

Lo que hemos dicho de la discutida autenticidad del Son. XXXIX se puede aplicar igualmente a este Son. XL. Enmendándose sus seis endecasílabos defectuosos, el estilo interior de este soneto pudiera ser del Garcilaso primitivo, o de algún imitador suyo. El cambio de consonantes en los cuartetos (*-iento* en el primero y *-uerto, -uelto,* en el segundo, que son asonantes todas) es desde luego rarísimo; pero no nos extraña tanto una rima consonante de *muerto* con *vuelto* (Garcilaso mismo escribió *Mártil* en vez de *Mártir* en su testamento), ni tampoco la de *vivo* con *digo* (cfr. *cabo* con *hago* en Ég. II.1006-1007). Publicamos a continuación el soneto tal como aparece en el manuscrito *Mg,* como versión estropeada de un texto posiblemente garcilasiano.

El mal en mí á hecho su çimiento
y sobrél de tal arte á labrado
que amuestra bien la obra estar determinado
de querer para siempre este aposiento;
trátame de manera que a mil abria muerto,
mas yo para más mal estoy guardado;
estó ya tal que todos me an dexado
sino el dolor, quen sí me tiene buelto.
Ya todo mi ser se á buelto en dolor
y ansí para siempre á de turar,
pues la muerte no viene a quien no es bivo;
en tanto mal, turar es el mayor,
y el mayor bien que tengo es siempre llorar:
¡pensad quál será el mal do el bien es el que digo!

(*Mg*) 7 Estoy a tal *K*

CANCIÓN [I]

Para Keniston esta canción, que en la primera edición se encuentra impresa entre los Sonetos XVI y XVII, tuvo que escribirse antes de 1531, e incluso antes del casamiento de Isabel Freyre (1528-1529). También Lapesa (pp. 17 y 190), a base de un verso agudo (v. 53) y su tono generalmente cancioneril (véase también sus pp. 54-56), cree que pertenece probablemente a la época prenapolitana (1526?-1532).

El Brocense señala fuentes horaciana y petrarquesca, confirmadas luego por Tamayo (T-41):

(B-19) *Si a la región desierta.* Esta canción es imitación de Horacio en la Oda 22, libro 1. Petrarcha, soneto 114 [CXLX. 1-4]:

Pommi, ou'l Sol occide i fiori, e l'herba.
O doue uince luï'l ghiaccio, e la neue:
Pommi, ou' è 'l carro suo temprato, e leue:
Et oue è, chi ce'l rende, o chi ce'l serba, etc.

Lo mismo dixo Tansillo en la celebrada Elegía que comiença: *Se quel dolor che ua inanzi al morire* [Terzina I. 40-42]:

Ne perch'io uada oue ci nasce il giorno
Haurà mai raggio il Sol cosi lucente
Che mi sgombri le tenebre d'intorno.

Y el mismo Garci Lasso, [al final de la Elegía II] a Boscán, a otro propósito dixo ⌈annotación 72 (B77-89)⌋:

Si adonde el sol ardiente reberuera
En la arenosa Libya, engendradora
De toda cosa ponçoñosa y fiera:
O adonde él es uencido a qualquier hora
De la rígida nieue, o uiento frío,
Parte do no se uiue, ni se mora, etc.

Por traer el lugar de Horacio, donde todo esto se toma, auré de poner toda la Oda, sacada por el mismo que traduxo la otra. (B77-89) ⌈por un hombre docto. (B74)⌋

El hombre justo y bueno,
...... [34 vv.] ......
la del parlar muy más que miel sabroso.

Herrera (H-188) dice de esta canción "deprecatoria" que "la imitación es de una canción de Sannazaro [LXXXIII, Canz. XVI.14-16]:

S'al freddo Tanai, alle cocenti arene
di Libia io vo, se dove nasce il sole
o dove il sente in mar strider Atlante..."

Lapesa demuestra (n. 88) cómo se combinan elementos de la oda horaciana con otros del soneto petrarquesco; simultáneamente nos parece haber influido en Garcilaso la forma condicional de la canción de Sannazaro. Pero estos modelos sólo afectan a la primera estrofa, e incluso ahí Garcilaso es independiente: "engasta en un pensamiento distinto los elementos que toma de ambas fuentes: en sus modelos se trata de una protesta de constancia amorosa, formulada con matiz estoico, mientras que en Garcilaso es la fineza del enamorado, que seguirá a la ingrata, sabedor de su crueldad, tan sólo para arrojarse a sus pies" (Lapesa, p. 74). En el resto de la canción, como nos lo explica Lapesa (p. 75), "el contenido se acerca a la anterior lírica española más que a las canciones de Petrarca... todo apretadamente, sin acomodarse bien a la tersa lentitud propia del endecasílabo". Como dice Tamayo (T-41), "La I no es la mejor que tiene Garcilaso, pero variada de muchos afectos y bien dispuesta".

Alberto Blecua (pp. 95-100) ha aclarado notablemente las relaciones entre *O, Mg* y *B*. En todas las discrepancias entre *O* y *B* (vv. 13, 24, 35, 50 y 54) la lectura de *B* parece ser superior a la de *O*; *Mg* representa una etapa intermedia. Tratándose de un poema temprano, es muy posible que el manuscrito del Brocense representara la etapa más auténtica de la tradición. Aceptando el primer estema hipotético de Blecua, seguimos el texto de *B* en los cinco versos discutibles.

Si a la región desierta, inhabitable
por el hervor del sol demasïado
y sequedad d'aquella arena ardiente,
o a la que por el yelo congelado
y rigurosa nieve es intractable,

(*O, B, Mg*) 1 Si la region *Mg*

1-5 Nota Herrera (H-188) que "los primeros cinco versos están llenos de hermosos i propios epítetos". Lapesa (pp. 96-97) encuentra significativo el contraste entre estos versos y el resto del poema, donde sólo hay dos epítetos (vv. 14 y 42), y lo relaciona con la influencia de Horacio en la primera estrofa.

Herrera señala (H-188) además en estos versos la "figura cómpar, que los griegos llaman isocólo, i nosotros podemos llamar igualdad de miembros, cuando consta de casi igual número de sílabas", como entre *hielo congelado* y *rigurosa nieve.*

4 "Es landacismo [lambdacismo], donde la *l* suena muchas vezes" (H-189).

del todo inabitada de la gente,
por algún accidente
o caso de fortuna desastrada
me fuéssedes llevada,
y supiesse que allá vuestra dureza
estava en su crüeza,
allá os yria a buscar como perdido,
hasta morir a vuestros pies tendido.

Vuestra sobervia y condición esquiva
acabe ya, pues es tan acabada
la fuerça de en quien ha d'essecutarse;

7 acidente *K*
8 Acaso de *Mg*
10 que aquella vuestra *Mg*
12 os yra a *Mg*
13 moriros a los pies *O R*
Hasta morir a vuestros pies tendido *MgBHTA*
rendido *Tn*
15 pues destar acabada *Mg*
16 de quien *Mg*
executarse *A*

---

12 Tamayo (T-42) nota que *como perdido* "es frasi particular de las ponderaciones de nuestro poeta", encontrándola también en el Son. VIII. 7: "salen fuera de sí como perdidos". Según Navarro, *perdido* significa aquí "loco". Cfr. también Ca. I. 30.

13 A. Blecua (pp. 95-96) rechaza la lectura de la primera edición y acepta la enmienda casi universal (autorizada tanto por el Brocense como por *Mg*). Sin duda la sintaxis es algo rara, pero ¿lo es tanto como cree Blecua? Se puede entender el verso como un modo elíptico de decir "hasta estaros a los pies tendido y muerto" o "hasta estaros, muriendo, a los pies tendido". Claro que es más fácil de entender la enmienda, que se estableció ya en 1544; quizá el Brocense no conocía siquiera la lectura de *O*. Cfr. vv. 37-38.

Tamayo (T-43) discute los méritos relativos de las variantes *tendido* y *rendido* en este verso, en el verso 37, y en la Ég. II. 660. Aunque Mendoza prefiere *rendido,* Tamayo ve mejor aquí *tendido*: "que aunque parece menos digna, juzga doctamente don Juan de Fonseca y Figueroa que no se ha de mudar por ser modo ordinario de los poetas latinos *iacere ante pedes*", como en Ovidio (*Metam.* XI. 12-13): "supplex ...ante pedes iacuit".

14-16 Lapesa (pp. 55-56) observa aquí una reiteración conceptista con juego de palabras (*acabe, acabada*); señala en los vv. 41-48, 50-53 y 59-60, pasajes de poliptoton semejante.

14-19 Lapesa (p. 58) ha visto aquí un recuerdo de Torres Naharro (Epístola VI. 67-71, ed. Gillet, p. 198):

mirá bien quel amor se desagrada
desso, pues quiere quel amante biva
y se convierta adó piense salvarse.
El tiempo á de passarse,
y de mis males arrepentimiento,
confusión y tormento
sé que os ha de quedar, y esto recelo,
que aunque de mí me duelo,

17 Mirad *H*
Mire *Tn*
19 convierta do *Mg*
22 confusions *O*
24 Que aun desto me *O R*
Que aunque yo me duelo *Mg*
Que aunque de mi me duelo *BTA*
Que aun d'aquesto me duelo *H*

Sabéis que nuestro Señor
no quiere la gente altiva,
ni que muera el peccador,
mas que *se convierta* y *viva.*
No me seáis tan *esquiva...*

La rima (*viva-esquiva*) que repite Garcilaso comprueba que tenía presentes estos versos de Torres Naharro, cruzados quizá con un verso de Garcisánchez de Badajoz (ed. Gallagher, p. 141): "Pues amor quiere que muera". Tamayo (T-44) observa que "tuvo Garcilaso la mira a la sentencia del Amor mejor y más verdadero: *Qui non vult mortem peccatoris, sed ut convertatur et vivat.*" Este versículo bíblico (Ezequiel, XXXIII, 11), usado en la oración *pro paganis* de la misa del viernes santo, sin duda era muy conocido; cfr. *Lazarillo,* Tratado V ("...nuestro Señor, pues no quería la muerte del pecador, sino su vida y arrepentimiento..."). Garcisánchez (*ed. cit.*, p. 82) juega graciosamente con él: "es que no quiere el Amor / la muerte del amador, / mas que biua y desespere". Lo repite todavía un personaje rústico de Cervantes (primer discurso de Estornudo en *Alcaldes de Daganzo*).

17 En vez de *mira* o *mirad* (ésta es la enmienda que se encuentra en el texto de Herrera), Tamayo (T-44) propone la enmienda *mire,* de acuerdo con el *acabe* del verso 15. Pero *mirá* es la solución que menos violenta el consenso de *O, Mg* y *B*; y el sentido hace preferible el sujeto personal.

24 Este verso es hipométrico en la primera edición (y en *Mg*) si no se hacen dos sílabas de *que aun* (o *que aún*: cfr. S. I.11). La enmienda de Herrera es discreta (*desto* > *d'aquesto*). Pero para el sentido de toda la frase (vv. 20-26) la lectura de *B* es claramente superior, y se confirma en parte por *Mg*; creemos que así se debe resolver la vacilación de Blecua (pp. 96-97).

como en mí vuestros males son d'otra arte,
duélenme en más sentible y tierna parte.

Assí passo la vida acrecentando
materia de dolor a mis sentidos,
como si la que tengo no bastasse,
los quales para todo están perdidos
sino para mostrarme a mí quál ando.
Pluguiesse a Dios que aquesto aprovechasse
para que yo pensasse
un rato en mi remedio, pues os veo
siempre con un desseo
de perseguir al triste y al caýdo:

26 Dueleme *Mg*
sensible *TA*
terna *O*
29 no abastasse *Mg*
33 penasse *Mg*
35 Siempre yr con *O R*
Siempre con un desseo *MgBTA*

---

25 *arte*: manera. Es decir, "en mi sensibilidad vuestro sufrimiento es de otra clase que el mío propio".

25-26 Aquí dice el poeta que "le causa nuevo dolor la idea de que la dama sufra un día, arrepentida de su actual dureza" (Lapesa, pp. 21-22). Esta "fineza tópica de la poesía amatoria" se encuentra también en Ausias March (XXXVI, 39-40 y LIII, 28) y en el *Cancionero general* (ed. Bibliófilos Españoles, t. I, p. 278), según nos dice Lapesa, sin que haya necesariamente ninguna influencia directa.

26 Tanto el Brocense como Herrera mantienen la lectura original de *sentible*; Tamayo y Azara la cambian en *sensible*. (Navarro aquí, como en muchos otros casos, siguió a Azara en su edición de 1911 y más estrictamente a Herrera en la de 1924.) Cfr. *sensible* en Ca. IV.137.

27-29 Herrera (H-191) ve aquí una influencia directa de Terencio (*Eunuco*, I.i.31-33):

...Si sapis,
neque praeterquam quas ipse amor molestias
habet addas, et illas quas habet recte feras.

No es evidente esta influencia; parece ser más bien uno de esos tópicos poligenéticos de que nos ha hablado Dámaso Alonso.

35 Coinciden *Mg* y *B* en suprimir el verbo *yr*, que además de ser superfluo para el sentido, interfiere con el ritmo del verso y tiene rima interna con el *perseguir* del verso siguiente.

yo estoy aquí tendido,
mostrándoos de mi muerte las señales,
y vos biviendo sólo de mis males.

Si aquella amarillez y los sospiros
salidos sin licencia de su dueño,
si aquel hondo silencio no han podido
un sentimiento grande ni pequeño
mover en vos que baste a convertiros
a siquiera saber que soy nacido,
baste ya haver sufrido

37 rendido *Tn*
38 Mostrando de *Mg*
44 baste convertiros *H*
45 Y a siquiera *Mg*
46 averos *Mg*

---

37 Sobre la cuestión de *tendido* y *rendido,* véase la nota al v. 13. Estos versos 35-39 nos recuerdan otra vez el Son. II.5-8, donde también se lee la palabra *rendido.*

40-52 A propósito de *amarillez* y *sospiros,* Herrera (H-192 y H-193) nos da toda una lección de fisiología amorosa. Pero lo que interesa es la tradición literaria. Sobre la palidez de los amantes cita el *locus classicus* horaciano (III.x.14): "nec tinctus viola pallor amantium". Menos interesante es una lista de achaques amorosos que encuentra Herrera en Valerio Flaco, y una de las muchas menciones de suspiros en Petrarca. Tamayo (T-45) continúa amontonando citas parecidas que no tienen relación directa con el pasaje garcilasiano. En contraste con esta abundancia, Garcilaso se limita a tres rasgos externos (palidez, suspiros y silencio) que son señales de flaqueza y tristeza interiores.

Mele encuentra un eco de los vv. 40 y 49 en el Son. XXVII de F. Figueroa: "La amarillez y la flaqueza mía".

44-52 Es algo complicado el juego de palabras a base del verbo *bastar,* que ocurre tres veces, dos con el sentido normal de "ser suficiente", pero la tercera vez con un sentido algo diferente. ¿Cuál será el sentido de *a pesar de lo que basto*? Verdevoye (p. 321) sugiere que el sentido cambia de "suffire" a "être capable": ¿"a pesar de lo que soy capaz"? O ¿"a pesar de lo [poco o mucho] que valgo"? Si le atribuimos un sentido positivo podría significar algo así: "Si todos mis achaques amorosos no son suficientes para que sepáis que existo siquiera, que lo sea el hecho de haber sufrido yo tanto tiempo (a pesar de ser yo un hombre muy suficiente) que ahora lucho contra mí, tratando de engañarme con la mentira de que realmente soy flaco, un hombre insuficiente, evitando la verdad [de que sois cruel], la cual yo no podría resistir".

tanto tiempo, a pesar de lo que basto,
que a mí mismo contrasto,
dándome a entender que mi flaqueza
me tiene en la estrecheza
en que estoy puesto, y no lo que yo entiendo:
assí que con flaqueza me defiendo.

Canción, no as de tener
comigo ya que ver en malo o en bueno;
trátame como ageno,
que no te faltará de quien lo aprendas.
Si has miedo que m'offendas,
no quieras hazer más por mi derecho
de lo que hize yo, quel mal me he hecho.

49 entender yo que *Mg*
50 la tristeza *O R*
destreza *Mg*
la estrecheza *BTA*
51 esto puesto *Mg*
53-59 —faltan en *Mg*—
54 Comigo que ver mas en *O R*
Comigo ya que ver en malo o en bueno *B*
Conmigo mas que ver en malo o en bueno *T*
Conmigo mas que ver en malo o bueno *A*
59 me a hecho *T*
que mal *A*

---

49 *contrastar*: resistir, según Navarro (ed. 1911); cfr. Son. XXIX.6 y Son. XXX.8.

50 (B-20) *Estrecheza.* Antes estaua *tristeza,* no bien.
Como explica A. Blecua, la palabra *estrecheza* concuerda mucho mejor con la frase *en que estoy puesto.*

51 La frase *lo que yo entiendo* significa "lo que yo sé es la verdad, que sois cruel" (o sea, como dice Verdevoye, p. 321, "los desdenes de mi dama").

53-54 El verso 53 es agudo y por lo visto no rima con ningún otro. Pero el verso 54, en la lectura del Brocense que aceptamos, empieza con hemistiquio heptasílabo que sí rima con el verso anterior. Además, la lectura del Brocense suaviza el ritmo del verso, evitando acentos contiguos en las sílabas 5.ª y 6.ª.

56 Es decir, "podrás aprenderlo de ella"; pero el poeta no quiere declarar sino indirectamente esta verdad (cfr. v. 51).

59 Herrera (H-194) cita aquí a Ovidio [*Her.* II.48]:
Heu, patior telis vulnera facta meis.

CANCIÓN [II]

Para Keniston esta canción fue escrita después del casamiento de Isabel Freyre (1528-1529), pero antes de 1531. Lapesa (pp. 17 y 190), señalando sus 10 versos agudos, la agrupa con las Canciones I y IV, como escrita probablemente entre 1526 (?) y 1532.

En su análisis de la Canción II (pp. 75-76), Lapesa declara que "la actitud general es esencialmente petrarquista", sin que haya necesariamente ninguna imitación literal de Petrarca. Hay rasgos cancioneriles, como el voluntarismo y el poliptoton (pp. 55-56), y escasean epítetos (p. 96) e imágenes; pero predomina un tono petrarquesco, si bien no del todo logrado. Herrera (H-195) alaba la difícil y elegante simplicidad de esta canción, en la que Garcilaso expresa sus sentimientos "con mucha dulçura i suavidad, llana i desnudamente... sin valerse de las lumbres i figuras de la oración, i de la hermosura i fuerça de los epítetos", evitando al mismo tiempo el peligro "de abatirse en el estilo umilde".

En cuanto al texto, hace falta una nota preliminar sobre la primera estrofa, que tiene 12 versos, en vez de los 13 de las estrofas siguientes; el v. 9 no tiene ni siete ni once sílabas, sino nueve (cf. Ca.III.63), y está suelto, es decir, no rima con ningún otro verso. Así es que, para tener el mismo esquema de las estrofas que siguen, haría falta que el anómalo verso 9 se sustituyera por un heptasílabo y un endecasílabo que rimaran entre sí. Aunque Keniston niega la necesidad de tal uniformidad, nosotros nos atenemos a la premisa de que desde el principio Garcilaso conocía perfectamente las reglas formales de la *canzone* italiana y no iba a incumplirlas voluntariamente. Supongamos, pues, que no está el texto tal como lo pensaba dejar acabado el poeta, que probablemente un copista combinara en un solo verso defectuoso fragmentos de dos versos anteriores: todavía no nos quedan datos suficientes para que podamos hacer una reconstrucción fidedigna, pues nos falta un total de nueve sílabas. La laguna más probable caería entre *que* y *van,* como por ejemplo:

> ...he lástima que [oídas
> tan sólo por el viento], van perdidas...

Vemos así cómo hubiera podido deslizarse el ojo del copista de un renglón en otro. Pero todo esto es pura hipótesis. Más satisfactorias y autorizadas son las enmiendas que el Brocense saca de un manuscrito:

(B-32)

Puesto que no merecen
ser de uos escuchadas
ni sola un hora oydas,
he lástima de uer que uan. etc.

Esta letra se restituyó también del de mano; en los demás faltaua un verso y el otro estaua falto. [Otros leen *y aun no mal recebidas.* (B89)]

("Puesto que" en *B77* sustituye a "Pues todas" en *B74*.)

También Herrera (H-197) dice manejar "un códice antiguo", pero no se fía mucho de él: "Si es de G. L. o añadido de otro, no importa hazer examen, que aunque pudiera ser mejor (porque nunca dixo G. L. cosa semejante), así conviene con la contextura de la canción i suple el defeto de ella". La enmienda de Herrera es menos radical que la del Brocense:

...pues son tan bien vertidas,
he lástima que todas van perdidas...

Pero había toda una serie de posibilidades; Herrera (H-198) enumera algunas:

"...é lástima qu' assina van perdidas,

que algún inorante le devió ayuntar [a] aquella voz, usada en la hez de la plebe. Otros, que se acercaron mejor, dizen:

é lástima que van también perdidas".

Con tales antecedentes, Tamayo (T-46) añade otras variantes posibles: "Otros leen este primer verso con su aprobación:

y aun no mal recibidas.

Y el segundo variamente:

He lástima que ahora van perdidas...

Entre los atrevimientos de tantos, será el mío, si no más verdadero, más verosímil, por leer así:

...puesto que no merecen
ser de vos escuchadas,
puesto que bien vertidas,
es lástima de ver que van perdidas..."

En conclusión, hemos aceptado los argumentos de A. Blecua (pp. 101-106), quien demuestra la autoridad de estas lecturas del Brocense.

La soledad siguiendo,
rendido a mi fortuna,
me voy por los caminos que se ofrecen,
por ellos esparziendo
mis quexas d'una en una
al viento, que las lleva do pereçen.
Pues todas no mereçen
ser de vos escuchadas,
ni sola un hora oídas,

(*O, B, Mp*)

5 Mil quexas *A*
quexas una a una *B74*
6 parecen *T*
7 Puesto que'llas merecen *O R*
Pues todas no merecen *B74*
Puesto que no merecen *B77TA*
9 —falta en *O, K, R*—
9-10 Sin ser de vos oydas
He lastima que assi vayan per- [didas *Mp*
Ni sola un hora oidas
He lastima de ver que van per- [didas *BT*
Pues son tan bien vertidas
E lastima que todas van perdi- [das *H*
I aun no mal recebidas
E lastima que ahora van per- [didas *Tn*
que van tambien perdidas *Tn*
Puesto que bien vertidas
Es lástima de ver que van per- [didas *Tn*
Ni solo un hora oidas
He lastima de ver que van per- [didas *A*

5-12 A propósito de las vanas quejas que esparce Garcilaso, Lapesa (p. 59) encuentra análoga desesperanza en una estrofa de Hernán Mexía (*Cancionero General,* t. I, p. 296):

Mas adonde, triste, van
estos sospiros que [dó],
tan poco remedio dan
que no los acogerán
por no ver cuál quedo yo;
que quien los haze salir
nunca se querrá vengar
aun con hazellos venir,
sino con vellos tornar.

6 Sobre los vientos como mensajeros, Herrera (H-196) explica la tradición clásica: que los vientos habían de llevar a los dioses los ruegos humanos, y si no se cumplían, se creía que los vientos los habían disipado. Encuentra ejemplos en Virgilio (Ecl. III.73 y *Eneida.* XI.794-798), en Tibulo (I.v.35-36) y en Horacio (*Epodas,* XI.16-17).

7 La lectura de *B77* hay que entenderla con la probabilidad de que *puesto que* signifique "aunque" (como era corriente entonces) en vez de

he lástima de ver que van perdidas
por donde suelen ir las remediadas;
a mí se an de tornar,
adonde para siempre avrán d'estar.

Mas ¿qué haré, señora,
en tanta desventura?
¿A dónde iré si a vos no voy con ella?
¿De quién podré yo aora
valerme en mi tristura
si en vos no halla abrigo mi querella?
Vos sola sois aquélla
con quien mi voluntad
recibe tal engaño

10 He lastima que van perdidas *O R*
17 agora *A*
22 engano *O*

"porque". Pero en Garcilaso no se encuentra en ningún otro verso la conjunción "puesto que". En cambio, "pues" es muy corriente en Garcilaso. Por esto, y por el sentido, aceptamos la lectura de *B74* en vez de la de *B77*; en ésta es probable que el Brocense cambiara el texto de su manuscrito.

9-10 Lapesa (p. 90) cita un par de versos de Boscán, relacionados con éstos (Can. I, vv. 59-60):

> Oyo llamar de lexos mis gemidos,
> y he lástima de ver que van perdidos...

(Como es bien sabido, *van* era entonces forma del subjuntivo; la forma *vayan* es moderna.) El segundo verso de Boscán confirma la lectura del Brocense.

12-13 La estrofa termina con dos versos agudos, que según Herrera (H-199), "no se deben usar en soneto ni en canción..." (Prete Jacopín, en su observación 13, reacciona violentamente ante esta crítica, afirmando que los versos agudos "tienen sal y gracia particular" cuando se usan ocasionalmente. Herrera contesta con una modesta firmeza.) Keniston (pp. 343-344) advierte que tales rimas no eran desconocidas en italiano, y que son muy corrientes en las poesías de Boscán y Mendoza. Pero, como demuestra Lapesa (p. 190), no se encuentran nunca en las obras más maduras de Garcilaso, escritas en la época napolitana.

17 Aquí *aora* es trisílabo, como *agora*; así también en S. XXXVII.5 y Ég. II.138.

que, viéndoos holgar siempre con mi daño,
me quexo a vos como si en la verdad
vuestra condición fuerte
tuviesse alguna cuenta con mi muerte.

Los árboles presento,
entre las duras peñas,
por testigo de quanto os é encubierto;
de lo que entre ellas cuento
podrán dar buenas señas,
si señas pueden dar del desconcierto.
Mas ¿quién tendrá concierto
en contar el dolor,

29 Por testigos *BTA* 30 ellos *BTA*

---

23 *holgar*: alegrar.

27-29 Herrera (H-200) encuentra aquí una "hermosa imitación" de Propercio [I.xviii.1-4 y 19-21]:

Haec certe loca et taciturna quaerenti
et vacuum Zephyri possidet aura nemus.
Hic licet occultos proferre impune dolores,
si modo sola queant saxa tenere fidem.
....
Vos eritis testes, si quos habet arbor amores,
fagus, et Arcadio pinus amica deo.
Ah, quotiens teneras resonant mea verba sub umbras...!

Lapesa (p. 76), quien añade este último verso a la cita herreriana, confirma que Propercio es en efecto el modelo, aunque pueda haberse sugerido por medio de otra imitación del mismo pasaje, la de Petrarca (LXXI, Canz. VIII.37-39):

O poggi, o valli, o fiumi, o selve, o campi,
o testimon de la mia grave vita,
quante volte m'udiste chiamar morte!

29-30 No son necesarias las enmiendas del Brocense, aunque nos guste más el plural *testigos*. Con *ellas* se hace referencia otra vez a las *peñas*, y no, como con *ellos*, a los *árboles*.

31-32 "Estos dos versos, demás de la figura corrección, tienen hermosísima repetición, como en la Égloga II [vv. 528, 531-532]..." (H-201).

que's de orden enemigo?
No me den pena por lo que ora digo,
que ya no me refrenará el temor:
¡quién pudiesse hartarse
de no esperar remedio y de quexarse!

Mas esto me es vedado
con unas obras tales
con que nunca fue a nadie defendido,
que si otros an dexado
de publicar sus males,
llorando el mal estado a que an venido,
señora, no avrá sido
sino con mejoría
y alivio en su tormento;
mas á venido en mí a ser lo que siento
de tal arte que ya en mi fantasía
no cabe, y assí quedo
sufriendo aquello que dezir no puedo.

36 que aora digo *O R*
No me den pena, no, por lo que digo *BTA*
No me den pena pues por lo que digo *H*
48 aliviado *O*
Y alivio en *BHTAKR*

---

36 Este verso en *O* es hipermétrico; la enmienda más sencilla es cambiar *aora* en *ora* (forma bisílaba frecuente en Garcilaso). Aunque la lectura del Brocense sea más rítmica, también podría ser corrección de él mismo (A. Blecua, p. 106).

37 Navarro (ed. 1924) cita otros ejemplos de este tipo de verso, irregularmente acentuado: Ég. I.355, 363; Ég. II.124; Ég. III.343; El. I.23; y El. II.9.

38-39 "Ningún poeta élego, conforme a lo que yo é leído dellos i me acuerdo, pudo alcançar a dezir tanto como esto" (H-202). Lapesa (p. 65) ha encontrado su modelo en Ausias March (XCV.41):

No'm dolrré tant qu'en dolor sia fart.

42 *defendido*: prohibido (cfr. Son. II.4).

Si por ventura estiendo
alguna vez mis ojos
por el processo luengo de mis daños,
con lo que me defiendo
de tan grandes enojos
solamente es allí con mis engaños;
mas vuestros desengaños
vencen mi desvarío
y apocan mis defensas,
sin yo poder dar otras recompensas
sino que, siendo vuestro más que mío,
quise perderme assí
por vengarme de vos, señora, en mí.
Canción, yo é dicho más que me mandaron
y menos que pensé;
no me pregunten más, que lo diré.

55 largo *Mp*
62 No hallo que os e hecho otras ofensas *BTA*
I no halle que os e hecho otras ofensas *Tn*

---

62 Parece que el Brocense vacila entre la lectura de su manuscrito y la de la primera edición:

(B-33) *No hallo que os he hecho otras ofensas.*
[Restituyóse del libro de mano. (B-74)] Otros leen: *Sin yo poder dar otras recompensas,* y parece mejor letra.

Tamayo (T-47) dice de la enmienda del Brocense que la "hallé en todos los manuscritos que he visto, con una sílaba más: *y no hallé,* etc., que no hace mal sentido". Azara da las dos lecturas (*No hallo . . .* y *Sin yo poder . . .*).

66-68 Herrera (H-203) cita otro envío parecido: "El duque de Ferrandina, en el fin de otra suya, imitando a G. L. o G. L. a él:

Canzon, detto hai via più ch'io non vorrei;
bastiti dunque questo,
poi che nulla rilieva a dir il resto".

Tamayo (T-47) da su aprobación, pero Flamini, según Mele, es escéptico. Cfr. también Boscán (Copla XXVI, ed. Knapp, p. 106):

Pues del dolor que consiento,
Más de lo que entiendo, digo,
Y menos de lo que siento.

El verso 66 es suelto, y los dos siguientes son de rima aguda, como nota Navarro.

CANCIÓN [III]

Con las anotaciones de Herrera empiezan los comentarios sobre el aspecto autobiográfico de esta canción (H-207): "D. Antonio Puertocarrero dize que G. L. estuvo preso por mandado del Emperador en una de las islas del Danubio por algunas cosas, i principalmente por aver dado orden a su sobrino Garci Lasso, hijo de don Pedro Lasso, que casasse con doña Isabel de la Cueva, hija de don Luis de la Cueva i dama de la Emperatriz, aunque no se siguió aquel casamiento...". Así también lo comenta Tamayo ("Vida", f. 7) y Azara (A-25). Fue el 24 de marzo de 1532 cuando se dio orden de que Garcilaso fuera confinado en una isla del Danubio, y allí estuvo hasta julio (Keniston, pp. 111-114 y Lapesa, p. 186); así que podemos fijar con gran precisión el término *a quo* de la Canción III. Y también el lugar: aunque Navarrete (p. 41) creía que era en la isla de Schütt, cerca de Presburgo, Keniston (pp. 111-112) demuestra que tenía que ser más bien una de las varias islas del Danubio que están cerca de Ratisbona (Regensburg), donde estuvo el Emperador hasta el primero de setiembre.

"Elegantíssima es esta canción, i llena de afetos i suavidad maravillosa. Toda la primera estancia es narración clara i llena; con la medianía del estilo se junta la dulçura..." (H-204). En su análisis (pp. 86-87), Lapesa distingue claramente entre las estrofas 1 y 5, de una parte, y las 2, 3 y 4, de la otra. En estas estrofas centrales se encuentra una actitud desafiadora, con unos rasgos todavía cancioneriles: la noble contención reservada del sentimiento (p. 54), el poliptoton de los versos 35-38 (p. 57), las rimas agudas, quizá las últimas que escribió Garcilaso, de los versos 27, 30, 35 y 36 (p. 190). Pero son muy diferentes las otras dos estrofas que enmarcan la canción: una descripción de la belleza natural que constituye todo un paisaje petrarquesco (no virgiliano todavía), una nueva percepción sensorial, con epítetos que anticipan los de las églogas. "El petrarquismo va ampliando el dominio poético de Garcilaso, haciéndole captar en forma exquisita la hermosura natural; pero la potente subjetividad del poeta no se ha amoldado todavía a este arte de matices tenues" (Lapesa, p. 87).

Véase también el útil análisis de M. Arce (20).

Con un manso rüido
d'agua corriente y clara
cerca el Danubio una isla que pudiera
ser lugar escogido
para que descansara
quien, como estó yo agora, no estuviera:
do siempre primavera
parece en la verdura
sembrada de las flores;
hazen los ruyseñores
renovar el plazer o la tristura
con sus blandas querellas,
que nunca dia ni noche cessan dellas.

Aquí estuve yo puesto,
o por mejor dezillo,

(*O, B*)
6 Quien como yo esto *BHTA*
13 dia y noche *A*

---

1 *rüido*: sonido (cfr. Ég. II.65: "manso rüido).

1-13 Esta estrofa es el primer ejemplo del *locus amoenus* (véase Curtius, *Lit. eur.* X.6) que encontramos en la obra de Garcilaso. Los demás se hallan todos en las églogas (cfr. Ég. I.211-220, 239-252, 402-405; Ég. II.1-18, 51-76, 431-451, 734-739, 1041-1055, 1146-1153; Ég. III.57-80). Téngase en cuenta el comentario de Lapesa (p. 86), de que éste es un paisaje de inspiración petrarquesca y no virgiliana. También Navarro (ed. 1924) comenta aquí el sentimiento de la naturaleza.

3 A propósito del Danubio, Herrera (H-205) nos da extensa información geográfica, tanto antigua como moderna.

6 La variante del Brocense no mejora en absoluto la lectura de *O*.

7-8 Sin artículo, es posible que *Primavera* sea aquí personificación. Herrera (H-206) cita una imitación de este pasaje hecha por el Dr. Pedro Gómez de la Umbría ("... adonde la agradable primavera / parece de contino en la verdura ..."). El verbo *parece* es aquí el equivalente de *aparece*.

9 Llama la atención el uso aquí del artículo *las*.

10-13 Sobre el ruiseñor como elemento del lugar ameno (cfr. Ég. II.1147-1148) véase el estudio de María Rosa Lida (135.24).

11 *tristura*: Garcilaso usa esta voz tanto como *tristeza* (6 veces cada una).

15 Herrera (H-208) identifica este verso con la figura retórica de la corrección, y dice que tratará de ella a propósito de la El. I.208 (H-322).

preso y forçado y solo en tierra agena;
bien pueden hazer esto
en quien puede suffrillo
y en quien él a sí mismo se condena.
Tengo sola una pena,
si muero desterrado
y en tanta desventura:
que piensen por ventura
que juntos tantos males me an llevado,
y sé yo bien que muero
por solo aquello que morir espero.

El cuerpo está en poder
y en mano de quien puede
hazer a su plazer lo que quisiere,

16 preso, forçado *BTA*
20 solo *H*
28 en manos de *BHTA*

---

16 *agena*: se usa aquí con el sentido de "extranjera". El Brocense eliminó el expresivo polisíndeton de este verso.

20 Herrera cambió en adverbio (*sólo*) el adjetivo *sola*; pero en Garcilaso muchas veces encontramos el adjetivo donde en el castellano moderno sería más corriente el adverbio.

17-19 Parece que aquí el poeta se reconoce culpable ante el Emperador (cfr. Keniston, p. 112); el plural indefinido es un modo delicado de evitar la referencia directa (cfr. Son. XIV.7). Quizá sea posible, como se nos ha sugerido, que tengan un sentido contrario estos versos: que bien podrían hacerle esto a persona que lo pudiera sufrir y se condenara a sí misma, pero no a él, a Garcilaso, quien ni lo aguanta ni se reconoce culpable. Pero los versos 27-29 también nos dan a entender que el poeta acepta el castigo corporal de su rey; sólo está exenta su alma enamorada.

20-26 Es decir, que el poeta no quiere que se crea que es por el castigo físico y político por lo que muere, si en efecto muere, sino sólo por su amor. Herrera (H-209) cita una imitación (Fernando de Cangas: "es porque sólo quiero / morir por la ocasión que alegre muero").

24 *llevado*: matado.

26 *que*: por lo cual.

28 Todos los editores antiguos prefieren, como modismo hecho, *en manos de*; pero en Garcilaso (cfr. Ca. IV.58) es normal la forma singular. (Es más directa aquí que en el verso 17 la referencia a Carlos V.)

mas no podrá hazer
que mal librado quede
mientras de mí otra prenda no tuviere;
quando ya el mal viniere
y la postrera suerte,
aquí me á de hallar
en el mismo lugar,
que otra cosa más dura que la muerte
me halla y me á hallado,
y esto sabe muy bien quien lo á provado.

No es necessario agora
hablar más sin provecho,

35 d'hallar *O* 38 Me halla i a hallado *HTA*

---

31 *mal librado*: definitivamente infeliz (*Dicc. Aut.*: *librar mal*: salir con desgracia).

32 *otra prenda*: es decir, el alma, que no pertenece a su rey sino a su dama.

33-34 *el mal . . . y la postrera suerte*: perífrasis de la muerte, en figura de hendíadis.

37-39 Verdevoye (p. 321) cree que ésta es una referencia al destierro; pero según nuestra interpretación del poema, tiene que referirse al amor. Cfr. *Canticum,* VIII.6 "fortis est ut mors dilectio". (El verso 39 es tradicional, desde los trovadores, en la poesía amorosa.)

43-45 Keniston cita como posible modelo de estos versos dos de Petrarca (CCLXIX: Son. CCXXIX.13-14):

com' perde agevolmente in un matino
quel che'n molti anni a gran pena s'acquista.

Y, como también Herrera (H-210), Keniston compara este pasaje garcilasiano (incluyendo quizá el verso 52) con los Son. XXV.5 y XXVI.3: "¡o quánto s'acabó en solo un día!"

43-52 Según Navarro (ed. 1924), el desastre aludido en los versos 43-45 es la pérdida del favor del Emperador. Pero es muy razonable creer, con Keniston y con Verdevoye (p. 321), que los versos 51-52 se refieren a un desastre amoroso anterior, el casamiento de Isabel Freyre en 1528-1529. ¿Es posible que se aludan simultáneamente dos desastres distintos? El tiempo perfecto de los versos 43-44 puede pertenecer a un acontecimiento más reciente que el del pretérito del verso 52. En todo caso el pensamiento general está claro: después de un golpe tremendo (o quizá dos) de la fortuna, por el cual el poeta lo ha perdido ya todo, ya no puede temer nada, ni siquiera la muerte.

que es mi necesidad muy apretada,
pues á sido en un ora
todo aquello deshecho
en que toda mi vida fue gastada.
Y al fin de tal jornada
¿presumen d'espantarme?
Sepan que ya no puedo
morir sino sin miedo,
que aun nunca qué temer quiso dexarme
la desventura mía,
que'l bien y el miedo me quitó en un día.

Danubio, rio divino,
que por fieras naciones
vas con tus claras ondas discurriendo,

47 presumen espantarme *HT*

---

47 Herrera quita la preposición, sin duda por creer que su uso con *presumir* era vulgar.

48-52 Según Herrera (H-211), la fuente de este pensamiento es una canción de Nicoló Amanio:

> ... anzi io ardisco dir che più non amo,
> et ch'io non spero più, che non temo,
> e' homai da temer più non m'è rimaso.

"Lo cual es traído de Estacio [*Theb.* X.562-563], que dixo:

> ... saevas mente accepere catenas,
> consumsit ventura timor ..."

53 Herrera (H-212) dice que es epíteto griego usar *divino* por "hermoso", "grande" o "ilustre". Cita ejemplos homéricos.

54 Según Herrera (H-213), era tópico clásico la fiereza de las gentes bárbaras y belicosas cuyas tierras regaba el Danubio. Cita a Valerio Flaco ("... per saevos Ister descendit alumnos"), a Molsa ("... o dove bevon l'onde / del profondo Danubio horride genti"), y a otros.

55 A propósito de *claras ondas*, "dize Vico Mercato en el 2 de los Meteoros que es el Danubio de color de suero en la parte que divide a Suevia i Baviera i Alemania" (H-214). Añade Herrera (H-215) que Garcilaso "escogió *ondas* por *aguas* porque es dicción más sonora i llena i más grave ..."

pues no ay otro camino
por donde mis razones
vayan fuera d'aquí sino corriendo
por tus aguas y siendo
en ellas anegadas,
si en tierra tan agena,
en la desierta arena,
d'alguno fueren a la fin halladas,
entiérrelas siquiera
porque su error s'acabe en tu ribera.

Aunque en el agua mueras,
canción, no as de quexarte,
que yo é mirado bien lo que te toca;
menos vida tuvieras
si uviera de igualarte

61 Si en essa tierra agena *BTA*
62 Por tu desierta *BT*
Por la desierta *A*
63 Fueren d'alguno en fin halladas *O R*
De alguno fueren a la fin halladas *BT*
Fueren d'alguno acaso en fin halladas *HA*
64 Entierralas *T*
70 Si uvieras *B77TA*

---

63 Este verso, por ser de 9 sílabas en vez de 11, ha sido alargado de dos maneras. El Brocense trueca el orden de palabras y sustituye *en fin* por *a la fin.* Herrera (H-216) se opone: "casi nunca G. L. dijo *a la fin . . . ,* antes siempre escribió *al fin* y *en fin,* si no en una o dos partes". Es verdad que *en fin* y *al fin* aparecen a menudo en la poesía de Garcilaso (18 y 13 veces, respectivamente), pero también, como reconoce Herrera, aparece dos veces *a la fin* (Ég. II.1455 y Ég. III.161). Herrera mismo añade *acaso,* "por estar menos mal que de las demás maneras que se ha enmendado". Tamayo (T-48) por lo visto no conoce la lectura original sino sólo las enmendadas; defiende la del Brocense, creyendo que era la lectura primitiva y afirmando que *fin,* como *finis* en latín, tiene ambos géneros. Aceptamos, pues, la enmienda del Brocense, que tiene una posible base manuscrita.

65 *error*: acción de errar, vagar, con quizá el doble sentido de "yerro".

68 *toca*: conviene.

70 *uviera*: en primera persona (la variante de *B77* es una enmienda que no hace falta).

con otras que se m'an muerto en la boca.
Quién tiene culpa en esto,
allá lo entenderás de mí muy presto.

72 culpa desto *HA*

---

73 *allá*: si se usa en el sentido espacial, se refiere probablemente al reino de la muerte (donde el poeta piensa reunirse pronto con su canción ahogada); si se usa en el sentido temporal (corriente según el actual uso coloquial), quiere decir "más tarde", "luego".

CANCIÓN [IV]

Keniston cree que esta canción se escribió en 1530, y que en ella se refleja la misma lucha moral que encontramos aludida en la Ég. II.1098-1128. Entwistle (72.384) le asigna la fecha tardía de 1535, relacionándola con los amores napolitanos; pero entre los críticos ésta es una opinión minoritaria. Lapesa (p. 191) ve difícil la cuestión. De una parte, hay la lucha interior (cfr. Son. I y VI) y la alegoría medieval, propias de una época temprana; de otra parte la falta de rimas agudas y la perfección formal de la obra parecen indicar una época más madura. Concluye poniéndole un término *ad quem* de 1532; se escribiría entre 1526 (p. 17), o mejor 1529 (p. 191), y 1532, lo cual no excluye la fecha sugerida por Keniston.

Esta canción, la más larga y la de más difícil lectura, durante el Siglo de Oro fue probablemente la más famosa de las de Garcilaso. Es enfática la alabanza de Herrera (H-217): "Sola esta canción muestra el ingenio, erudición i grandeza de espíritu de G. L., porque es tan generosa i noble i afetuosa i llena de sentimientos, i declara tan bien aquella secreta contienda de la razón i el apetito que oso dezir que ninguna de las estimadas de Italia le haze ventaja...". Los moralistas también han encontrado en esta canción altos valores: véanse la versión a lo divino de Sebastián de Córdoba, una posible referencia de López de Úbeda (en su prólogo, citado por Navarro, para el *Vergel de flores divinas,* Alcalá, 1582: "...la elegía al alma de Garcilaso..."), y el título de la traducción de Conti (citado por Mele): "Canzone morale: battaglia della ragione con l'appetito". También Tamayo (T-49) le aplica términos superlativos: "La IV es tal que, a mi ver, no tienen todas las lenguas juntas cosa más culta... [Ella sola bastaría] para la honra de un gran varón: porque si se mira la poesía, es cuidadosa; si la materia, importantísima; si la disposición, extremada; si la dificultad de la mucha filosofía que en sí encierra (reducida con suma claridad a lo que solo el ingenio capacísimo de Garcilaso podía comprehender), no otro...". Como dice Tamayo, el P. Juan de Pineda cita los seis versos primeros de esta canción en su comentario al libro de Job (Sevilla, 1598; Cap. III, v. 2, p. 202): "Hanc leniendi doloris humanam honestamque rationem, illa verba indicant: *Aperuit os suum et locutus est.* Eum affectum dolentis animi graviter expressit Hispanus poeta, et verbis in rem nostram valde appositis...".

Keniston cita la alabanza de Muratori (*Della perfetta poesia,* Modena, 1706, t. I, p. 211). También los críticos modernos le han dedicado una atención especial. M. Arce en su libro (1930) le da relieve con referencia al tema de la razón en Garcilaso (cap. VI, sección 1). Y hay los artículos importantes de J.-S. Pons (1933), de Entwistle (1950), y de P. Bohigas (1961). Pero, como dice Lapesa (p. 80), esta canción IV es "una de las obras de Garcilaso que han sorprendido más al gusto moderno": Keniston (p. 196) dice que "the composition seems to-day over-subtle and artificial", y M. Arce (p. 131) la llama "un conjunto exagerado y retorcido".

Para Lapesa (véase su análisis en las pp. 77-81), la Canción IV es la obra más importante de los años 1529-1532, entre la boda de Isabel Freyre y la época napolitana, años en que la crisis amorosa coincidía con una crisis artística, una lucha entre la antigua raíz hispánica, con la fuerte influencia atormentada de Ausias March, de una parte, y el suave arte nuevo de Petrarca, de la otra. Se han documentado detalladamente los contactos textuales con March (Lapesa, pp. 63-65; véanse además los estudios de Pons y de Bohigas) y con Petrarca (Lapesa, pp. 79-80 y nn. 91 y 92). Las personificaciones y asaltos alegóricos son muy del siglo XV español (Lapesa, p. 55); pero los epítetos, de una expresividad atormentada, son relativamente numerosos (p. 96). El sombrío y exasperado análisis de estados anímicos toma la forma de "una sucesión de invenciones alegóricas no congruentemente enlazadas" con "retoños alegóricos" secundarios, algunos inspirados por Petrarca. Y a la influencia de éste se deben las dos alusiones (únicas antes de 1533) a la hermosura de la amada: "dos suaves notas de luz y color en una obra de vigorosa crudeza" (p. 80).

El aspereza de mis males quiero
que se muestre también en mis razones,
como ya en los efettos s'á mostrado;
lloraré de mi mal las ocasiones,

(*O, B*)

1-6 Estos versos constituyen lo que Herrera (H-218) llama la "proposición" del poema.

4-6 Lapesa (p. 90) cita un paralelo que se encuentra en las coplas octosilábicas de Boscán (ed. Knapp, p. 48; ed. Riquer, p. 43):

Conozco que me desmando
con el dolor que me hiere,
mas el triste que se muere,
en público confesando,
puede decir lo que quiere.

sabrá el mundo la causa por que muero,
y moriré a lo menos confessado,
pues soy por los cabellos arrastrado
de un tan desatinado pensamiento
que por agudas peñas peligrosas,
por matas espinosas,
corre con ligereza más que el viento,
bañando de mi sangre la carrera.
Y para más despacio atormentarme,
llévame alguna vez por entre flores,
adó de mis tormentos y dolores
descanso y dellos vengo a no acordarme;
mas él a más descanso no me espera:

6 moriere *O*

17 Mas para mas descanso *Bn*
Mas a mas descanso *Bn*

En el verso 6 Herrera (H-212) explica que *confesado* significa "habiendo publicado mi mal", y añade: "Este verso humilló mucho la grandeza desta estança". Prete Jacopín (observación 10) exclama que no sabe por qué es un verso humilde. Lo reafirma Herrera en su respuesta, explicando que no es conveniente la voz religiosa. (Y Azara [A-27] repite la anotación de Herrera.) Aunque Navarro, en su edición de 1911, afirmó que ésta era la única alusión que hiciera Garcilaso al dogma católico, Keniston afirma que no, citando el Son. XXV.12-14, donde él cree que hay una alusión a la resurrección del cuerpo. Cfr. A. Lumsden (149). Hay un eco del verso 6 en el soneto de Góngora que empieza "En la capilla estoy y condenado", v. 8: "y partiré a lo menos confesado".

7 Herrera (H-220) dice que "es adagio *traer por los cabellos*" y cita el Son. VI.4: "allí por los cabellos soy tornado" (véase nuestra nota).

7-10 Lapesa (p. 63) encuentra aquí un contacto textual con Ausias March (XVIII, 3-4 y 37-38):

Quasi guiat per les falses ensenyes
so avengut a perillosa riba...
Per los cabells a mi sembla que'm porten
a fer los fets que Amor me comana.

El *desatinado pensamiento* del v. 8 es la misma figura alegórica del enamoramiento personificado que encontramos a menudo en los cancioneros del siglo xv, un loco amor apasionado.

11 Según Herrera (H-221), éste es "velocíssimo verso".

antes, como me ve desta manera,
con un nuevo furor y desatino
torna a seguir el áspero camino.

No vine por mis pies a tantos daños:
fuerças de mi destino me truxeron
y a la que m'atormenta m'entregaron.
Mi razón y jüizio bien creyeron
guardarme como en los passados años
d'otros graves peligros me guardaron,
mas quando los passados compararon
con los que venir vieron, no sabían
lo que hazer de sí ni dó meterse,
que luego empeçó a verse
la fuerça y el rigor con que venían.
Mas de pura vergüença costreñida,
con tardo passo y coraçón medroso
al fin ya mi razón salió al camino;
quanto era el enemigo más vezino,
tanto más el recelo temeroso
le mostrava el peligro de su vida;
pensar en el dolor de ser vencida

20 asseguir *O*
22 traxeron *A*
32 constreñida *AK*
38 el temor de *HTA*

---

17 (B-34) *Mas a más descanso no me esp.* En un antiguo hallé: *Mas para más descanso no me espera.* Léase:

Mas él a más descanso no m'espera.

El Brocense aquí mantiene la lectura de la primera edición, quizá sin darse cuenta.

22 Herrera (H-222) cita la otra referencia garcilasiana al destino, en boca de Albanio (Ég. II.169): "y aquel fiero destino de mis daños".

23 Aquí el poeta se refiere por supuesto a la dama.

33 Según Herrera (H-223), éste es "verso ponderoso".

34 A propósito de *razón,* Herrera (H-224) nos explica las dos divisiones del ánimo que, según Aristóteles, son la razón y el apetito.

38 Herrera hace en este verso una enmienda, cambiando *dolor* en *temor,* sin duda por creer que el v. 40 (*el mismo temor*) lo pedía; pero ya

la sangre alguna vez le callentava,
mas el mismo temor se la enfrïava.

Estava yo a mirar, y peleando
en mi defensa, mi razón estava
cansada y en mil partes ya herida,
y sin ver yo quién dentro me incitava
ni saber cómo, estava desseando
que allí quedasse mi razón vencida;
nunca en todo el processo de mi vida
cosa se me cumplió que desseasse
tan presto como aquésta, que a la ora

39 calentaba *A*

---

en el v. 36 (*el recelo temeroso*) se encuentra un antecedente que justifica la palabra *mismo* en el v. 40, si en efecto hace falta tal antecedente.

39 Herrera (H-225) explica aquí la fisiología del temor (que "contrae i debilita al coraçón") y cita a Virgilio (*Eneida,* X.452: "frigidus Arcadibus coit in praecordia sanguis") y a Bembo (Rima 79.12-13: "ma'l sangue accolto in se da la paura / si ritien dentro").

41 *a mirar*: puesto a mirar, mirando (Keniston, *Syntax,* 37.541).

41-42 Herrera (H-226) nota que este par de versos empieza y termina con la misma palabra *estaba.* Esto lo llama "figura simploce, o complexión,... i es compuesta del' anáfora i antístrofe"; cita luego un ejemplo virgiliano (*Eneida,* VI.51: "... cessas in vota precesque, / Tros, ait, Aenea, cessas? ...").

44 Herrera (H-227) explica que *quien dentro me incitaba* era la sensualidad o concupiscencia, que es el apetito sensitivo (no racional).

44-49 Lapesa (p. 64) cita aquí la influencia de March (X.29-30):

Jamés vençó fon plaer del vençut
sino que mi, que'm plau qu'Amor me vença.

Tamayo (T-50) había encontrado una idea parecida en Persio (Sat. V.39):

Et premitur ratione animus vincique laborat.

49 *a la ora*: en seguida, inmediatamente (Navarro). Más corriente en Garcilaso es "en un ora".

49-52 Lapesa (p. 64) cita aquí dos fuentes marchianas (LXXX.5-6 y XXII.28):

He fet senyor del Seny a mon Voler,
vehent Amor de mon Seny mal servit.

He fet d'Amor cativa ma Rahó.

se rindió la señora
y al siervo consintió que governasse
y usase de la ley del vencimiento.
Entonces yo sentíme salteado
d'una vergüença libre y generosa;
corríme gravemente que una cosa
tan sin razón uviesse assí passado;
luego siguió el dolor al corrimiento
de ver mi reyno en mano de quien cuento,
que me da vida y muerte cada día,
y es la más moderada tiranía.

Los ojos, cuya lumbre bien pudiera
tornar clara la noche tenebrosa
y escurecer el sol a mediodía,
me convertieron luego en otra cosa,

54 vergnença *O* 63 al sol *H*

Tamayo (T-51) cita una serie de moralistas que usaron esta alegoría, entre ellos Boecio (*Consolación,* V.ii.19-20), Séneca (*De vita beata,* IV.4) y S. Agustín ("Ipsa ei dominandi libido dominatur"). Lapesa (n. 78) nos refiere al estudio de esta tradición publicado por María Rosa Lida ("Una copla de Jorge Manrique y la tradición de Filón en la literatura española", *RFH,* IV [1942], 152-162). Herrera (H-228) cita aquí ocho octasílabos de F. de Cangas que reflejan la misma idea.

54 "Es la vergüença afeto del ánimo, de la imaginación del mal passado o presente o por venir, que viole la honra i estimación" (H-229). Y sigue Herrera con citas morales y poéticas sobre la vergüenza.

61-64 El Brocense da unas fuentes italianas:

(B-35) *Los ojos cuya lumbre.* Bembo, en el soneto [V] *Crin d'oro*:

Occhi soaui, et piu chiari che'l Sole
Da far giorno seren la notte oscura.

(B-36) *Me conuertieron luego en otra cosa.* ⌈Petrarca, canción 10. (B74)⌋ ⌈Petrarcha, canción quarta. Trata de varias transformaciones de sí mismo. (B77-89)⌋

La Canz. IV (Poema XXIII.38) es la correcta: "ei duo mi trasformaro in quel ch' i' sono" (Lapesa, n. 91). Mele añade otra (Petrarca, Poema CCXV, "In nobil sangue . . ."):

. . . E non so che nelli occhi, che'n un punto
pò far chiara la notte, oscuro il giorno.

en bolviéndose a mí la vez primera
con la calor del rayo que salía
de su vista, que'n mí se difundía;
y de mis ojos la abundante vena
de lágrimas, al sol que me inflamava,
no menos ayudava
a hazer mi natura en todo agena
de lo que era primero. Corromperse
sentí el sosiego y libertad passada,
y el mal de que muriendo estó engendrarse,
y en tierra sus raízes ahondarse
tanto quanto su cima levantada

64 convirtieron *A*

Lapesa (p. 79) encuentra un pasaje en la Canzone IV (Poema XXXVII), vv. 43-45:

que' duo lumi
che quasi un bel sereno a mezzo'l die
fêr le tenebre mie...

Descontando la cita de Bembo (mera imitación de Petrarca), Lapesa llega a la conclusión de que "Cualquiera de los dos textos [de Petrarca] puede haber sido el inspirador; probablemente ambos, enlazados en un recuerdo único".

72 *primero*: anteriormente, antes.

75-77 (B-37) *Tanto quanto su cima leuant.* Virgilio, 2, Geórgicas [vv. 291-292]:

...Et quantum uertice ad auras
Æthereas, tantum radice in Tartara tendit.

Ariosto, canto 21, stancia 16 [.5-6]:

[*Che quanto appar fuor dello scoglio al pino*
Tanto sotterra ha la radici. (B77-89)]

Para Tamayo (T-53), el pasaje virgiliano (repetido en *Eneida,* IV.445-446) es la fuente tanto de Ariosto como de Garcilaso. Lapesa (p. 78 y n. 90) cree que la influencia de Virgilio es secundaria; la influencia inicial sigue siendo la de la Canz. IV de Petrarca, en la que unos ojos causan la metamorfosis del amante, aunque Garcilaso sustituye el laurel petrarquesco por el imponente *quercus* virgiliano. (Mele ve como semejante la ponderación de lo alto y lo bajo de los montes Pirineos en la Ég. II.1433-1435.)

sobre qualquier altura haze verse;
el fruto que d'aquí suele cogerse
mil es amargo, alguna vez sabroso,
mas mortífero siempre y ponçoñoso.

De mí agora huyendo, voy buscando
a quien huye de mí como enemiga,
que al un error añado el otro yerro,
y en medio del trabajo y la fatiga

79 mal es amargo *B*

78-79 Herrera (H-230) señala una fuente petrarquesca de este *fruto* que está amargo mil veces por una vez que está sabroso (Poema VI.12-14):

Sol per venir al lauro onde si coglie
acerbo frutto, che le piaghe altrui,
gustando, affligge più che non conforta.

81-82 Lapesa (n. 91) muestra aquí la influencia continuada del Poema VI(.1-4) de Petrarca:

Sì travïato è'l folle mi'desio
a seguitar costei che'n fuga è volta,
e de' lacci d'Amor leggiera e sciolta
vola dinanzi al lento correr mio . . .

83 "Es etiología, o redición de la causa, cuando se da razón" (H-231). Huir de sí es ya un error, y buscarla a ella es otro.

(B-38) [*Que al un error añado.* Prouerbio latino:

Morbum morbo addere. (B77-89)]

84-86 (B-39) [*De mis atados pies.* Tibulo, Elegía última, libro 2 [II. vi. 25-26]:

Spes etiam ualida solatur compede uinctum.
Crura sonant ferro, sed canit inter opus. (B77-89)]

Herrera (H-233) acepta la nota del Brocense (sin nombrarle, por supuesto), y Tamayo (T-53) también.

Herrera (H-232) además comenta así *cantando* y *sonando*: "Estos gerundios son altas diciones de ancho i largo espíritu, i graves en su movimiento; i la semejante cadencia del verso haze mucho efeto para el intento . . . Tales versos se nombran leoninos, o equívocos, en lengua latina, i son viciosos. Este lugar imitó G. L. del 10 de la *Eneida* [x.192-193]:

. . . .
canentem molli pluma duxisse senectam,
linquentem terras et sidera voce sequentem . . ."

estoy cantando yo, y está sonando
de mis atados pies el grave hierro.
Mas poco dura el canto si me encierro
acá dentro de mí, porque allí veo
un campo lleno de desconfiança:
muéstrame'l esperança
de lexos su vestido y su meneo,
mas ver su rostro nunca me consiente;
torno a llorar mis daños, porque entiendo
que es un crudo linaje de tormento
para matar aquel que está sediento
mostralle el agua por que está muriendo,
de la qual el cuytado juntamente
la claridad contempla, el ruido siente,
mas quando llega ya para bevella,
gran espacio se halla lexos della.

De los cabellos de oro fue texida
la red que fabricó mi sentimiento,

90 la esperanza *A* 95 matar a aquel *T*

---

87 Tamayo (T-51) comenta, "Sigue lo prepuesto de la servidumbre que antes ponderábamos", y añade una cita de Claudiano, traída por los pelos.

90-100 (B-40) *Muéstrame el esperança.* Aquí moraliza la fábula de Tántalo, el qual fingen los poetas que está en el infierno, metido en el río con el agua hasta la boca, y quando quiere beuer le huye el agua.

Herrera (H-234) cita una versión hecha por Juan del Encina del suplicio de Tántalo. Y Mele añade otras referencias (Homero, *Odisea,* XI.581-592 y Poliziano, *Stanze per la giostra,* I.36).

98 A propósito de *ruido* dice Herrera (H-235): "Esta sinéresis o contracción, que Diomedes llama *episinalefa,* es conjunción de dos sílabas en una, y es frecuentíssima a G. L." Pero en todos los demás casos garcilasianos es *rüido*; la sinéresis frecuente en Garcilaso es del tipo *rio* (monosilábico), en el interior del verso.

101-102 Herrera (H-236) cita a Petrarca (Poema CLXXXI.1-2):

Amor fra l'herbe una leggiadra rete
d'oro e di perle tese sotto un ramo.

do mi razón, rebuelta y enrredada,
con gran vergüença suya y corrimiento,
sujetta al apetito y sometida,
en público adulterio fue tomada,
del cielo y de la tierra contemplada.
Mas ya no es tiempo de mirar yo en esto,
pues no tengo con qué considerallo,
y en tal punto me hallo
que estoy sin armas en el campo puesto,
y el passo ya cerrado y la hüida.
¿Quién no se espantará de lo que digo?:
que's cierto que é venido a tal estremo
que del grave dolor que huyo y temo
me hallo algunas vezes tan amigo
que en medio dél, si buelvo a ver la vida

103 enrredrada *O* enredada *BHTAKR*

110 En tal punto *B77*

Lapesa (p. 79) encuentra la "asociación entre la cabellera blonda y la insidia apresadora" en su Ballata IV (Poema LIX. 4-5):

> Tra le chiome de l'or nascose il laccio
> al qual mi strinse Amore...

101-107 (B-41) *De los cabellos de oro fue texi.* Moraliza la fábula de Venus, que fingen los poetas que la prendió Vulcano con una subtilíssima red, tomándola en adulterio con el dios Marte.

Herrera (H-237), empezando con Clemente Alejandrino, explica las interpretaciones o moralizaciones de esta fábula. Como fuentes literarias cita a Homero (*Odisea,* VIII. 266-330), a Ovidio (*Metam.* IV. 171-192) y a Ariosto (*Orlando,* XV. lvi).

111 "Así Polieno, en Petronio [CXXX], en la respuesta a Circe: *paratus miles arma non habui*" (T-52).

117-120 Lapesa (p. 64) encuentra este paralelo en Ausias March (LXIII. 1-4):

> Qui'm tornará lo temps de ma dolor
> 'em furtará la mia libertad?
> Catiu me trob licenciat d'Amor
> e, d'el partit, tot delit m'es lunyat.

Herrera (H-238) aporta un soneto ("Del tiempo vanamente mal gastado") en el cual F. de Cangas "dilató el intento" de estos versos.

de libertad, la juzgo por perdida,
y maldigo las oras y momentos
gastadas mal en libres pensamientos.

No reyna siempre aquesta fantasía,
que en imaginación tan varïable
no se reposa un ora el pensamiento:
viene con un rigor tan intratable
a tiempos el dolor que al alma mía
desampara, huyendo, el sufrimiento.
Lo que dura la furia del tormento,
no ay parte en mí que no se me trastorne
y que en torno de mí no esté llorando,
de nuevo protestando
que de la via espantosa atrás me torne.
Esto ya por razón no va fundado,
ni le dan parte dello a mi jüizio,
que este discurso todo es ya perdido,
mas es en tanto daño del sentido
este dolor, y en tanto perjüizio,
que todo lo sensible atormentado,

120 Gastados *H*
123 No reposa una ora *T*
125 quel alma mia *B74*
quel al alma mia *B77*
127 la fuerça del tormento *H*
137 sensible ha atormentado *B77*

La frase *la juzgo por perdida,* más que "me resigno a perderla", parece que significa "me alegro de haberla perdido" o "la considero bien perdida". Cfr. conversión semejante en Eg. II. 1107-1128.

125-126 Parecen ser erratas las variantes del Brocense, evitadas por los editores posteriores. El sentido está claro: que a veces la resistencia me abandona.

127 *lo que dura*: mientras dura, durante (cfr. Keniston, *Syntax,* 16:43).

132-134 Lapesa (pp. 64-65) cita este antecedente en March (XCVIII. 69-71):

> Ja los meus fets rahó d'ome no'ls porta...
> a res a fer a mi es tolt l'arbitre.

137 De *sensible* dice Herrera (H-239): "Es objeto del sentido, o aquello que hace la potencia que siente; aquí está en lugar de *sensato*". Pero, según entendemos el pasaje, lo *sensible* tiene que ser precisamente esa

del bien, si alguno tuvo, ya olvidado
está de todo punto, y sólo siente
la furia y el rigor del mal presente.

En medio de la fuerça del tormento
una sombra de bien se me presenta,
do el fiero ardor un poco se mitiga:
figúraseme cierto a mí que sienta
alguna parte de lo que yo siento
aquella tan amada mi enemiga
(es tan incomportable la fatiga
que si con algo yo no me engañasse
para poder llevalla, moriría
y assí me acabaría
sin que de mí en el mundo se hablasse),
assí que del estado más perdido
saco algún bien. Mas luego en mí la suerte

147 tan incomparable la *A*

"potencia que siente", pues está tan *atormentado* que *sólo siente / la furia y el rigor del mal presente* (vv. 139-140), olvidado ya del bien. (La enmienda de *B77* simplifica la sintaxis.) No es la estropeada facultad racional lo que puede ya reaccionar en contra de la dama (véanse vv. 130-134), sino sólo la misma facultad sensible que antes apetecía a la dama, y ahora, olvidándose de sus atractivos, la rechaza como causa inmediata del dolor, todo con la misma irracionalidad sensorial.

141-160 Herrera (H-240) reproduce una estancia en la que F. de Cangas imitó esta de Garcilaso.

146 (B-42) *Aquella tan amada mi enemiga.* Petrarca, soneto 207 [Poema CCLIV. 2]:

De la dolce et amata mia nemica.

Con relación a este oximoron del amor cortés, véase el estudio de E. M. Wilson y A. L. Askins, "History of a Refrain...", *MLN*, 85 (1970), 138-156.

150-151 Según Herrera (H-241), "Parece que toca aquel dicho de Neocles, filósofo ateniense, ermano de Epicuro, que dixo: *vive de tal suerte que ninguno sepa que as vivido...*" Cita luego cinco versos parecidos (396-400) del *Tyestes* de Séneca.

trueca y rebuelve el orden: que algún ora
si el mal acaso un poco en mí mejora,
aquel descanso luego se convierte
en un temor que m'á puesto en olvido
aquélla por quien sola me é perdido,
y assí del bien que un rato satisfaze
nace el dolor que el alma me deshaze.

Canción, si quien te viere se espantare
de la instabilidad y ligereza
y rebuelta del vago pensamiento,
estable, grave y firme es el tormento,
le di, que's causa cuya fortaleza
es tal que qualquier parte en que tocare
la hará rebolver hasta que pare
en aquel fin de lo terrible y fuerte
que todo el mundo afirma que es la muerte.

159 Assi del bien *HTA*
166 que en qualquier parte *T*   que en qualquier parte que *A*
167 Le hara *H*

---

154 *algún ora*: alguna vez.

157 A propósito de *temor,* Herrera (H-242) cita el tópico del amor como cosa llena de temor ("res est solliciti plena timoris Amor", *Heroides,* I. 12 y XIX. 109).

161-163 Lapesa (p. 63) nos da la fuente ya citada por Pons (A. March, LXX. 49-50):

> Si mon dictat veu algú varriar
> en ira 'stich rebolt e'n bon voler.

162-164 "A estas tres vozes opuso tres contrarios: a la instabilidad lo estable, a la ligereza lo grave, a la rebuelta lo firme" (H-243).

165 *le di*: dile (imperativo).

166-167 En estos versos, como muy a menudo, Navarro sigue el texto de Azara en su edición de 1911, y el de Herrera en la de 1924.

168 Herrera (H-244) se refiere al tópico de la muerte como última de las cosas terribles (Horacio, *Epistularum* liber I. xvi. 79: "mors ultima linea rerum est") con varias citas. Lapesa (p. 65) señala fuentes más directas en Ausias March (LI. 10, 19 y XCII. 163):

> ...perquè l'estrem de tots los mals es mort.
> ...Aquella [la muerte] es lo derrer dan e turment...
> Sobre tots mals la Mort port' avantatge.

169 "A mi parecer devía acabar G. L. en el verso antecedente, porque éste deshaze lo dicho i no sirve de más que sustentamiento" (H-245). Y en su respuesta a la observación 10 de Prete Jacopín, vuelve a afirmar Herrera que este verso es común y humilde. Pero Tamayo (T-53) defiende el verso como aclaración final de lo que antes (vv. 165-168) se aludía ambiguamente: "¿Es por ventura sostentamiento solo la explicación clara de lo que se decía antes ambiguamente, o no es solamente permitido, sino alabado, en los poetas?".

[CANCIÓN V]

ODE AD FLOREM GNIDI

Este poema pertenece indiscutiblemente al período napolitano, 1533-1536 (Lapesa, pp. 17 y 188), pues en él Garcilaso se dirige a una dama de Nápoles, hablándole de parte de un enamorado suyo, también napolitano. La identificación exacta de estos amigos del poeta ha sido motivo de cierta discusión. Empieza con bastante acierto el Brocense:

> (B-43) Ode ad florem Gnidi.
> En Nápoles ay un barrio que se dize *il seggio di Gnido,* que es como una parte donde se ayuntan los caualleros. Allí auía muchas damas, entre las quales una llamada Violante Sant Seuerino, hija del duque de Soma, era seruida de un amigo de Garci Lasso, llamado Fabio Galeota; de los quales nombres juega el poeta en esta Oda, porque quando dixo *conuertido en Viola,* aludió a Violante; y quando dixo *A la concha de Venus amarrado,* significó a Galeota, como si dixera forçado a la galera de Venus, porque Venus apareció en el mar en una concha. Entre las rimas de diuersos poetas ay una elegía de Fabio Galeota a Violante que comiença: *Andrete senza me chara Violante.*

Herrera (H-246) interviene modificando los nombres: "Mas don Antonio Puertocarrero afirma que no la escrivió su suegro sino por Mario Galeota, el cual piensa que sirvió a doña Catalina Sanseverino... Esto es lo más cierto que se puede afirmar en cosa tan poco importante y tan apartada, porque pensar que fue escrita a doña Violante porque dize *convertido en viola* es conjetura muy flaca i de poco fundamento". Se indigna Prete Jacopín, por supuesto (observación 37). Tamayo a su vez da su opinión ("Vida", f. 10^{v}): "Fabio..., que sirvió a Violante San Severino". Y Azara (A-31) vacila entre Fabio y Mario. Mele (170.125-129 y nota *ad locum*) por fin da la razón, mitad al Brocense (era Violante) y mitad a Herrera (era Mario). Es verdad que Garcilaso conocía también a doña Catalina, quizá íntimamente, pues a él le prestó ella una buena suma de dinero (véanse Mele, 170.125-129 y Laurencín, 134.20). La elegía de Fabio a Violante, mencionada por el Brocense, la encontró Keniston en *Rime di diversi illustri signori napoletani* (Vinegia, 1555, pp. 147-151); pero según

Mele, esta elegía, y otros poemas atribuidos a Fabio, son realmente de Mario (véase Pèrcopo, en su edición de Tansillo, t. I, p. CLXII, n. 3). Mario Galeota es a quien va dirigido el Soneto XXXV de Garcilaso.

Otra cuestión discutida ha sido la del barrio, que según el Brocense se llamaba "il seggio di Gnido". Herrera suprime el título en latín, "Ode ad florem Gnidi", y en el verso 12 cambia *Gñido* en *Nido*. En su nota (H-247) explica que el municipio de Nápoles tiene cinco curias administrativas, o *seggi,* que se llaman Capuana, Nido, Montana, Porta y Portanova, y que los Sanseverino son del *seggio di Nido,* y los Galeota de Capuana. Mele (loc. cit.) confirma que el barrio se llamaba, no *Gnido,* sino *Nido,* que se deriva de *Nilo*. Por fin, en el estudio de Dunn (66), se ha explicado el doble sentido de *Gnido*: había un templo de Venus en Κνῦδος que en latín se escribía *Cnydus* o *Gnidus.* Evidentemente Garcilaso jugaba con el nombre del barrio, como si fuera la sede de la diosa del amor. De ahí la importancia del título original en latín, sustituido en la edición de Herrera y posteriores por la incolora etiqueta "Canción V". Pero en la primera edición no se llamaba canción siquiera, pues pertenecía a otro género, al de la oda horaciana.

Herrera (H-270) declaró que "el argumento de toda esta canción es de aquella limpia i pura i hermosíssima canción 8 del lib. I de Oracio, que dize assí: *Lydia dic, per omnes...*" (El Brocense había mencionado ya esta oda, pero a propósito de los vv. 36-45, solamente.) Posteriormente Menéndez Pelayo, en su *Horacio en España,* hizo un análisis magistral de este poema de Garcilaso, viendo en él la piedra angular de la oda horaciana española. (También importa la influencia de las odas vi y x del mismo libro I de Horacio.) La estrofa (aBabB) fue inventada por Bernardo Tasso como imitación de las estrofas sáfica, alcaica y asclepiadeas de Horacio (véase el estudio de Dámaso Alonso, "Sobre los orígenes de la lira", apéndice IV de su *Poesía española*). Tasso la usó en tres odas y dos salmos, pero la lira no pasó de ahí en Italia. En cambio la adaptación española cundió muy pronto, llamándose "lira" esta estrofa por el primer verso de Garcilaso: "Si de mi baxa lira". (Díaz Rengifo dice que "cántase a la vihuela, de la qual tomó el nombre".) Este poema fue parodiado por Acuña (*Varias poesías,* f. 141) e imitado a lo divino por el autor anónimo de "A la Madalena" (véase la edición de Merino de las poesías de Fray Luis de León, p. 382). Pero es sobre todo como vehículo de la oda horaciana en Fray Luis y Medrano, y de la poesía mística de San Juan, que se inmortalizó la estrofa de la Canción V de Garcilaso, cantada alguna vez con música de Vila (Trend).

En su análisis (pp. 154-155) Lapesa caracteriza la "marmórea perfección" de este "precioso juguete", como lo llamó Menéndez Pelayo. Si bien hay un caso de poliptoton (vv. 76-77; Lapesa, p. 57), ya no hay influencia de Petrarca, sino exclusivamente la de los clásicos y los italianos del siglo XVI: Horacio, Ovidio, Tibulo, Marcial, quizá Propercio, y Ariosto y B. Tasso. Sobre este gran fondo clásico se funden con hábil y sencilla fluidez la retórica del argumento y la fábula mitológica. Sólo le critica Lapesa la profusión de epítetos y la falta de intimidad.

Véase también el estudio fundamental de P. N. Dunn (66), en el que se analizan con gran exactitud las dos fuentes horacianas (*Odas,* I.vi para los versos 1-25 y *Odas,* I.viii para los versos 26-60), el doble sentido de Gnido y la iconografía de Venus.

Si de mi baxa lira
tanto pudiesse el son que en un momento
aplacase la ira
del animoso viento
y la furia del mar y el movimiento,

(*O, B*)
título: Cancion V *H*
A la flor de Gnido *A*

4 viendo *O*
viento *BHTAKR*

---

1 Con respecto a *baxa,* dice Herrera que es "umildad i estenuación de su ingenio" (H-248). En su nota siguiente (H-249), discursa sobre la invención de la lira musical, atribuida a veces a Mercurio (Horacio, *Odas,* I. x. 5-6: "te canam magni Iovis et deorum / nuntium, curvaeque lyrae parentem").

1-10 A estas dos estrofas el Brocense les pone tres notitas:

(B-43.2) [v. 1] *Si de mi baxa lyra.* Luys Tansillo dixo casi lo semejante:

Ragionando di uoi / cose direi si noue, che farei / Agghiacciar gli Etiopi, arder gli Sciti.

[v. 4] *Del animoso uiento.* Animoso es soplador; Virgilio [véase *Georg.* II. 339 y 441]:

Animosi flatibus Euri.

[v. 6] *Y en ásperas montañas.* Virgilio [Ecl. VI. 71] dixo: *Cantando rigidas deducere montibus ornos.*

A propósito de *del mar* (v. 5) Herrera (H-251) se refiere a la fábula de Arión, pero en el movimiento de *los árboles* (v. 9) ve los "efectos de la música de Orfeo" (H-252). Es probablemente a Orfeo a quien se refieren las dos estrofas, que vienen a significar "si yo tuviera un tal don musical sobrenatural". Son frecuentes en la obra de Garcilaso las alusiones al mito de Orfeo (cfr. Son. XV, Ég. III. 121-144). Mele observa que *del animoso viento* reaparece en la Ég. III. 329, y nos remite a B. Tasso (Oda XXXVII, estrofas 12-13):

...ed ebbi il Ciel sì grato e sì benigno
che'l sordo mare e i venti

y en ásperas montañas
con el süave canto enterneciesse
las fieras alimañas,
los árboles moviesse
y al son confusamente los truxiesse:

no pienses que cantado
sería de mí, hermosa flor de Gñido,
el fiero Marte ayrado,

11 cantando *O*
cantado *BHTAKR*

12 Gnido *BTA*
Nido *H*

---

rabbiosi poser giù l'orgoglio e l'ira
al suon della mia lira...

Pero la fuente del epíteto *animoso* es probablemente ovidiana (*Amores,* I. vi. 51): "impulsa est animoso ianua vento"; véase nuestra nota a Ég. III. 329-336.

8 Para Herrera (H-250), *alimañas* es "dición antigua i rústica, i no conveniente para escritor culto i elegante..." Prete Jacopín (observación 11) dice que antes era buena palabra, pero Herrera contesta que es su uso actual el que él condena, como "idiotismo". (Había dicho ya en H-250: "...el uso de los vocablos es vario y no constante, y así no tienen más estimación que la que les da el tiempo, que los admite como la moneda corriente".) Concurre Tamayo (T-61) en que es arcaismo ahora, pero dice que no lo era en el tiempo de Garcilaso (cfr. Son. IX. 11: *tamaño*), y que así no hay que "atreverse a toda la antigüedad, que debe ser tratada con veneración".

11 Según Tamayo (T-55), Juan de Jáuregui le sugirió que es "todo el principio de esta canción y su aparato imitación de Propercio" (II. i. 19): "...non ego Titanas canerem...".

12-13 Aquí el poeta se dirige a la dama doña Violante Sanseverino como a la *flor de Gnido,* es decir, flor del barrio napolitano de Nido y, al mismo tiempo, flor del templo de Venus (véase título y nota introductoria). Y Venus, diosa del amor, es antagonista siempre de su amante Marte, dios de la guerra: en las estrofas 3 y 4 el poeta rechaza la guerra y las victorias militares como posible tema de su poesía, para declarar en las estrofas 5 y 6 que la cruel hermosura de la dama sería su único tema (si fuera un Orfeo: estrofas 1 y 2). Nótese cómo las seis estrofas forman una sola unidad sintáctica, con claras articulaciones periódicas. (Cfr. el mismo epíteto de Marte en Ég. I. 14 y en Sannazaro, *Arcadia,* Égl. X. 147.)

a muerte convertido,
de polvo y sangre y de sudor teñido,

ni aquellos capitanes
en las sublimes ruedas colocados,
por quien los alemanes,
el fiero cuello atados,
y los franceses van domesticados;

mas solamente aquella
fuerça de tu beldad seria cantada,

17 En la sublime rueda colocados *TnA*

---

14 *a muerte convertido*: dirigido a la muerte, concentrado en la muerte; cfr. Virgilio, "ad surgentem conversi lumina solem" (*Aen,* XII. 172).

15 (B-43.3) *De poluo y sangre y de sudor teñido.*
Virgilio [*Eneida,* II. 272-273]: *Aterque cruento puluere.* Horatio, libro 2, Oda 1: *Non indecoro puluere sordidos.* El mismo, libro 1, Oda 6: *Aut puluere Troico nigrum Merionem.*
Herrera (H-253) repite la cita virgiliana.

16-20 Esta estrofa se refiere a los solemnes triunfos de los generales vencedores que, como Julio César, volvían a Roma con presos gálicos. Dice Herrera (H-255) que *las sublimes ruedas* son "los carros triunfales". Tamayo (T-55) hubiera preferido *la sublime rueda,* "haciendo alusión a la de la Fortuna (si no es que sea a los círculos, como los llaman los poetas, del cielo)"; cree que el plural es errata de copista fácilmente explicable. Pero luego acepta la idea del triunfo, que es sublime (Silio Itálico, hablando de Scipión [*Púnica,* XVII. 628]: "Et patria invehitur sublimi tecta triumpho"). Navarro (1911) también dice que las ruedas son carros triunfales. Keniston, sin embargo, niega que la referencia sea ni a carros triunfales ni a la rueda de Fortuna ni a las esferas celestes: para él son los bajos relieves de triunfos romanos que ruedan espiralmente por las columnas de Trajano y Marco Aurelio.

19 *el fiero cuello atados*: "Grecismo, si no quieren que sea sinécdoque, propia figura de los griegos" (H-256). Por "grecismo" Herrera querría decir acusativo griego, que usaban a veces los poetas latinos en vez del ablativo en frases semejantes: "atados en cuanto al fiero cuello". Cfr. El. II. 144: "las venas dulcemente desatado".

21-22 *aquella fuerza de tu beldad*: "Perífrasis de la hermosura, figura que ilustra i adereza mucho la oración, porque se aparta del común uso de hablar. Assí dixo Virgilio, por dezir los sagaces canes, *odora canum vis* [*Eneida,* IV. 132]" (H-257). Tamayo (T-61) está de acuerdo y cita otros ejemplos. (En Garcilaso se usa *beldad* tanto como *belleza.*)

y alguna vez con ella
también seria notada
el aspereza de que estás armada,

y cómo por ti sola
y por tu gran valor y hermosura,
convertido en vïola,
llora su desventura
el miserable amante en tu figura.

Hablo d'aquel cativo
de quien tener se deve más cuidado,
que 'stá muriendo bivo,
al remo condenado,
en la concha de Venus amarrado.

22 beltad *O*
28 convertida *A*
30 en su figura *BHT*
amorado *O*
amarrado *BHTAKR*

---

28 (B-43.4) *Conuertido en Viola.* Horatio, Oda 10, libro 3:

Nec tinctus uiola pallor amantium.

Y Sanazaro, prosa 10: *Quiui Viole tinte di amorosa pallidezza.*

El Brocense ya había explicado (en B-43, citado arriba en nuestra nota introductoria) que este verso aludía a Violante, de lo cual se rió Herrera (H-246). (En 1911 Navarro prefiere la opinión de Herrera, y en 1924 la del Brocense.)

28-30 E. M. Wilson (239. 118-122) defiende hábilmente las lecturas de la primera edición (*convertido* y *en tu figura*) contra las desacertadas enmiendas de Azara *(convertida)* y del Brocense, Herrera y Tamayo *(en su figura)*: el amante está "pálido como la viola" *(convertido en viola),* que es "figura" o emblema del nombre de Violante *(en tu figura).* La viola latina era una flor pálida, probablemente el alhelí amarillo, según Wilson.

31-35 Como ya explicó el Brocense (B-43, reproducido en nuestra nota introductoria), se alude en esta estrofa a Galeota, el "cautivo condenado a remar en la galera de Venus" como galeote de amor, el "Minnesklave" tan eruditamente estudiado por E. Glaser (103). Todo el mundo, incluso Herrera (H-260), ha aceptado este juego de palabras.

35 Sobre *la concha de Venus* se pueden hacer muchos comentarios, no todos decentes. Se llama la venera (en gallego, vieira), que ya por su mismo nombre se asocia con la diosa que nació en la mar fecundada por

Por ti, como solía,
del áspero cavallo no corrige
la furia y gallardía,
ni con freno la rige,
ni con bivas espuelas ya l'aflige;

39 le rige *BTA*
lo rige *H*

40 le aflige *BTAK*

Júpiter, así como la perla que nace, según la leyenda, de la ostra fecundada por el rocío del cielo. A Venus se le representa navegando en la concha como si ésta fuera barca; sobre la iconografía véase el citado artículo de Dunn (66). Añade Herrera (H-259) que "el mantenimiento deste género comueve el incentivo de la luxuria", propiedad todavía relacionada popularmente con la degustación de mariscos.

Herrera (H-259) da como cita clásica Tibulo (III. iii. 34): "et faveas conchâ Cypria vecta tuâ". A ésta añade Tamayo (T-56) que "es verdadera imitación de Stacio en la sentencia, cuyos versos son bien a propósito para la intelligencia de nuestro poeta (*In Epithalamio Stella et Violentilla,* Silva I. ii. 117-118):

> Haec et caeruleis mecum consurgere digna
> fluctibus et nostra potuit considere concha;

y (*In coma Earini,* Silva III. iv. 4-5), hablando de Venus Cytherea:

> Fors et de puppe timenda
> transferet inque sua ducet super aequora concha."

Las demás citas que da Tamayo, de poetas cómicos, son menos decentes, y tienen poco que ver con el texto de Garcilaso.

Keniston y Mele señalan que este verso ha sido repetido por Lope en uno de los sonetos de "Tomé de Burguillos", el que empieza "Juana, mi amor me tiene en tal estado" (Son. 246.8, BAE XXXVIII), y por P. Soto de Rojas en una égloga suya (*Parnaso español* de Sedano, t. IV, p. 313). Sobre toda esta tradición del galeote garcilasiano, véase el ya citado estudio de Glaser (103).

36-40 (B-43.5) *Por ti como solia.* Horatio, libro 1, Oda 8:

> *Cur neque militaris*
> *Inter aequales equitet: Gallica nec lupatis*
> *Temperet ora frenis.*

Este es un fragmento de la misma oda citada *in extenso* por Herrera (véase nuestra nota introductoria) y por Azara (A-36).

39-40 El pronombre *la* (*la furia y gallardía*) ha sido sustituido por *le* o *lo* (*caballo*) en las antiguas ediciones, sin necesidad, pues puede ser con-

por ti con diestra mano
no rebuelve la espada presurosa,
y en el dudoso llano
huye la polvorosa
palestra como sierpe ponçoñosa;

por ti su blanda musa,
en lugar de la cíthera sonante,
tristes querellas usa
que con llanto abundante
hazen bañar el rostro del amante;

por ti el mayor amigo
l'es importuno, grave y enojoso:

45 siempre *O*
sierpe *BHTAKR*

47 cítara *A*

52 Lo es *A*

---

tinuada la figura metonímica; igual ha pasado con *l'aflige* (< *le aflige*). Tamayo (T-70) sugiere además para el v. 40, que *ya* se cambie en *¡ay!,* enmienda que también propone para la El. I.111.

44-45 (B-43.6) *Huye la poluorosa palestra.* Horacio en la misma:
Cur oliuum
Sanguine uiperino cautius uitat.

Esta fuente es la base de la enmienda de la cual se enorgullece el Brocense en su prólogo "Al lector" (ed. 1577, f. A_7^v). Incluso Herrera (H-262) acepta esta enmienda, y Tamayo (T-61) la alaba: "Se deben perpetuas gracias a Sánchez, que primero lo advirtió, leyéndose antes, como siempre, corruptísimamente". Tamayo cita también a Pedro Pantoja de Ayala, quien en sus *Commentaria in Tit. de Aleatoribus* (Madrid, 1625), f. 57v, Ca. V (19) dice: "In luctae pulvere oculos habuit... Garsias Lasso... cum *Palaestram* adpellavit *pulverulentam...*" Keniston señala un verso semejante del mismo Garcilaso (Ég. III.131): "de la pequeña sierpe ponzoñosa". Herrera (H-261) da la etimología griega de *palestra* (*πάλη*: "lucha").

46-50 (B-43.7) *Por ti su blanda musa.* Tibullo, libro 1, elegía 8 [53-54]: vel miser absenti moestas quam saepe querellas / conijcit, et lacrymis omnia plena madent. (B89)

Cíthera, por *cítara,* aparece esta sola vez en la obra de Garcilaso.

51-55 Herrera (H-263) explica los sentidos literal y metafórico de *puerto*: "Por traslación, como en este lugar, se usurpará por seguro estado de cosas,

yo puedo ser testigo,
que ya del peligroso
naufragio fuy su puerto y su reposo,

y agora en tal manera
vence el dolor a la razón perdida
que ponçoñosa fiera
nunca fue aborrecida
tanto como yo dél, ni tan temida.

No fuiste tú engendrada
ni produzida de la dura tierra;

54 que yo del *Tn*

---

o por otro cualquiera do no se tema algún peligro". Y añade Tamayo (T-57) que ésta es continuación de la metáfora de la estrofa 7, donde vimos a Galeota remando.

(B-43.8) *Que ya del peligroso nauf.* Bembo, canzione [VI] *Alma cortese* [Rima 142]:

> *Nele fortune mie si graui, il porto*
> *Fosti del' alma trauagliata, et flaca* [léase *stanca*].

(Sobre el tópico del amor como obstáculo a las ocupaciones normales, Tamayo cita a Safo y a Horacio.)

54 Parece ser italianismo el uso de *ya* con el pretérito en el sentido de "antes, durante algún período anterior"; cfr. El. II.41, Ég. I.255, Ég. II.546 y 903, Ég. III.36 y 350, que son todas obras, como ésta, de la época garcilasiana más italianizante.

58-60 Según Herrera (H-264), "este lugar es de Marcial" (V. 91 [= III.xliv.6-8] contra Ligurinum):

> Non tigris catullis citata raptis,
> non dipsas medio perusta sole,
> nec sic scorpius improbus timetur.

61-62 (B-43.9) *No fuiste tú engendrada.* Horatio, libro 3, Oda 10:

> *Non te Penelopen difficilem procis*
> *Thyrrhenus genuit parens.*

La fuente sugerida por Herrera (H-265) es menos verosímil (*Eneida*, IV.366): "... duris genuit te cautibus horrens / Caucasus..."

no deve ser notada
que ingratamente yerra
quien todo el otro error de sí destierra.

Hágate temerosa
el caso de Anaxárete, y covarde,

67 Anaxarte y te acovarde *Tn* Anaxarite *K*

63-65 (B-43.10) *No deue ser notada.* Este lugar muchos le han querido emendar por no entenderle; quiere dezir: No deue ser notada una dama de ingrata, pues no tiene otra falta. Vide Petrarcha, parte I, canzión 11, estancia 2. (B89).

Reza así el pasaje petrarquesco citado por el Brocense (CV, "Mai non vo' più cantar com' io soleva", vv. 24-26): "... assai mi doglio / quando un soverchio orgoglio / molte vertuti in bella donna asconde". Herrera (H-266) explica el sentido de la misma manera, pero cita otra fuente: "Quiere decir, no debe merecer nombre de ingrata quien carece de todos los demás vicios. Este lugar y término de decir es traído del canto 25 de Ariosto [87.7-8]:

> ... che non si convenia con lei, che tutta
> era sincera, alcuna cosa brutta".

A Alberto Blecua (pp. 107-111) no le satisfacen estas explicaciones sintácticas, y él con buenas razones sugiere que se lea "no deve*s* ser notada, que ingratamente yerra..." Pero no nos parece apenas más clara esta enmienda, que según Blecua da el sentido de que "no tienes que dar motivos para ser puesta como ejemplo (de dureza), porque nadie está libre de caer en los errores ajenos". Nos atenemos, pues, al difícil texto de *O,* que, sin puntuación, puede dar este sentido: "no debe ser criticada por falta de gratitud una persona (como tú) que no tiene otra falta".

66-105 (B-43.11) *Hágate temerosa el caso de Anaxarete, y couarde.* Esta fábula cuenta largamente Ouidio, libro 14 [689-771]. En suma es que Yphis andaua muy enamorado de Anaxarite, y no pudiéndola enternecer a sus plegarias, amanescióle un día ahorcado a la puerta. Y ella como le vio, quedóse elada y fue buelta en mármol. Esta fábula también a la larga traduxo vn docto Español. (B74)

Herrera (H-267) menciona la versión que hizo Mendoza "en coplas españolas" (ed. Knapp, pp. 268-274), que empieza "Amor, amor que consientes". También Boscán hizo una versión, en la *Octava rima,* vv. 769-784 (ed. Riquer, p. 387).

67 Dice Tamayo (T-58) que "tuviera por más acertada la lección *el caso de Anaxarte, y te acobarde,* porque fuera de ser tales contracciones usadísimas, la suavidad del verso es mejor y la sentencia más sana, y el yerro de tales concursos ordinario".

que de ser desdeñosa
se arrepentió muy tarde,
y assí su alma con su mármol arde.

Estávase alegrando
del mal ageno el pecho empedernido
quando, abaxo mirando,
el cuerpo muerto vido
del miserable amante allí tendido,

y al cuello el lazo atado
con que desenlazó de la cadena
el coraçón cuytado,
y con su breve pena
compró la eterna punición agena.

Sentió allí convertirse
en piedad amorosa el aspereza.
¡O tarde arrepentirse!
¡O última terneza!
¿Cómo te sucedió mayor dureza?

Los ojos s'enclavaron
en el tendido cuerpo que allí vieron;
los huessos se tornaron
más duros y crecieron
y en sí toda la carne convertieron;

las entrañas eladas
tornaron poco a poco en piedra dura;

69 arrepintio *A*
79 Que con *HTA*
81 Sintio *A*
90 convirtieron *A*

---

72 *del mal ageno*: del sufrimiento del hombre a quien atormentaba.
76-77 Lapesa (p. 57) señala el poliptoton de estos versos.
76-78 Tamayo (T-171) dice que el suicidio por amores era reconocido antiguamente, citando a Quintiliano y a Séneca.

por las venas cuytadas
la sangre su figura
iva desconociendo y su natura,

hasta que finalmente,
en duro mármol buelta y transformada,
hizo de sí la gente
no tan maravillada
quanto de aquella ingratitud vengada.

No quieras tú, señora,
de Némesis ayrada las saetas
provar, por Dios, agora;
baste que tus perfettas
obras y hermosura a los poetas

den inmortal materia,
sin que también en verso lamentable

93-95 Herrera (H-268) nos da aquí un discursito fisiológico sobre la sangre, y añade (H-269) que en este caso perdía su *natura* "porque se tornaba de húmeda, seca, y de caliente, fría". Da a continuación la fuente ovidiana (Metam. XIV.748-758), con su propia versión y la de D. Diego Hurtado de Mendoza (ed. Knapp, p. 274).

98-100 Es decir que la transformación no maravilló a la gente tanto como la vengó.

101-103 (B-43.12) *De Némesis ayrada las*. Némesis es la diosa de las venganças. Píntala elegantemente Angelo Policiano en la silua Mantò. Tibullo, libro I, elegía 8 [vv. 71-72]:

> Hic Marathus quondam miseros ludebat amantes,
> Nescius ultorem post caput esse deum. (B89)

Herrera (H-270) explica que *Nemesis* quiere decir "indinación", y da numerosos detalles sobre su función en las tragedias griegas.

104-106 Tamayo (T-59) comenta el notable encabalgamiento de la estrofa penúltima con la última, dando dos ejemplos italianos: Petrarca, en el apócrifo epitafio a Laura, entre cuartetos y tercetos ("... e il chiude in poca fossa / felice pianta ..."), y Tasso, en *Gerusalemme conquistata,* en el canto V, entre las estrofas 12 y 13.

celebren la miseria
d'algún caso notable
que por ti passe, triste, miserable.

110 triste y miserable *BHTA*

108-110 Lapesa (n. 180) cita estos versos como "un ejemplo de adjetivación fofa". La unánime enmienda de los editores antiguos (*triste, miserable > triste y miserable*) sería quizá un intento de fortalecer el ritmo del último verso. Pero, como ha mostrado Dámaso Alonso (*Poesía española,* a propósito de Fray Luis), la oda horaciana bien podía terminar, no enfáticamente, sino con una especie de anticlímax, de aflojamiento, que ocupa aquí las dos últimas estrofas, las cuales se mueren con la torpeza del asíndeton "triste, miserable".

ELEGÍA [I]

AL DUQUE D'ALVA EN LA MUERTE DE DON BERNALDINO DE TOLEDO

Este poema, lo mismo que la Elegía II, fue escrito entre finales de agosto y finales de octubre del año 1535, cuando, después de la jornada de Túnez, las tropas españolas estaban en Sicilia. Acababa de morir don Bernardino (o Bernaldino) de Toledo, hermano menor del duque de Alba, don Fernando (Keniston, pp. 135-137; Lapesa, p. 188). Se ha dicho que murió en Túnez, en Trápana o en Palermo (cfr. Navarro); Keniston (p. 136) precisa que murió en Sicilia, en el camino entre Trápana y Palermo. Algo del ambiente de ese momento en la vida de Garcilaso se nos describe en los primeros versos de la Elegía II; durante esos dos meses se aguardaba la vuelta a Nápoles, y el soldado se entretenía a menudo escribiendo versos (vv. 25-36). En esta elegía primera quería expresar a su amigo el duque su condolencia por la muerte del hermano, amigo aun más joven, y darle una consolación moral, todo dentro de la forma clásica de la elegía latina. (Sobre el origen griego de este género literario, su estilo, los elegíacos latinos, y el uso del terceto como equivalente del dístico, véase el discurso de Herrera, H-271. Pero claro es que hay que rectificarlo y ampliarlo según los estudios más modernos; véanse Wardropper, Camacho, y sus bibliografías, y C. Guillén [263]).

Hay tres fuentes inmediatas de importancia. Ya al principio de sus comentarios el Brocense señala una, citando otros versos en sus notas posteriores; es la elegía de Jerónimo Fracastorio que se titula *In obitum M. Antonii Turriani Veronensis, ad Joannem Baptistam Turrianum fratrem*:

(B-44.1) Elegía al duque de Alua.

(*Aunque este graue caso.* Esta elegía está en parte trasladada y en parte imitada de una del elegantíssimo poeta Fracastor, cuyo comienço es:

Et si egomet tanti casu perculsus amici,
solamen nostris discuperem lacrymis,
Ne mea perpetuo manarent lumina fletu,
Pergeret aut tantus urere corda dolor,
At tamen, ut mi animi ualuit concedere, amaror,

Istaec moesta tibi carmina persolui:
Quo fortasse meis consolarere Camoenis
Si miseros quicquam Musa leuare potest:
Ac ne tu in lacrymas paulatim totus abires
Liquitur ut pluuio tacta pruina Noto,
Quandoquidem cari fato te fratris acerbo est
Rumor in extrema uiuere tristitia,
Nec iam posse quietis habere aut commoda somni
sed cedente die, sed redeunte queri:
Moerentemque, uagumque, et turpem fletibus ora
Amissum totis quærere litoribus. [B77-89])

(Es trasladada de Fracastorio en la Elegía que comiença *Et si egomet tanti casu perculsus amici.* [B74])

Herrera (H-354) está de acuerdo: "Esta elegía es traducida, aunque acrecentada mucho y variada hermosamente, de la de Jerónimo Fracastorio a Juan Batista de la Torre Veronés en la muerte de Marco Antonio de la Torre, su hermano". Y cita a continuación el total de unos 90 versos adaptados por Garcilaso, acompañándolos de una traducción propia. El Brocense señala también otra fuente, a propósito de los versos 223-240 (B-59): una elegía de B. Tasso dedicada a Bernardino Rota por la muerte de un hermano suyo (que empieza "Pon freno homai, Rutilio, al lungo pianto", en el libro II, oda ix de los *Amori,* segunda edición, publicada justamente en 1534). Más importante es la tercera, señalada por Herrera (H-287): la anónima elegía latina, atribuida primero a Ovidio y luego a C. P. Albinovano, "Consolatio ad Liviam Augustam, de morte Drusi Neronis filii eius". Keniston (pp. 219-232) nos da un análisis detallado de cómo se combinan en la composición de la Elegía I de Garcilaso estas tres fuentes, con recuerdos también de Virgilio, Horacio, Petrarca y Ariosto.

Esta elegía, como ejemplo principal de lo que M. Arce llama el "laicismo pagano" de Garcilaso, se destaca en su capítulo V ("Religión y moral"). Lapesa, en su análisis (pp. 150-154), después de darnos una idea del proceso imitatorio de Garcilaso, señala el aspecto más original del poema: "La novedad consistió precisamente en añadir amplias consideraciones sobre la fortaleza de ánimo, la fama y la inmortalidad". Se combina la virilidad estoica con la contemplación platónica. Es este aspecto de la elegía el que, según Lapesa (pp. 153-154), explica el éxito que tuvo en el siglo XVI español, con los ecos que resuenan en Fray Luis de León ("Noche serena", vv. 36-40) y en Cervantes (*Don Quijote,* II, 6 y 32). Pero Lapesa (p. 153) critica una falta de unidad intrínseca que encuentra entre lo moralmente serio de la segunda parte y lo blando y sensual de la primera. Véanse, sin embargo, el importante análisis de la estructura de esta elegía, y la defensa de su integridad basada en el contraste entre los polos opuestos de la tierra y el cielo, que se encuentran en el estudio de S. F. Rendall y M. D. Sugarmon (197).

El texto de este poema, tal como se imprimió en la primera edición, con la excepción de un verso defectuoso (v. 42), sólo tiene unas erratas fácilmente subsanables; no hay aquí los endecasílabos faltos y otros indicios de corrupción textual que encontramos en muchos sonetos de época más temprana.

Aunque'ste grave caso aya tocado
con tanto sentimiento el alma mía
que de consuelo estoy necessitado,
con que de su dolor mi fantasía
se descargasse un poco y s'acabasse
de mi continuo llanto la porfía,
quise, pero, provar si me bastasse
el ingenio a escrivirte algún consuelo,
estando qual estoy, que aprovechasse
para que tu reziente desconsuelo
la furia mitigasse, si las musas
pueden un coraçón alçar del suelo
y poner fin a las querellas que usas,
con que de Pindo ya las moradoras
se muestran lastimadas y confusas;
que según é sabido, ni a las oras

(*O, B*)
título: ...Toledo, su hermano *A*

6 contino *K*
7 Quise empero *B*

---

5 Según Herrera (H-272), la rima interna de *descargasse*, que anticipa la serie de rimas normales al final de los versos 5, 7 y 9, "sirve de cadencias para el llanto, porque de los que lloran (como dize Maranta) es guardar i repetir aquel mesmo acento en lo que hablan".

7 Este uso de *pero*, en vez de *empero* o *sin embargo*, es "frase italiana", como dice Azara (A-41); podría incluso acentuarse aquí a la italiana (*però*).

14 A propósito de *las moradoras de Pindo*, Herrera (H-273) da un discurso sobre las musas (etimologías y fábulas). *Pindo* es "monte de Tessalia, consagrado a Febo i a las Musas" (H-274).

16-18 (B-44.2) *Que según he sabido, ni a las horas quel sol.* Virgilio, 4 Geórgicas [.465-466]:

Te, dulcis coniux, te solo in littore secum,
Te ueniente die, te decedente, canebat.

que'l sol se muestra ni en el mar s'asconde,
de tu lloroso estado no mejoras,
  antes, en él permaneciendo dondequiera que estás, tus ojos siempre bañas,
y el llanto a tu dolor assí responde
  que temo ver deshechas tus entrañas
en lágrimas, como al lluvioso viento
se derrite la nieve en las montañas.

17 se esconde *A*

Y Horacio, libro 2, Oda 9 [.10-12]: *Nec tibi uespero / surgente decedunt amores, / nec rapidum fugiente solem.* (B-74).

Herrera (H-275) añade tres citas a esta "descrición del día i la noche. Desta suerte dixo el antiguo poeta Cina:

te matutinus flentem conspexit Eous,
et flentem paulo vidit post Hesperus idem...

Lodovico Paterno (lib. 4, nenia 1):

te chiamo fin che stanco il sol tramonti,
te fin ch'ei torni a liti d'oriente.

I en nuestra lengua el dotor Pedro Gómez:

A mí, que vivo ageno de reposo,
cuando el sol nace i en el mar s'asconde,
todo m'es triste, grave i enojoso".

Cfr. también, del mismo Garcilaso, Ég. I.81-83.

De *lloroso estado* dice Herrera (H-276) que hay "traslación en el ayuntado", lo cual quiere decir "adjetivación metafórica".

19-20 De la división de la palabra *donde-/quiera* dice Herrera (H-277) que "cortó la dición con mucha gracia i suavidad". Le parece más lícito en los versos líricos que no en los heroicos; cita como antecedentes a Horacio (lib. I, ode ii.19-20: "u-/xorius"), a Julio Floro (lib. II: "circum-/spectemus") y a Ariosto (*Orlando,* XLII.xiv.3-4: "Fiordi-/ma dir non puoté-ligi").

22-24 (B-44.3) *Que temo uer deshechas.* ⌈Aunque está dicho en Fracastor, *Liquitur ut pluuio tacta pruina Noto,* pudo ser imitado del (B77-89)⌋ Petrarcha, Canción 15 [CXXVII. 43-44]:

Qual hor tenera neue per gli colli,
Dal Sol percossa.

Si acaso el trabajado pensamiento
en el común reposo s'adormeçe,
por tornar al dolor con nuevo aliento,
en aquel breve sueño t'aparece
la imagen amarilla del hermano
que de la dulce vida desfallece,
y tú tendiendo la piadosa mano,

⌈El mismo (B74)⌋ ⌈Y (B77-89)⌋ en otra parte [pero no se encuentran en Petrarca estos versos]:

O com'al uento si disfa la nebbia,
Si com'al Sol la neue.

Y Tamayo (T-63) señala las fuentes clásicas de Petrarca y Fracastor: Ovidio (*Amores* I.vii.57-58), Séneca (*Hippolytus* II.381-383) y Estacio (*Thebaida* XI.193-195).

25-36 Herrera (H-278) critica este pasaje: "¿Cómo le cuenta esto? ¿Quién se lo dixo? Porque esta consideración es de oficio del poeta cuando habla, pero no deste lugar. Pero esta imitación es de Albinovano [a quien se atribuía la *Consolatio*], que hablando con Livia, le pregunta (mejor que lo que G. L. dize por afirmación) [vv. 325-328]:

et modo per somnos agitaris imagine falsa?
teque tuo Drusum credis habere sinu?
et subito tentasque manu sperasque receptum?
quaeris et in vacui parte priore tori?"

Contesta Prete Jacopín (observación 14) que son sueños muy verosímiles, pero Herrera responde que no es verosímil que Garcilaso conociera los sueños del duque.

28-30 (B-45) *En aquel breue sueño te aparece.* Horatio, Oda 1, libro 4 [vv. 37-38]:

Nocturnis ego somnijs
Iam captum teneo, iam uolucrem sequor.

Cfr. la sombra de Patroclo que le aparece a Aquiles (*Ilíada,* XXIII.62-107).

Sobre *imagen amarilla,* dice Herrera (H-279) que es "epíteto de la metonimia" o "ipálage", y cita a Virgilio, *Eneida* X. 822: "ora modis Anchisiades pallentia miris".

31-33 (B-46) *Y tú tendiendo la piadosa mano.* Ariosto, canto 10 [.xx. 78] ⌈Stanza, *Rimase* (B74)⌋:

Né desta né dormendo: ella la mano
Per Bireno abracciar stese, ma in uano.

provando a levantar el cuerpo amado,
levantas solamente el ayre vano,
y del dolor el sueño desterrado,
con ansia vas buscando el que partido
era ya con el sueño y alongado.
Assí desfalleciendo en tu sentido,
como fuera de ti, por la ribera
de Trápana con llanto y con gemido
el charo hermano buscas, que solo era

Y en otra stanza [xxi. 1-3]:

Nessuno troua, a se la man ritira,
Di nouo tenta, e pur nessuno troua,
Di qua l'un braccio, e di la l'altro gira.

(Todos lo imitaron de Ouidio en la Ariadna [*Heroides,* X. 9-12]:

Incertum uigilans a somno languida moui
Thesea prensuras semisopita [*semisupina*] *manus:*
Nullus erat, referoque manus, iterumque retento:
Perque torum moueo brachia, nullus erat. [B77-89])

Herrera (H-280) cita como fuente a Virgilio (*Eneida* II.792-793):

ter conatus ibi collo dare bracchia circum,
ter frustra comprensa manus effugit imago.

(Y pone Herrera su propia imitación, en el *Faustino.*) Cfr. *Ilíada,* XXIII.99-100: "Así dice, y tiende los brazos, pero sin coger nada".

34 "y roto el sueño por el dolor".

36 *alongado*: alejado; sólo ocurre una vez en Garcilaso esta palabra.

39 *Trápana* (o Trápani) era el puerto siciliano en el que habían desembarcado las tropas españolas.

40 En su edición de 1911 Navarro tiene aquí *sola* en vez de *solo*; será por errata.

40-42 (B-47) *La mitad de su alma.* Horacio, libro 1, Oda 3 [.8]:
Et serues animae dimidium meae.

No quedará ya tu alma entera. Horatio, libro 2, Oda 17 [6-8]:
Amplius [altera] / *nec carus aeque, nec superstes* / *integer...*

Herrera (H-281) dice que es imitación de Pitágoras, "que dixo que era un' alma en dos cuerpos". Cita correctamente algunos versos más (II.xvii.5-8) de Horacio:

Ah, te meae si partem animae rapit
maturior vis, quid moror altera
nec carus aeque, nec superstes
integer? . . .

la mitad de tu alma, el qual muriendo,
[no] quedará [de ti] ya parte entera;
y no de otra manera repitiendo
vas el amado nombre, en desusada
figura a todas partes rebolviendo,
que cerca del Erídano aquexada

42 Quedara ya [en blanco] parte entera *O*
Quedará ya [sin una] parte entera *R*
No quedara ya toda tu alma entera *B*
No quedara ya tu alma entera *HK*
No quedara tu alma toda entera *TA*
43 mauera *O*

Añade Tamayo (T-64): "esta ponderación de la amistad estrecha es de Pitágoras, que definía así la amistad (como refiere A. Gelio, I *Noct. Attic.*, cap. ix), y doctrina de Aristóteles (22 de moribus). Horacio dijo lo mismo . . . , porque si el amigo es otro yo, faltándome, es fuerza que desfallezca tanta parte del alma como queda . . ." Sin duda Horacio es la fuente más directa; quizá el Brocense lo tomara en cuenta al hacer su enmienda. También en su Epístola a Boscán discurre Garcilaso sobre la teoría de la amistad (según Aristóteles).

42 Este verso aparece con laguna en la primera edición:

Quedara ya . . . . . . parte entera

Herrera (H-281) critica la enmienda del Brocense diciendo que hay diéresis, o hiato, entre *tu* y *alma* y *entera.* (Comenta Keniston que este segundo hiato sería muy raro, pero sigue al Brocense.) Tamayo (T-64) prefiere una lectura que dice que "está en los libros manuscritos" y que sólo requiere el hiato normal entre *tu* y *alma,* "fuera de que la falta misma de lo que el poeta quiere dar a entender parece que quiere explicar la que tiene el verso". Navarro (1924) cita la enmienda de Menéndez Pelayo: "no quedará de ti ya parte entera". La enmienda que hicimos nosotros en 1964 tenía la ventaja de respetar ajustadamente la lectura fragmentaria de la primera edición, pero aceptamos aquí como superior la de Menéndez Pelayo. (A. Blecua no comenta el texto de este poema.)

46-48 (B-48) *Lloró y llamó Lampecia.* Lampecia fue hermana de Faetón que llorándole muerto a la ribera del río Erídano, que es el Po, se conuertió con las demás hermanas en Alno, árbor.

⌈Desta comparación usa el Bembo en la canción *Alma,* stancia 7. (B74)⌋

Herrera (H-282) trae muchas fábulas del Erídano, o el Po, y cita la fuente ovidiana (*Metam.* II.340-343):

lloró y llamó Lampetia el nombre en vano,
con la fraterna muerte lastimada:
"¡Ondas, tornáme ya mi dulce hermano
Phætón; si no, aquí veréys mi muerte,
regando con mis ojos este llano!"
¡O quántas vezes, con el dolor fuerte
abivadas las fuerças, renovava
las quexas de su cruda y dura suerte;
y quántas otras, quando s'acabava
aquel furor, en la ribera umbrosa,
muerta, cansada, el cuerpo reclinava!
Bien te confiesso que s'alguna cosa

47 Lampecie *H* 49 tornadme *A*

---

nec minus Heliades lugent, et inania morti
munera dant, lacrymas, et caesae pectora palmis
non auditurum miseras Phaetonta querellas
nocte dieque vocant, adsternanturque sepulcro.

Herrera (H-283) usa la forma Lampecie ("ermana de Faetón, dicha assí del resplandor"). Según Navarro, el Erídano, o Eridiano, no es el Po, sino un río fabuloso.

49ss. (B-49) *Ondas, tornadme ya.* Dize Fracastor:

Fertur ut Eridani ripas errasse per omnes,
Anxia fraterno funere Lampetie,
Septem quam perhibent somni sine munere noctes,
Ieiunam septem continuasse dies.
Et, quoties longo defessa errore uiarum
Vmbrosi in ripa concidit Eridani,
Reddite uos Phaetonta mihi, clamabat ad undas,
O quaecunque sub hoc flumine nympha latet.
(B77-89)

57 *muerta, cansada*: "Quiere dezir afligida i fatigada, que es idiotismo, i figura auxesis, que es amplificación, incremento o esageración..." (H-284). Añade Tamayo (T-65): "Menos parece que dice en *Cansada* que *muerta*; pero es elegante ponderación de Petronio [*Sat.* VII]: *occurrit mihi aeque lassus ac moriens Ascyltos*... En español es más ordinaria locución *llegó muerto de puro cansado*..."

58-72 (B-50) [*Bien te confiesso.* Estos cinco tercetos imitan a Fracastor:

Te tamen, ullius si cuiquam morte dolendum est,
Iusta quidem tanti causa doloris habet.

entre la humana puede y mortal gente
entristecer un alma generosa,
con gran razón podrá ser la presente,
pues te á privado d'un tan dulce amigo,
no solamente hermano, un acidente;
el qual no sólo siempre fue testigo
de tus consejos y íntimos secretos,
mas de quanto lo fuiste tú contigo:
en él se reclinavan tus discretos
y honestos pareceres y hazían
conformes al asiento sus effettos;
en él ya se mostravan y leýan
tus gracias y virtudes una a una
y con hermosa luz resplandecían,
como en luziente de cristal coluna

65 consejos intimos *T*
consejos e intimos *A*
66 fueste *O*
69 efectos *A*
73 cristral *A*

Quando quidem immatura morte tibi omnia frater
Commoda, teque ipsum perdidit, atque tuos,
[Perdidit hei misero carus tibi frater ademtus
Quo tibi non ullus carior alter erat.]
Ille amor, tuae solamen dulce iuuentae,
Ille tuae fuerat spes, columenque domus.
Qui cum uersari semper, qui cum esse solebas,
Atque animi arcana dicere consilia. (B77-89)]

59 Nota el hipérbaton Herrera (H-28), llamándolo "oración conversa, como la del soneto 3" (Son. III.1-2).

61 "Concessión, para mejor consolar i aconsejar después" (H-286).

62 "Compara el nombre de amigo al de ermano. El lugar es de Albinovano a Livia, hablando de Druso Nerón [*Consolatio,* 79]: *multi in te amissi* ..." (H-287).

73 (B-51) *Como en luziente.* Petrarca, canción 4 [cccxxv. 27-29]:
Dinanzi una colonna
Christallina, et iu'entro ogni pensiero / scritto

Petro Bembo en la canción a la muerte de su hermano:

Color non mostrò mai uetro ne fonte
Cosi puro il suo uago herboso fondo
Com'io negli ochi tuoi leggeua expressa
Ogni mia uoglia sempre, ogni sospetto.

que no encubre, de quanto s'avezina
a su biva pureza, cosa alguna.
¡O miserables hados, o mezquina
suerte, la del estado humano, y dura,
do por tantos trabajos se camina,
y agora muy mayor la desventura
d'aquesta nuestra edad, cuyo progresso
muda d'un mal en otro su figura!
¿A quién ya de nosotros el ecesso

75 A su viveza pura cosa *A* 80 adad *O*
79 desueutura *O* 82 excesso *K*

En Herrera (H-288) hay crítica y defensa de este hipérbaton: "solía dezir Juan de Malara que era éste duro modo de hablar, por estar entrepuesto entre el ayuntado i el sustantivo el *cristal*... Mas aunque siempre tuve su opinión por cierta regla..., no la seguí en esta parte por parecerme que desta suerte se hazía la oración más figurada i hermosa, i basta el exemplo de Petrarca... [CCCXXIII.75]: *han fatto un dolce di morir desio*. La imitación desta semejança es de Petrarca, par. I, canc. 4 [XXXVII.57-59]: *Certo, cristallo o vetro / non mostrò mai di fuore / nascosto altro colore*". Tamayo (T-66) está de acuerdo con Herrera, contra Malara.

76-90 (B-52) [*O miserables hados.* En muchos tercetos siguientes dilata estos versos de Fracastor:

O nimium miseri nos, et genus aerumnosum,
Deterius quorum est conditione nihil.
In nos saeuitum est bello, quo durius unquam
Vidit nulla aetas, nec feret ulla dies.
Seruitium tulimus crudele, et barbara iussa,
Parsque domos caras liquimus et patriam.
Relliquias, miserosque absumpsit tabida ciueis
Pestis, et huc illuc saeuit Erinnys ad huc.
(B77-89)]

Herrera (H-289) lo llama "maravillosa esclamación, con que mueve los ánimos a la comiseración de la naturaleza umana".

79 "Umilde modo de hablar" (H-290).

82 (B-52.2) [*A quien ya de nosotros.* Horatio, Oda. 7. epod. [vv. 3-4]:

Parumne campis atque Neptuno super-
Fusum est Latini sanguinis? (B74)]

Según Tamayo (T-67), "Lipsio hace evidencia de esta proposición al fin del lib. 2 [xxxvi] de Constancia..."

de guerras, de peligros y destierro
no toca y no á cansado el gran processo?
¿Quién no vio desparzir su sangre al hierro
del enemigo? ¿Quién no vio su vida
perder mil vezes y escapar por yerro?
¡De quántos queda y quedará perdida
la casa, la muger y la memoria,
y d'otros la hazienda despendida!
¿Qué se saca d'aquesto? ¿Alguna gloria?
¿Algunos premios o agradecimiento?
Sabrálo quien leyere nuestra historia:

85 el hierro *T*
89 la casa y la muger *BHTA*
92 premios i agradecimiento *T*

---

85 (B52.3) [*Quien no uio desparzir su sangre.* Horat. Oda. 1. lib. 2 [vv. 29ss.]:

> *Quis non Latino sanguine pinguior*
> *campus etcetera* (B74)]

Suple Herrera (H-291) los versos omitidos:

> . . . campus sepulcris impia proelia
> testatur, auditumque Medis
> Hesperiae sonitum ruinae?

90 "Aqui cayó mucho el espíritu i el verso" (H-292). Prete Jacopín (observación 14) objeta que es buen verso; responde Herrera que lo comercial abaja lo sublime y lo hace humilde.

De la palabra *despendida* (por *expendida*), dice Herrera (H-293) que es "prótesis, o aposición, de una letra o sílaba al principio de la dición". Cfr. otros dobletes como *esparcir* y *desparcir* (v. 85).

91-92 "Hermosos versos, i lamentación del tiempo i estado i edad, rica i llena de copia i admirable; de aquellos divinos versos del 3 de la perfectíssima obra [Virgilio, Georg. III.525-526]:

> Quid labor aut benefacta iuvant? quid vomere terras
> invertisse graves?. . .

I esta pregunta o interrogación vehementíssima se dize en griego *epitrocasmos,* i *pisma,* cuando aprieta instando con muchas interrogaciones agramente" (H-294).

93-96 "Aqui se pronosticó la muerte i las demás cosas que él dize en este terceto" (H-295). Tamayo (T-68) encuentra en la Biblia la imagen de *como polvo al viento* (Salmo I: "Tamquam pulvis quem proiicit

verásse allí que como polvo al viento,
assí se deshará nuestra fatiga
ante quien s'endereça nuestro intento.
No contenta con esto, la enemiga
del humano linage, que embidiosa
coge sin tiempo el grano de la espiga,
nos á querido ser tan rigurosa
que ni a tu juventud, don Bernaldino,
ni á sido a nuestra pérdida piadosa.
¿Quién pudiera de tal ser adevino?
¿A quién no le engañara la esperança,
viéndote caminar por tal camino?

101 Bernardino *TA* 105 Viendole *A*

---

ventus"; Salmo XXXIV.5; Isaías XVII.13), como "ponderación de la ruina total, o de la muerte, como aquí". Lapesa (p. 161) habla del desengaño personal aquí: "ideas de Fracastor sobre la desdicha general de los hombres... aparecen notablemente personalizadas".

Es evidente el aspecto autobiográfico de estos versos. El verso 96 parece ser, como dice Verdevoye, una alusión al Emperador Carlos V. Y, sin embargo, Lapesa (n. 140) no quiere ver en esto "una actitud refractaria a la vida militar", sino "un momento de cansancio y escepticismo... Con poca distancia de tiempo, la misma expedición de Túnez inspiraba la briosa oda [latina] a Juan Ginés de Sepúlveda, dedicada por entero a celebrar la bravura de Carlos V. Por otra parte, parece excesivo calificar de 'poeta del furor' a Garcilaso..."

97-108 (B-52.4) [Mas abaxo, en los quatro tercetos *No contenta con esto la enemiga, etc.*, parece que va con Fracastor:

Quum tu Marce cadis, quum nos tot tristibus actos
Deferis, heu, falsos credulitate tui.
Non hoc uiuida nos tua iam sperare iuuenta,
Hoc tua nos uirtus, non benefacta dabant. (B-77-89)]

97-98 *la enemiga del humano linage*: "Perífrasis de la muerte" (H-296).

99 "Traslación [o metáfora] de agricultura" (H-297).

103-108 Herrera (H-298) cita otros versos de Fracastor "en la muerte de Aliprando Madrucho":

...sed non tua vivida virtus
ut te hunc aspicerem, tua non promisserat aetas.

105 Según Verdevoye, el *tal camino* es el de la fama.

¿Quién no se prometiera en abastança
seguridad entera de tus años,
sin temer de natura tal mudança?

Nunca los tuyos, mas los propios daños
dolernos deven, que la muerte amarga
nos muestra claros ya mil desengaños:

ános mostrado ya que en vida larga,
apenas de tormentos y d'enojos
llevar podemos la pesada carga;

ános mostrado en ti que claros ojos
y juventud y gracia y hermosura
son también, quando quiere, sus despojos.

Mas no puede hazer que tu figura,
después de ser de vida ya privada,
no muestre el artefício de natura:

bien es verdad que no está acompañada

111 claros, ay, mil *Tn*

---

106 *abastança*: "Antigua i grave dición" (H-299). Azara (A-47) añade que está "hoy desusada enteramente en nuestra lengua. Los Italianos la han conservado".

109-111 (B-52.5) *Nunca los tuyos, mas los propios.* Cicerón, *De amicitia* [III. xi]: *Nihil enim mali accidisse Scipioni puto*; *mihi accidit, si quid accidit.*

111 Tamayo (T-69) sugiere para este verso la misma enmienda que sugirió para Ca. V.40, que *ya* se cambie en *¡ay!*: "En este último verso parece que se mostrara más afecto con esta fácil mudanza: nos muestra claro *¡ay!* mil desengaños".

115-117 Herrera (H-300) dice que esta descripción es más propia de mujer que de hombre: pero que don Bernaldino era joven, y por eso "pudiera emplear esto en lamentar las esperanças perdidas". Se indigna graciosamente Prete Jacopín (observación 15), hablando de las hermosuras del cuerpo y del alma, pero Herrera se mantiene firme, defendiéndose con una cita ciceroniana. Cfr. Ég. II.1253-1266 (Navarro y Mele), donde se había descrito antes la muerte de otro buen mozo de la misma familia (don García de Toledo).

Herrera (H-301) señala el polisíndeton del v. 116.

121-123 (B-52.6) Más abaxo, en el terceto *Bien es uerdad,* imita a Ariosto, canto 7 [xi. 5-6]:

Spargeasi per la guancia delicata
misto color di rose et di ligustri.

de la color de rosa que solía
con la blanca açucena ser mezclada,
porque'l calor templado que encendía
la blanca nieve de tu rostro puro,
robado ya la muerte te lo avía;
en todo lo demás, como en seguro
y reposado sueño descansavas,
indicio dando del bivir futuro.
Mas ¿qué hará la madre que tú amavas,
de quien perdidamente eras amado,
a quien la vida con la tuya davas?
Aquí se me figura que á llegado
de su lamento el son, que con su fuerça
rompe el ayre vezino y apartado,
tras el qual a venir también se 'sfuerça
el de las quatro hermanas, que teniendo
va con el de la madre a biva fuerça;
a todas las contemplo desparziendo

138 madre viva fuerza *A*

---

124 Herrera (H-302) cita un verso de Mendoza (*Adonis,* ed. Knapp, p. 234), "do el dulce fresco y la calor templada", señalando la diferencia de género, como en Garcilaso mismo, Ég. I.123 ("ardiendo yo con la calor estiva").

129 "Declara la índole, i lo que prometían las esperanças, de su valor" (H-303).

131 (B-52.7) [*De quien perdidamente eras amado.* Los Latinos dizen *Perdite* por dezir *muy mucho.* (B89)]

136 (B-52.8) [*Tras el qual a venir tambien.* Ouidio [*Amores,* III. ix. 51-52]: *Hinc soror in partem misera cum matre doloris / venit inornatas dilaniata comas.* (B89)]

138 (B-52.9) [*A biua fuerça.* El italiano dize *a viua força* por dezir *mucho.* (B89)]

139 (B-53.1) *A todas las contemplo.* Ariosto, canto 5 [lx. 3-4]:

Percosse il seno, et si stracciò la stola,
e fece al aureo crin danno et dispetto.

Y el Tasso dixo:

Non far Mirtilla al aureo crine altraggio.

de su cabello luengo el fino oro,
al qual ultraje y daño están haziendo.
  El viejo Tormes, con el blanco choro
de sus hermosas nymphas, seca el río
y humedece la tierra con su lloro,
  no recostado en urna al dulce frío
de su caverna umbrosa, mas tendido
por el arena en el ardiente estío;
  con ronco son de llanto y de gemido,
los cabellos y barvas mal paradas
se despedaça y el sotil vestido;
  en torno dél sus nymphas desmayadas
llorando en tierra están, sin ornamento,
con las cabeças d'oro despeynadas.
  Cesse ya del dolor el sentimiento,

144 humedice *O*
149 mal rapadas *Tn*
152 Llorando *O*
154 ia de dolor *T*

---

140 "Verso hiulco" (H-304), es decir con hiato entre *fino* y *oro.*

142-165 (B-53.2) [Lo que se sigue luego del rio Tormes y sus Nynfas es imitacion de Fracastorio:

Interea o uos Benaco centum patre Nymphae
Sarcaque ab Alpinis edite uerticibus:
Et uos, o Naci rupes, et saxa Briani,
Et nemora umbrosis densa cacuminibus,
Ferte aliqua, o nunc ferte meo solatia Batto,
Et tantam ex animo demitte tristitiam.

(B77-89)]

Herrera (H-305) dice que este pasaje es "ipotiposis", o demostración, que tiene un valor más bien visual que auditivo. Describe la iconografía clásica de los ríos (H-306): "Cosa mui usada fue poner dioses a los ríos, pintándolos recostados i alçado el medio cuerpo, i con las urnas debaxo el braço enviar de allí los ríos como de una fuente..." Cita muchos lugares literarios.

145 De la combinación *al dulce frío,* dice Herrera (H-306) que es "metáfora del gusto al tocamiento".

149 Cita Tamayo (T-71), como errata notable en un manuscrito de Mendoza, la lectura "barbas mal rapadas", en vez de *mal paradas.*

154-156 "Apóstrofe, i perífrasis de las ninfas; i más abaxo varió la circuición llamándolas *hermoso coro* [v. 163]" (H-307).

hermosas moradoras del undoso
Tormes; tened más provechoso intento:
consolad a la madre, que el piadoso
dolor la tiene puesta en tal estado
que es menester socorro presuroso.
Presto será que'l cuerpo, sepultado
en un perpetuo mármol, de las ondas
podrá de vuestro Tormes ser bañado;
y tú, hermoso choro, allá en las hondas
aguas metido, podrá ser que al llanto
de mi dolor te muevas y respondas.
Vos, altos promontorios, entretanto,
con toda la Trinacria entristecida,
buscad alivio en desconsuelo tanto.
Sátyros, phaunos, nymphas, cuya vida
sin enojo se passa, moradores
de la parte repuesta y escondida,

159 socoro *O*
160 Presto sera aquel cuerpo *Bn*
168 buscada *O*
170 Sin enojos *BHTA*

---

160 (B-54) *Presto será, qu'el cuerpo.* Antes se leýa: *Presto será aquel cuerpo sepultado.* Yo emendé conforme al Fracastor:

Tempus erit, quum posteritas mirata nepotum...

[que es dezir: Presto vendrá tiempo que el cuerpo podrá ser bañado. (B74)]

163-168 Herrera (H-308) dice que estos dos tercetos "son graves i numerosos i llenos de magestad..."

166-167 Estos promontorios, según Herrera (H-309) son "los 3 cabos de Sicilia": Paquino (Pássero), Lilibeo (Boco) y Peloro (Faro). El nombre Trinacria, por Sicilia, proviene o de estos tres cabos (es decir, triángulo), o de Trinaco, hijo de Neptuno (H-310).

169 En dos notas (H-311 y H-312) Herrera explica las etimologías, las fábulas y la iconografía de los sátiros y faunos.

169-180 Ruego dirigido a los sátiros, faunos y ninfas: que si consienten en consolar al duque don Fernando, hagan los sátiros y faunos conquistas amorosas entre las ninfas ("assí... ellas se inclinen...").

170 Los editores antiguos ponen *enojos* por *enojo*; la diferencia parece ser pequeña, siendo el singular sin duda más abstracto que el plural.

con luenga esperïencia sabidores,
buscad para consuelo de Fernando
yervas de propriedad oculta y flores:
assí en el ascondido bosque, quando
ardiendo en bivo y agradable fuego
las fugitivas nymphas vays buscando,
ellas se inclinen al piadoso ruego
y en recíproco lazo estén ligadas,
sin esquivar el amoroso juego.
Tú, gran Fernando, que entre tus passadas
y tus presentes obras resplandeces,
y a mayor fama están por ti obligadas,
contempla dónde 'stás, que si falleces
al nombre que as ganado entre la gente,
de tu virtud en algo t'enflaqueçes,

172 Con la luenga *Tn* 174 propriadad *O*

---

172 Tamayo (T-72) supone que antes rezaba *con la luenga,* y que "el concurso de las eles hizo perder el artículo, porque no es necesario afectar diéresis". Es verdad que *esperiencia* se lee sin diéresis en Ég. II.350.

176 En su edición de 1924, el texto de Navarro, sin duda por errata, reza *vivo agradable.*

177 (B-55) *Las fugitiuas nynfas uan.* Horatio usa deste epiteto:

Faune, Nympharum fugientum amator.

Herrera (H-313) añade la referencia: lib. III, ode xviii [v. 1].

179 "Es el amor que responde al amor, dicho de los griegos 'Αντέρως y no como piensa Servio en el 4 de la *Eneida,* en aquel lugar [v. 520] *aequo foedere amantes*..." (H-314). Herrera da a continuación una serie de fábulas y citas.

184 "Albinovano a Livia Agusta [349-352]:

Imposuit te alto fortuna locumque tueri
iussit honoratum: Livia, perfer onus.
Ad te oculos auresque trahis, tua facta notamus,
nec vox missa potest principis ore tegi"

(H-315).

186 "Aunque con este modo quiso moderar lo que dezía, es umilde verso" (H-316).

porque al fuerte varón no se consiente
no resistir los casos de Fortuna
con firme rostro y coraçón valiente;
y no tan solamente esta importuna,
con processo crüel y riguroso,
con rebolver de sol, de cielo y luna,
mover no deve un pecho generoso
ni entristecello con funesto buelo,
turbando con molestia su reposo,
mas si toda la máchina del cielo
con espantable son y con rüydo,

192 del sol *A* 194 duelo *Tn*

187-204 Dice Lapesa (pp. 151-152) que estos versos "parafrasean el comienzo de la oda horaciana *Iustum ac tenacem* (III, 3), acentuando su carácter estoico". (Cfr. nota del Brocense al v. 196.)

"Zenón, príncipe de la seta de los estoicos, llamó tranquilidad al estupor... apathía..., pero no sufrieron los ombres dotos aquella dureza i insensibilidad de los estoicos, que estirpavan la umanidad..." (H-317).

194 Tamayo (T-73) es quien sugiere la enmienda que adoptamos en 1968: "en que mudara la voz *buelo* en *duelo,* porque no sé cuán acomodadamente se atribuía el vuelo a la Fortuna; y el yerro fue fácil escribiendo bárbaramente, como aun en las impresiones se conserva *buelo. Vuelo* está en su significación y propiedad dos veces en esta elegía: *desordenaba con lascivo vuelo / el viento sus cabellos,* de Venus [v. 238]; del espíritu de don Bernardino de Toledo: *Alégrase de haber alzado el vuelo* [v. 266], etc. Todo puede ayudar a este yerro..." Adolfo de Castro también aceptó esta enmienda. Pero, como nos ha señalado A. Blecua, a menudo se representaba a la Fortuna con alas. Respetemos, pues, el texto de *O.*

196-201 (B-56) *Mas si toda la máchina del.* Horatio, Oda 3, libro 3 [vv. 7-8]:

Non si fractus illabatur orbis
Impauidum ferient ruinae.

(Sobra la palabra *non.*) A esta cita añade Herrera (H-318) dos, la una de Séneca (*Thyestes*) y la otra de Mendoza (*Epístola a Boscán,* vv. 94-102).

Lapesa (*De la Edad Media a nuestros días,* p. 179) se pregunta si estos versos de Garcilaso no habrán influido en Fray Luis: "...y si la alta montaña / encima le viniere, no le daña" (Oda a Felipe Ruiz, "¿Qué vale cuanto vee?").

hecha pedaços, se viniere al suelo,
  deve ser aterrado y oprimido
del grave peso y de la gran rüyna
primero que espantado y comovido.
  Por estas asperezas se camina
de la inmortalidad al alto asiento,
do nunca arriba quien d'aquí declina.
  Y en fin, señor, tornando al movimiento
de la humana natura, bien permito
a nuestra flaca parte un sentimiento,
  mas el ecesso en esto vedo y quito,
si alguna cosa puedo, que parece
que quiere proceder en infinito.
  A lo menos el tiempo, que descrece
y muda de las cosas el estado,
deve bastar, si la razón fallece:

198 viniera *A* 205 Enfin *HTA*

---

199 *aterrado y oprimido*: "Es regressión: aterrado del peso, i oprimido de la ruina" (H-319).

202-204 (B-57) *Por estas asperezas se camina.* Horatio, libro 3, Oda 3 [vv. 9-10]:

Hac arte Pollux, et uagus Hercules
Innixus, arceis attigit igneas.

Herrera (H-320) añade otra cita (Silio, lib. II.578): "ardua virtutem profert via". Cfr. el conocido adagio, "Per aspera ad astra", y Virgilio, *Eneida,* IX.641: "... sic itur ad astra".

Este terceto se cita dos veces en el *Quijote* (II, 6 y 32: Mele y Lapesa).

205 "Común umilde modo de hablar es el que usa aquí G. L." (H-321).

208 "Temperamento i moderación i correción de lo dicho; es figura epanortrosis que es emendación de la sentencia... Pueden usarse también estos verbos, *vedo i quito,* tanto el uno cuanto el otro, por la figura dicha de los griegos eparalelo" (H-322).

211-213 "Bien dicho i con hermosura i variedad i nuevamente en nuestra lengua" (H-323). Cita Herrera luego a Servio Sulpicio (Epístola a Tulio: "Nullus est dolor quem non longinquitas temporis minuat atque molliat".) y a Séneca (*Agamemnon,* v. 130: "Quod ratio nequit, saepe sanavit mora").

no fue el troyano príncipe llorado
siempre del viejo padre dolorido,
ni siempre de la madre lamentado;
antes, después del cuerpo redemido
con lágrimas umildes y con oro,
que fue del fiero Achilles concedido,
y reprimiendo el lamentable choro
del frigio llanto, dieron fin al vano
y sin provecho sentimiento y lloro.
El tierno pecho, en esta parte humano,

220 I reprimido *HT*

---

214 (B-58) *No fue el Troiano principe,* scil. Hector; imita a Horatio, Oda 9, libro 2 [vv. 13-17]:

At non ter aeuo functus amabilem
Plorauit omnes Antilochum senex
Annos, nec impubem parentes
Troilum, aut Phrygiae sorores
Fleuere semper.

217-219 Herrera (H-325) cita aquí a Virgilio (*Eneida,* I.484): "exanimumque auro corpus vendebat Achilles". Y luego (H-326) da muchos detalles legendarios sobre Aquiles.

220 Herrera (H-327) defiende su enmienda (*reprimido* en vez de *reprimiendo*): "Assí se deve leer, porque de otra suerte sobra la conjunción, i no cuadra tan bien al sentido, si no es por ventura que el gerundio sirve por nombre, que no se suele usar en nuestra lengua; porque lo que quiso dezir G. L. es: después de redemido el cuerpo i reprimido el lamento de los troyanos que celebravan con lágrimas la muerte de Étor, pusieron fin al llanto..." Tamayo (T-74) apoya la enmienda de Herrera "por comprobarse con el mismo contexto". Sin duda con esta enmienda queda mejorada la sintaxis.

223-240 (B-59.1) *El tierno pecho en esta parte humano.* Estos seys tercetos siguientes son semejantes a los de Bernardo Tasso, libro 2, Oda 9 [véase nuestra introducción a este poema]:

Ne Citherea il suo gentil sembiante
turbo mai sempre per l'amato Adone,
Ne porto molli ogn'hor le luci sante.
Ma poi che i uerdi panni et le corone
squarciate, per pietà del suo lamento
fe piagner seco i sassi et le persone,
Riuestita di gioia et di contento
Asciugó gli humid'occhi et lagrimosi

de Venus, ¿qué sintió, su Adonis viendo
de su sangre regar el verde llano?
  Mas desque vido bien que, corrompiendo
con lágrimas sus ojos, no hazía
sino en su llanto estarse deshaziendo,
  y que tornar llorando no podía
su charo y dulce amigo de la escura
y tenebrosa noche al claro día,
  los ojos enxugó y la frente pura
mostró con algo más contentamiento,

230 Su claro *B77*

---

et prese le ghirlande et l'ornamento.
Et per le piaggie et per li colli ombrosi
del suo bel Gnido con le nymphe a Paro
guidaua dolci balli et amorosi
senza sentir giamai piu nullo amaro.

[La fábula de Adonis cuenta Ouidio en el 10 Metamorphosis, y Policiano, capitulo 11 Miscellanea, y Dionysio Uticense, libro 11, capitulo 18, y Theócrito. Cuentan todos que Venus amaua a Adonis y que un jaualí le mató y Venus le lloró. Declara Macrobio, libro 1, capitulo 21, Saturnales, que Adonis es el Sol y que le llora Venus, que es el hemisferio superior (porque el inferior se llama Proserpina); llórale porque se le mata un puerco, que es el inuierno, que es quando el Sol se alexa de nosotros, y son los días muy pequeños, que casi el Sol no parece. Es comparado el puerco al inuierno por ser de pelo híspido y áspero, y se huelga con lugares húmidos y lodosos y cubiertos de yelo, y come bellotas que es manjar de inuierno. (B77-89)]

Añade Herrera (H-328) esta crítica de la blandura femenina: "Este lugar se trae del exemplo, como el passado [¿cfr. H-300, a propósito de los vv. 115-117?]; pero ya que puso deidad en el postrero, antes quisiera que fuera Febo o Marte, que muger, aunque diosa". Todos (Flamini, Keniston, Mele, Lapesa) aceptan la fuente citada por el Brocense. Herrera (H-329) también menciona la fábula de Venus y Adonis.

226 Para Herrera (H-330), *vido* en vez de *vio* es "epéntesis, que es interposición de una letra o sílaba en medio de la dición".

227-228 "Vulgar modo de dezir" (H-331). Esta crítica, con la de H-333 (v. 233), da motivo a un intercambio de insultos entre Prete Jacopín y Herrera, quien termina llamándole a aquél "inculto asturiano" (observación 16).

230-231 *escura* ... *claro*: "Antítetos o contrarios" (H-332).

233 "Dura i no usada frasis, i mui agena de G. L." (H-333).

dexando con el muerto la tristura.
Y luego con gracioso movimiento
se fue su passo por el verde suelo,
con su guirlanda usada y su ornamento;
desordenava con lascivo buelo
el viento sus cabellos; con su vista
s'alegrava la tierra, el mar y el cielo.
Con discurso y razón, que's tan prevista,
con fortaleza y ser, que en ti contemplo,
a la flaca tristeza se resista.
Tu ardiente gana de subir al templo
donde la muerte pierde su derecho
te basta, sin mostrarte yo otro enxemplo;

237 guirnalda *BHTAK*
239 cabellos, y con *OK*
cabellos y su vista *BTA*
su cabello i con *H*
240 Alegrava la tierra, mar y cielo *B*
Alegrava la tierra, el mar y el cielo *HTA*
246 Te baste *BHTA*

---

234 Cfr. frase bíblica (Lucas, IX.60), "Sine ut mortui sepeliant mortuos suos..."

235-240 Por razones de decoro poético, Herrera (H-334) critica los dos tercetos, diciendo que "no convienen... estos versos lacivos i regalados para esta tristeza, i para la dinidad del duque de Alba..." Pero le disculpa a Garcilaso con el mismo defecto en su modelo, Tasso. Prete Jacopín (observación 17) dice que esta "lascivia" había de servir para divertir la pena del duque, y cita elegías de Tibulo, Propercio y Ovidio; pero Herrera no acepta esta defensa. Es muy parecida la crítica de Lapesa (p. 153).

237 *guirlanda*: forma también corriente de *guirnalda* (cfr. ital. *ghirlanda,* usada por Sannazaro y B. Tasso), así que no hace falta la enmienda unánime de los editores.

238-239 Cfr. Son. XXIII.7-8.

239-240 Todas las variantes o enmiendas coinciden en hacer activo el verbo *alegrava,* en vez de reflexivo; pero, a pesar de una concordancia discutible, la lectura original parece ser buena.

241 *prevista*: cfr. "prevista diligencia" (*Dicc. Aut.,* s. v.).

244 A propósito de *templo,* Herrera (H-335) dice que los antiguos hablaban de uno que era "de la naturaleza, como en el cielo". Pero éste parece ser más bien el de la fama humana, contrastado con "la suprema esperança" celestial del v. 251.

246 La enmienda, aunque unánime, es más bien superflua.

allí verás quán poco mal á hecho
la muerte en la memoria y clara fama
de los famosos hombres que á deshecho.
Buelve los ojos donde al fin te llama
la suprema esperança, do perfeta
sube y purgada el alma en pura llama;
¿piensas que es otro el fuego que en Oeta
d'Alcides consumió la mortal parte
quando boló el espirtu a la alta meta?
Desta manera aquél, por quien reparte
tu coraçón sospiros mil al día
y resuena tu llanto en cada parte,
subió por la difícil y alta vía,
de la carne mortal purgado y puro,
en la dulce región del alegría,
do con discurso libre ya y seguro
mira la vanidad de los mortales,
ciegos, errados en el ayre 'scuro,
y viendo y contemplando nuestros males,
alégrase d'aver alçado el buelo
y gozar de las oras immortales.

255 espiritu *O R*
espirtu *A*

258 resueua *O*
267 A gozar *BHTA*

253-255 (B-59.2) *Piensas que es otro el fuego que en Oeta.* Alcides se llamó Hercules por su gran fuerça, porque en Griego *Alce* es *Fuerça.* Otros dizen que por su agüelo Alceo. Dizen que sintiéndose morir de la ponçoña de la camisa que su muger Deianira le auía embiado, hizo una hoguera en el monte Oeta y allí se quemó. Esta fictión quieren que sea la purificación de los excellentes hombres que suben a ser Dioses, dexando acá la vestidura grosera del alma. (B77-89)

Añade Herrera (H-336) que "este fuego es el amor de la belleza divina". Es más evidente su relación con el purgatorio cristiano (cfr. *purgada* del v. 252).

Herrera da luego (H-337 y H-338) unas largas notas sobre Oeta (monte de Tesalia, "que en nuestra lengua diremos *Eta*") y sobre Hércules y su patronímico Alcides.

267 (B-60) *A gozar de las horas inmortales.* Bembo, en la canción citada [a la muerte de su hermano, estrofa 9]:

Pisa el immenso y cristalino cielo,
teniendo puestos d'una y d'otra mano
el claro padre y el sublime agüelo:
el uno ve de su processo humano

268 cristalino suelo *A* 269 d'una i otra mano *H*

Iui non corre il dì uerso la sera,
nè le notti sen'uan contra il mattino;
iui il caso non po molto nè poco.

Añade Tamayo (T-75): "En todas sus palabras encubre erudición inafectada el genio capacísimo de Garcilaso; aquí alude a la contemplación que de las Horas, hijas de Themis, hacen los antiguos poetas..."

La enmienda, unánime, aunque no necesaria, es buena.

268-270 (B-61) *Pisa el immenso cielo.* Bernardo Tasso:

E cogl'aui et col padre intorno, il piede
mouendo mire le beate genti
ch'han del lor ben oprar giusta mercede.

[Fracastor:

Quos inter tuus iste recens a funere frater
Miratur caelum, caelicolumque domos,
Aeternamque diem, et felicem ex ordine gentem,
Inter quos gaudet se quoque dinumerans,
Quem circum illustres animae, proauique paterque
Intentos oculos ore nepotis habent. (B77-89)]

Herrera (H-339) cita también a Virgilio (Ecl. V.56-57):

Candidus insuetum miratur lumen Olympi,
sub pedibusque videt nubes et sidera Daphnis.

Añade (H-440) que "aquí puso G. L. el *cristalino,* que es el nono cielo, por el empíreo, que es el onzeno. El cielo cristalino no puede ser otra cosa que el noveno cielo, o agregado de él i del décimo..." (Lo cual da origen a otra altercación con Prete Jacopín, en la observación 18.) Tamayo (T-76) opina que éste en efecto es el empíreo, "lugar de los bienaventurados", y que *cristalino* es epíteto apropiado "para cualquiera de los cielos, por su claridad". También dice que es licencia poética lo de pisar sin pies verdaderos (cfr. Ég. I.394 y Sannazaro, Égl. II).

En el v. 270, el padre de don Bernardino es don García de Toledo, quien murió a los 23 años (v. 275) en la jornada de los Gelves (año de 1510); murió más tarde, y mucho más viejo, el abuelo don Fadrique, segundo duque de Alba. Sobre los dos véase Ég. II.1186-1266.

sus virtudes estar allí presentes,
que'l áspero camino hazen llano;
  el otro, que acá hizo entre las gentes
en la vida mortal menor tardança,
sus llagas muestra allá resplandecientes.
  (Dellas aqueste premio allá s'alcança,
porque del enemigo no conviene
procurar en el cielo otra vengança.)
  Mira la tierra, el mar que la contiene,
todo lo qual por un pequeño punto
a respetto del cielo juzga y tiene;
  puesta la vista en aquel gran trassunto

280 contine *O* 283 aquel trassunto *B74*

274-279 Herrera (H-342) considera que *que acá* es "cacofonía". Dice Tamayo (T-77): "Nota bien don Juan de Jáuregui ser esta imitación clara de Sannazaro en el Elegía al marqués de Pescara", la que empieza "Scorto dal mio pensier fra i sasi e l'onde", Poema C en la edición de Mauro; véanse los versos 109-111: "Questo è l'onor che del ben far s'aspetta: / mostrar per gloria le corusche piaghe, / poi che non lice in ciel cercar vendetta".

280-282 (B-62) *Mira la tierra.* Tulio, en el sueño de Scipión: [*Iam uero ipsa terra ita mihi parua uisa est, ut me imperij nostri, quo quasi punctum eius attingimus, poeniteret.* Y Plinio, libro 2, capítulo 68 [párrafo 174], la llama punto y hace sobre ello doctas consideraciones. (B77-89)]

Dice Herrera (H-343) que había dos opiniones antiguas: que "el mar era como un lago en tierra" y que "la tierra era toda isla". Que ésta era la opinión de Homero y de Catulo. Continúan la discusión Prete Jacopín (observación 41) y Tamayo (T-79).

Además de Plinio y del "Somnium Scipionis" de Cicerón, Herrera (H-344) cita a Boecio (la *Consolación*), a Plotino y a varios cosmólogos. Explica también (H-345) que el *punto* geométrico no tiene dimensiones ni tamaño, "i assí parece ocioso epíteto *pequeño*. Mas dízelo G. L. respetivamente, que considerada la grandeza del cielo, parece pequeño espacio, que es punto físico i no matemático". También (H-346) da explicaciones astronómicas del cielo.

En estos dos tercetos (vv. 280-285) Lapesa (p. 153) ve una fuente de la "Noche serena" de Fray Luis (vv. 36-40, donde hay la misma rima de *punto y trasunto*).

283-285 "Perífrasis de la mente divina, más bien tratada que lo dixo Luis Aleman en el 2.º de su *Avárquide*: *colui c'ha sempre avante / il presente, il preterito e'l futuro*" (H-347).

y espejo do se muestra lo passado
con lo futuro y lo presente junto,
el tiempo que a tu vida limitado
d'allá 'riba t'está, Fernando, mira,
y allí ve tu lugar ya deputado.
¡O bienaventurado, que sin ira,
sin odio, en paz estás, sin amor ciego,
con quien acá se muere y se sospira,
y en eterna holgança y en sosiego
bives y bivirás quanto encendiere
las almas del divino amor el fuego!
Y si el cielo piadoso y largo diere
luenga vida a la boz deste mi llanto,
lo qual tú sabes que pretiende y quiere,

287 alla riba *OK*
arriba *HTA*

295 Si el cielo *BHT*
297 pretende *K*

287-288 *mira, ve*: no imperativos, sino indicativos (el sujeto sigue siendo don Bernardino). *Deputado* significa "destinado".

289-291 (B-63.1) *O bienauenturado que sin ira.* Bembo, en la citada canción [estrofa 9, vv. 12-13]:

> *In eterno fuor d'ira et d'ogni oltraggio*
> *Che preparato gli ha la sua uirtude.*

Para Herrera (H-348), *con quien* es "umilde i duro término".

295-297 (B-63.2) [*Si el cielo piadoso, etc.* Parece imitar a Virgilio, libro 9, Aeneida [.446-447]:

> *Fortunati ambo, si quid mea carmina possunt,*
> *Nulla dies unquam memori uos eximet aeuo.* (B77-89)]

Herrera (H-349) añade un verso de Sannazaro (*Arcadia,* Ecl. XI.160: "se tanto i versi miei prometter ponno") y una cita propia. Tamayo (T-78) cita a Persio (Sátira V, 1-2: "Vatibus hic mos est centum sibi poscere voces, / centum ora...").

yo te prometo, amigo, que entretanto
que el sol al mundo alumbre y que la escura
noche cubra la tierra con su manto,
y en tanto que los peces la hondura
húmida habitarán del mar profundo
y las fieras del monte la espessura,
se cantará de ti por todo el mundo,
que en quanto se discurre, nunca visto
de tus años jamás otro segundo
será, desdel Antártico a Calisto.

298-300 Herrera (H-350), comentando el deseo humano de la inmortalidad, dice que aquí nuestro poeta promete a don Bernardino una segunda vida de la fama.

"Aquí pone G. L. *sol* i *noche,* aunque algunos piensan que deviera decir *sol* i *luna,* o *día* i *noche...*" Herrera (H-351) defiende con ejemplos antiguos (Virgilio y Horacio) tal inconsistencia.

301-303 (B-64) *Y en tanto que los peces.* Virgilio, Bucólicas [Ecl. V. 76]:

Dum iuga montis aper, fluuios dum piscis amabit.

Sanazaro lo imita [*Arcadia,* Ecl. III. 66-67]:

Mentre per questi monti
andran le fiere errando.

Herrera (H-352) cita además otro lugar virgiliano (*Eneida,* I.607-609):

In fraeta dum fluvii current, dum montibus umbrae
lustrabunt convexa, polus dum sidera pascet:
semper honos nomenque tuum laudesque manebunt.

304 Dice Herrera (H-353), con varias autoridades antiguas, que *mundo* se refiere al universo entero. Prete Jacopín (observación 19) dice que se refiere sólo a la tierra, el "mundo sublunar" (cfr. Pico y Aristóteles).

307 (B-65) *Desdel Antartico a Calisto.* Scil. desdel un polo al otro; es verso del Ariosto, canto 3, xvii. 6:

Tra quanto è in mezo Antartico e Calisto.

Calisto fue una donzella hija del Rey Lycaón y por odio de Iuno fue buelta en Ossa, y Iúpiter la traspuso en el cielo. Lee a Ouidio.

Todos los comentaristas siguen aquí al Brocense. Cfr. Cervantes, *Numancia,* v. 2432 (discurso final): "de Batria a Tile, de uno al otro polo".

ELEGÍA [II]

A Boscán

Este poema, lo mismo que la Elegía I, fue escrito entre finales de agosto y finales de octubre del año 1535 (véase nota preliminar a la Elegía I). Keniston (p. 232) y Lapesa (p. 188) creen, por el primer terceto, que la Elegía II se escribió algo antes de la I. Sus primeros versos nos dan una idea del ambiente de esa expedición que volvía triunfante de Túnez a Nápoles. Esta elegía, como la otra, es epistolar, pero no es fúnebre, sino amorosa: se lamenta, no la pena de una muerte, sino el sufrimiento causado por los celos. Es lo que llamaban los italianos un *capítolo*. Y el poeta no da consolación filosófica a su amigo, como en la Elegía I, sino que más bien le pide consuelos a Boscán, su amigo felizmente casado. Pero en las dos elegías las causas fundamentales del dolor son las mismas: la guerra y la mala fortuna que, lo mismo que matan a los jóvenes, separan a los amantes. Tanto Keniston (pp. 232-236) como Lapesa (pp. 158-162) nos dan útiles resúmenes analíticos de la Elegía II, subrayando su interés humano. Herrera (H-360) dice que "ninguna obra suya se le iguala", y Tamayo (T-80) la llama "fácil, varia, elegante". Véase el artículo de Lipmann (141).

Aquí, Boscán, donde del buen troyano
Anchises con eterno nombre y vida

(*O, B*)

1-3 B-66.1 *Aquí, Boscán.* Escriue desde Sicilia.

Precisan los otros comentaristas. Explica Azara (A-56): "Este confusísimo terceto quiere decir que el mantuano Virgilio en sus eternos versos nos conserva la memoria de que Anquises está enterrado en

conserva la ceniza el Mantüano,
debaxo de la seña esclarecida
de Cæsar affricano nos hallamos
la vencedora gente recogida:
diversos en estudio, que unos vamos
muriendo por coger de la fatiga
el fruto que con el sudor sembramos;
otros (que hazen la virtud amiga

Trápana". Además de detalles históricos, geográficos y etimológicos, Herrera (H-356) nos da los antecedentes literarios esenciales, que son la *Eneida,* III.707-710, y el *Orlando,* XLIII.cxlix.7-8:

> Hinc Drepani me portus et illaetabilis ora
> accipit. Hic, pelagi tot tempestatibus actus,
> heu genitorem, omnis curae casusque levamen,
> amitto Anchisen...
> ...per mare a la cittade a cui commise
> il pietoso figliol l'ossa d'Anchise.

4 *seña*: insignia, bandera.

5 César africano: (B-66. 2) Llama César Africano al Emperador Carlos Quinto porque venció a África.

O como dice Herrera, "título del Emperador, como el que davan los romanos a sus Cipiones i cónsules i Césares de las provincias vencidas" (H-359). Por la proximidad de la antigua ciudad de Cartago, destruida por Scipio "Africanus", al nuevo conquistador de Túnez le dieron el mismo título.

6 El sustantivo *gente,* aunque singular y femenino, está en aposición con el sujeto plural y masculino de *hallamos* (v. 5): "(nosotros) la gente vencedora nos hallamos (recogidos) recogida".

7-21 Dice Herrera (H-360): "Lugar común tratado de muchos, i de Oracio en la oda I y en la I sátira. Pero no sé por qué quiso G. L. apuntar este discurso, tratado como devía mui medianamente, para levantarse después a la grandeza i dulçura de los concetos que dispuso tan regaladamente i con tanto ornato..." El "lugar común" no es elegíaco, sino satírico: la Oda I de Horacio trata distintas ambiciones, y la Sátira I (véanse sobre todo los versos 101-107) analiza la avaricia. La crítica de Herrera se basaría en la autocrítica del mismo Garcilaso (vv. 22-24): es cuestión de decoro, que no se debe mezclar el estilo mediano o bajo de la sátira con el estilo más bien elevado de la elegía.

7 *estudio*: empeño.

10-11 Se alude al adagio "Virtuti sua praemia".

y premio de sus obras y assí quieren
que la gente lo piense y que lo diga)
destotros en lo público difieren,
y en lo secreto sabe Dios en quánto
se contradizen en lo que profieren.
Yo voy por medio, porque nunca tanto
quise obligarme a procurar hazienda,
que un poco más que aquéllos me levanto;
ni voy tampoco por la estrecha senda
de los que cierto sé que a la otra vía
buelven, de noche al caminar, la rienda.
Mas ¿dónde me llevó la pluma mía?,
que a sátira me voy mi passo a passo,
y aquesta que os escrivo es elegía.
Yo endereço, señor, en fin mi passo
por donde vos sabéys que su processo
siempre á llevado y lleva Garcilasso;
y assí, en mitad d'aqueste monte espesso,
de las diversidades me sostengo,
no sin dificultad, mas no por esso
dexo las musas, antes torno y vengo
dellas al negociar, y varïando,

15 que refieren *A*
21 a encaminar *ms. Rioja K*
31 antes voy y vengo *B*

22-24 Garcilaso invoca aquí las leyes clásicas de los distintos géneros literarios (cfr. nuestra nota a los vv. 7-21, con el comentario de Herrera). La elegía, sea fúnebre o sea amorosa, había de mantener un alto nivel de emoción y seriedad, por ser trágica, lo que no pedía la sátira por relacionarse a las risas y bajezas cómicas. Véase C. Guillén (263).

Este terceto se hizo famoso y fue citado por Sa de Miranda, Barahona de Soto y Lope de Vega (Navarro).

27 *Garcilasso*: "Enálage de la tercera persona por la primera, a imitación del 3 de la *Eneida* [III.433], donde dize Heleno: *si qua est Heleno prudentia vati*" (H-363). Herrera cita luego otros versos donde los poetas Virgilio, Catulo y Propercio ponen su propio nombre. (El sustantivo *Garcilaso* es probablemente sujeto, y no objeto, de los verbos.)

28-29 El *monte espeso* (cfr. "selva oscura" de Dante) parece ser metafórico.

30-33 Es decir que no abandona la poesía por estas politiquerías, sino que de éstas a aquélla va y viene, variándolas.

con ellas dulcemente me entretengo.
Assí se van las oras engañando;
assí del duro afán y grave pena
estamos algún ora descansando.
D'aquí iremos a ver de la Serena
la patria, que bien muestra aver ya sido
de ocio y d'amor antiguamente llena.
Allí mi coraçón tuvo su nido
un tiempo ya, mas no sé, triste, agora
o si estará ocupado o desparzido;

37-38 (B-66.3) Llama la patria de la Serena a Nápoles porque antes se llamó Parthénope, por una de las tres Serenas, que ansí se llamaua, cuyo cuerpo allí se halló. Y fundaron aquella ciudad los Chaleidicos, que son los de Negroponte; y siendo la ciudad assolada por los Cumanos, vino sobre ellos gran peste, y por consejo del oráculo de Apollo la tornaron a edificar muy mejor, y a diferencia de la vieja la llamaron Neapolis, que significa nueua ciudad.

(Cfr. Son. XVI.14 y Ode. II.22.) Herrera da todo un discurso (H-364) sobre las sirenas en general, con datos (H-365) sobre Nápoles también. Tamayo (T-81) cree que Garcilaso tenía presentes ciertos versos de Silio Itálico (*Punica,* XII: "Parthenope portus, statio fidissima nautis" y los seis siguientes). Mele cita además a Sannazaro (*Arcadia,* prosa VII: "la quale [Napoli], da' popoli da Calcidia venuti sopra le vetuste ceneri della Sirena Partenope edificata, prese, e ancora ritiene, il venerando nome della sepolta giovane") y a Ariosto (*Orlando,* XXXIII. lvi.7-8: "assedia la cittade ove sepolta / è la sirena...").

38-39 "Por el tiempo libre de los cuidados y dado a los deleites, porque fue domicilio de hombres ociosos, que muchos por huir de negocios se iban de Roma a ella..." (H-366). Así explica Herrera la reputación de Nápoles, que era lugar común literario; además de Horacio (Epod. V.43: "et otiosa credidit Neapolis") y Ovidio (*Metam.,* XV.711-712: "et in otia natam / Parthenopen"), Herrera cita a Silio (lib. XII), a Martirano y al Firenzuola [*Le lagrime,* vv. 41-42]:

ne la bella Parthenope, ch'un nido
fu gia di cortesia, d'amore un seggio.

Esta última cita, aunque inédita hasta 1549, parece haber influido directamente en Garcilaso (cfr. también vv. 40-41, donde también se encuentra la palabra "nido). Añade Mele otras (Horacio, *Epod.* IV.44 y Poliziano, El. VIII.8).

40-42 Herrera (H-367) encuentra dos veces en Horacio este uso de *nido* (III.iv.14: "quicumque celsae nidum Acherontiae" y Epíst. X.6: "tu nidum servas; ego..."), "que pone el nido por abitación i casa propia". Añade (H-368),

d'aquesto un frio temor assí a desora
por mis huessos discurre en tal manera
que no puedo bivir con él un' ora.
Si, triste, de mi bien yo estado uviera
un breve tiempo ausente, no lo niego
que con mayor seguridad biviera:
la breve ausencia haze el mismo juego
en la fragua d'amor que en fragua ardiente

43 Desto *A* 47 ausente yo no niego *HTA*
46 bien estado *BHTA*

---

con respecto a *desparcido* ("esparcido"), que es "traslación de los nidos de las aves".

43-45 Herrera (H-369) cita una canción de Dragoneto Bonifacio: "Indi per polsi e vene / mi scorre un gelo allhor tutto tremante". Mele señala otro pasaje garcilasiano semejante (Ég. II.1643-1645).

46-48 Hay en este terceto un problema sintáctico: parece que sobra el pronombre *lo* (aunque se podría puntuar de esta manera: *no lo niego: que con mayor seguridad viviera*). La mayoría de los editores antiguos lo enmiendan suprimiendo el pronombre *lo* y trasladando el pronombre *yo* del v. 46 al 47.

49-51 Este terceto se encuentra glosado, según Keniston, en un manuscrito de la Bibliothèque Nationale de Paris (MS. Esp. 371, ff. 99^{v}-101^{r}).

49-54 (B-67) *La breue ausencia haze.* En los cinco versos siguientes auía muchos yerros; emendóse como van impressos.

Aquí el Broncense se refiere probablemente a las variantes de *F* (Salamanca, 1569): 53 *No se suele matar*; 54 *y semejante.* Con respecto a la primera edición, su única enmienda es la del v. 53 (*mas aun le esfuerça* en vez de *mas le refuerça*).

49-57 Lo que describe aquí Garcilaso es una técnica de los herreros, tópico ya de cancionero. Herrera (H-370) la encuentra descrita en Pontano (*De las cosas celestes,* lib. I): "...como el herrero, que estando encendidos i abrasados los carbones en la hornaza, los rocía con alguna agua, con que el fuego se aprieta y fortifica más en sí, i dentro se calienta i hierve más, como antes ardiesse sin aquel ímpetu, por no tener contrario que lo encendiesse". La *fragua d'amor* metafórica se encuentra también en Son. XXVIII.12-13 (Keniston).

Herrera (H-371) dice del verbo *verás* (v. 52) que es "modo de hablar usado de los poetas latinos, la segunda persona por la tercera, i es enálage del tiempo. Pero en nuestra lengua sabe a vulgo. Desta suerte dixo el mesmo en la égloga 2 [Ég. II.1689]: *vieras allí cogidas en trofeo*". Prete Jacopín (observación 21) se indigna de esta condena del uso de la segunda persona; responde Herrera que hay aquí cambio de plural a singular (cfr. *sabéis,* del v. 26), pero que se puede defender como modo potencial.

el agua moderada haze al fuego,
  la qual verás que no tan solamente
no le suele matar, mas le refuerça
con ardor más intenso y eminente,
  porque un contrario, con la poca fuerça
de su contrario, por vencer la lucha
su braço abiva y su valor esfuerça.
  Pero si el agua en abundancia mucha
sobre'l fuego s'esparze y se derrama,
el humo sube al cielo, el son s'escucha
  y, el claro resplandor de biva llama
en polvo y en ceniza convertido,
apenas queda dél sino la fama:
  assí el ausencia larga, que á esparzido
en abundancia su licor que amata
el fuego que'l amor tenia encendido,
  de tal suerte lo dexa que lo trata
la mano sin peligro en el momento

53 mas refuerça *O*
mas aun le esfuerça *BA*
mas lo refuerça *HT*
mas le refuerça *KR*
64 esperzido *O*

55-57 (B-68) *Porque un contrario*. Es de Ariosto, en las rimas, cap. 12.

Pero en el capítolo XII de Ariosto no se encuentran grandes semejanzas.

58-63 Herrera (H-372) explica la imagen diciendo que "assí se acaba el amor con la mucha ausencia".

60 "Es sygmatismos, que ai tres eses en principio de tres diciones. El lugar es de aquel maravilloso verso, i lleno de celeridad ([Eneida, VII.466] *nec se iam capit unda, uolat uapor ater ad auras*), donde Virgilio puso otras tres úes en principio de tres diciones" (H-373).

Según Tamayo (f. 85v), este verso y los siguientes se pueden explicar por el *Diálogo de Dorida y Dameo* (fol. 97), donde el autor "dice que habló divinamente Garcilaso"; véase el anónimo *Diálogo de amor* (Burgos, 1593), que en la BNM lleva la signatura R-8414, f. 95v.

64 "A algunos les parece que no importava l'aplicación, porque dizen que no la trata tan bien como la semejança que sirve de aplicación" (H-374).

65 *su licor que amata*: su líquido que apaga.

que en aparencia y son se desbarata.
Yo solo fuera voy d'aqueste cuento,
porque'l amor m'aflige y m'atormenta
y en el ausencia crece el mal que siento;
y pienso yo que la razón consienta
y permita la causa deste effeto,
que a mí solo entre todos se presenta,
porque como del cielo yo sujeto
estava eternamente y diputado
al amoroso fuego en que me meto,
assí, para poder ser amatado,
el ausencia sin término, infinita
deve ser, y sin tiempo limitado;
lo qual no avrá razón que lo permita,
porque por más y más que ausencia dure,
con la vida s'acaba, que's finita.
Mas a mí ¿quien avrá que m'assegure
que mi mala fortuna con mudança
y olvido contra mí no se conjure?
Este temor persigue la esperança
y oprime y enflaquece el gran desseo

76 subjeto *K*

---

70 "yo soy la única excepción".

76-78 "En esto sigue el vulgo de los astrólogos" (H-377). Prete Jacopín (observación 22) sostiene que Garcilaso creía en el libre albedrío, citando la frase *en que me meto*. Responde Herrera que "vulgar" no es "malo", y que es bueno el terceto. Tamayo (T-82) amplifica los argumentos de Prete Jacopín.

83-84 Herrera (H-376) dice que "es etiología, o redición de la causa, cuando damos luego la razón de algún propósito, o añadimos algo que declare más lo que se trata, dando la causa".

Sobre *por más y más,* dice (H-375) que "aunque es grecismo, y en latín se dice *quanto magis magisque,* es frasis vulgar".

La palabra *finita* "quiere dezir terminada, porque finito espacio es el que se concluye, i infinito el que no se termina; i no es esta voz, como piensan algunos, sustentamiento del verso . . ." (H-378).

86 Herrera (H-379) da aquí algunas fábulas antiguas sobre la fortuna.

con que mis ojos van de su holgança;
   con ellos solamente agora veo
este dolor que'l coraçón me parte,
y con él y comigo aquí peleo.
   ¡O crudo, o riguroso, o fiero Marte,
de túnica cubierto de diamante
y endurecido siempre en toda parte!,
   ¿qué tiene que hazer el tierno amante
con tu dureza y áspero exercicio,
llevado siempre del furor delante?
   Exercitando por mi mal tu officio,
soy reduzido a términos que muerte

---

90 (B-69) *Con que mis ojos uan, de su.* Ansí emendé este lugar y quiere dezir: Este temor persigue la esperança y opprime el gran desseo de su holgança, con el qual desseo van mis ojos.

Aquí el Brocense se refiere probablemente a la variante de *N* (Amberes, 1544): *ven* por *van.*

94 (B-70.1) *O crudo, o riguroso, o fiero Marte, etc.* Horatio, Oda 6, libro 1 [.13-14]:

> *Quis Martem tunica tectum adamantina*
> *Digne scripserit?*

Herrera (H-381) cita tres epítetos griegos que Homero aplica a Marte en la *Ilíada,* V, que significan "pestilencia de ombres, ensangrentado en muertes, destruidor de muros, los cuales se pueden aplicar a estos tres de G. L." A continuación (H-382) da las genealogías y etimologías de Marte.

94-99 Es tradicional el contraste físico y sentimental entre Marte y Venus, o sea entre la guerra y el amor (cfr., por ejemplo, Marsilio Ficino, *Commentaria in Convivium Platonis,* Oratio V, cap. viii). Aparece a menudo en Garcilaso; Mele cita El. I-76-96, Ég. III.17-20 y Ode III.35-36.

95 Este epíteto de Marte, o Ares, remonta a Homero; se encuentra en Horacio (I, vi, 13-14, ya citado por el Brocense, B-70) y en Ludovico Paterno (lib. 3, elegía 14, citado por Herrera, H-383):

> ...ne perch'io segua il furibundo Marte,
> di tunica coperto adamantina.

Este verso se refleja exactamente en el de Garcilaso.

A propósito de la dureza del diamante, se insultan Prete Jacopín y Herrera (observación 42).

será mi postrimero beneficio;
y ésta no permitió mi dura suerte
que me sobreviniesse peleando.
de hierro traspassado agudo y fuerte,
porque me consumiesse contemplando
mi amado y dulce fruto en mano agena,
y el duro possessor de mí burlando.
Mas ¿dónde me trasporta y enagena
de mi propio sentido el triste miedo?
A parte de vergüença y dolor llena,
donde, si el mal yo viesse, ya no puedo,
según con esperalle estoy perdido,
acrecentar en la miseria un dedo.
Assí lo pienso agora, y si él venido
fuesse en su misma forma y su figura,

102 postrimer *O*
postrimero *BHTAKR*

111 lleua *O*

---

102 Navarro aquí llama la atención sobre la elegía de Mosquera, dirigida a Garcilaso (Herrera, p. 40): "...i maldizes allí el rigor de Marte, / pronosticando en ti dura sentencia". (Reimpreso por G. Díaz-Plaja en su *Garcilaso*...)

103-105 Dice Herrera (H-386): "Imita la esclamación de Eneas al principio de la *Eneida* [I.94-101] i se acuerda de su exercicio militar, como soldado, i dessea ser notorio a todos... El lugar es de Séneca, en *Hercules Eteo* [Acto IV, vv. 1165-1166]:

> morior, nec ullus per meum stridet latus
> transmissus ensis".

107-108 Dice Verdevoye que aquí el poeta se refiere al casamiento de Isabel Freire. Las situaciones serán paralelas (cfr. Ég. I.180), pero en toda esta Elegía II Garcilaso se refiere a unos amores napolitanos. Aquí (vv.100-108) dice en efecto que le hubiera sido mejor morir en el sitio de la Goleta (Túnez), pero que ha sido destinado a sufrir mucho más, porque volviendo a Nápoles verá a su amada en los brazos de un nuevo amante.

109 Herrera (H-387) cita una imitación de este verso que hizo Juan Sáez Çumeta.

114 A propósito de *un dedo,* Herrera (H-388) cita otro verso de Garcilaso (Ég. II.367-368: "yo no puedo / mover el paso un dedo") y dice que es adagio: "ne digitum quidem".

ternia el presente por mejor partido,
y agradeceria siempre a la ventura
mostrarme de mi mal solo el retrato
que pintan mi temor y mi tristura.
Yo sé qué cosa es esperar un rato
el bien del propio engaño y solamente
tener con él inteligencia y trato,
como acontece al mísero doliente
que, del un cabo, el cierto amigo y sano
le muestra el grave mal de su acidente,
y le amonesta que del cuerpo humano
comience a levantar a mejor parte
el alma suelta con bolar liviano;
mas la tierna muger, de la otra parte,
no se puede entregar al desengaño

118 Y agradeciera *A*
120 pinta *A*
126 el duro mal *A*
129 con valor *B77*
131 a desengaño *H*

---

117 En su edición de 1924 Navarro tiene aquí *menor* en vez de *mejor*, variante nueva que debe de ser errata. La palabra *partido* significa aquí *suerte*.

121-144 "Esto es admirable, i desde aquí adelante se vence de suerte que ningunos versos ai mejores en toda la lengua italiana" (H-389). "Hermosa semejança, i dispuesta afetuosamente" (H-390).

Dice Lapesa (p. 69) que "el tema de la comparación es característico de March, que traza repetidamente paralelos entre su estado y el del enfermo en trance de muerte. Véase uno de los más cercanos al símil de Garcilaso:

Tot metge pren carech de consciença
si lo perill al malalt te secret;
lo cors hi pert, mas l'arma'n bon loch met
comptes mortals port'en reconexença.
Vos que saveu clarament lo meu esser,
feu m'esser cert de l'esdevenidor. (XLIV, 1-6)"

En toda esta sección de la Elegía II, empezando con la imagen de la fragua (v. 49), Lapesa (pp. 160-161) ve "argumentos de sutil escolástico" y "razonamientos silogísticos" que para él significan una vuelta parcial al estilo de Ausias March. También son típicos de la elegía o capítolo.

125 Del un cabo ("del un lado") corresponde al *de la otra parte* del v. 130.

126 *acidente*: enfermedad (cfr. Son. XVI.8).

y encúbrele del mal la mayor parte;
  él, abraçado con su dulce engaño,
buelve los ojos a la boz piadosa
y alégrase muriendo con su daño:
  assí los quito yo de toda cosa
y póngolos en solo el pensamiento
de la esperança, cierta o mentirosa;
  en este dulce error muero contento,
porque ver claro y conocer mi 'stado
no puede ya curar el mal que siento,
  y acabo como aquel que'n un templado
baño metido, sin sentillo muere,
las venas dulcemente desatado.
  Tú, que en la patria, entre quien bien te quiere,
la deleytosa playa estás mirando
y oyendo el son del mar que en ella hiere,

133 abracado *O*
138 ó lastimosa *A*
143 sin sentido *A*

---

135 *con su daño*: cfr. *en su daño* (Son. XIV.10), basado en otra imagen de Ausias March.

138 Aquí Navarro (ed. 1924) cita la variante de Menéndez Pelayo, *lastimosa,* que proviene de Azara.

142-144 Aquí el Brocense en su última revisión sigue a Herrera:

> (B-70.2) [*y acabó como aquel que.* Ansí murió Séneca y Lucano (B89<H)]

143 En su edición de 1911, Navarro sigue el texto de Azara (*sentido* por *sentillo*).

144 Otra vez el llamado acusativo griego; cfr. Ca. V.19 con sus comentarios. Navarro (ed. 1911) tiene aquí una larga nota sobre el acusativo griego; Keniston lo encuentra también en las odas latinas de Garcilaso (Ode I.23, Ode II.38).

145-147 "Esto es como *fortunate senex* [Virgilio, Ecl. I.46], etcétera, florido género con amenidad i deleite, pintando la felicidad y ocio de Boscán en su patria" (H-393). "Barcelona . . . es bellíssima ciudad . . . ; no tiene puerto, sino playa . . ." (H-394). "Don Diego de Mendoza a María de Peña [Epístola V, ed. Knapp, p. 130]:

> Porque como descrece Barcelona
> y huye aquella playa gloriosa . . ." (H-395).

y sin impedimiento contemplando
la misma a quien tú vas eterna fama
en tus bivos escritos procurando,
alégrate, que más hermosa llama

148 impedimento *BHTAK* 149 tu das *Bn*

"Numeroso i tersíssimo es todo este terceto; parece este verso al de Oracio en el I de las epístolas [I.xi.10]:

Neptunum procul e terra spectare furentem" (H-396).

El *tu* del v. 145 (cfr. el *vos* de los vv. 24-26) corresponde al *yo* del v. 157. Un contraste parecido de pronombres, con una temática semejante, se encuentra en Virgilio, Ecl. X.44-48: "nunc insanus amor duri *me* Martis in armis / tela inter media atque adversos detinet hostis: / *tu* procul a patria..." Es raro el uso de *entre* con complemento singular (*quien* podría ser plural, pero el verbo *quiere* indica que no lo es); quizá haya que sobrentender "entre [gente] quien".

148 La enmienda de *impedimiento* por *impedimento* es universal; incluso Keniston la acepta. Pero es posible que Garcilaso castellanizara el cultismo.

149-150 Otra vez, el Brocense corrige su texto corrupto:

(B-71) *La misma a quien tu das eterna fama.* Leo *uas,* juntándolo con lo de abaxo, vas *procurando.*

La mujer aludida en el verso 149 es la futura esposa de Boscán, doña Ana Girón de Rebolledo, inspiradora de los versos de la segunda sección, más tranquila, de su *canzioniere.* Mendoza la menciona en sus epístolas, y Boscán en su *Octava rima* (v. 393ss., ed. Riquer, p. 377; H-397) y en su respuesta a Mendoza (vv. 166-169; ed. Riquer, p. 357):

De manera, señor, que aquel reposo
que nunca alcançé yo, por mi ventura,
con mi philosophar triste y pensoso,
una sola muger me l'asegura...

Como señala Lapesa (n. 187), "la boda no tuvo lugar hasta 1539, aunque es posible que estuviera concertada desde 1533" (véase Riquer, *Juan Boscán y su cancionero barcelonés,* Barcelona, 1945, p. 16).

151-153 (B-72) *Alégrate que más hermosa llama.* Horatio, Epodos, 14 [.13-14]:

Ureris ipse miser, quod si non pulchrior ignis
Accendit obsessam Ilion, etc.

Herrera (H-398) añade el verso 15, omitido por el Brocense: "gaude sorte tua". El *troyano encendimiento* no es tanto el amor de Paris por Helena (Navarro, ed. 1924) como la destrucción de Troya, causada por este amor.

que aquella que'l troyano encendimiento
pudo causar, el coraçón t'inflama;
no tienes que temer el movimiento
de la fortuna con soplar contrario,
que el puro resplandor serena el viento.
Yo, como conduzido mercenario,
voy do fortuna a mi pesar m'embía,
si no a morir, que aquéste's voluntario;
solo sostiene la esperança mía
un tan débil engaño que de nuevo
es menester hazelle cada día,
y si no le fabrico y le renuevo,
da consigo en el suelo mi esperança
tanto que'n vano a levantalla pruevo.
Aqueste premio mi servir alcança,
que en sola la miseria de mi vida
negó fortuna su común mudança.
¿Dónde podré hüir que sacudida
un rato sea de mí la grave carga
que oprime mi cerviz enflaquecida?
Mas ¡ay!, que la distancia no descarga
el triste coraçón, y el mal, doquiera
que 'stoy, para alcançarme el braço alarga:
si donde'l sol ardiente reverbera

153 Puedo *O*
Pudo *BHTAKR*
157 Y como *O*
Yo como *BHTAKR*
159 aquesto *HA*
167 en solo la *A*
174 el buelo alarga *H*

154-155 "Es de Tulio [Cicerón], que dize de la fortuna [*De officiis*, II.19]: *cum fortuna reflarit, affligimur. Soplar* es enálage... por *soplo*" (H-399).

157 La enmienda (*y* > *yo*) depende del *tú* del verso 145.

163-165 Tanto Herrera (H-400) como Tamayo (T-86) comparan el v. 164 con Son. IV.1-3. Herrera comenta aquí la sinalefa también.

174 Tamayo (T-87) rechaza la variante de Herrera (*vuelo* por *brazo*).

175-180 (B-73) *Si donde el Sol ardiente.* Ya se dixo desto en la canción primera, annotación 19.

(Véase también nuestra nota preliminar a la Canción I, en lo que se refiere a su primera estrofa.) Además de las fuentes primarias (Horacio,

en la arenosa Libya, engendradora
de toda cosa ponçoñosa y fiera,
o adonde'l es vencido a qualquier ora
de la rígida nieve y viento frío,
parte do no se bive ni se mora,
si en ésta o en aquélla el desvarío
o la fortuna me llevasse un día
y allí gastasse todo el tiempo mío,
el çeloso temor con mano fría
en medio del calor y ardiente arena
el triste coraçón m'apretaría;
y en el rigor del yelo, en la serena
noche, soplando el viento agudo y puro
que'l veloce correr del agua enfrena,

178 O adonde es el *A*
179 En la rigida *T*
185 De medio *TA*
187 yelo y en la *O R*
yelo en la *BHTA*

Od. I.xxii.17-24 y Petrarca, Poema CXLV), Herrera (H-401) cita también a Cariteo, Lucano, Pontano, Faleto, Boscán y el Dr. Pedro Gómez; Tamayo (T-88) añade más citas (horacianas, virgiliana, lucreciana) en las que se habla de aguas refrenadas por el hielo.

176 Herrera (H-402) llama el epíteto *arenosa Libia* "aposición perpetua"; añade (H-403) datos geográficos y etimológicos. De *engendradora,* dice (H-404) que, según Aristóteles, África engendra fieras varias y extrañas, y cita a Horacio (Od. I.xxii.15-16: "nec Iubae tellus generat, leonum / arida nutrex"), a Silio Itálico, y al Barga.

184-186 (B-74) *El celoso temor.* Ariosto, canto 23, estança III.

(Está equivocada esta cita ariostesca.) Herrera (H-406) dice que en *celoso temor* hay "traslación en el ayuntado", es decir, adjetivación figurativa.

187 Este verso hipermétrico ha sido enmendado unánimemente quitándosele el segundo *y,* errata fácil para el copista.

Herrera (H-407) dice que *rigor del hielo* es endíadis por *hielo rígido,* y cita tres ejemplos virgilianos y uno petrarquesco (Poema CLXXVI: *huomini et arme* por *huomini armati*) de esta figura.

189 *veloce*: "Es paragoge, o adición al fin, por *veloz*" (H-408).

d'aqueste bivo fuego, en que m'apuro
y consumirme poco a poco espero,
sé que aun allí no podré estar seguro,
y assí diverso entre contrarios muero.

---

193 Herrera (H-409) da una definición y varios ejemplos poéticos de *contrarios*. Cfr. el v. 29 de esta misma elegía.

Es latinismo el uso de *diverso* con sentido de participio: separado, dividido, fluctuante (cfr. Salustio, *Jugurtha,* xxv.6: "metu ac libidine diversus agebatur").

EPÍSTOLA A BOSCÁN

Keniston (pp. 129-130) nos explica las circunstancias biográficas de este poema. El 15 de agosto de 1534 Garcilaso fue mandado de Nápoles a Palencia, donde estaba Carlos V, con las últimas noticias de Barbarroja, ya no simple pirata sino victorioso agente del Sultán. Recogió el 29 de septiembre la respuesta del Emperador y volvió por tierra a Nápoles, pasando sin duda por Barcelona, donde vivía su amigo Boscán, y por Aviñón, donde le escribió esta epístola horaciana el 12 de octubre de 1534 (véase v. 83). En el monasterio franciscano de Aviñón el año anterior se había descubierto la sepultura de Laura, dama de Petrarca, y el rey Francisco I la había visitado, escribiendo una inscripción para la tumba (Keniston, p. 130, n. 1; cfr. Mele 170.112, n. 4). Lapesa (pp. 149-150) se imagina a Garcilaso visitando la tumba de Laura, como hacía poco habría visitado la tumba de Isabel: "un nuevo encuentro espiritual de los dos poetas, hermanados en el arte y en el *taedium vitae*".

Esta es la primera epístola horaciana de la literatura española, escrita no en tercetos (que se impondrían más tarde) sino en endecasílabos sueltos. De éstos dice Herrera (H-410) que "si no tienen ornamento que supla el defeto de la consonancia, no tienen con qué agradar i satisfazer, i por esta causa están necessitados de cuidadosa i diligente animadversión, para deleitar y aplazer a las orejas...". Según creía Herrera, Trissino era inventor de los versos sueltos italianos, pero el "príncipe en este género de compostura" era Luigi Alamanni. A éstos acertadamente les añade Navarro a Bernardo Tasso, quien también para la métrica de la oda horaciana influía en Garcilaso. Equivalente moderno del hexámetro, los versos sueltos fueron usados también por Boscán en su largo poema narrativo sobre Hero y Leandro.

Dice Tamayo (T-89) que la "llaneza" de esta epístola "en vano y sin razón es culpada, pues ella es particular alabanza en este género de escritura". Conti, su traductor italiano, la llama "modello de poesia epistolare". Sobre su estructura véanse los análisis de Keniston (pp. 237-239), de Lapesa (pp. 148-150) y de Rivers (202). La conclusión de Lapesa (p. 149) es que la epístola no es "un poema logrado. Todavía son duros los versos libres, que por primera vez ensayaba Garcilaso. Pero además de su interés histórico como primicia de un género literario, tiene el encanto de acercarnos a la intimidad del poeta y de dejarnos verle sonreír".

Señor Boscán, quien tanto gusto tiene
de daros cuenta de los pensamientos,
hasta las cosas que no tienen nombre,
no le podrá faltar con vos materia,
ni será menester buscar estilo
presto, distinto d'ornamento puro
tal qual a culta epístola conviene.
Entre muy grandes bienes que consigo
el amistad perfetta nos concede
es aqueste descuydo suelto y puro,

(*O, B*)
3 Hasta en las cosas *HTA*
4 podra con vos faltar materia *H*
podra faltar en vos materia *A*
5 bnscar *O*
6 distincto *K*
9 perfecto *K*

1-11 Estos primeros versos, según Herrera (H-411), son "insinuación para escusarse que escrive en verso suelto, ganando la benevolencia de la gran amistad que ai entre los dos". Añade Tamayo (T-89) que "al principio pondera el poeta por bien de la amistad, facilidad, descuido, libertad, sin afectación de palabras ni exoneración de sentencias". Pero el sentido exacto de los vv. 5-7 no es del todo claro: ¿ésta es "culta epístola", o no? Keniston (p. 238) por lo visto dice que no: "The poet himself disclaims any effort to write in a lofty poetic style..." Lapesa (p. 148) lo ve más ambiguo: Garcilaso aquí dice escribir "con la llaneza descuidada que es propia de la confianza sincera, pero dentro de los límites marcados por el adjetivo *culta*". El sentido esencial de toda la primera frase es que, dada su fácil comunicación amistosa, Garcilaso no tendrá que rebuscar ni materia ni estilo, pues vendrán los dos naturalmente. Parece que los versos 10-11 aluden a la diferencia entre los versos sueltos de la epístola familiar, y la "curiosa pesadumbre" de los tercetos, que "a culta epístola convienen".

1 *quien*: a quien (cfr. *le* del v. 4). El pronombre se refiere, por supuesto, al escritor.

6 Se ha sugerido que la palabra *presto* significa aquí "prestado"; pero en Garcilaso significa normalmente "rápido" o "fácil". Seguramente *distinto* significa "adornado" (cfr. Ég. III.113). Quizá sea errata *puro,* que luego aparece más apropiadamente en el verso 10.

lexos de la curiosa pesadumbre;
y assí, d'aquesta libertad gozando,
digo que vine, quanto a lo primero,
tan sano como aquel que en doze días
lo que sólo veréys á caminado
quando el fin de la carta os lo mostrare.
Alargo y suelto a su plazer la rienda,
mucho más que al cavallo, al pensamiento,
y llévame a las vezes por camino
tan dulce y agradable que me haze
olvidar el trabajo del passado;
otras me lleva por tan duros passos
que con la fuerça del afán presente
también de los passados se me olvida;
a vezes sigo un agradable medio
honesto y reposado, en que'l discurso
del gusto y del ingenio se exercita.
Iva pensando y discurriendo un día
a quántos bienes alargó la mano
el que del amistad mostró el camino,
y luego vos, del amistad enxemplo,
os me ofrecéys en estos pensamientos,

12 liberted *O* 31 exemplo *K*

---

19 *a las vezes*: a veces (cfr. Ep. 25 y Ég. III.45).

22 *otras*: otras veces (cfr. *a las vezes* del v. 19).

23 De *afán* dice Herrera (H-412) que es "dición antigua, por su sinificado i formación dina de ser bien recebida i usada".

28-65 Esta sección central de la epístola refleja algunas ideas aristotélicas sobre la amistad. Según Herrera (H-414), hay tres fines definidos en el libro VIII de las *Éticas a Nicómaco,* que se relacionan de esta manera con las palabras de Garcilaso: el fin honesto (*graves* y *ornamento,* vv. 48 y 51), el útil (*útiles* y *provecho,* vv. 48 y 51), y el jocundo (*deleite, gusto* y *placer,* vv. 47 y 52). Conti confirma esta fuente aristotélica (Navarro y Lapesa, n. 177). Cfr. la excelente traducción comentada, de los libros VIII y IX, por Geoffrey Percival (*Aristotle on Friendship,* Cambridge, 1940). Navarro nos llama la atención sobre los dos sonetos de Boscán dirigidos a Garcilaso que se publicaron al final de su *canzoniere* petrarquista, sonetos 91 y 92 (ed. Riquer, pp. 236-237).

y con vos a lo menos me acontece
una gran cosa, al parecer estraña,
y porque lo sepáys en pocos versos,
es que, considerando los provechos,
las honras y los gustos que me vienen
desta vuestra amistad, que en tanto tengo,
ninguna cosa en mayor precio estimo
ni me haze gustar del dulce estado
tanto como el amor de parte mía.
Éste comigo tiene tanta fuerça
que, sabiendo muy bien las otras partes
del amistad y la estrecheza nuestra,
con solo aquéste el alma se enternece;
y sé que otramente me aprovecha
el deleyte, que suele ser pospuesto
a las útiles cosas y a las graves.
Llévame a escudriñar la causa desto
ver contino tan rezio en mí el effetto,
y hallo que'l provecho, el ornamento,
el gusto y el plazer que se me sigue

40 gozar del *H*
44 amistad la *O R*
amistad y la estrecheza *BTA*
del'amistad, de la estrecheza *H*
46 Y yo se *A*
47 Qu'el deleite *HTA*
propuesto *B*
50 effecto *K*

44 Por ser hipométrico este verso, los editores antiguos le añadieron una sílaba: *y* (BTA) o *de* (H) después de *amistad.* Aceptamos la enmienda del Brocense.

46 Parece que el Brocense, Herrera y Tamayo suponían que había un hiato normal entre *que* y *otramente.* Pero Azara (y Menéndez Pelayo, según Navarro, ed. 1924) antepuso el pronombre *yo* al verbo *sé.*

52-54 (B-75) *Del uínculo de amor que nuestro Genio.* Horatio, Oda 17, libro 2 [vv. 21-22]:

Utrumque nostrum incredibili modo
consentit astrum.

Tamayo (T-89) añade unos versos de Persio (Sat. V.45-46: "amborum foedere certo / consentire dies, et ab uno sidere duci") y unos versos de Manilio, "a quien parece imita G. L." (Astron. II[.615-617]):

del vínculo d'amor, que nuestro genio
enrredó sobre nuestros coraçones,
son cosas que de mí no salen fuera,
y en mí el provecho solo se convierte.
Mas el amor, de donde por ventura
naçen todas las cosas, si ay alguna,
que a vuestra utilidad y gusto miren,
es gran razón que ya en mayor estima
tenido sea de mí que todo el resto,
quanto más generosa y alta parte
es el hazer el bien que el recebille;
assí que amando me deleyto, y hallo
que no es locura este deleyte mío.
¡O quán corrido estoy y arrepentido
d'averos alabado el tratamiento
del camino de Francia y las posadas!
Corrido de que ya por mentiroso
con razón me ternéys; arrepentido
d'aver perdido tiempo en alabaros
cosa tan digna ya de vituperio,

58 si ai algunas *HT*
59 mire *BA*
60 que yo en *O*
que en muy mayor estima *BA*
Es razon grande qu'en mayor estima *HT*
63 que recibille *A*
70 teneys *B*

...Quos dat Aquarius ortus
unum pectus habent fideique immobile vinclum.
Magnus erit Geminis amor...

60 Nuestra enmienda se aparta menos del texto de *O*.

62-63 (B-76) *Quanto más generosa y alta parte*
es el hazer el bien que el recebille.
Vulgar dicho es: *Beatius est dare, quam accipere.*

Señala Keniston que el "vulgar dicho" del Brocense proviene de la Biblia, unas palabras atribuidas a Jesucrito (Actus Apost. XX.35: "ipse dixit: Beatius est magis dare, quam accipere").

66-70 "Distribución i repetición" (H-415): *corrido* se repite en el v. 69 y *arrepentido* en el 70.

donde no hallaréys sino mentiras,
vinos azedos, camareras feas,
barletes codiciosos, malas postas,
gran paga, poco argén, largo camino;
llegar al fin a Nápoles, no aviendo
dexado allá enterrado algún thesoro,
salvo si no dezís que's enterrado
lo que nunca se halla ni se tiene.
A mi señor Durall estrechamente
abraçá de mi parte, si pudierdes.
Doze del mes d'otubre, de la tierra
do nació el claro fuego del Petrarca
y donde están del fuego las cenizas.

80 hallaba *A*
81 Dural *K*
82 Abraçad *HTA*
83 Octubre *K*

73-76 "Sinatrismós, acervo, congerie i asíndeton" (H-416).

75 Herrera (H-418) y Navarro explican la palabra *varlete* (*varlet* o *vaslet* en el francés antiguo, *valet* en el moderno): camarero.

76 Para Herrera (H-417) *argén* es un galicismo lícito: "G. L. escrive desde Francia *argén* porque el francés llama *argent* a la plata..." Navarro señala que *argén* se usaba ya por Berceo (*Santo Domingo de Silos*) con el sentido de "plata", y por el Arcipreste de Talavera (*Corvacho*) con el de "dinero". Lope repite graciosamente el "poco argén" de Garcilaso (en una carta citada por Rennert y Castro, *Lope de Vega,* 1.ª ed., p. 220).

81-82 "Mosén Dural era el maestro racional, caballero principal i rico en Barcelona" (H-419). "Dice [*pudierdes*] porque era mui gordo el Dural. En este verbo ai figura síncopa, que es cortamiento i detración de una letra i sílaba en medio de la voz" (H-420). Keniston señala que Boscán también menciona a Durall en el verso 376 de su epístola a Mendoza (ed. Riquer, p. 364).

83-85 (B-77) *Do nacio el claro fuego del Petrarca,* dize por Valclusa donde nacio Madona Laura, dama del Petrarca.

Pero, como dice Keniston (p. 130, n. 1), Laura nació y se enterró, no en Vaucluse, sino en Aviñón.

Sobre el estilo de estos tres versos, dice Herrera (H-421) que "de otro modo suelen descrevir los poetas el tiempo i años, pero G. L. escrive en verso suelto i familiar, que no pide tanta osservancia..."

ÉGLOGA [I]

AL VIREY DE NÁPOLES

Personas: SALICIO, NEMOROSO

Según Entwistle (70), la Égloga I fue compuesta a lo largo de varios años: la canción de Salicio en el invierno de 1531-1532 (cuando Isabel Freire se casó con D. Antonio de Fonseca), la canción de Nemoroso en 1533 (cuando ella murió), y el conjunto en 1536. Entwistle encuentra apoyo en A. Valbuena Prat (235). Pero los demás especialistas están de acuerdo en que la égloga se escribió de una vez, entre 1533 y principios de 1535. Asignémosle, pues, la fecha de 1534, un año después de la Égloga II y dos antes de la Égloga III.

Es predominante en la Égloga I la influencia de las églogas virgilianas, sobre todo la VIII, que tiene el mismo dualismo de esquema, con introducción y dedicatoria (Lapesa, p. 132). No es preciso, pues, suponer una influencia predominante ni de la *Cuestión de amor,* citada por Menéndez Pelayo (*Orígenes de la novela,* ed. nacional, II, p. 50), ni de *I due pellegrini,* obra de Tansillo citada por Keniston (p. 241) y Mele (170.361-362); es un dualismo hecho ya tradicional, desde los debates medievales. Como dice Lapesa (p. 131), "En el lamento de Nemoroso la fuente principal es Petrarca; pero hay imitaciones de Petrarca en boca de Salicio, ecos virgilianos en Nemoroso y reminiscencias de Ovidio, Ariosto y Sannazaro repartidas a lo largo del poema". La virgiliana Égloga I de Garcilaso, a su vez, fue imitada por Hurtado de Mendoza (Canción VI, pp. 48-56) y por L. Paterno (véanse H-502 y la nota de Keniston), entre otros muchos. Es profunda su huella en la *Diana* de Montemayor, sobre todo al principio de esta novela.

Los nombres de pastores y ninfas en esta égloga (Salicio y Galatea, Nemoroso y Elisa) son todas de corte clásico, pero sólo Galatea es de auténtica tradición pastoril, encontrándose esta cruel ninfa en el *Cíclope* (Idilio XI) de Teócrito y en la Égloga VII de Virgilio. Elisa es nombre de Dido, quien, como Isabel Freire, murió trágicamente; su etimología coincide en parte con la de Isabel (M. R. Lida, 135.53). Nemoroso y Salicio son inventos seudonímicos de Garcilaso mismo: Salicio (de *salix* o sauce) es anagrama parcial de Garcilaso (cfr. Sincero, seudónimo de Sannazaro), y Nemoroso parece ser traducción de "de la Vega" (cfr. el Silvanus de Virgilio). Nemoroso no ha de identificarse con Boscán ("bosque"), como afirmaba el Brocense (cfr. Cervantes, *Don Quijote,* II.67: "como ya el antiguo Boscán se llamó Nemoroso"):

> (B-78.1) *Salicio* es Garci Lasso; *Nemoroso,* Boscán, porque *nemus* es el bosque.

Ni menos se ha de identificar con D. Antonio de Fonseca, como sugiere Herrera (H-423), para llevarle la contraria al Brocense. Mejor acertaba el portugués Sa de Miranda, cuya Égloga V, titulada "Nemoroso", es elegía por la muerte de Garcilaso. Podemos, pues, afirmar con seguridad que en el canto de Salicio Garcilaso lamenta alegóricamente el casamiento de Isabel con Fonseca, y en el de Nemoroso, la muerte de la misma dama. Pero no conviene exagerar el aspecto autobiográfico de este poema virgiliano y petrarquista.

Para muchos críticos la Égloga I es "la más bella" obra de Garcilaso (Azara), su "creación suprema" (Lapesa, 177). Además de dos ensayos de Entwistle (70 y 71) y uno de A. A. Parker (185), son importantes los análisis de Lapesa (pp. 130-147), de Gerhardt (102.160-172), de M. Arce (19), de ter Horst (231) y de Woods (240).

Es de gran valor el cotejo que hace A. Blecua (pp. 115-147) de los textos de *O, Mg* y *B,* sin llegar a una clara filiación. Su conclusión es la de tomar como base el texto de *O,* corrigiéndolo con *Mg* y *B* sólo cuando hay errores de copista. En nuestras notas señalaremos nuestros desacuerdos ocasionales.

El dulce lamentar de dos pastores,
Salicio juntamente y Nemoroso,
é de cantar, sus quexas imitando;

(*O, B, Mg, Mp*)
título: ...visorrey... *A*

1 de los pastores *Mg*
3 contar *MgB74H*

---

3 *é de cantar*: Esta cláusula, según Herrera (H-424), es la "proposición" del poeta. Parece ser más apropiado el verbo *cantar* que el verbo *contar* (*Mg B74 H*), aunque en el verso siguiente se repite el mismo infinitivo (más bien sustantivo ya que verbal).

cuias ovejas al cantar sabroso
estavan muy atentas, los amores,
de pacer olvidadas, escuchando.
Tú, que ganaste obrando
un nombre en todo el mundo
y un grado sin segundo,
agora estés atento sólo y dado
al ínclito govierno del estado
albano; agora buelto a la otra parte,

5 atentos *Mg* 6 olvidacas *O*

4-6 (B-78.2) *Cuyas ouejas al cantar.* Virgilio, 8 Égloga [v. 2]:

Immemor herbarum, quos est mirata iuuenca.

Herrera (H-425) encuentra hiperbólica la frase *de pacer olvidadas.*

7-42 Dos estrofas y media ocupa la dedicatoria (o "invocación": H-426) a D. Pedro de Toledo, quien como virrey de Nápoles tiene "un grado sin segundo", o sea, un puesto incomparable (cfr. "sin segundo" en Son. XXI.7, Égl. II.1217). Las tres estrofas primeras se basan en los primeros 13 versos de la Ecloga VIII de Virgilio (H-431).

10-20 (B-79) *Agora estés attento sólo y dado.* Virgilio en la misma [Ecl. VIII. 6-7]:

Tu mihi, seu magni superas iam saxa Timaui,
Siue oram Illyrici legis aequoris, etc.

Según Herrera (H-428), los vv. 10-14 se refieren a "los dos goviernos de paz i guerra"; entre estos dos extremos se encontraría la caza (vv. 15-20).

11-12 En su primera edición (1911) Navarro leía "estado albano"; luego, en la segunda (1924), influido por Mele (170.120) y por Cirot (49.239-240), convirtió en sustantivo (vocativo) el adjetivo. Los comentaristas más antiguos (Brocense, Herrera, Tamayo) no ponen coma entre "estado" y "albano"; Azara es quien primero la pone, y a él le siguen los traductores Wiffen y Verdevoye; éste añade que "Albano" es el nombre pastoril dado al virrey. Pero nos parece preferible tomar el "estado albano" como el reino de Nápoles, ya que es dominado por un miembro de la casa de Alba, y que el adjetivo trae resonancias clásicas de topónimos italianos. Se deben tener en cuenta la sintaxis, el ritmo (encabalgamiento) y el hecho de que en la Égloga II Garcilaso había usado ya "Albanio" como nombre pastoril de otro personaje. Hemos preferido la puntuación más antigua, que nos parece más satisfactoria por el ritmo, el sentido poético y sobre todo la construcción trimembre, puntuada netamente por la anáfora de *agora* (vv. 10, 12, 15).

resplandeciente, armado,
representando en tierra el fiero Marte;

agora, de cuidados enojosos
y de negocios libre, por ventura
andes a caça, el monte fatigando
en ardiente ginette que apressura
el curso tras los ciervos temerosos,
que en vano su morir van dilatando:
espera, que en tornando
a ser restitüido
al ocio ya perdido,
luego verás exercitar mi pluma
por la infinita, innumerable suma
de tus virtudes y famosas obras,

14 tierra al fiero *MgB*
15 enojos. *O*
17 Andas *OMg* Andes *BHTA*
21 que tornando *Mg*
25 y innumerable *Mg*

---

14 Como dice A. Blecua (p. 116), es difícil escoger aquí entre las variantes *el* y *al*. Este epíteto de Marte se encuentra, según Mele, en Ovidio (*Fast.* IV.25: "fero Marti") y en Sannazaro (*Arcadia*, égl. X.147: "il fiero Marte"); ésta es, por supuesto, la fuente más probable, si es que hace falta señalar fuente para epíteto tan corriente (cfr. Ca. V.13).

17 (B-80) *Andes a caça el monte fatigando.* Virgilio, 9 Eneida [.605]:

Venatu inuigilant pueri, siluasque fatigant.

Es evidente el error de *O* y *Mg* (*andas* en vez de *andes*).

21 (B-81) *Espera que en tornando, etc.* Dilata este lugar de Virgilio, Ecloga, 8 [vv. 7-8]:

En erit unquam
Ille dies, mihi quum liceat tua dicere facta.

21-25 A propósito de estos versos Mele cita, además de la Ecl. VIII.6-10 de Virgilio, una de las *Piscatorias* de Sannazaro (IV.15-17) y ciertas estancias de Tansillo (*Stanze a B. Martirano*, XXVIII, y *Stanze al Vicerè*). Explica que *ocio* significa aquí "vida tranquila".

antes que me consuma,
faltando a ti, que a todo el mundo sobras.

En tanto que'ste tiempo que adevino
viene a sacarme de la deuda un día
que se deve a tu fama y a tu gloria
(que's deuda general, no sólo mía,
mas de qualquier ingenio peregrino
que celebra lo digno de memoria),
el árbol de victoria
que ciñe estrechamente
tu gloriosa frente
dé lugar a la yedra que se planta
debaxo de tu sombra y se levanta
poco a poco, arrimada a tus loores;
y en quanto esto se canta,
escucha tú el cantar de mis pastores.

Saliendo de las ondas encendido,
rayava de los montes el altura

32 no sola mia *Mg*
40 a tus olores *Mg*
42 de dos pastores *Mg*

---

28 *sobras*: superas. Navarro cita el mismo uso en Ég. II.1529, y señala aquí el juego de palabras opuestas (*faltar* - *sobrar*).

35-40 (B-82) *El árbol de uictoria que ciñe, etc.* Virgilio, en la misma [VIII. 12-13]:

...atque hanc sine tempora circum
Inter uictrices ederam tibi serpere lauros.

Herrera (H-430) añade citas de Petrarca y de Ovidio, con un breve discurso sobre los significados mitológicos relacionados con el laurel heroico, la modesta hiedra y el mirto amoroso.

43-46 La fuente directa sigue siendo la Ecloga VIII de Virgilio, versos 14-16, señalados por Herrera (H-432 y H-433). Él también reconoce aquí un tópico más general que llama "cronografía, o descripción del tiempo", y cita la prosa IX de la *Arcadia* de Sannazaro, a la cual Tamayo (T-92) añade el principio de la *Historia egipcíaca* de Heliodoro. Al tópico era muy corriente añadirle la personificación de la Aurora, etc.;

el sol, quando Salicio, recostado
al pie d'una alta haya, en la verdura
por donde una agua clara con sonido
atravessava el fresco y verde prado,
él, con canto acordado
al rumor que sonava
del agua que passava,
se quexava tan dulce y blandamente
como si no estuviera de allí ausente
la que de su dolor culpa tenía,
y assí como presente,
razonando con ella, le dezía:

SAL. ¡O más dura que mármol a mis quexas

52 blanda y dulcemente *Mg*

---

véase el estudio sobre el amanecer mitológico hecho por M. R. Lida (137), al final del cual cita ella las famosas imitaciones burlescas de Cervantes en *Don Quijote,* I, 2 y II, 14. Pero Garcilaso se atiene a este amanecer no mitológico de Virgilio.

46 (B-83) *Al pie de un alta haya.* Flaminius ad Gibertum:

Siue sub umbrosa captaret frigora quercu
Qua fugiens liquido murmurat unda pede.

52 Según Herrera (H-434), Garcilaso usa aquí "el nombre por el adverbio" como Horacio en "dulce ridentem". Pero, como señala Tamayo (T-134), a propósito de Ég. II.1100 ("cantando / tan dulce"), no es lo mismo, pues aquí Garcilaso pone un doble adverbio, compuesto de adjetivos más *-mente* ("tan dulce y blandamente").

53 "Por epícresis habla a su pastora casi como presente" (H-435).

57-224 La canción de Salicio se ha considerado a veces como poema independiente; según Trend, tanto en Guerrero como en Fuenllana encontramos versiones musicales. En el resumen de Lapesa (pp. 133-139) se señalan las fuentes principales (Virgilio, Petrarca, Ovidio); en esto se puede ver un eclecticismo bien independiente de parte de Garcilaso.

57-59 Según Lapesa (p. 133), el "arranque inicial, compuesto de vocativo y comparaciones, quiere recordar el de Polifemo en Teócrito [Idilio XI] o el de Coridón en la VII Bucólica [Virgilio, Ecl. VII.37-40]..." Pero, como señala Lapesa, éstos halagan a Galatea, mientras Salicio la denuncia; por esto nos parece importante la influencia del Polifemo ovidiano, *Metam.* XIII.798-809: "...durior annosa quercu, fallacior undis..." Esta influencia puede haberse filtrado através de las églogas

y al encendido fuego en que me quemo
más elada que nieve, Galatea!
Estoy muriendo, y aun la vida temo;
témola con razón, pues tú me dexas,
que no ay sin ti el bivir para qué sea.
    Vergüença é que me vea
    ninguno en tal estado,
    de ti desamparado,
y de mí mismo yo me corro agora.
¿D'un alma te desdeñas ser señora
donde siempre moraste, no pudiendo

58 fuego que *Mg*   60 ¿y aun la vida temo? *H*

---

piscatorias de Sannazaro ("Immitis Galatea . . .", Ecl. II.8) y de Tansillo ("O Galatea, al pianto mio più salda / che scoglio, più fugace / che vento . . .", Ecl. I, citado por Herrera, H-436). Pero es posible que los versos de Tansillo sean imitación de los de Garcilaso, así como lo son algunos de Paterno, citados por el Brocense:

(B-84) *O más dura que mármol.* Ludouico Paterno, en la Ecloga 3 de las amorosas, tiene casi al pie de la letra todo lo más désta. Yo creo cierto que él lo tomó de Garci Lasso, porque de todos los poetas Italianos hurta harto y más que es mejor lo de nuestro poeta que lo quél haze. Quiero poner aquí algunos versos suyos:

O piu che marmo a mie querele
O al'incendio, che mi strugge il core
Piu gelata che neue di Gennaro, etc.

Ariosto, canto I [xlix. 5]:

Ma dura e fredda piu d'una colonna.

Mele señala otras imitaciones de estas famosas palabras iniciales de Salicio: Barahona de Soto, Elegía III.26; Cervantes, *Don Quijote,* II.70 (Altisidoro); Lope, *Gatomaquia,* silva VI.

Es posible que las comparaciones garcilasianas (*mármol, nieve*) dependan de la etimología del nombre Galatea, señalada por Herrera (H-438): "Una de las ninfas nereidas, llamada assí por su blancura, del esplendor i claridad de las espumas del mar, porque γάλα es leche en el lenguaje griego".

61 Cfr. Boscán: "Vergüenza he de mi fatiga" (Libro I, XV, Knapp, p. 66 [ed. Riquer, p. 59], citado por Lapesa, p. 92).

66 Cfr. Petrarca, Son. I.11: "di me medesmo meco mi vergogno" (H-439).

della salir un ora?
Salid sin duelo, lágrimas, corriendo.

El sol tiende los rayos de su lumbre
por montes y por valles, despertando

71 lumbe *O*

---

70 Este famoso estribillo de un solo verso, que se repite al final de las 10 estrofas siguientes, tiene en la Égloga VIII de Virgilio su antecedente formal más inmediato (H-440): "Incipe Maenalios mecum, mea tibia, versus" es el verso que se repite 9 veces en la canción de Damón. Al final de la última estrofa virgiliana se convierte en negativo ("Desine Maenalios, iam desine, tibia, versus"), mientras que en la última estrofa garcilasiana se omite enteramente el estribillo. En éste se nota también la posible influencia de un estribillo de Sannazaro: "Ricominciate, Muse, il vostro pianto" (*Arcadia,* Égl. XI). Mele encuentra estribillos semejantes en Teócrito (Id. I), Mosco (Id. III), Pontano (Acon 40) y Tansillo (ed. Pèrcopo, I, 206), y también en la Égloga piscatoria V de Sannazaro.

Además de esta clásica tradición bucólica del estribillo imperativo, Herrera (H-440) descubrió un antecedente cancioneril en las *Lamentaciones de amores* de Garci-Sánchez de Badajoz (cfr. Lapesa, p. 60):

Lágrimas de mi consuelo
Qu'avéis hecho maravillas
Y hazéis:
Salid, salid sin recelo
Y regad estas mexillas
Que soléis.

A estos versos añade Aubrun (24.505-507) el Poema LXXXIV ("Occhi, piangete, accompagnate il core") de Petrarca y otros versos del *Cancionero de Ixar* y de Arteaga de Salazar, para llegar a la conclusión de que "le noyau du lemme traditionnel" era probablemente "salid ya, lágrimas mías". Pero las coplas de Garci-Sánchez siguen siendo el antecedente más inmediato.

A pesar de ser muy conocido este verso, no ha sido nada claro el sentido exacto de "sin duelo". Lo ha aclarado admirablemente B. Dutton (67.251-258), eliminando el sentido paradójico de "llorar sin dolor" y la definición del Diccionario académico "sin tasa" (definición por lo visto inventada en la tercera edición, 1791, para explicar este mismo verso garcilasiano). Este parece ser el sentido tradicionalmente aceptado (cfr. Conti, "senza freno", y Verdevoye, "sans douleur"). Pero hay que pensar más bien en el sentido de "dolerse de": "tener lástima o compasión de". Así lo usa Torres Naharro (*Com. Ymenea,* V.99): "tan sin duelo me matáis". Citando un pasaje del Exemplo 47

las aves y animales y la gente:
quál por el ayre claro va bolando,
quál por el verde valle o alta cumbre
paciendo va segura y libremente,
    quál con el sol presente

77 Qual por el sol *Mg*

---

del Conde Lucanor ("sin duelo e sin piedat"), Dutton demuestra que el verso debe entenderse como si rezara "Salid sin que os doláis [de mí, de vosotras], lágrimas, corriendo". Así es que el "sin duelo" de Garcilaso refleja tanto la rima como el significado del "sin recelo" de Garci-Sánchez.

Con estas raíces tanto clásicas como cancioneriles, el famoso ritornelo imperativo de Garcilaso es un evidente acierto estético, lleno de resonancias originales. Según M. Arce, estas lágrimas sirven para aliviar el dolor. Para Entwistle ("The First Eclogue..."), los sentimientos se expresan por medio de las lágrimas. Para Loveluck la repetición del estribillo imita el ritmo natural de los sollozos.

71-84 (B-85) *El sol tiende los rayos, etc.* Tomó la sentencia de Virgilio, 2 Ecloga:

Nunc etiam pecudes umbras, et frigora captant...
Et Sol crescentes decedens duplicat umbras,
Me tamen urit amor...

El primer verso citado por el Brocense (Virgilio, Ecl. II.8) no viene al caso, pero los dos siguientes (Ecl. II.67-68) sí expresan un contraste entre la hora fresca del día y el ardor del amante. Según Azara (A-65), "En esa estanza amplifica el pensamiento de Virgilio, Egloga II..." Algo parecido es el contraste entre la paz nocturna y los tormentos amorosos de Dido (Virgilio, *Eneida,* IV.522-533). Sin embargo, como ha demostrado Lapesa (p. 134 y n. 161), la fuente inmediata de la estrofa no es Virgilio sino Petrarca: "Los tres primeros versos de Garcilaso resumen la idea de las dos estrofas iniciales de la sextina [I, poema XXII del *Canzoniere*]: 'A qualunque animale alberga in terra...' El *corpo* de la estancia garcilasiana resume el pensamiento general de la canción V [poema L, que empieza 'Ne la stagion che 'l ciel rapido inchina'] (la misma cuyo tipo de estrofa ha sido imitado en la égloga)... Sextina y canción influyen conjuntamente en el final". Si hay ecos virgilianos, sugiere Lapesa, han pasado a través de la canción petrarquesca.

Herrera (H-441) dice que "toda la estanza es coro", con "distribución" o "merismós", lo que modernamente llamamos correlación: a los tres sustantivos del v. 73 ("las aves y animales y la gente") les corresponden por el mismo orden las actividades de los vv. 74-80.

74 La variante que Castro atribuye a Ulloa ("hablando" por "volando") no merece consideración.

va de nuevo al officio
y al usado exercicio
do su natura o menester l'inclina;
siempre 'stá en llanto esta ánima mezquina,
quando la sombra el mundo va cubriendo,
o la luz se avezina.
Salid sin duelo, lágrimas, corriendo.

Y tú, desta mi vida ya olvidada,
sin mostrar un pequeño sentimiento
de que por ti Salicio triste muera,
dexas llevar, desconocida, al viento
el amor y la fe que ser guardada
eternamente solo a mí deviera.
¡O Dios!, ¿por qué siquiera,
pues ves desde tu altura
esta falsa perjura

93 perjnra *O*

---

81 Sobre la variante de Herrera ("mesquina" por "mezquina"), Navarro comenta en 1911 que ésta es la forma más moderna, y añade en 1924 una rima comprobante de Tirso (*merezco* con *parentesco*).

81-83 Cfr. El. I.16-18.

85-90 Herrera (H-442 y H-443) y Mele citan varios pasajes semejantes, en todos los cuales se denuncia la infidelidad (Virgilio, *Eneida,* VI.305; Ovidio, *Heroides,* II.25; Catulo, LXIV.137-142; Ariosto, *Orlando,* X.v.7-8), pero ninguno parece ser fuente directa. Sobre el tópico de las palabras que se lleva el viento, Herrera ya había comentado a propósito de la Ca. II.6 (H-196); cfr. Catulo, LXIV.58-59.

Para Navarro, esta primera frase de la estrofa debe llevar puntuación interrogatoria, lo mismo que las frases siguientes; en esto sigue a Azara y no a Herrera. Nos parece preferible un tono de indignación más graduado.

91-97 (B-86) *O Dios porque siquiera.* Parece que imita a Ouidio, [*Metam.*], libro 14 [729-730]:

Si tamen, o superi, mortalia facta uidetis,
Este mei memores.

Herrera (H-444) añade a esta cita "esclamación vehemente". Pero el pasaje ovidiano se relaciona más bien con Ég. II.602-604 que con estos versos. En cambio, es en su nota siguiente donde el Brocense da con la influencia directa de Ariosto:

causar la muerte d'un estrecho amigo,
no recibe del cielo algún castigo?
Si en pago del amor yo estoy muriendo,
  ¿qué hará el enemigo?
Salid sin duelo, lágrimas, corriendo.

  Por ti el silencio de la selva umbrosa,
por ti la esquividad y apartamiento
del solitario monte m'agradava;

96 amor estoy muriendo *Mg* 100 la escuridad y *Mg*
98 lagrinas *O*

(B-87) *Si en pago del amor.* Ariosto, canto 32 [xl. 5-6]:

> *Come tratti il nemico se tu dai*
> *A me, che t'amo sì, questi tormenti?*

Y si los vv. 5-6 de Ariosto (*Orlando,* XXXII.xl) son la fuente de los vv. 96-97 de Garcilaso, los vv. 7-8 de aquél se pueden relacionar, como afirma Mele, con los 91-95 de éste:

> Ben dirò che giustizia in ciel non sia,
> s'a veder tardo la vendetta mia.

Es la coincidencia de los dos tópicos lo que indica aquí la influencia de Ariosto.

Herrera (H-445) alaba la redundancia del epíteto en "falsa perjura", encontrándola expresiva de indignación (cfr. Ég. II.865-866). Sobre el castigo divino, a la cita de Herrera (H-446: "contempta religio satis Deum ultorem habet") Tamayo le contesta con otra contraria (T-93: "Iuppiter e caelo periuria ridet amantum", Ovidio, *De arte amandi,* I.633).

Para el tópico de los vv. 96-97, además de la fuente ariostesca, se ha citado a Dante (*Purg.* XV.104-105, en H-447 y en Mele) y a Valerio Máximo (*Facta et dicta*..., VI.1, en Mele). Pero para nuestro poeta es más interesante una cita cancioneril (H-447): el villancico de Resende que empieza "Senhora, pois me matais". Cfr. Son. XL.14.

99-101 Lapesa (p. 135) ha encontrado aquí un recuerdo petrarquesco (Poema CLXXVI.12-13):

> Raro un *silenzio,* un *solitario* orrore
> d'*ombrosa selva* mai tanto *mi piacque*...

por ti la verde yerva, el fresco viento,
el blanco lirio y colorada rosa
y dulce primavera deseava.
¡Ay, quánto m'engañava!
¡Ay, quán diferente era
y quán d'otra manera
lo que en tu falso pecho se escondía!
Bien claro con su boz me lo dezía
la siniestra corneja, repitiendo
la desventura mía.
Salid sin duelo, lágrimas, corriendo.

102 ierva i fresco *T*
105 Ya quanto *Mg*
112 logrimas *O*

A propósito de la anáfora de "por ti", tres veces repetido (vv. 99, 100, 102), Herrera (H-448) cita la *Epístola* a Boscán de don Diego Hurtado de Mendoza, donde se repite seis veces, y el Son. V.13-14 de Garcilaso, donde "por vos" se repite cuatro veces. Véase también Ca. V, 36-51.

103 Mele ha señalado la fuente de este verso: "il bianco giglio e la vermiglia rosa" (Ariosto, *Orlando,* XXXII.xiii.6). También lo ha encontrado repetido en Cetina (Son. CXLV.4, que remonta directamente a Ariosto) y en Barahona de Soto (Elegía a la muerte de Garcilaso, v. 4).

104 Otra vez Mele ha señalado una fuente ariostesca: "la desiata dolce primavera" (*Orlando,* XLV.xxxix.2).

105-108 Siguiendo a Flamini, Mele afirma que estos versos imitan los vv. 132-135 de los *Due pellegrini* de Tansillo:

> Miser, non m'accorgea che il falso petto
> Copriva altro concetto, altro desio,
> Dando a nuovo amador quel che fu mio.

106-107 Navarro nos informa que Hermosilla encontraba "ociosamente pleonásticos" estos dos versos, pero que Bello y Cuervo no estaban de acuerdo.

109-111 (B-88) *La siniestra corneja.* Virgilio, 1. Bucólicas:

> *Saepe sinistra caua praedixit ab ilice cornix.*

También Sanazaro:

> *La sinistra cornice ohime predisselo.*

En las ediciones modernas de Virgilio no se encuentra en la Egloga I el verso citado por el Brocense (y por Herrera, "si este verso

¡Quántas vezes, durmiendo en la floresta,
reputándolo yo por desvarío,
vi mi mal entre sueños, desdichado!
Soñava que en el tiempo del estío
llevava, por passar allí la siesta,
a abrevar en el Tajo mi ganado;
y después de llegado,
sin saber de quál arte,
por desusada parte
y por nuevo camino el agua s'iva;
ardiendo yo con la calor estiva,
el curso enagenado yva siguiendo

118 Abreuar *O* A bever *BHTA*

---

es suyo", y por Azara), pero en la IX el verso 15 (citado por Herrera y Bayo) es muy parecido: "ante sinistra cava monuisset ab ilice cornix". El verso apócrifo de Virgilio es evidentemente la fuente de Sannazaro (*Arcadia,* Ecl. X,168-170):

Già mi rimembra, che da cima un'elice
la sinistra cornice, oimè, predisselo;
ché 'l petto mi si fe' quasi una selice.

Herrera (H-449 y H-450) añade dos versos semejantes de Beneviene, y breves discursos sobre los agüeros siniestros (izquierdos) antiguos y sobre las fábulas de la corneja, cuya voz ominosa solía entenderse como "cras, cras" ("mañana, mañana").

113-125 (B-89) *Quantas uezes durmiendo en la floresta.* Alegoría, es como si dixera: De la suerte que el agua se huýa por camino desusado, ansí imaginaua que me auías de dexar por otro.

Herrera (H-451) añade que es "varia i hermosa espolición *desusada parte, nuevo camino, curso enagenado*".

123 Herrera (H-452) critica el género femenino de *calor,* que en Garcilaso es de género variable (cfr. Ca. IV.66, El. I.124, etc.).

123-125 Lapesa (p. 80) encuentra en Ca. IV.93-100 un anticipo de esta "exquisita captación".

124 (B-90) *El curso engañado.* Bien puede estar assí, pero yo leo *enagenado*; y lo uno y lo otro se refiere al mesmo Salicio, que enagenado o engañado de sí, seguía la corriente del agua.

El Brocense tiene presente la variante que aparece en la edición F (Salamanca, 1569, primera de Garcilaso solo). El participio *enage-*

del agua fugitiva.
Salid sin duelo, lágrimas, corriendo.

Tu dulce habla ¿en cúya oreja suena?
Tus claros ojos ¿a quién los bolviste?
¿Por quién tan sin respeto me trocaste?
Tu quebrantada fe ¿dó la pusiste?
¿Quál es el cuello que como en cadena
de tus hermosos braços añudaste?
No ay coraçón que baste,
aunque fuesse de piedra,
viendo mi amada yedra
de mí arrancada, en otro muro asida,
y mi parra en otro olmo entretexida,

135 Ver mi amada *Mg* 137 elmo *O*

---

nado puede referirse también al *curso* o corriente del agua, que está fuera de su cauce normal, pues en Garcilaso el verbo *enagenar* se usa normalmente en el sentido de *quitar, separar, trasportar* (cfr. El. II.109, Eg. I.147 y Eg. II.1638 y 1709).

125 Como antecedente de *agua fugitiva* Herrera (H-453) señala "lympha fugax" (Horacio, Odas, II.iii.12).

127 La estrofa que empieza con este verso se encuentra, según Trend, con música de Fuenllana. Las celosas interrogaciones retóricas con las que se inicia la estrofa, nos recuerdan el principio de la oda horaciana "Quis multa gracilis te puer in rosa" (Odas. I.v). Herrera (H-454) señala la anáfora del posesivo "tu" y comenta el sentido metafórico de "dulce" (el sentido del gusto aplicado al oído).

128 A propósito de "claros ojos", combinación predilecta de Garcilaso (El. I.115, Eg. I.267, Eg. II.20), Tamayo (T-95) cita esta frase de Petronio: "Oculi clariores stellis extra lunam fulgentibus...". Navarro llama la atención sobre el carácter dactílico de este verso, que lleva acento en la 7.ª sílaba (cfr. Henríquez Ureña, *RFE*, VI [1919], 132-157).

131-132 Según Mele, la imagen se halla en Ligdamo (Lygdamus), cuyas elegías suelen publicarse como el libro III de Tibulo: "nec vos aut capiant pendentia bracchia collo / aut fallat blanda sordida lingua prece" (III.vi.45-46). Pero es tópico corriente en la literatura clásica el peligro de los hermosos brazos femeniles; así Tamayo (T-95) cita a Homero sobre Juno, a Hesíodo sobre Proserpina y a Virgilio sobre Venus.

135-137 Siguiendo otra vez a Flamini, Mele nos informa de la semejanza entre estos versos y los *Due pellegrini* de Tansillo (vv. 166-170):

que no s'esté con llanto deshaziendo
hasta acabar la vida.
Salid sin duelo, lágrimas, corriendo.

¿Qué no s'esperará d'aquí adelante,
por difícil que sea y por incierto,
o qué discordia no será juntada?
Y juntamente ¿qué terná por cierto,

141 Que no sespera *Mg* 144 se tendra *Mg*

La vite, da me solo amata e colta,
Vidi in altr'olmo avvolta, e 'n gioia e in pace;
L'edera mia seguace dal mio scinta
E in altro muro avvinta i vaghi rami,
Ch' erano miei legami...

Pero Lapesa (n. 154) no está de acuerdo con Flamini, quien cree que aquí el imitador es Tansillo. Según Mele, estas imágenes pertenecen a una tradición popular. Pero Herrera (H-455) señala como corriente además en la literatura clásica la alegoría de la parra que se casa con el olmo; cita, entre otros, a Horacio (Odas IV.v.30: "et vitem viduas ducit ad arbores") y a Virgilio (*Geórgicas* II.221: "illa tibi laetis intexet vitibus ulmos"), señalando la semejanza entre "intexet" y "entretexida".

138 *deshaciendo*: derritiendo en lágrimas. (Mele cita a este propósito el Son. CCXX.10 de Petrarca: "quel celeste cantar che mi disface".)

141-168 (B-91) *Qué no esperará de aquí adelante.* En estas dos estancias imita a Virgilio en la Ecloga 8 [.26-28]:

Quid non speremus amantes?
Iungentur iam Gryphes equis, aeuoque sequenti
Cum canibus timidi uenient ad pocula damae.

Y más parece tomado del Petrarca, canción 16 [Poema CXXVIII. 39-41]:

Hor dentro d'una gabbia
fere seluagge e mansuete gregge
s'annidan si che sempre il miglior geme.

A estos dos ejemplos de *impossibilia* Herrera (H-457) les añade éste, de Ovidio (*Ibis,* 43-44), para los vv. 161-163:

Pax erit haec nobis, donec mihi vita manebit,
Cum pecore infirmo quae solet esse lupis.

o qué de oy más no temerá el amante,
siendo a todo materia por ti dada?
Quando tú enagenada
de mi cuydado fuiste,
notable causa diste,
y enxemplo a todos quantos cubre'l cielo,
que'l más seguro tema con recelo
perder lo que estuviere posseyendo.
Salid fuera sin duelo,
salid sin duelo, lágrimas, corriendo.

Materia diste al mundo de 'sperança
d'alcançar lo impossible y no pensado
y de hazer juntar lo differente,
dando a quien diste el coraçón malvado,

148 mi, cuitado, fuiste *BHTAK*
150 exemplo *K*
151 temia *Mg*
153 Salid fuerte *Mg*
156 lo impossible porfiando *Mg*
157 d'hazer *O*

Lapesa (p. 136) confirma que estas dos estrofas "parafrasean, contaminándolos con un pasaje de Ovidio, los versos 26-28 de la Bucólica VIII". Pero la amplificación es notable. A. Lumsden (149.149-151) ha señalado la semejanza con ciertos pasajes mesiánicos del libro de Isaías (XI.6-8 y LXV.25), donde aparecen no sólo la cordera y el lobo, sino la serpiente: "Habitabit lupus cum agno... et delectabitur infans ab ubere super foramine aspidis... Lupus et agnus pascentur simul, leo et bos comedent paleas, et serpenti pulvis panis eius". La erudita inglesa también señala versos semejantes que se encuentran en Horacio (Epodas, IV.1-2, XV.7 y XVI.30-34); véanse además los *impossibilia* del principio de su *Ars poetica.*

147 Navarro (1924) nota que "enagenada" tiene aquí el sentido de "apartada" o "retirada" que se registra en el *Diccionario de Autoridades* sólo bajo la forma reflexiva de "enajenarse". Este es el sentido normal en Garcilaso (cfr. nuestra nota a Eg. I.124).

148 *cuydado*: preocupación amorosa, amor. Este sentido es corriente en Garcilaso, pero aquí no deja de ser una metonimia algo extraña; de ahí la enmienda *cuytado,* hecha ya antes del Brocense. (Entre 1911 y 1924 vacila la puntuación de Navarro.)

157 Como afirma Navarro, la *h* aspirada es normal en Garcilaso, pero no en Boscán.

158 (B-92) *Dando a quien diste el coraçón.* Virgilio, en la misma [Ec. VIII. 32]:

O digno coniuncta uiro, dum despicis omnes.

quitándolo de mí con tal mudança
que siempre sonará de gente en gente.
La cordera paciente
con el lobo hambriento
hará su ajuntamiento,
y con las simples aves sin rüydo
harán las bravas sierpes ya su nido,
que mayor differencia comprehendo
de ti al que as escogido.
Salid sin duelo, lágrimas, corriendo.

Siempre de nueva leche en el verano
y en el invierno abundo; en mi majada
la manteca y el queso está sobrado.
De mi cantar, pues, yo te via agradada

163 ayuntamiento *BHTAK*
167 ti a que *B74*
170 abunda mi majada *B74*
172 ya te vi agradada *Mg*
te vi agradada *BHTA*

Es por supuesto irónico el verso de Virgilio. Salicio sigue imitando la indignación de Damón, el desamado pastor virgiliano.

161-163 Cfr. nuestra nota a Eg. I.141-168.

169-181 (B-93) *Siempre de nueua leche.* Virgilio, Ecloga 2 [22]:

Lac mihi non aestate nouum, non frigore defit.

Y Sanazaro, prosa 9: *Ne di state, ne di uerno mai le manca nuouo latte; del suo cantar non dico altro, etc.*

Herrera (H-458), Azara (A-68), y Lapesa (p. 136) repiten la cita virgiliana, pero no la de Sannazaro; en efecto, Garcilaso sigue imitando el pasaje virgiliano, yendo más allá de lo imitado por Sannazaro. (Virgilio mismo imitaba aquí los Idilios III y XI de Teócrito. Y el XI, en el que Polifemo lamenta la crueldad de Galatea, fue imitado también por Ovidio, *Metam.* XIII.789-865; como ya hemos señalado en nuestra nota a Eg. I.57-59, es probable que el Polifemo de Ovidio haya tenido alguna influencia directa en el Salicio de Garcilaso.)

170-171 Navarro aquí sigue la puntuación de Azara y critica la de Herrera, quien estropeó el encabalgamiento de los dos versos, poniendo punto y coma después de "majada".

172-174 (B-94) *De mi cantar pues yo, etc.* Virgilio, en la misma [Ecl. II. 23-24]:

Canto, quae solitus, si quando armenta uocabat,
Amphion Dircaeus in Acteo Aracyntho.

tanto que no pudiera el mantüano
Týtero ser de ti más alabado.
No soy, pues, bien mirado,

Coridón, el pastor virgiliano, comparaba su canto con el de otro pastor poeta; Salicio compara el suyo con el del mismo Virgilio, pues desde la antigüedad es tradicional identificar con Virgilio a Títiro, pastor principal de su primera égloga. Así lo hace, por ejemplo, Sannazaro en su *Arcadia,* al principio de la Prosa X, donde el sabio sacerdote da una breve historia de la poesía pastoril: "Il quale [Teocrito] poi da invidiosa morte sovragiunto, fe' di quella [canna] lo ultimo dono al Mantuano Titiro..." (Mele, además de citar a Sannazaro, cita dos versos de Policiano, *Rusticus,* 4-5).

175-181 (B-95) *No soy, pues, bien mirado, tan disforme.* Virgilio, 2. Ecloga [.25-27]:

Nec sum adeo informis, nuper me in littore uidi,
Quum placidum uentis staret mare: non ego Daphnim
Iudice te metuam: si nunquam fallit imago.

[Et Ovid. in cantilena Cyclopis (B89).]

Esto de mirarse en el mar primero lo dixo Theócrito y de allí lo tomó Virgilio y, luego, los demás. Y con todo esso dizen que es yerro dezirlo porque en el mar ni en aguas corrientes no se puede ver la figura. Parece a esto responder Iulio Camillo así:

Facendo specchio a la mia Lydia un rio,
Che fugge queto, senza mouer onde.

[Vide Celio Rodiginio, libro 26, capitulo 10. (B89<H)]

El pasaje ovidiano añadido por el Brocense es éste (*Metam.* XIII. 840-841):

certe ego me novi *liquidaeque* in imagine vidi
nuper *aquae,* placuitque mihi mea forma videnti.

Pero Garcilaso continúa siguiendo más de cerca el texto virgiliano.
Servio fue quien dificultó las reflexiones marítimas, provocando todo un debate; continúan la discusión antiserviana Herrera (H-463), Tamayo (T-96) y Navarro (1911). Tamayo afirma que Garcilaso, lo mismo que Calpurnio y Nemesiano, no se refiere al mar sino a una fuente, y que cuando Salicio dice "en esta agua", señala la fuente, o el remanso rebalsado de donde fluye.

Navarro cita la parodia de Lope (*Gatomaquia* hacia finales de la Silva I):

Pues no soy tan feo,
que ayer me vi (mas no como me veo)
en un caldero de agua...

tan difforme ni feo,
que aun agora me veo
en esta agua que corre clara y pura,
y cierto no trocara mi figura
con esse que de mí s'está reyendo;
¡trocara mi ventura!
Salid sin duelo, lágrimas, corriendo.

¿Cómo te vine en tanto menosprecio?
¿Cómo te fuy tan presto aborrecible?
¿Cómo te faltó en mí el conocimiento?
Si no tuvieras condición terrible,
siempre fuera tenido de ti en precio
y no viera este triste apartamiento.
¿No sabes que sin cuento

176 disforme *MgBHTAK*
180 con este *Mg*
187 de ti teniendo *Mg*
188 Y no viera de ti este apartamiento *O*
No viera yo este triste apartamiento *Mg*
Y no viera este triste a. *A*

---

176 "Es figura litote, cuando se dize menos, i se entiende más..." (H-462).
179 Navarro señala el uso adverbial de "cierto" y lo compara con el uso de "dulce" (Eg. II.1100).
181 Cfr. Gil Vicente, *Comedia del viudo,* 193-194:

Bien trocara yo contigo,
si supiera, tu ventura.

183-185 Como dice Herrera (H-464), hay aquí anáfora notable.
188 Aceptando las razones de Blecua (p. 117), corregimos con *Mg* el error de *O.*
189-193 (B-96) *No sabes que sin cuento mis ouejas.* Virgilio. Ecloga 2 [.21]:

Mille meae Siculis errant in montibus agnae.

Donde dixo Sanazaro, prosa 9: *Mille pecore di bianca lana pascono per queste montagne.*

Herrera (H-465) explica que "sin cuento" significa "innumerables". Añade que, en comparación con Virgilio, "es más aventajado lo que dice G.L. por mudar lugares según la calidad del tiempo". Señala Keniston el hecho de que Garcilaso conocía muy bien esta trashumancia, pues había heredado de su padre los derechos de montazgo sobre todos los rebaños que pasaran por Badajoz, y tuvo un pleito con la Mesta para cobrar estos derechos.

buscan en el estío
mis ovejas el frío
de la sierra de Cuenca, y el govierno
del abrigado Estremo en el invierno?
Mas ¡qué vale el tener, si derritiendo
m'estoy en llanto eterno!
Salid sin duelo, lágrimas, corriendo.

Con mi llorar las piedras enternecen
su natural dureza y la quebrantan;

190 Buscan el estio *Mg*

---

192 Navarro (1924) cita varios textos para documentar el uso de "govierno" en el sentido de "mantenimiento" o "sustento" (cfr. Eg. III.340).

193 Explica Herrera (H-466) que "Estremo" es "perífrasis de la estremadura, provincia entre Guadiana i Betis...". Cfr. Covarrubias, *Tesoro*, "los ganados que passan a estremo" (citado por F. López Estrada, ed., Montemayor, *Diana*, p. 139, nota); y el refrán, "Almagrar y echar a extremo".

197-209 Herrera (H-467) cita una canción anónima ("esto mesmo dize aquella canción"):

> Las tristes lagrimas mías
> en piedras hazen señal,
> i en vos nunca, por mi mal.

Lapesa (pp. 60-61), notando que esta canción, con su "lugar común casi inevitable", fue glosada a menudo en el siglo XVI, no la cree imprescindible; por otra parte, encuentra en el *Cancionero General* otra canción indudablemente relacionada:

> La grandeza de mis males
> c'amor cresce cada día
> peligrosos,
> a los brutos animales,
> si los viesse, les haría
> ser piadosos;
> y tu, peruersa, maluada,
> tan cruel como hermosa,
> siempre huyes
> de te dar poco ni nada
> desta mi vida rauiosa
> que destruyes.

los árboles parece que s'inclinan;
las aves que m'escuchan, quando cantan,
con differente boz se condolecen
y mi morir cantando m'adevinan;
    las fieras que reclinan
    su cuerpo fatigado
    dexan el sossegado
sueño por escuchar mi llanto triste:
tú sola contra mí t'endureciste,
los ojos aun siquiera no bolviendo
    a los que tú hiziste
salir, sin duelo, lágrimas corriendo.

  Mas ya que a socorrerme aquí no vienes,
no dexes el lugar que tanto amaste,
que bien podrás venir de mí segura.
Yo dexaré el lugar do me dexaste;
ven si por solo aquesto te detienes.

202 advenian *O*
me adevinan *MgBHTAKR*
205 Dexava *Mg*
209 A lo que *TA*
210 Salid *O R*
Salir *MgBH*
211 a socorrer aqui *O R*
a socorrerme aqui *MgBTA*

Pero Lapesa subraya también la distancia que separa estos versos de Costana, y los de Garcilaso: en éstos "nos sentimos sumergidos en un ambiente de animismo pagano... en el cual es verosímil que se reproduzcan los prodigios de Orfeo".

Por otra parte, no se debe descontar por completo una influencia virgiliana sugerida por Bayo (p. 93); es un pasaje (Ecl. VI.27-30) en el que la voz de Sileno ejerce efectos órficos sobre faunos, fieras y árboles, inclinándose éstos como en el v. 199 de Garcilaso ("tum rigidas motare cacumina quercus").

210 De acuerdo con Blecua (pp. 117-118), aceptamos la variante de *Mg* y *B*.

Herrera, quien también tiene en su texto la variante "salir", dice (H-468): "alusión del un tiempo al otro en la repetición del verbo", por lo cual se refiere, sin duda, al cambio del imperativo al infinitivo.

211 Otra vez la variante de *Mg* y *B* parece preferible a la lectura de *O* (Blecua, p. 118).

Ves aquí un prado lleno de verdura,
ves aquí un' espessura,
ves aquí un agua clara,
en otro tiempo chara,
a quien de ti con lágrimas me quexo;
quiçá aquí hallarás, pues yo m'alexo,
al que todo mi bien quitar me puede,
que pues el bien le dexo,
no es mucho que'l lugar también le quede.

Aquí dio fin a su cantar Salicio,
y sospirando en el postrero acento,
soltó de llanto una profunda vena;

215 solo esto te *O R*
solo aquesto te *Mg*
226 Y sospiros en *Mg*
aciento *O*
acento *BHA*
accento *T*
227 prufunda *O*

---

215 Como demuestra A. Blecua (pp. 118 y 146), la lectura de *O* y *B* (*solo esto*) es hipométrica, pues en tales casos Garcilaso practica siempre la sinalefa; hay que aceptar, pues, la variante de *Mg* como única lectura auténtica (*solo aquesto*).

216-218 (B-27) *Ves aquí un prado lleno de uerdura.* Virgilio, 10 Ecloga [.42-43]:

Hic gelidi fontes, hic mollia prata, Lycori,
Hic nemus...

Herrera (H-469) y Lapesa (p. 138) subrayan la proximidad de la correspondencia textual y de la actitud del Galo virgiliano y del Salicio garcilasiano. Añade Herrera que la anáfora de un verbo se llama "epanáfora".

217 Navarro (1911) dice que la elisión de la *a* ha sido lícita ante muchas vocales, citando casos parecidos.

222 Navarro (1911) señala aquí una errata elusiva, pero evidente, de Herrera: "al que todo mi bien quitarme me puede".

225-238 Esta estrofa de transición entre la canción de Salicio y la de Nemoroso tiene su fuente y modelo virgiliano en los dos versos de transición entre Damón y Alfesibeo:

(B-98) *Lo que canto tras esto Nemeroso.* Virgilio, 8 Ecloga [.62-63]:

Haec Damon; uos, quae responderit Alphesiboeus,
Dicite, Pierides: non omnia possumus omnes.

227 Herrera (H-471) considera metafórico el uso del adjetivo "profunda".

queriendo el monte al grave sentimiento
d'aquel dolor en algo ser propicio,
con la pessada boz retumba y suena;
la blanda Philomena,
casi como dolida
y a compassión movida,
dulcemente responde al son lloroso.
Lo que cantó tras esto Nemoroso,
dezildo vos, Pïérides, que tanto

228 al fiero sentimiento *Mg*
230 pasada *MgA*
231 blanca *O R*
blanda *MgBA*

---

228 No es imposible el epíteto *fiero* (*Mg*), pero es preferible y más autorizado *grave* (*O B*).

230 Según Herrera (H-472), "lleno i grande verso, i que representa bien lo que pretende". La variante "passada", por "pessada", aunque es errata evidente, se estableció con la edición de Azara y fue repetida ciegamente en las ediciones de A. de Castro y Menéndez Pelayo; Navarro, quien también la repitió en su edición de 1911, la rectificó con nota en la de 1924.

231 En notas muy largas, Herrera (H-474) y Navarro (1911) nos explican la fábula de Filomena, o Philomela: el rey Tereo de Tracia violó en la selva a su cuñada Filomena, le cortó la lengua y la encarceló; más tarde, trasformada en ruiseñor, se escapó volando, y desde entonces se queja cantando en la selva donde fue violada.

Como el ruiseñor no es de color blanco, el Brocense enmendó el epíteto. Esto provoca en Herrera (H-473), en F. Fernández de Córdoba (*Didascalia multiplex,* Lugduni, 1615, pp. 337-338) y en Tamayo (T-99) prolongadas discusiones; la defensa de "blanca" es que, por metalepsis, puede significar "simple" o "pura", o bien que se refiere, no al ave, sino a la mujer. Pero un testimonio conclusivo se encuentra en las "blandas querellas" de los ruiseñores de la Canción III. 12; véase también el adjetivo "mitis" en *Consolatio ad Liviam,* v. 105. Cfr. A. Blecua (p. 119), quien trata variantes parecidas a propósito del Son. XIII. 7 (pp. 51-55); la lectura del Brocense tiene el apoyo de *Mg.*

235 Navarro (1911): "Este nombre, *Nemoroso,* ha servido también de adjetivo poético aplicado a cosas propias de bosques..." El ejemplo más famoso es de San Juan de la Cruz, *Cántico espiritual*: "los valles solitarios nemorosos".

236 La palabra "Pïérides", con el sentido de "Musas", proviene directamente de Virgilio (Ecl. VIII.63). Su etimología es quizá discutible: puede referirse a las nueve hijas legendarias de Piero, rey de Macedonia, que compitieron con las nueve Musas verdaderas, o puede referirse a éstas, que, según Hesíodo, nacieron en la Piérida, provincia de Macedonia (Navarro, 1911). Sobre todo esto diserta largamente Herrera (H-476).

no puedo yo ni oso,
que siento enflaquecer mi débil canto.

[NEM.] Corrientes aguas puras, cristalinas,
árboles que os estáys mirando en ellas,

240 questays mirando *Mg*

239-407 Según Lapesa (pp. 139-141), "La lamentación de Nemoroso representa la más perfecta compenetración de Garcilaso con lo mejor de la poesía petrarquesca". Se citan a continuación las "Chiare, fresche e dolci acque" de la canción XIV (poema CXXVI) y otros numerosos pasajes petrarquescos (nn. 166-171), algunos ya notados por comentaristas anteriores.

239-252 Sobre las elaboraciones hechas por Lope (Égloga I) y Calderón a base de los seis versos primeros de esta estrofa, véase J. M. Cossío, "Tres planos de arte", cap. 7 de su *Poesía española, notas de asedio*. El Brocense cita una imitación italiana de la estrofa entera:

(B-99) *Corrientes aguas puras.* Del Paterno he dexado de poner mucho en esta Ecloga, mas agora quiero poner este passo:

Ruscei correnti, amoresetti, et lieti,
Fontane d'acqua christallina, et pura,
Verdi prati, ripien di fresca ombrella:
Arbori, che mirate il suo bel uiso,
Augei che rocamente ui lagnate
Torcendo il passo per quel uerde seno:
Voi ben sapete quant'io gia u'amaua
E con quanto piacer, con qual desio
Fra uoi prendeua i mollicelli sonni.
O passata dolcezza, o ben caduco,
Hor in uece di requie, et di consorto
M'apportate memoria oscura, e trista.

239 Herrera (H-477) comenta el asíndeton de este verso y cita su fuente petrarquesca (Canzone XIV, Poema CXXVI), con los primeros versos de la imitación que hizo Boscán (Canción II, ed. Riquer, p. 124):

Claros y frescos ríos
que mansamente vais
siguiendo vuestro natural camino...

Mele cita también un verso de Ariosto (*Orlando*, XXIV.xciv.3): "alle fresche ombre e all'onde cristalline".

240 (B-100) *Arbores que os estáys.* Ariosto, canto I [.xxxvii.3]:

Che de le liquide onde a spechio siede.

Cfr. Mele, quien cita lo mismo.

verde prado de fresca sombra lleno,
aves que aquí sembráys vuestras querellas,
yedra que por los árboles caminas,
torciendo el passo por su verde seno:
yo me vi tan ageno
del grave mal que siento
que de puro contento
con vuestra soledad me recreava,
donde con dulce sueño reposava,
o con el pensamiento discurría
por donde no hallava
sino memorias llenas d'alegría;

y en este mismo valle, donde agora
me entristezco y me canso en el reposo,
estuve ya contento y descansado.
¡O bien caduco, vano y pressuroso!
Acuérdome, durmiendo aquí algún ora,
que, despertando, a Elissa vi a mi lado.
¡O miserable hado!
¡O tela delicada,
antes de tiempo dada
a los agudos filos de la muerte!,

253 este triste valle *O R*
Y en este mismo valle *BHTA*
255 Estuve yo *A*
261 Antes del tiempo *Mg*

243-244 Mele cita otros versos de Ariosto (*Orlando,* XIV.xciii.3-4):

. . . di cui la fronte l'edera seguace
tutta aggirando va con storto passo.

253 Es superior la lectura de *B* (*HTA*), como cree Blecua (p. 120).

253-255 Del principio de esta estrofa dice Herrera (H-478) que "en el segundo i en el tercero verso ai hermosíssima contraposición de *entristesco* i *canso, contento* i *descansado*".

258-262 De la misma manera que Salicio y Nemoroso se suelen identificar con Garcilaso, Galatea y Elisa se suelen identificar con Isabel Freire (Navarro 1911), quien vino a España en 1526, se casó dos o tres años después, y murió de parto hacia 1533 (Navarro 1924).

más convenible fuera aquesta suerte
a los cansados años de mi vida,
que's más que'l hierro fuerte,
pues no la á quebrantado tu partida.

¿Dó están agora aquellos claros ojos
que llevavan tras sí, como colgada,
mi alma, doquier que ellos se bolvían?

263 Mas convenible suerte *O R*
Fuera mas convenible aquesta suerte *Mg*
Mas convenible fuera aquesta suerte *BTA*
266 Pues que no *OK*
Pues no la *MgBHTAR*
268 trasi *O*
Que llevan *Mg*
269 Mi anima doquier que se volvian *A*

---

263 (B-101) *Mas conuenible* [*fuera aquesta*] *suerte a los cansados.* Este verso estaua falto, suplióse del de mano. Petro Bembo, canción *Donna* [Canz. VII. iii. 13-14]:

> *O già mia speme, quanto*
> *meglio m'era il morir, che'l uiuer tanto.*

Como demuestra Blecua (pp. 120-121), el manuscrito del Brocense es aquí superior a *Mg*; es evidente el error de *O.* Herrera (H-479) no enmienda el verso, pero comenta: "verso falto, porque conforme a la disposición de la estança deve ser endecasílabo; i deste error nació el de la siguiente" (que tiene un verso de más).

263-266 Lapesa (p. 66) cita como fuente dos versos de Ausias March (XCV, IV *Cant de Mort,* 43-44):

> Mon cor de carn es *pus fort que acer*
> puys ell es viu y entre nos es *depart.*

267-281 (B-102) *Do están agora aquellos.* Imita a Petrarca en la canción 4 [poema XXXVII], y más claramente a un antiguo que dize ansí:

> *Doue son gli ochi et la serena forma*
> *Del santo, allegro et amoroso aspetto?*
> *Doue e la man eburnea, oue e'l bel petto?*
> *Ch'apensarui hor in fonte mi trasforma.*

Ni Mele ha identificado el "antiguo" autor de estos versos italianos (cfr. B-104). Según Herrera (H-480), esta estrofa es "descrición de la persona muerta, que la representa a los ojos por sus partes; i es imitación del son. 31. de la 2. par. de Petrarca" (es decir, del Poema CCXCIX, citado por Mele como fuente del movimiento de esta estrofa: "Ov'è la fronte...").

¿Dó está la blanca mano delicada,
llena de vencimientos y despojos
que de mí mis sentidos l'offrecían?
Los cabellos que vían
con gran desprecio al oro
como a menor tesoro
¿adónde 'stán, adónde el blanco pecho?
¿Dó la columna que'l dorado techo
con proporción graciosa sostenía?
Aquesto todo agora ya s'encierra,

271 vencimiento y *OK*
vencimientos *MgBHTAR*
274 el oro *HTn*
275 Como menor *Mg*
276 el blando pecho *H* (*errata*)
277 De la *OK*
Do la *BHTAR*

277-8 Do estan? do la columna que [algún dia
Con presumpcion su gloria sos- [tenia? *Tn*
278 presuncion *O R*
proporcion *Mg*
279 Todo esto ya se cierra *Hn*

---

277 (B-103) *De la coluna, etc.* Leo *Do la coluna.*
A Herrera (H-481) no le gusta la metáfora ("columna" por "cuello"); "dura traslación, aviendo dicho *ojos* i *mano* i *cabellos*, aunque l'ablandó con dezir el *dorado techo*..." Mele dice que son imágenes petrarquescas que se encuentran en el Poema CCCXXV, la que empieza "Tacer non posso e temo non adopre" (v. 16: "Muri eran d'alabastro e'l tetto d'oro", y vv. 27-28: "dinanzi una colonna / cristallina..."); pero en Petrarca la *colonna* es la frente o el intelecto de Laura.

278-281 Tanto Herrera (H-481) como Tamayo (T-101) creen que sería muy atrevido quitar uno de estos versos, pues aunque, según las reglas formales, sobra uno, no hay ripio. Sin embargo, cita Herrera una enmienda antigua suya, y Tamayo cita otra sugerida por Luis Tribaldos de Toledo (véanse entre nuestras variantes).

278 Con admirable erudición y claridad de razonamiento demuestra A. Blecua (pp. 121-127) que *presunción* (*O B*) es un error evidente y que *proporción* (*Mg*) es la única lectura posible. Cfr. Ég. II.1048: *proporción graciosa.*

279 (B-104) *Aquesto ya se encierra, etc.* El mismo autor [cfr. B-102]:
Lasso, che poca terra hoggi l'asconde.

Y el Petrarca, cancion 5 in morte, [poema CCCXXXI. 46-47]:

Hor mie speranza sparte
Ha morte: e poca terra il mio ben preme.

por desventura mía,
en la escura, desierta y dura tierra.

¿Quién me dixiera, Elissa, vida mía,
quando en aqueste valle al fresco viento
andávamos cogiendo tiernas flores,
que avia de ver, con largo apartamiento,
venir el triste y solitario día
que diesse amargo fin a mis amores?
El cielo en mis dolores
cargó la mano tanto
que a sempiterno llanto
y a triste soledad m'á condenado;
y lo que siento más es verme atado
a la pessada vida y enojosa,
solo, desamparado,
ciego, sin lumbre, en cárcel tenebrosa.

Después que nos dexaste, nunca pace
en hartura el ganado ya, ni acude

280 Sombra i ceniza hecho *Hn*
En ceniza deshecho *Hn*

281 la fria desierta *O R*
la escura, desierta *Mg*

285 con luengo *Mg*

---

281 En *O* y *B* este verso es hipométrico, pues en la palabra *fría* y semejantes hay normalmente sinéresis (cfr. Ég. III.11 y El. II.43) siempre que no sea consonante (Ég. II.739, 1044, 1576, 1643). Por esto nos parece auténtica la lectura de *Mg* (*escura*).

286 Herrera (H-482): "epíteto de la metonimia, que el *día* no fue *triste,* sino él fue triste en aquel *día*".

289 Contra las críticas del culto Herrera, Navarro (1911) defiende ésta y otras expresiones familiares usadas por Garcilaso.

295 Es discutible la afirmación que hace Mele de que aquí "lumbre" significa "ojos" y "cárcel" significa "cuerpo". Cita a Petrarca, Poema CCCVI.4: "chiuse 'l mio lume e 'l suo carcer terrestro". Lapesa (n. 168) cita además cuatro pasajes petrarquescos quizá más próximos, entre ellos Poema CCCXXI.9, 12: "e m'ai lasciato qui misero e solo . . . veggendo a' colli oscura notte intorno . . ."

296-307 (B-105.1) *Después que nos dexaste, etc.* Imita este lugar de Virgilio, 5 Ecloga [34-39]:

el campo al labrador con mano llena;
no ay bien que'n mal no se convierta y mude.
La mala yerva al trigo ahoga, y nace
en lugar suyo la infelice avena;
la tierra, que de buena
gana nos produzía
flores con que solía
quitar en solo vellas mil enojos,
produze agora en cambio estos abrojos,
ya de rigor d'espinas intratable.
Yo hago con mis ojos
crecer, lloviendo, el fruto miserable.

Como al partir del sol la sombra crece,
y en cayendo su rayo, se levanta

301 En su lugar la *O R*
En lugar suyo la *MgBTA*
305 el solo *Mg*
306 en cambio desto abrojos *Mg*
307 Y de rigor espinas *Mg*
308 Y yo hago *A*
309 Crecer llorando *B77nTnA*

[...Postquam te fata tulerunt,
Ipsa Pales agros, atque ipse reliquit Apollo.]
Grandia saepe quibus mandauimus hordea sulcis
Infelix lolium, et steriles [*nascuntur*] *auenae.*
Pro molli uiola, pro purpureo Narcisso
Carduus, et spinis surgit paliurus acutis.

Todo es tomado de Theócrito en el primer Bucólico; y también lo tomó Sanazaro, prosa 5, largamente.

Herrera (H-483) alaba la suavidad de estos versos.

299 Lope de Vega usó este verso en un soneto multilingüe, según nos informa Adolfo de Castro; se encuentra en las *Rimas humanas* (*Hermosura de Angélica,* 1602), Son. CXII.12, soneto que empieza "Le donne, i cavallier, l'arme, gli amori".

301 Como demuestra A. Blecua (pp. 127-128 y 145-146), la lectura de *O* es aquí hipométrica, así que la de *Mg* y *B* tiene que ser la auténtica. Tamayo (T-102) también menciona esta variante. Cfr. Son. XIII.9-14.

310-323 (B-106.1) *Como al partir del sol.* Ariosto, canto 45 [.36.1-4]:

Come al partir del Sol si fa maggiore
L'ombra, onde nasce poi uana paura:
Et come al apparir del suo splendore
Vien meno l'ombra, e'l timido assicura.

la negra escuridad que'l mundo cubre,
de do viene el temor que nos espanta
y la medrosa forma en que s'offrece
aquella que la noche nos encubre
hasta que'l sol descubre
su luz pura y hermosa:
tal es la tenebrosa
noche de tu partir en que é quedado
de sombra y de temor atormentado,
hasta que muerte'l tiempo determine
que a ver el desseado
sol de tu clara vista m'encamine.

Qual suele'l ruyseñor con triste canto
quexarse, entre las hojas escondido,

315 Aquello que *B77TA*
319 partir, y yo e quedado *Mg*
324 con dulce canto *Mg*

Mele y Lapesa (p. 144) confirman esta fuente ariostesca, a la cual añade Herrera (H-484) tres versos de Paterno, una fuente latina (Valerio Flaco) y una referencia a otro pasaje garcilasiano (Ég. II.1113-1118).

314-315 (B-106.2) [*Aquella que la noche.* Yo emendé *aquello que.* (B77-89)]

Dice Herrera (H-486): "aquella *forma,* o imagen, de cualquier cosa que se ofrece de noche i pone orror". Según Navarro (1924), la enmienda del Brocense "hace el sentido más claro"; pero es adecuada la explicación que da Herrera del género femenino.

317 A pesar de la vacilación de Navarro (1911), la *h* de "hermosa" es aspirada, como siempre en Garcilaso.

323-343 (B-107) *Qual suele el ruyseñor.* Virgilio, libro 4, Georgicas [.vv. 511-515]:

Qualis populea moerens philomela sub umbra
Amissos queritur foetus, quos durus arator
Obseruans nido implumes detraxit, at illa
Flet noctem, ramoque sedens miserabile carmen
Integrat, et moestis late loca questibus implet.

Todo es de Homero, libro 19 de la *Odyssea.* Boscán tomó largamente esta comparación en su *Leandro* [vv. 1534-1544, ed. Riquer, p. 284].

del duro labrador que cautamente
le despojó su charo y dulce nido
de los tiernos hijuelos entretanto
que del amado ramo estava ausente,
y aquel dolor que siente,

329 romo *O* 330 Aquel dolor *Mg*

Esta nota del Brocense ha sido confirmada y ampliada por comentaristas posteriores. Dice Herrera (H-488) que "esta parábola mueve maravillosamente el afeto de miseración", y a la cita virgiliana le añade otra de Estacio (*Tebeida,* V.599: "Ac velut aligerae sedem foetusque parentis"). Mele añade citas de Ariosto (*Orlando,* XLV.xxxix-xl.5-8 y 1-3), de Francisco de la Torre (Égloga I) y de Villegas (Cantilena VI). En su estudio de "El ruiseñor de las *Geórgicas*" (135.23-25), María Rosa Lida entresaca otros ruiseñores garcilasianos (Ég. II.716-719 y 1147-1148, Ca. III.10-13) antes de ponderar el arte de este pasaje: "Más que ninguna de las 'imitaciones' de Garcilaso, estos versos parecen a primera vista seguir fielmente el modelo latino: en rigor nos hallamos ante una taracea finísima, hecha no sobre el papel sino en el ánimo del poeta. Fantasía y recuerdos literarios se unen para crear un todo original..." La gran erudita argentina señala la influencia directa de la *Odisea* (XIX.518-523) y otras probables de Aristófanes, Eurípides, Plauto, Estacio, Petrarca (Poema CCCXI, "Quel rosignuol che sì soave piagne") y Sannazaro (según ella, Égloga II, 269-275; querría decir *Arcadia,* Égl. XI.46-54). Lapesa (pp. 144-145 y n. 174) se limita a Virgilio y Petrarca, señalando la feliz amplificación: "cada vez que esperamos el fin de la descripción, vienen a añadírsele nuevos trazos que la prolongan, como se prolonga la incesante querella del ave despojada; una serie de copulaciones seguidas acierta a producir la sensación de creciente angustia". Es interesante comparar los versos correspondientes de Boscán (*Leandro,* 1534-1543):

qual suele'l ruyseñor, entre las sombras
de las hojas del olmo o de la haya,
la pérdida llorar de sus hijuelos,
a los quales, sin plumas, aleando,
el duro labrador tomó del nido;
llora la triste paxarilla entonces
la noche entera sin descanso alguno,
y desd'allí do stá puesta en su ramo,
renovando su llanto dolorido,
de sus querellas inche todo'l campo.

con differencia tanta
por la dulce garganta
despide que a su canto el ayre suena,
y la callada noche no refrena
su lamentable officio y sus querellas,
trayendo de su pena
el cielo por testigo y las estrellas:

desta manera suelto yo la rienda
a mi dolor y anssí me quexo en vano
de la dureza de la muerte ayrada;
ella en mi coraçón metyó la mano
y d'allí me llevó mi dulçe prenda,
que aquél era su nido y su morada.
¡Ay, muerte arrebatada,
por ti m'estoy quexando
al cielo y enojando
con importuno llanto al mundo todo!
El desigual dolor no suffre modo;

333 Despide y a su *O R*
Despide que a su *Mg*
337 Al cielo *MgBHTA*
338 manera suelto ya la rienda *O R*
manera yo suelto la rienda *Mg*
339 assi *K*
341 Alla en mi *B74*
347 el mundo *MgH*
348 Tan desigual *BTA*

---

331 Como indica Mele, "diferencia" era en los siglos XVI y XVII un término musical que significaba "variación"; cita una imitación comprobante de Góngora (Millé, Son. 237):

> Con *diferencia* tal, con gracia tanta
> aquel ruseñol llora que sospecho
> que tiene otros cien mil dentro en su pecho...

Cfr. Gil Polo, *Diana enamorada* (ed. Ferreres, p. 60): "requebrando las pastoriles vozes, y haziendo con ellas delicados passos y *diferencias,* cantaban desta manera..."

333 Como demuestra A. Blecua (p. 128), es preferible la lectura de *Mg,* que da el correlato de *tanta* (v. 331).

338 Como demuestra A. Blecua (p. 129), el *ya* de *O* representa una lectura errónea de *yo* (*B Mg*).

348 *desigual*: excesivo (cfr. Son. XXXII.9; sentido corriente, por ejemplo, en J. Manrique, ed. A. Cortina, Clás. Castellanos t. 94, 1941, p. 112). De

no me podrán quitar el dolorido
sentir si ya del todo
primero no me quitan el sentido.

Tengo una parte aquí de tus cabellos,
Elissa, embueltos en un blanco paño,
que nunca de mi seno se m'apartan;
descójolos, y de un dolor tamaño
enternecer me siento que sobre'llos
nunca mis ojos de llorar se hartan.
Sin que d'allí se partan,
con sospiros callientes,

350 Sentido si del todo *Mg*
352 Una parte guarde de tus cabellos *MgBTA*
359 calientes *K*

---

esta manera explica el verso Navarro (1911): "Dolor tan grande no puede soportarse en modo alguno". Es decir que el dolor, siendo más fuerte que ningún freno moral, no permite modulación (*modo*) alguno. No es mala la variante de *B*, apenas comentada por Blecua.

349-351 Siguiendo a Herrera (H-489), Lapesa (p. 92 y n. 102) cita, para esta "más honda expresión de la actitud anímica fundamental en Garcilaso", dos antecedentes en Boscán (ed. Knapp, pp. 41 y 110; ed. Riquer, p. 37 [falta el otro]):

> ... que quitándome el sentido,
> no me quitan el sentir.

> ... que quitándome el sentido,
> no me quita que no sienta
> los males que me han herido.

352-365 (B-108) *Una parte guardé.* Este verso se restituyó del de mano; otros leen: *Tengo una parte aquí.* Sanazaro, Ecloga última:

> *I tuoi capelli, o Filli, in una cistula*
> *Serbati tengo, et spesso quand'io uolgoli,*
> *Il cor mi passa una pungente aristula.*
> *Spesso gli lego, et spesso, ohimè, disciolgoli,*
> *Et lascio sopra lor questi occhi piouere:*
> *Poi con sospir gli asciugo, e insieme accolgoli.*

Estos dos tercetos (*Arcadia,* Ecl. XII.313-318) son citados también por Herrera (H-490), Cirot (49.251, n. 1), Navarro (1924) y Lapesa (pp. 145-146, n. 175), quien dice que el pasaje está "traducido casi de Sannazaro".

más que la llama ardientes,
los enxugo del llanto, y de consuno
casi los passo y cuento uno a uno;
juntándolos, con un cordón los ato.
Tras esto el importuno
dolor me dexa descansar un rato.

Mas luego a la memoria se m'offrece
aquella noche tenebrosa, escura,
que siempre afflige esta ánima mezquina
con la memoria de mi desventura:
verte presente agora me parece

360 Mas quell alma ardientes *Mg*
361 consuuo *O*
llanto uno a uno *Mg*
362 cuento de consuno *Mg*
quasi *K*
368 Que tanto aflige *H*

Como dice A. Blecua (p. 145), las variantes del verso 352 no representan un mero error de copista: "más bien parece un retoque hábil de Garcilaso para evitar la repetición, poco grata, de *guardé de*".

Torner (*Lírica hispánica,* pp. 235-236) encontró en Rodríguez Marín (*Cantos,* II, 2358) una seguidilla basada en esta estrofa, y en Góngora (Millé, Rom. 10) un romance burlesco en el cual un yegüero envuelve "en un papelón de estraza" los cabellos de su amada.

360 Navarro (1911) insiste en "la simpatía de Garcilaso por ciertas formas del castellano familiar", citando de esta misma égloga otras comparaciones de tipo popular: "más dura que mármol" (v. 57), "más helada que nieve" (v. 59), "más fuerte que el hierro" (v. 265), etc.

361-362 Como explica A. Blecua (p. 131), no está claro el sentido de estos dos versos; quizá sea "y estando casi juntos...", o bien (cfr. *Mg*) "y uno a uno casi, los paso y cuento al mismo tiempo".

362 Subrayando el hiato entre "cuento" y "uno", Herrera (H-491) dice: "la división de las vocales no colididas va estendiendo la cuenta con la prolixidad della". Navarro (1924) indica dos modos distintos de escandir este verso, pero en todo caso hay que dejar en hiato siempre la vocal inicial de "uno", que lleva acento.

366-369 Aquí Nemoroso empieza a recordar la noche en la que murió de parto Elisa (Isabel Freire). Son algo parecidos estos dos versos virgilianos, en los cuales Eneas recuerda el aniversario de la muerte de su padre (*Eneida,* V.49-50):

Iamque dies, nisi fallor, adest, quem semper acerbum,
semper honoratum (sic di voluistis) habebo.

en aquel duro trance de Lucina;
y aquella boz divina,
con cuyo son y acentos
a los ayrados vientos
pudieran amansar, que agora es muda,
me parece que oygo, que a la cruda,
inexorable diosa demandavas
en aquel passo ayuda;
y tú, rústica diosa, ¿dónde 'stavas?

¿Ývate tanto en perseguir las fieras?
¿Ývate tanto en un pastor dormido?

375 Pudieron amansar *O R*
Pudieran *Mg*
Pudieras *BHTA*

376 Me parece que escucho que *Mg*

377 Y inexorable *Mg*

---

371 Lucina es la diosa del parto ("aquel duro trance"), identificada por Garcilaso con Diana, diosa de la caza (v. 380) y de la luna (v. 381). En Virgilio también se identifica con Diana: cfr. "casta fave Lucina" (Ecl. IV.10), invocación de la hermana de Apolo.

372-375 (B-109.1) *Con cuyo son y accentos, etc.* Petrarca, canzion 4 [CCCXXV. 86-87]:

> *Et acquetar li uenti, e le tempeste*
> *Con uoci.*

El mesmo, cancion 2 [CCLXX. 33-35]:

> *La qual era possente*
> *Cantando d'acquetar gli sdegni e l'ire,*
> *Di serenar la tempestosa mente.*

A estos pasajes, sobre el poder de Venus, les añade Mele, por sugerencia de Flamini, una derivación paralela en Tansillo (*Due pellegrini,* 650-651).

375 A. Blecua (p. 131) encuentra necesario el subjuntivo y más autorizada la lectura de *Mg.* Cfr. enmienda de Ég. III.67.

379 Mele encuentra invocada a Lucina como "rústica diosa" en Horacio (*Odas,* III.xxii.1-5: "Montium custos . . .") y en Catulo (XXXIV.9-16: "Montium domina . . .").

380 Este verso se refiere a Diana la cazadora (cfr. vv. 389-391).

381 Una larga nota de Herrera (H-493) se condensa en la edición salmantina de 1589:

¿Cosa pudo bastar a tal crüeza
que, comovida a compasión, oýdo
a los votos y lágrimas no dieras,
por no ver hecha tierra tal belleza,
o no ver la tristeza
en que tu Nemoroso
queda, que su reposo
era seguir tu officio, persiguiendo
las fieras por los montes y offreciendo
a tus sagradas aras los despojos?
¡Y tú, ingrata, riendo
dexas morir mi bien ante mis ojos!

Divina Elissa, pues agora el cielo
con inmortales pies pisas y mides,

384 A las vozes *Mg*
385 ver echa *O*
tu belleza *Mg*
388 Que siempre su reposo *Mg*
393 ante los ojos *HT*
395 passeando mides *Mg*

(B-109.2) [*Yua te tanto en un pastor dormido.* Fingieron los poetas que que la Luna, enamorada del pastor Endymión, baxaua a besarle estando él durmiendo en el monte Latino. La verdad es que Endymión fue el que primero, con gran cuydado en luengo tiempo, obseruó los cursos de la luna. (B89<H)]

382 Sólo Azara (A-76) señala el italianismo de "¿Cosa?" por "¿Qué?".
383 Navarro dice que "comovida" es reducción de la forma culta "conmovida" y que tales reducciones no son raras en Garcilaso.
388 Es posible interpretar "que su reposo" como versión familiar de "cuyo reposo".
394-407 Tal apoteosis pertenece, desde Virgilio, a la tradición de la elegía pastoril (cfr. H-494), pero la fuente verbal más próxima es Sannazaro:

(B-110) *Diuina Elisa, pues agora mides, etc.* Sanazaro, Arcadia, Ecloga 5 [.1]:

Alma beata e bella

y más abaxo [.9-10]:

et coi uestigi santi
calchi le stelle erranti.

Herrera (H-497) también cita como fuente la Piscatoria I de Sannazaro, pero como dice Mele, con Flamini, sólo tienen en común la forma de

y su mudança ves, estando queda,
¿por qué de mí te olvidas y no pides
que se apresure el tiempo en que este velo
rompa del cuerpo y verme libre pueda,
y en la tercera rueda,
contigo mano a mano,
busquemos otro llano,
busquemos otros montes y otros ríos,

398 Que te apresure *Mg* 399 Romper del cuerpo *Mg*

---

la apóstrofe. Para Lapesa (p. 146) la estrofa es "esencialmente petrarquesca" en su anhelo ascensional; esto se confirma con la cita del gran petrarquista Bembo que nos da el Brocense:

(B-111.1) *Por qué de mí te oluidas, etc. Bembo,* canción *Donna* [estrofa I. 7-10]:

Impetra dal Signor, non piu ne suoi
Lacci mi stringa il mondo, e possa l'alma
Che devea gir inanzi homai seguirti,
Tu godi assisa tra beati spirti.

Y a esta cita se debe añadir la que hace Mele del famoso Poema CCCII de Petrarca mismo: "Levommi il mio penser in parte ov' era..." En un estudio de O. H. Green (111) se subraya el cristianismo implícito de esta estrofa, y de Garcilaso en general; pero ni Lapesa (p. 146: "representación pagana de los Campos Elíseos") ni Valbuena Prat (235.487: "alma pagana") ni Rivers (205.57-58) se refiere a ninguna aspiración "to a legitimately Christian beatitude" de parte del poeta.

398-399 Mele cita un verso de Ariosto (*Orlando,* XLII.xiv.7): "la qual [alma] disciolta dal corporeo velo".

400 Herrera (H-496) afirma que "la tercera rueda" es el cielo, o planeta o esfera, de Venus, y a pesar de una discusión con Prete Jacopín (observación 44), a Herrera le sigue el Brocense:

(B-111.2) [*Y en la tercera rueda.* En el orden de los planetas, contando desde la Luna, tiene Venus el tercero cerco. (B89<H)]

Navarro lo encuentra confirmado en Mena, *Trescientas,* coplas 100 ss.

402-403 (B-112) *Busquemos otro llano.* Sanazaro *Arcadia* [Ecl. V. 14-15]:

Altri monti, altri piani,
Altri boschetti, et riui.

Este pasaje confirma la influencia evidente y directa de la elegía de Sannazaro en esta estrofa última de Nemoroso.

otros valles floridos y sombríos
donde descanse y siempre pueda verte
ante los ojos míos,
sin miedo y sobresalto de perderte?

Nunca pusieran fin al triste lloro
los pastores, ni fueran acabadas

405 Donde descansar y *OK*
Donde descanse *MgHR*
Do descansar *BTA*
407 de la muerte *Mg*

---

405 El error de *O* es doblemente evidente, violando métrica y gramática; *B* lo corrige sólo a medias (véase A. Blecua, p. 142).
407 La lectura de *Mg* parece representar un retoque estilísticamente superior.

408-421 (B-113) *Si mirando las nuues coloradas.* Sanazaro, [*Arcadia*] prosa 5:

> *Era gia per lo tramontare del sole, tuto l'occidente sparso di mille uarietà di nuuoli, quali uiolati, etc.*

Lapesa (pp. 94 y 98) confirma la influencia de la primera frase de la Prosa V de la *Arcadia,* la cual se reconoce más fácilmente si se reproduce *in extenso* el pasaje:

> ... quali violati, quali cerulei, alcuni sanguigni, altri tra giallo e nero, e tali si rilucenti per la ripercussione de' raggi, che di forbito e finissimo oro pareano; per che essendosi le pastorelle di pari consentimento levate da sedere intorno alla chiara fontana, i duo amanti pusero fine a le loro canzoni.

Los verbos clave son "poner fin" y "tramontar" (siendo éste probablemente italianismo); Garcilaso sólo cambia el orden. Es más bien indirecta la supuesta influencia virgiliana citada por Herrera (H-500) y Bayo (pp. 101-102), con su imitación petrarquesca, citada por Herrera (H-502), las cuales se encuentran en la Ecl. II.66-67 y el Poema L.16-17:

> Adspice, aratra iugo referunt suspensa iuvenci
> et sol crescentes decedens duplicat umbras...
>
> ...la notte, onde discende
> dagli altissimi monti maggior l'ombra.

Pero esta especie de "cronología" es típicamente virgiliana, y podemos ignorar las pedanterías, entre realistas y científicas, de Herrera (H-498 y H-499), quien explica el origen físico de las nubes y critica la extensión temporal de las dos canciones, que duran desde la salida (vv. 43-45) hasta la puesta del sol.

las canciones que solo el monte oýa,
si mirando las nuves coloradas,
al tramontar del sol bordadas d'oro,
no vieran que era ya passado el día;
    la sombra se veýa
    venir corriendo apriessa
    ya por la falda espessa
del altíssimo monte, y recordando
ambos como de sueño, y acabando
el fugitivo sol, de luz escaso,
    su ganado llevando,
se fueron recogiendo passo a passo.

412 trasmontar *A*
orladas de oro *Mg*
413 No vieran ya que era passado el dia *Mg*
416 espressa *O*
418 y acusando *Mg*

---

412 Creemos que se equivoca A. Blecua (pp. 133-135) al defender como *lectio difficilior* la lectura (*orladas*) de *Mg,* que le parece al mismo tiempo inferior: ¿no podría ser *bordadas* retoque del poeta mismo?

418 Otra vez sentimos apartarnos del juicio de A. Blecua (p. 136), quien encuentra redundante la palabra *acabando*; es característica del estilo pastoril garcilasiano cierta redundancia del tipo "corrientes aguas puras, cristalinas". Pero es verdad, como Blecua demuestra brillantemente, que la lectura de *Mg, acusando,* es error de copista por *acuciando,* y y que ésta sí puede ser lectura auténtica. Por otra parte, este error de *Mg* puede ser resultado de una contaminación petrarquista (Poema XXIII.112: "Ivi, accusando il fugitivo raggio...").

ÉGLOGA SEGUNDA

Personas: ALBANIO, CAMILA; SALICIO, NEMOROSO

Según Keniston (pp. 125-126), desde mediados de junio de 1533, Garcilaso estuvo en Nápoles unos 14 meses; debió de escribir la Égloga II en la primera parte de este período. Lapesa (pp. 186-187) está de acuerdo: "El poema debió de acabarse entre mayo de 1533 y los primeros meses de 1534". Cree además (n. 7) que "hubo un núcleo inicial y adiciones posteriores; pero con muy escaso intervalo entre uno y otras".

Es de suponer que Salicio y Nemoroso en la Égloga II, lo mismo que en la I, son trasuntos del poeta mismo. Nemoroso (con Severo) es el poeta narrador de la última parte de la Égloga II; Salicio escucha en la primera parte la narración de Albanio, y en la segunda la de Nemoroso. Más discutible es la identificación de Albanio, si en efecto representa a alguna persona histórica. Parece ser difícil de sostener la opinión de Menéndez Pelayo y de Keniston (p. 246), de que Albanio sea el duque de Alba, ya que éste se presenta más tarde *in propria persona* y como figura antitética (cfr. notas de Navarro, en nuestra nota al verso 1719). A. Lumsden (146.258-264) sugiere que Albanio representa más bien a Garcilaso mismo. Lapesa (pp. 107-110) trata con detenimiento esta cuestión, opinando que Albanio se presenta de un modo muy ridículo para representar ni al duque ni al propio poeta. Sugiere una tercera posibilidad, que nosotros aceptamos como la menos inverosímil: que Albanio representa a don Bernardino de Toledo, hermano menor del duque. Así se entiende mejor el nombre mismo (que se refiere a la casa de Alba), el indulgente humorismo y el contraste simétrico entre las dos figuras.

En tal caso Camila, descendida de la "sangre y agüelos" (v. 171) de Albanio y virgen consagrada a Diana (vv. 173-174), representaría a alguna prima de don Bernardino, la cual, en vez de enamorarse de él, "acaso... prefiriese la vida conventual" (Lapesa, p. 110; cfr. *Ninfale fiesolano* de Boccaccio). El personaje literario de Camila remonta a la *Eneida,* siendo veloz mujer guerrera que aparece al final del libro VII (vv. 803-817) y que ocupa lugar prominente en la segunda mitad del XI (vv. 535 ss.); criada en el monte por su padre Metabo, era gran cazadora y virgen famosa (XI.582-584: "...sola contenta Diana / aeternum telorum et virginitatis amorem / intemerata colit"). Se menciona a esta Camila en la *Cárcel de amor*, por ejemplo, en la defensa de las mujeres: "sostuvo entera virginidad" (ed. Gili Gaya, 1950, p. 207). Camila también aparece en los manuales de lugares comunes (por ejemplo, en la *Officina Textoris*) como ejemplo de "cursor velocissimus".

Es imposible identificar otros personajes pastoriles que se mencionan incidentalmente: Gravina, amiga de Salicio (v. 719), y Galafrón, amigo de Salicio y Nemoroso (vv. 129, 1881). Pero Keniston (p. 253) supone que Galafrón representa a don Pedro de Toledo, marqués de Villafranca.

Desde Herrera (H-503) hasta ahora se discute la unidad de la Égloga II: "Esta égloga es poema dramático, que también se dize ativo, en que no habla el poeta sino las personas introduzidas... Tiene mucha parte de principios medianos, de comedia, de tragedia, fábula, coro i elegía. También ai de todos estilos: frases llanas traídas del vulgo (*gentil cabeça, yo podré poco, callar que callarás*), i alto más que conviene a bucólica (*convocaré el infierno*), i variación de versos como en las tragedias". Termina Herrera citando a Catulo (LXXXVI. 1-3), dando a entender que aunque tiene muchos aspectos hermosos, como conjunto el poema no es hermoso. Prete Jacopín (observación 23) afirma que "condenáis toda la égloga; para mí es obra superior"; responde Herrera que la variedad métrica corrompe la simplicidad bucólica. Según Tamayo (T-104), "la Égloga II es maravillosa por la variedad de afectos que contiene"; defiende las frases vulgares como muy apropiadas para el loco Albanio. Azara (A-77) está de acuerdo con Herrera: "Esta égloga es muy desigual...". Los juicios de Keniston (pp. 246, 253) también son muy duros: "one of his least artistic works..., its tedious prolixity..., extremely uneven...". Keniston (pp. 246-254) nos da el primer análisis detallado de la obra, comentando sus fuentes principales: el "Beatus ille" de Horacio, la prosa VIII de la *Arcadia* de Sannazaro, ecos del Narciso y de la Medea de Ovidio, la prosa IX de Sannazaro, el último canto del *Orlando*, el epitalamio de Catulo. (Véanse nuestras notas; también se ha sugerido la influencia de la Égloga II de Antonio Tebaldeo y del *Tirsi* de Castiglione.)

Entre 1947 y 1951 se publicaron cinco estudios independientes que arrojan mucha luz sobre la estructura de nuestra égloga: A. Lumsden (146), Lapesa (pp. 102-123), M. Arce (18), I. Macdonald (150) y R. O. Jones (122). Miss Lumsden demuestra cómo el personaje de Severo da cierta unidad al poema; subraya como valor poético la intensidad psicológica de la locura de Albanio. Lapesa explica la composición y estructura formal del poema, subraya su carácter dramático y analiza varios temas centrales (el amor, la naturaleza, el heroísmo, la representación plástica). La señora D.ª Margot Arce de Vázquez nos da un útil análisis de fondo y forma. Miss Macdonald ve el poema como un debate entre la locura sensual de Albanio y la cordura heroica del duque; también analiza los símbolos del agua, del viento y de la caza. Finalmente, el profesor Jones ve en el poema un desarrollo de la Canción IV; según él, se basa en la nueva moralidad renacentista, que subordinaba la lascivia a la razón neoplatónica.

ALB. En medio del invierno está templada
el agua dulce desta clara fuente,
y en el verano más que nieve elada.
¡O claras ondas, cómo veo presente,
en vyéndos, la memoria d'aquel día
de que el alma temblar y arder se siente!
En vuestra claridad vi mi alegría
escurecerse toda y enturviarse;
quando os cobré, perdí mi compañía.
¿A quién pudiera ygual tormento darse,

(*O, B*)

1-3 J. S. Lasso de la Vega (131) nos da una breve reseña de este tópico, que se encuentra no sólo en la literatura pastoril, sino en Berceo (*Milagros*, III, XI), en la *Ilíada* (X.147-152), en Heródoto (IV, 90), y en descripciones del otro mundo y de la Atlántida (Platón, *Critias* 117a; comienzo del *Desir de los siete planetas* de F. Imperial), etc.

Siguiendo a Menéndez Pelayo, Navarro (nota al verso 37) señala que, con los de Boscán, éstos son los tercetos más antiguos que hay en castellano.

2 Según Herrera (H-504), Garcilaso "llama *dulce* al agua para bever, i *clara* para deleitar la vista; *dulce* no porque á de tener sabor o dulçura, que en ella ningún sabor deleita, mas dízese *dulce* cuando aplaze al gusto". Pero para Tamayo (T-105) no sobra el epíteto *dulce*, pues hay también agua salada; encuentra la combinación de "aqua dulcis" en Lucrecio (lib. VI.890), Cicerón (*Verr*. IV.118), etc. Añade Mele que el agua es dulce no tanto por su sabor como por su sonido, y cita el "dulce murmurar" del verso 13.

Desde Tamayo (T-105) se viene identificando la poética fuente de este verso con la geográfica de Batres, que se llamaba ya entonces la fuente de Garcilaso y "como ilustre monumento de sus escritos se venera". Allí se encuentran inscritos en lápidas versos de Lope, Góngora y otros poetas del siglo XVII, además de una lápida puesta por poetas del siglo XX. Pero, con Keniston, podemos dudar del sentido literal de tal identificación.

que con lo que descansa otro afligido
venga mi coraçón a atormentarse?
El dulce murmurar deste rüydo,
el mover de los árboles al viento,
el suave olor del prado florecido
podrian tornar d'enfermo y descontento
qualquier pastor del mundo alegre y sano;
yo solo en tanto bien morir me siento.
¡O hermosura sobre'l ser humano,
o claros ojos, o cabellos d'oro,
o cuello de marfil, o blanca mano!,
¿cómo puede ora ser que'n triste lloro
se convertiesse tan alegre vida
y en tal pobreza todo mi tesoro?
Quiero mudar lugar, y a la partida
quiçá me dexará parte del daño
que tiene el alma casi consumida.
¡Quán vano imaginar, quán claro engaño
es darme yo a entender que con partirme,
de mí s'á de partir un mal tamaño!
¡Ay miembros fatigados, y quán firme
es el dolor que os cansa y enflaquece!
¡O, si pudiesse un rato aquí adormirme!

23 conuertisse *O*
27 quasi *K*
33 dormirme *HTA*

---

15 Como anota Navarro (1911), se lee aquí (como en Ég. III.74) *suave*, y no *süave*, que es la lectura garcilasiana más frecuente (Ca. V.7, Ég. II.1162, Ég. III.285, Ég. III.295). Quizá por influencia del italiano *soave, süave* se hizo corriente en la poesía española del Siglo de Oro; pero se discutía, como vemos en las *Obras varias al real palacio del Buen Retiro* de Manuel de Gallegos (Madrid, 1637, f. ¶ 8; véase reimpresión de Pérez Gómez, Valencia, 1949).

21 Herrera (H-505) comenta aquí la etimología árabe de *marfil*.

28-30 Tamayo (T-106) se refiere aquí al comentario de Lipsio (*De constantia*, I, 2) sobre la corcilla de Virgilio, que aunque huía, "haeret lateri letalis harundo" (*Eneida*, IV.73); cfr. Horacio, "caelum, non animum, mutant qui trans mare currunt" (*Epistulae*, I.xi.27).

33 Sólo en este verso se encuentra el verbo *adormir*; de ahí la enmienda de Herrera.

Al que, velando, el bien nunca s'offrece,
quiçá que'l sueño le dará, dormiendo,
algun plazer que presto desparece;
en tus manos ¡o sueño! m'encomiendo.

SAL. ¡Quán bienaventurado
aquél puede llamarse
que con la dulce soledad s'abraça,
y bive descuydado
y lexos d'empacharse

36 desfallece *H*

---

37 Este verso es una parodia evidente de las últimas palabras de la pasión de Jesucristo, "In manus tuas, Domine, commendo spiritum meum" (Lucas, XXIII.46; Ps. XXX[XXXI].6). P. Gallagher (88) encuentra estas palabras también en las horas litúrgicas que cantaban los monjes antes de acostarse, y en tal coincidencia basa toda una teoría de Albanio como profanador moral de la liturgia. Pero tales frases sagradas a menudo se usaban "a lo humano" en la poesía amorosa de cancionero.

38-76 (B-114) *Quan bienauenturado aquel puede llamarse.* Imita aquí mucho aquella célebre Oda de Horacio, *Beatus ille.* [La qual, por estar bien trasladada del autor de las passadas y por ser nueua manera de verso y muy conforme al Latino, no pude dexar de ponerla aquí:

Dichoso el que de pleytos alexado,
.... [68 vv.] ....
mas oy ya torna al logro. B77-89).]

Según Herrera (H-506), este pasaje "es coro". En vez de la versión de Fray Luis dada por el Brocense, da la de Diego Girón (H-508), y cita el "Benditos aquellos que con el açada" del marqués de Santillana (cfr. Menéndez Pelayo, *Horacio en España*). Todos los comentaristas han citado la misma fuente horaciana (*Epodas,* ii); pero G. A. Davies (60) ha precisado la influencia con un análisis detallado de las varias fuentes clásicas, no sólo el "Beatus ille" de Horacio, sino el "O fortunatos nimium" de Virgilio (*Geórgicas,* II.458-542) y el "Non alia magis est libera" de Séneca (*Hippolytus,* 483-564). De ahí procede también la *Vida retirada* de Fray Luis de León. Adolfo de Castro compara el principio de una canción de Lope ("Cuán bienaventurado", *Pastores de Belén,* libro I), y Mele el himno XIII ("In lode della vita campestre") de B. Tasso. Trend nota que estas estrofas tienen música de Cevallos y de Daza.

en lo que al alma impide y embaraça!
No ve la llena plaça
ni la sobervia puerta
de los grandes señores,
ni los aduladores
a quien la hambre del favor despierta;
no le será forçoso
rogar, fingir, temer y estar quexoso.

A la sombra holgando
d'un alto pino o robre
o d'alguna robusta y verde enzina,
el ganado contando
de su manada pobre
que por la verde selva s'avezina,

43 el alma *T*

56 Que en la *O R*
Que por la *BHTA*

---

44 (B-115) *No uee la llena plaça, etc.* Horacio, en la dicha [*Epod.* ii. 7-8]:

> *Forumque uitat, et superba ciuium*
> *Potentiorum limina.*

51-53 (B-116) *A la sombra holgando de.* Horacio [*Epod. ii.* 23]:

> *Libet iacere modo sub antiqua ilice.*

Este epitheto, *robusta,* es de Sanazaro [*Arcadia,* Prosa I]: *La robusta quercia.* Y Virgilio, 3 Geórgicas [.332]:

> *Antiquo robore quercus.*

Herrera (H-507) repite la cita de Sannazaro y se pregunta si "quercia" no es "quexigo", ya que no es "enzina" ("ésculo").

56 Se acepta aquí la enmienda del Brocense, hábilmente defendida por A. Blecua (pp. 148-149).

64-76 (B-117) *Combida a un dulce sueño.* Toda esta estancia es imitación de Horacio, en la dicha [.25-28]:

> *Labuntur altis interim ripis aquae,*
> *Queruntur in siluis aues:*
> *Fontesque lymphis obstrepunt manantibus,*
> *Somnos quod inuitet leues.*

plata cendrada y fina
y oro luziente y puro
baxo y vil le parece,
y tanto lo aborrece
que aun no piensa que dello está seguro,
y como está en su seso,
rehuye la cerviz del grave peso.

Combida a un dulce sueño
aquel manso rüido
del agua que la clara fuente embía,
y las aves sin dueño,
con canto no aprendido,
hinchen el ayre de dulce armonía.
Házeles compañía,
a la sombra bolando
y entre varios olores
gustando tiernas flores,
la solícita abeja susurrando;
los árboles, el viento
al sueño ayudan con su movimiento.

¿Quién duerme aquí? ¿Dó está que no le veo?

58 Oro luziente *BHTA*
64 a dulce sueño *A*
75 Los arboles y el viento *HTA*

Y Virgilio [Ecl. I. 55]:

Saepe leui somnum suadebit inire susurro.

Bayo (p. 111) también se refiere al pasaje virgiliano (Ecl. I.51-55), al cual Mele añadió uno ovidiano (*Met.* XIII.927: "non apis inde tulit collectos sedula flores") y otro de Sannazaro (*Arcadia,* prosa X, hacia el final: "le sollecite api con soave susurro volavano intorno ai fiori"). Lapesa (p. 113) confirma esta fuente sannazariana.

68 Mele señala ecos de este verso en la *Vida retirada* de Fr. Luis ("su cantar sabroso no aprendido") y en Cervantes (*Don Quijote,* I.50: "el dulce y no aprendido canto").

69 Endecasílabo dactílico señalado por Navarro (1924); cfr. v. 194.

74 Cfr. Ég. III.80: "un susurro de abejas que sonava" (H-508).

77 Según este verso, sugiere Verdevoye, hay que entender que Albanio duerme escondido y que Salicio oye su respiración. El pasaje que empieza

¡O, hele allí! ¡Dichoso tú, que afloxas
la cuerda al pensamiento o al deseo!
¡O natura, quán pocas obras coxas
en el mundo son hechas por tu mano,
creciendo el bien, menguando las congoxas!
El sueño diste al coraçón humano
para que, al despertar, más s'alegrasse

82 mengoando *O*
85 alegre y sano *BHTA* Del estado gustoso, alegre, ufano *Tn*

---

aquí, del descubrimiento e identificación de un hombre dormido (vv. 77-100), parece basarse en estos tercetos de Sannazaro (*Arcadia,* Ecloga II.10-18):

Io veggio un uom, se non è sterpo o sasso:
egli è pur uom che dorme in quella valle,
disteso in terra fatigoso e lasso.
Ai panni, a la statura et a le spalle,
et a quel can che è bianco, el par che sia
Uranio, se 'l guidicio mio non falle.
Egli è Uranio, il qual tanta armonia
ha ne la lira, et un dir sì leggiadro,
che ben s'agguaglia a la sampogna mia.

Incluso cabe sospechar que el nombre de Albanio, que aparece primero en el verso 98, es eco del Uranio sannazariano.

80 Aquí Herrera (H-509) nos da una definición de la naturaleza. Garcilaso suele usar la palabra *natura* con más frecuencia (13 veces) que la palabra *naturaleza* (sólo 2 veces).
Es notable la asonancia interna al final de este verso.

82 Con mucha razón A. Blecua (pp. 149-150) ha discutido la puntuación tradicional de este verso, que desde la primera edición se suele separar sintácticamente de los versos 80-81. Como señala Blecua, lo cojo se suele arreglar precisamente por medio de añadir y de quitar ("creciendo . . . , menguando . . ."). Además, sería rarísima en Garcilaso la ruptura tan violenta de la unidad sintáctica del terceto. Hemos aceptado la puntuación sugerida por Blecua.

84 Aquí nos da Herrera (H-510) un discurso sobre la etimología y la fisiología del sueño, citando los famosos versos 1065-1076 del *Hercules furens* de Séneca en alabanza del sueño. Sobre los tópicos del sueño y de los sueños en la poesía española, véase el estudio de G. Sabat (217).

del estado gozoso, alegre o sano,
 que como si de nuevo le hallasse,
haze aquel intervalo que á passado
que'l nuevo gusto nunca al fin se passe;
 y al que de pensamiento fatigado
el sueño baña con licor piadoso,
curando el coraçón despedaçado,
 aquel breve descanso, aquel reposo
basta para cobrar de nuevo aliento
con que se passe el curso trabajoso.
 Llegarme quiero cerca con buen tiento
y ver, si de mí fuere conocido,
si es del número triste o del contento.
 Albanio es este que 'stá 'quí dormido,
o yo conosco mal; Albanio es, cierto.

88 al bin se *O*
al bien se *BHTKR*
el bien se *A*
Que en nuevo gusto nunca el bien se passe *Tn*
al fin se *Blecua*
98 es aste que *O*
aqui adormido *B*

---

85 La variante manuscrita aportada por Tamayo (T-108: "... alegre, ufano") parece ser corrupción de la lectura de la primera edición ("alegre o sano"), que ya había sido enmendada por el Brocense, de acuerdo con Ég. II.17 ("alegre y sano"), repetición alabada por Tamayo. A. Blecua no comenta estas variantes.

88 A. Blecua (pp. 151-152) encuentra ininteligible la lectura tradicional de este verso ("al bien"), e impenetrable la única enmienda anterior, la que Quevedo sugirió a Tamayo (T-109: "Que en nuevo gusto nunca el bien se passe"). Volviendo a la errata evidente de la primera edición ("al bin"), Blecua la corrige, no en "al bien", sino en "al fin". Aunque todos los demás editores han encontrado inteligible la corrección tradicional ("que el nuevo gusto nunca se le pase, o se le quite, al bien [del estado gozoso...]"), es más fácil de entender la corrección hecha por Blecua, siendo corriente en Garcilaso la cláusula algo ripiosa de "al fin" (se encuentra 13 veces).

90-91 Según la nota de Mele, el licor que usa el sueño es el agua del Leteo, o sea del olvido. Aquí hay quizá, como él sugiere, un eco verbal de Ariosto (*Orlando,* XXV.xciii.3-4: "che 'l sonno venne, e sparse il corpo stanco / col ramo intinto nel liquor di Lete"; cfr. Virgilio, *Eneida,* V.854-855).

95-97 Ya en 1947 Avalle-Arce (25) señaló la paráfrasis de este terceto que se encuentra en el *Quijote* (II, 12).

Duerme, garçón cansado y afligido.
¡Por quán mejor librado tengo un muerto,
que acaba'l curso de la vida humana
y es conduzido a más seguro puerto,
que'l que, biviendo acá, de vida ufana
y d'estado gozoso, noble y alto
es derrocado de fortuna insana!
Dizen que'ste mancebo dio un gran salto,
que d'amorosos bienes fue abundante,
y agora es pobre, miserable y falto;
no sé la historia bien, mas quien delante
se halló al duelo me contó algún poco
del grave caso deste pobre amante.
ALB. ¿Es esto sueño, o ciertamente toco
la blanca mano? ¡Ha, sueño, estás burlando!
Yo estávate creyendo como loco.
¡O cuytado de mí! Tú vas volando
con prestas alas por la ebúrnea puerta;
yo quédome tendido aquí llorando.
¿No basta el grave mal en que despierta
el alma bive, o por mejor dezillo,

100 cançado *O*
103 I es reduzido a mas *H*
113 suño *O*
114 mano? Sueño *A*

---

113 Aquí nos da Herrera un largo discurso sobre los sueños y sus causas fisiológicas, citando varios lugares clásicos (Claudiano, Estacio, Séneca, Petronio).

117 (B-118) *Con prestas alas por la ebúrnea puerta.* Dize Virgilio (tomándolo de Homero [*Odisea*, XIX. 562-567]) al fin del libro 6 [*Eneida*, VI. 893-896] que ay dos puertas del sueño: por la de marfil salen los sueños falsos y por la de cuerno los verdaderos. *Ebúrnea* es de marfil.

Herrera (H-512) repite estas citas con un comentario más extenso. Tamayo (T-110) añade otros lugares clásicos, señalando como fuente más cercana estos versos de Horacio (*Odas,* III.xxvii.40-42):

> ... ludit imago,
> vana quae porta fugiens eburna
> somnium ducit?...

está muriendo d'una vida incierta?
SAL. Albanio, dexa el llanto, que'n oýllo
me aflijo.
ALB. ¿Quién presente 'stá a mi duelo?
SAL. Aquí está quien t'ayudará a sentillo.
ALB. ¿Aquí estás tú, Salicio? Gran consuelo
me fuera en qualquier mal tu compañía,
mas tengo en esto por contrario el cielo.
SAL. Parte de tu trabajo ya m'avía
contado Galafrón, que fue presente
en aqueste lugar el mismo día,
mas no supo dezir del acidente
la causa principal, bien que pensava
que era mal que dezir no se consiente;
y a la sazón en la ciudad yo estava,
como tú sabes bien, aparejando
aquel largo camino que 'sperava,
y esto que digo me contaron quando
torné a bolver; mas yo te ruego aora,

123 Me afligo *O*
127 en esso *B77*
al cielo *BA*

---

129 Según Keniston (p. 253), Galafrón (o Gualafrón, según el verso 1881 de la primera edición) representa al marqués de Villafranca, pero no se sabe en qué apoyaba esta afirmación. La fuente literaria del nombre es el *Orlando* de Ariosto, poema en el que el personaje "Galafrone" figura varias veces. En la poesía pastoril española el nombre de Galafrón vuelve a aparecer en el segundo coloquio de Lope de Vega (*Corona trágica,* Madrid, 1627) y en la *Farmaceutría* de Quevedo (ed. Blecua, 1969, n.º 399).

134 A propósito de "ciudad" dice Herrera (H-513) que "no ai tal nombre en las églogas de Virgilio sino por admiración i rustiqueza de inorancia: [*Ecl.* I.19] 'urbem quam dicunt Romam.'" Prete Jacopín, en su observación 24, aporta 4 citas más, de las églogas virgilianas, donde aparece la palabra *urbs.*

Según Keniston, ésta es probablemente una referencia a Toledo, siendo el "largo camino" del verso 136 quizá la jornada a Bolonia de 1529.

138 Aquí *aora* es trisílabo, como *agora.*

si esto no es enojoso que demando,
que particularmente el punto y ora,
la causa, el daño cuentes y el processo,
que'l mal, comunicándose, mejora.
ALB. Con un amigo tal, verdad es esso
quando el mal suffre cura, mi Salicio,
mas éste á penetrado hasta el huesso.
Verdad es que la vida y exercicio
común y el amistad que a ti me ayunta
mandan que complazerte sea mi officio;
mas ¿qué haré?, que'l alma ya barrunta

142 comunicado *BHTA*

---

140 Dice Herrera (H-514) que *el punto y hora* es "politoton o tradución, que muda aquí los géneros..."

142 (B-19) *Qu'el mal communicado se mejora.* Sanazaro, prosa 7: *Per che lo sfogare con parole a li miseri suole esser a le uolte alleuiamento di peso.* Ariosto, canto 42, stanza 28 [.2]: *C'hauendo oue sfogarlo, è meno acerbo.*

En vez de las citas dadas por el Brocense, Herrera (H-515) nos da una de Petrarca (XXIII.4: "perche cantando il duol si disacerba") y otra de Torres Naharro (Lamentación I.60-61: "porque's un summo plazer / contar fortunas passadas"). Mele repite las citas dadas por el Brocense. Navarro, en cambio, llama la atención aquí sobre los adagios, refranes y proverbios que se encuentran en esta égloga.

145 (B-120) *Mas éste ha penetrado hasta el huesso.* Catullo [Cfr. LXVI, 23: "quam penitus maestas exedit cura medullas"]:

Penetrauit ad usque medullas.

Ariosto [XXIV. iii. 8]:

Ch'il mal ha penetrato infino al osso.

A estas referencias Herrera (H-516) añade otras de Ovidio (*Metam.* XV.278: "descendit vulnus ad ossa meum") y de Cetina ("tan en lo vivo á penetrado el dardo / d'Amor..."). A éstas M. Alcalá (3.27) añade otra de Propercio (II.xxxiv.60: "quem tetigit iactu certus ad ossa deus"). Siendo lugar común, quizá le viniera a Garcilaso más directamente de Ariosto.

149-154 Este prólogo de Albanio nos recuerda el de Eneas en la corte de Dido (*Eneida,* II.3 ss.: "Infandum, regina, iubes renovare dolorem..."), y

que quiero renovar en la memoria
la herida mortal d'aguda punta,
    y póneme delante aquella gloria
passada y la presente desventura
para espantarme de la horrible historia.
    Por otra parte, pienso que's cordura
renovar tanto el mal que m'atormenta
que a morir venga de tristeza pura,
    y por esto, Salicio, entera cuenta
te daré de mi mal como pudiere,
aunque el alma rehuya y no consienta.
    Quise bien, y querré mientras rigere
aquestos miembros el espirtu mío,
aquélla por quien muero, si muriere.

---

su eco en la boca de Francesca (Dante, *Inferno,* V.121-123: "Nessun maggior dolore / che ricordarsi del tempo felice / nella miseria..."). Cfr. su epílogo (Ég. II.332-337).

157 *de tristeza pura*: de puro triste.

160 (B-121) *Aunque el mal rehuya.* Emendé *aunque el alma rehuya.* Virgilio 2, Aen. [.12]:

Quanquam animus meminisse horret, luctuque refugit.

Herrera (H-517) repite esta referencia del Brocense, así como Tamayo y Azara.

161 (B-122) *Quise bien y querré mientras rigiere.* Virgilio [*Eneida,* IV. 336]:

Dum memor ipse mei, dum spiritus hos reget artus.

> Esta narración a la larga, que dura siete o ocho hojas, está con grande ingenio traduzida de la prosa octaua del Sannazaro, y por ser larga no la pondré aquí. Lo que no fuere de allí quiero yr notando, como he hecho hasta aquí.

Como dice el Brocense, es larga la traducción de la *Arcadia,* que empieza en este verso y, con una interrupción (vv. 332-418), dura hasta el verso 680; véase en nuestro apéndice el pasaje sannazariano. Bayo (pp. 111-126) analiza las fuentes virgilianas de la Prosa VIII de Sannazaro (Églogas VIII, II, V y X).

Se ha criticado lo extenso de esta narración, sobre todo lo que trata la caza de pájaros; dijo J. de Arbolanche (*Los nueve libros de*

En este amor no entré por desvarío,
ni lo traté, como otros, con engaños,
ni fue por elección de mi alvedrío:
desde mis tiernos y primeros años
a aquella parte m'enclinó mi estrella
y aquel fiero destino de mis daños.

162 espiritu *O* 169 dños *O*

---

las Habidas, Zaragoza, 1566): "...ni, como Garcilaso, de la prosa / del Sannazaro coplas hago prestas". Pero Tamayo (T-114) lo defiende, diciendo que "para encarecer la familiaridad y llaneza del trato de Camila, era necesario todo lo que se dijo".

162 Herrera comenta (H-519) la etimología compuesta de *aquestos* (véase también la observación 38 de Prete Jacopín) y (H-520) la etimología y sentido de *espirtu* (equivalente de *alma,* "porque cuando espiramos i respiramos, entonces vivimos").

Navarro (1924) señala que Herrera puso *espirtu* en vez de *espíritu* "para restablecer la medida del verso", y encuentra la misma forma italianizante (cfr. *spirto*) en El. I.255, Sons. VIII.2.10 y XXIV.6, así como en *La entretenida* de Cervantes (ed. Schevill y Bonilla, III, p. 24, v. 15). Efectivamente, en Garcilaso es siempre trisílaba la palabra *espirtu* (cfr. también Ég. II.439, 559, 882, 891 y 919); sólo sería discutible en S. IV.14, verso de sinalefa también discutible. Pero en la primera edición se encuentra impresa la forma tetrasílaba, con la sola excepción de *espirtu* en S. XXIV.6; podemos suponer, por este solo caso, que así lo escribía Garcilaso, y que lo solían "corregir" los copistas o cajistas que desconocían tal ortografía.

163 (B-123) *Aquella por quien muero, si muriere.* Este verso está en Boscán en un soneto.

Pero, como dice Keniston, este verso no aparece en los hoy conocidos sonetos de Boscán, ni en sus canciones tampoco. El Brocense puede haber confundido este verso con Ég. III.31-32, donde sí hay coincidencia con Boscán.

Herrera (H-521) dice que *si muriere* significa "si mereciere morir por ella".

164-16 Herrera (H-522) distingue aquí entre el apetito animal y la elección racional.

168-169 (B-124) *A aquesta parte me inclinó mi estrella.* Sannazaro [*Arcadia*], Ecloga 9 [.111]:

Quella che mi die in sorte il mio pianeta.

Herrera (H-523) añade que Petrarca también escribió muchas veces lo mismo; pero que según Santo Tomás, los planetas causan precisamente inclinación, y no fuerza, de destino. A propósito del concepto de destino, Navarro cita el S. VII y la El. II.76-78; cfr. Ca. IV.21-23.

Tú conociste bien una donzella
de mi sangre y agüelos decendida,
más que la misma hermosura bella;
en su verde niñez siendo offrecida
por montes y por selvas a Dïana,
exercitava allí su edad florida.
Yo, que desde la noche a la mañana
y del un sol al otro sin cansarme
seguia la caça con estudio y gana,
por deudo y exercicio a conformarme
vine con ella en tal domestiqueza
que della un punto no sabia apartarme;
yva de un ora en otra la estrecheza
haziéndose mayor, acompañada
de un amor sano y lleno de pureza.

184 llano y lleno *BT*

---

170 Esta doncella se llama Camila, como se nos declara más tarde (cfr. vv. 720, 750). Sobre la tradición literaria del nombre (virgen virgiliana dedicada a Diana) y la posible identificación histórica del personaje, véase nuestra introducción a esta égloga. (Para Keniston Camila es la misma doña María Enríquez que aparece en el verso 1414.)

172 Según Herrera (H-525), es hipérbole.

174 Herrera (H-526) nos da la etimología de Diana y resume las fábulas principales. Para la historia de Albanio y Camila lo importante es que Diana era la diosa de la caza y de la castidad. Aparece también al final de la Égloga I (vv. 371-393) con el nombre de Lucina, diosa del parto.

176-177 (B-125) *Y del un Sol al otro sin cansarme.* Virgilio, 9 Egloga [vv. 51-52]:

...Saepe ego longos
Cantando puerum memini me condere Soles.

O será tomado del Petrarca, Soneto 161 [CCXVI. 9]:

Lasso, che pur dal'uno al'altro sole.

Herrera (H-527) dice que la repetición del mismo sentido en estos dos versos se llama "espolición i espergesía", la cual encuentra también en versos de Virgilio, de Beniviene y suyos propios.

180 *domestiqueza* (cfr. S. XXVIII.6: *selvatiquez*): domesticidad, intimidad tranquila.

¿Qué montaña dexó de ser pisada
de nuestros pies? ¿Qué bosque o selva umbrosa
no fue de nuestra caça fatigada?
Siempre con mano larga y abundosa,
con parte de la caça visitando
el sacro altar de nuestra santa diosa,
la colmilluda testa ora llevando
del puerco javalí, cerdoso y fiero,
del peligro passado razonando,
ora clavando del ciervo ligero
en algún sacro pino los ganchosos
cuernos, con puro coraçón sincero,
tornávamos contentos y gozosos,
y al disponer de lo que nos quedava,
jamás me acuerdo de quedar quexosos.
Qualquiera caça a entrambos agradava,
pero la de las simples avezillas
menos trabajo y más plazer nos dava.
En mostrando el aurora sus mexillas
de rosa y sus cabellos d'oro fino,

195 granchosos *OK*
ganchosos *BHTAR*

199 Ya mas *O*
Jamas *BHTAKR*

---

185 Según Herrera (H-528), la caza entra aquí "con bien liviana ocasión", y es muy largo el pasaje. Prete Jacopín (observación 25) dice que es apropiado a hombre enamorado (cfr. defensa hecha por Tamayo a propósito del verso 161). Persiste Herrera en su respuesta a Prete Jacopín: "Prolixa es esta elegante tradución".

191-192 Explica Herrera (H-529) que en italiano la cabeza se llama "testa", y que es hermosa esta descripción de lo mejor del jabalí.

194 Herrera (H-530 y H-531) da notas etimológicas, históricas y zoológicas; Tamayo (T-115) añade una fuente costumbrista (Nicetas Choniate, *Vida de Andrónico,* lib. 2, fol. 350). Navarro (1924) señala el ritmo dactílico de los versos 69 y 194; podría reflejarse en éste la ligereza del ciervo.

203-205 En una serie de notas (H-532, H-533, H-534), Herrera nos explica cuáles son las causas físicas y las fábulas de la aurora, que se llama "alba" en español; que el italiano abusa del diminutivo, que es afeminado; y que *de rosa* es epíteto propio de *mexillas*. Mele cita unos atributos poéticos de la aurora: "le bianche e le vermiglie guance" (Dante, *Purg.* II.7) y "la fronte di rose" (Petrarca, Poema CCXCI.2).

humedeciendo ya las florezillas,
nosotros, yendo fuera de camino,
buscávamos un valle, el más secreto
y de conversación menos vezino.
Aquí, con una red de muy perfeto
verde teñida, aquel valle atajávamos
muy sin rumor, con passo muy quïeto;
de dos árboles altos la colgávamos,
y aviéndonos un poco lexos ido,
hazia la red armada nos tornávamos,
y por lo más espesso y escondido
los árboles y matas sacudiendo,
turbávamos el valle con rüido.
Zorzales, tordos, mirlas, que temiendo,
delante de nosotros espantados,
del peligro menor yvan huyendo,
davan en el mayor, desatinados,
quedando en la sotil red engañosa
confusamente todos enrredados.
Y entonçes era vellos una cosa
estraña y agradable, dando gritos
y con boz lamentándose quexosa;
algunos dellos, que eran infinitos,
su libertad buscavan rebolando;

210 Verde texida aquel *H*
211 muy sin temor *Bn*
224 Entonces era *H*

---

208 *conversación*: trato humano (cfr. Ég. II.905: *conversable*).
210 Herrera (H-535) hace aquí un comentario sobre los esdrújulos y su uso en la poesía.

211 (B-126) *Muy sin temor, con passo.* Emendé *muy sin rumor,* aunque no está esta palabra en Sannazaro.

Como en otros casos, proviene de la edición salmantina de 1569 la errata que el Brocense corrige aquí, volviendo, aunque no lo sabía, a la lectura de la primera edición. Navarro (1924) señala aquí, en Ég. II.1032, y en otro poeta del siglo XVI, la diéresis de *quïeto,* palabra que en Garcilaso se encuentra sólo en estos dos versos.

otros estavan míseros y aflitos.
Al fin, las cuerdas de la red tirando,
llevávamosla juntos casi llena,
la caça a cuestas y la red cargando.
Quando el húmido otoño ya refrena
del seco estío el gran calor ardiente
y va faltando sombra a Filomena,
con otra caça, désta differente,
aunque también de vida ociosa y blanda,
passávamos el tiempo alegremente.
Entonces siempre, como sabes, anda
d'estorninos bolando a cada parte,
acá y allá, la espessa y negra vanda;
y cierto aquesto es cosa de contarte,
cómo con los que andavan por el viento
usávamos también astucia y arte.
Uno bivo, primero, d'aquel cuento
tomávamos, y en esto sin fatiga
era cumplido luego nuestro intento;
al pie del qual un hilo untado en liga
atando, le soltávamos al punto
que via bolar aquella vanda amiga;
apenas era suelto quando junto

231 Lleuamosla juntos casi lleua *O* Llevavamosla juntos casi llena *BHTAKR*
232 la red colgando *TA*
233 Otono *O*
241 D'aca *H*
244 d'astucia *HTA*
249 Atado *TA*

---

229 *aflitos*: aflictos, afligidos (de Navarro, quien aporta un texto de Santillana).

232 Según Herrera (H-536), éste es un ejemplo de la figura "endíadis", o sea de una sola cosa expresada por medio de dos sustantivos; es decir, que Garcilaso dijo "la caça . . . y la red" para significar "la red de caça". Pero en efecto es mucho más fácil entender que cargaron simultáneamente la red y, dentro de ella, la caza, o sea las aves cazadas y presas.

235 Navarro (1911) explica el sentido de este verso: "Empieza a faltar sombra al ruiseñor —*Filomena*— en el otoño, cuando los árboles van quedando sin hoja".

estava con los otros y mesclado,
secutando el effeto de su assunto:
a quantos era el hilo enmarañado
por alas o por pies o por cabeça,
todos venian al suelo mal su grado.
Andavan forcejando una gran pieça,
a su pesar y a mucho plazer nuestro,
que assí d'un mal ageno bien s'empieça.
Acuérdaseme agora que'l siniestro
canto de la corneja y el agüero
para escaparse no le fue maestro.
Quando una dellas, como es muy ligero,
a nuestras manos biva nos venía,

---

253 Herrera (H-537) señala como ejemplo de "aféresis, o detración de una letra o sílaba en el principio de la dición", la forma de *secutando* por *essecutando*. Navarro (1911) añade más detalles lingüísticos, señalando la vacilación de Garcilaso (*essecutar* en Son. XXXIX.14 y Ca. I.16, *secutivo* en Son. XXV.1).

257 Se encuentra *una gran pieça,* con el sentido de "por largo rato", también en Ég. II.492 y en Ég. III.81.

259 (B-127) *Que ansí de un mal ageno bien se empieça.* Este es prouerbio Latino: *Nulla mala hora est quin alicui sit bona.* No ay mal sin bien, cata para quién. Ariosto canto 45 [.iv.3]:

Che il ben ua dietro al male, e il male al bene.

La sintaxis de este verso no está del todo clara. Aunque nos parezca superfluo el pronombre reflexivo, lo probable es que *empeçarse* tuviera un sentido especial, así como, quizá, "derivarse"; para Herrera (H-564) este uso era ya arcaico. En la primera edición hay una coma después de *mal*; pero tanto el *bien* como el *mal* podría ser *ageno,* según la perspectiva que se tome.

260-262 Tamayo (T-116) nos llama la atención sobre otros versos (Ég. I.109-111) donde aparece la voz de "la siniestra corneja", y sobre dos posibles fuentes virgilianas: el espurio verso 18 de la Égloga I ("Saepe sinistra cava praedixit ab ilice cornix") y el auténtico 15 de la IX ("ante sinistra cava monuisset ab ilice cornix"). Bayo (p. 88) también menciona como fuente posible este último verso. Aquí sí se encuentra un ejemplo de la figura hendíadis, pues *canto* y *agüero* son una sola cosa. El sentido del verso 262 es "no le enseñó a escaparse"; es decir que la corneja, ave agorera, no sabía profetizar y evitar su propia prisión.

263 *ligero*: fácil.

era prisión de más d'un prisionero;
la qual a un llano grande yo trahía
adó muchas cornejas andar juntas,
o por el suelo o por el ayre, vía;
clavándola en la tierra por las puntas
estremas de las alas, sin rompellas,
seguiase lo que apenas tú barruntas.
Parecia que mirando las estrellas,
clavada boca arriba en aquel suelo,
estava a contemplar el curso dellas;
d'allí nos alexávamos, y el cielo
rompia con gritos ella y convocava
de las cornejas el superno buelo;
en un solo momento s'ajuntava
una gran muchedumbre presurosa
a socorrer la que en el suelo estava.
Cercávanla, y alguna, más piadosa
del mal ageno de la compañera
que del suyo avisada o temerosa,
llegávase muy cerca, y la primera
que'sto hazia pagava su inocencia
con prisión o con muerte lastimera:
con tal fuerça la presa, y tal violencia,
s'engarrafava de la que venía

265 era ocasion *HT*
272 mirando a las estrellas *HA*
Parecia mirando *A*
274 Que estaba contemplando el curso *A*
276 Rompia a gritos *A*
278 s'ajuntauan *O*
s'ayuntava *H*
279 mulchedumbre *O*
280 socorer *O*
283 avisada y temerosa *H*
285 Qe'sto *O*

---

271 *seguiase*: sucedía, se originaba, se conseguía.
274 *a contemplar*: contemplando (Keniston, *Syntax*, 37.541; cfr. sintaxis portuguesa).
277 Navarro (1924) encuentra en Mena el cultismo *superno* por "supremo" (*Dicc. de Autoridades*); pero en latín *supernus* significa más sencillamente "alto". En Garcilaso la palabra se encuentra esta sola vez.
288 Navarro (1924) dice que *engarrafar* es sinónimo de *agarrar*, y encuentra en el Cartuxano esta "forma familiar poco usada".

que no se dispidiera sin licencia.
Ya puedes ver quán gran plazer sería
ver, d'una por soltarse y desasirse,
d'otra por socorrerse, la porfía;
al fin la fiera lucha a despartirse
venia por nuestra mano, y la cuitada
del bien hecho empeçava a arrepentirse.
¿Qué me dirás si con su mano alçada,
haziendo la noturna centinela,
la grulla de nosotros fue engañada?
No aprovechava al ánsar la cautela
ni ser siempre sagaz discubridora
de noturnos engaños con su vela,
ni al blanco cisne qu'en las aguas mora
por no morir como Phaetón en fuego,
del qual el triste caso canta y llora.

299 a lançar *O* al ansar *BHTAKR*

---

295 *del bien hecho*: del bien que había hecho.

298 En variante no advertida ni por Keniston ni por Rivers, Herrera cambió *grulla* en *grúa,* sinonimia que Navarro luego comentó. En su nota (H-538) Herrera explica la leyenda de estas aves centinelas y su piedrecilla despertadora: "que levantando un pie, tienen en él con gran cuidado una piedra, para que cuando las acometa el sueño i se haga señor dellas, las despierte el ruido de la piedra que se les cayere" (Eliano, XV.xi, y Plinio, X.xxiii).

299-301 (B-128) *No aprouechaua alcançar*. Emendé *al ansar* la cautela. Y las Musas me sean aduersas si no lo emendé de ingenio, sin ayuda ni auiso de otra cosa. Después lo hallé en Sanazaro; en la citada prosa 8 dize ansí: *Chi crederebe possibile, che la sagace oca sollecita palesatrice de le notturne frode, non sapeua a se medesima le nostre insidie palesare?* Parece aludir a la historia del Capitolio Romano, quando los ánsares descubrieron que entrauan los enemigos.

Herrera (H-59) y Tamayo (T-117) citan antiguas autoridades históricas y zoológicas.

302-304 Herrera (H-540) explica la fábula de Cygno según Ovidio (*Metam.* II.367-380): rey de Liguria y primo de Faetón, lloró la muerte de éste y se convirtió en cisne, morador de lagos, ríos y paludes. Como nota Navarro, la muerte de Faetón ocupa el último terceto del Soneto XII; también hay referencia a ella en El. I.46-57. Véase el estudio de A. Gallego Morell (96).

Y tú, perdiz cuytada, ¿piensas luego
que en huyendo del techo estás segura?
En el campo turbamos tu sosiego.

A ningún ave o animal natura
dotó de tanta astucia que no fuesse
vencido al fin de nuestra astucia pura.

Si por menudo de contar t'oviesse
d'aquesta vida cada partezilla,
temo que antes del fin anocheciesse;

basta saber que aquesta tan senzilla
y tan pura amistad quiso mi hado
en differente especie convertilla,

en un amor tan fuerte y tan sobrado
y en un desasossiego no creýble
tal que no me conosco de trocado.

El plazer de miralla con terrible
y fiero desear sentí mesclarse,

316 especia *O* especie *BHTAKR*

305-306 (B-129) *Y tú, perdiz cuytada.* Todo esto es del dicho lugar. La fábula de la perdiz se cuenta en Ouidio [*Metam.* VIII. 236-259] y dize que era un criado de Dédalo y que halló la sierra; y Dédalo, de imbidia de tan buena inuención, le echó de una torre abaxo; y agora las perdizes, por miedo de la caýda, hazen nido en el suelo, huyendo de los techos.

Herrera (H-541) añade un verso del mismo pasaje (*Metam.* VIII.259): "antiquique memor metuit sublimia casus".

311-313 (B-130) *Temo que antes del fin anocheciesse.* Virgilio, libro 1 [de la *Eneida,* v. 374]:

Ante diem clauso componet uesper olympo.

Herrera (H-542) repite el mismo verso virgiliano. Pero se debían tomar en cuenta los dos versos anteriores, todos dirigidos por Eneas a su madre Venus (*Eneida,* I.372-374):

"O dea, si prima repetens ab origine pergam,
et vacet annalis nostrorum audire laborum,
ante diem clauso componet Vesper Olympo..."

321 Herrera (H-543) nos da, a propósito de *desear,* un breve discurso psicológico sobre el apetito.

que siempre me llevava a lo impossible;
la pena de su ausencia vi mudarse,
no en pena, no en congoxa, en cruda muerte
y en un infierno el alma atormentarse.
A aqueste 'stado, en fin, mi dura suerte
me truxo poco a poco, y no pensara
que contra mí pudiera ser más fuerte
si con mi grave daño no provara
que en comparación désta, aquella vida
qualquiera por descanso la juzgara.
Ser deve aquesta historia aborrecida
de tus orejas, ya que assí atormenta
mi lengua y mi memoria entristecida;
dezir ya más no es bien que se consienta.
Junto todo mi bien perdí en un ora,
y ésta es la suma, en fin, d'aquesta cuenta.

SAL. Albanio, si tu mal comunicaras
con otro que pensaras que tu pena

325 Y en un eterno el alma *O R*
Y en fuego eterno el *BHTA*
Y en un infierno el *Blecua*
331 jusgara *O*
334 entrestecida *O*
337 de aquella cuenta *A*

---

324 Herrera (H-544) comenta aquí el "crecimiento de la oración con esageración maravillosa".

325 Para A. Blecua (pp. 152-153) había aquí un error manifiesto. En vez de la universal enmienda antigua, que presupone dos errores (omisión de *fuego* y adición de *un*: "y en fuego eterno..."), Blecua propone una enmienda más sencilla, que se aparta menos de la grafía original. Como en tantos casos, aceptamos agradecidos su enmienda.

332-337 Este epílogo corresponde al prólogo (versos 149-154) ya comentado. Herrera (H-545) cita palabras ciceronianas de sentido contrario (epíst. 12, lib. 5, a Luceyo: "habet enim praeteriti doloris secura recordatio delectationem").

336 Cfr. Son. X.9-10, "Pues en una hora junto me llevastes / todo el bien que por términos me distes" (H-546), y Ca. III.43-44, "pues ha sido en una hora / todo aquello deshecho" (Keniston).

337 Herrera (H-547) dice que *suma* es "traslación", o sea metáfora.

338-385 Este es el primer pasaje de rima interior, o *rima al mezzo* (cfr. 720-765, 934-1031 y 1129-1828). Para Herrera (H-591), esta clase de rima tiene que ver con los hexámetros leoninos, que tienen en un solo

juzgava como agena,   o qu'este fuego
nunca provó ni el juego   peligroso
de que tú estás quexoso,   yo confiesso
que fuera bueno aquesso   que ora hazes;
mas si tú me deshazes   con tus quexas,
¿por qué agora me dexas   como a estraño,
sin dar daqueste daño   fin al cuento?
¿Piensas que tu tormento   como nuevo
escucho, y que no pruevo   por mi suerte
aquesta biva muerte   en las entrañas?
Si ni con todas mañas   o esperiencia
esta grave dolencia   se deshecha,
al menos aprovecha,   yo te digo,
para que de un amigo   que adolesca
otro se condolesca,   que á llegado

348 Escucho, que *T*
350 Si no *BA*
mañas ni esperiencia *HT*
352 A lo menos *O R*
Al menos *BHTA*

---

verso repetición de la misma desinencia (por ejemplo, Virgilio, *Eneida,* II.741: "nec prius amissam respexi animumve reflexi"); evitada en la poesía clásica, esta clase de rima llegó a ser normal en mucha poesía latina de la Edad Media. Dice Herrera que "a esta imitación hizo Petrarca de otro modo, del fin del precedente con el medio del siguiente [CV.1-2]:

Mai non vo' più cantar com' io soleva,
ch' altri non m' intendeva..."

Navarro cita a Rodríguez Marín (*Luis Barahona de Soto,* pp. 330-331, n. 2) y se refiere a la misma canción de Petrarca. Pero, como indica Mele (170.365-366), la fuente directa fue Sannazaro. Cirot (49.169) encuentra en Sannazaro dos tipos distintos de *rima al mezzo*; la que se basa en la cuarta sílaba (Ég. I.61-90) y la que se basa en la sexta (Ég. X.79-161). La rima interior de Garcilaso es siempre de este segundo tipo.

340 "Metáfora del fuego, que es el amor" (H-548).

352 Es dudosa la enmienda tradicional (*al menos,* desde ed. Amberes de 1556), pues en Garcilaso sólo hallamos *a lo menos* (5 veces) y *por lo menos* (1 vez); quizá haya sinalefa, o compensación, entre los versos 351 y 352.

de bien acuchillado a ser maestro.
Assí que, pues te muestro abiertamente
que no estoy inocente destos males,
que aun traygo las señales de las llagas,
no es bien que tú te hagas tan esquivo,
que mientras estás bivo, ser podría
que por alguna vía t'avisasse,
o contigo llorasse, que no es malo
tener al pie del palo quien se duela
del mal, y sin cautela t'aconseje.
ALB. Tú quieres que forcege y que contraste
con quien al fin no baste a derrocalle.
Amor quiere que calle; yo no puedo
mover el passo un dedo sin gran mengua;
él tiene de mi lengua el movimiento,

357 on estoy *O*
358 señalales *O*
362 O contino *B*
I contigo *H*
369 El tiene mi lengua *O*
El tiene de mi lengua *BHTAKR*

---

355 (B-131.1) *De bien acuchillado.* Toca el refrán que dize: *No ay mejor çurujano que el bien acuchillado.*

357-358 Herrera (H-549) cita de Catulo y de Virgilio ejemplos del interlocutor que afirma que él también conoce el amor (Catulo, LXVIII.17-18, y Virgilio, *Ciris,* 241-243).

360 (B-131.2) [*Que mientras estás biuo.* Adagio Latino: Aegroto dum anima est, spes est. (B89)] Cfr. "Dum spiro, spero".

363 (B-132) *Tener al pie del palo.* También es refrán, que alude a los que ahorcan.

Para Herrera (H-550), ésta es "metáfora sacada de lugar umilde i odioso".

365 Navarro (1911) cita la definición que de *contrastar* da el *Diccionario de Autoridades*: "hacer oposición y frente, combatir y lidiar".

366 Es decir, "tú quieres que yo luche contra persona a quien finalmente no podré vencer"; probablemente quiere decir contra el dios de amor.

367-369 Lapesa (p. 66) cita como fuente a A. March, XLIX.7-8 y 24:

Ab forces tals Amor mi amant venç
que planament lo dir no m'es possible...
...Amor li plau que perda lo parlar.

369 La lectura de *O* peca contra la métrica y la gramática.

assí que no me siento ser bastante.
SAL. ¿Qué te pone delante que t'empida
el descubrir tu vida al que aliviarte
del mal alguna parte cierto espera?
ALB. Amor quiere que muera sin reparo,
y conociendo claro que bastava
lo que yo descansava en este llanto
contigo a que entretanto m'aliviasse
y aquel tiempo provasse a sostenerme,
por más presto perderme, como injusto,
me á ya quitado el gusto que tenía
de echar la pena mía por la boca,
assí que ya no toca nada dello
a ti querer sabello, ni contallo
a quien solo passallo le conviene,
y muerte sola por alivio tiene.

SAL. ¿Quién es contra su ser tan inhumano
que al enimigo entrega su despojo
y pone su poder en otra mano?
¿Cómo, y no tienes algún ora enojo
de ver que amor tu misma lengua ataje
o la desate por su solo antojo?
ALB. Salicio amigo, cesse este lenguaje;
cierra tu boca y más aquí no la abras;
yo siento mi dolor, y tú mi ultraje.

372 Descubrirle tu vida *B*
al que librarte *A*
377 contigo aqui *Bn*
380 Me ha ya quitado *BHT*
Me aya quitado *Bn*
385 muerte solo *TA*
389 tienes ora algun enojo *BHTA*

---

377 (B-133) *Contigo aquí entretanto.* Emendé: *Contigo a que entretanto.*

380 (B-134) *Me aya quitado el gusto.* Emendé: *me ha ya quitado.*

386-388 (B-135) *Quién es contra su ser inhumano.* Sanazaro, Ecloga 1 [.58-59]:

Qual è colui c'ha 'l petto tanto erronico
Che t'ha fatto cangiar uolto et costumi?

¿Para qué son maníficas palabras?
¿Quién te hizo philósopho eloqüente,
siendo pastor d'ovejas y de cabras?
¡O cuytado de mí, quán fácilmente,
con espedida lengua y rigurosa,
el sano da consejos al doliente!

SAL. No te aconsejo yo ni digo cosa
para que devas tú por ella darme
respuesta tan azeda y tan odiosa;
ruégote que tu mal quieras contarme
porque dél pueda tanto entristecerme
quanto suelo del bien tuyo alegrarme.

ALB. Pues ya de ti no puedo deffenderme,
yo tornaré a mi cuento quando ayas
prometido una gracia concederme,
y es que en oyendo el fin, luego te vayas
y me dexes llorar mi desventura

396 Quien te hizo rhetorico eloquente *Tn*

399 espedita *T*

---

395 Herrera (H-551): "De Terencio, en el *Eunuco* [cfr. IV.vi.741]: 'missa isthaec fac magnifica verba' ". Cfr. otro eco de Terencio en los versos 398-400.

396 Según Tamayo (T-210), Cristóbal de Mesa quería enmendar este verso, poniendo "rhetórico" por "philósopho", siendo "eloqüente" epíteto más apropiado para aquél.

398-400 (B-136) *El sano da consejos al doliente.* Sanazaro, prosa 2: *Molti remedij, assai piu leggieri à dirli ch'a metterli in operatione.* Entrambos lo pudieron tomar de Terencio en la Andria: *Facile omnes quum ualemus, recta consilia aegrotis damus.*

Herrera (H-552) y Lapesa (n. 129) confirman la fuente terenciana (*Andria,* II.i.9); Herrera añade además otros ejemplos del tópico (Tales Milesio, Boccaccio).

399 La palabra *espedido,* usada como adjetivo con el sentido de "desembarazado" o "libre", aparece dos veces más en esta égloga (vv. 876 y 1104); cfr. el italiano (*e*)*spedito,* que aparece 5 veces en la poesía de Petrarca.

403 Aquí metafórico, el adjetivo *azedo* se usa también literalmente en Ep. 74 ("vinos azedos").

entre'stos pinos solo y estas hayas.
SAL. Aunque pedir tú esso no es cordura,
yo seré dulce más que sano amigo
y daré buen lugar a tu tristura.
ALB. Ora, Salicio, escucha lo que digo,
y vos, ¡o nymphas deste bosque umbroso!,
adoquiera que estáys, estad comigo.
Ya te conté el estado tan dichoso
adó me puso amor, si en él yo firme
pudiera sostenerme con reposo;
mas como de callar y d'encubrirme
d'aquélla por quien bivo m'encendía
llegué ya casi al punto de morirme,
mil vezes ella preguntó qué avía
y me rogó que el mal le descubriesse
que mi rostro y color le descubría;
mas no acabó, con quanto me dixiesse,
que de mí a su pregunta otra respuesta
que un sospiro con lágrimas uviesse.
Aconteció que en un' ardiente siesta,
viniendo de la caça fatigados
en el mejor lugar desta floresta,
que's éste donde 'stamos assentados,

415 dare bien lugar *A*
418 que esteis *A*
424 Llege *O*
427 lo descubria *H*

416-418 Aquí tenemos otra invocación, al reanudarse la traducción de la Prosa VIII de la *Arcadia* (cfr. H-553).

425 (B-137) *Mil uezes ella preguntó.* Todo esto, como dixe, es de la prosa 8 del Sanazaro; pero esta razón más clara está en la prosa 7, ansí: *Della qual cosa molte uolte da lei domandato, qual fosse la cagione, altro che un sospiro ardentissimo in risposta non li rendea.*

427 Herrera (H-555) nos remite a la Canción I de Garcilaso (probablemente los versos 40-42) y a Dante (*Purg.* XXVIII.44-45: "...i sembianti, / che soglion esser testimon del core...").

428 *acabó*: consiguió.

a la sombra d'un árbol afloxamos
las cuerdas a los arcos trabajados;
en aquel prado allí nos reclinamos,
y del Zéphyro fresco recogiendo
el agradable espirtu, respiramos.
Las flores, a los ojos offreciendo
diversidad estraña de pintura,
diversamente assí estavan oliendo;
y en medio aquesta fuente clara y pura,
que como de cristal resplandecía,
mostrando abiertamente su hondura,
el arena, que d'oro parecía,
de blancas pedrezuelas varïada,
por do manava el agua, se bullía.
En derredor, ni sola una pisada
de fiera o de pastor o de ganado
a la sazón estava señalada.
Después que con el agua resfrïado
uvimos el calor y juntamente
la sed de todo punto mitigado,
ella, que con cuydado diligente

439 espiritu *O R*
espirtu *A*

449 en rededor *T*
450 pestor *O*

---

439 "Paranomasia del nombre al verbo,... de maravillosa sinificación, porque es descansar del trabajo passado" (H-556).

443 Herrera (H-557) compara aquí la fuente de Gargafia (Ovidio, *Metam.* III.161 ss.), citando dos octavas de D. Diego Hurtado de Mendoza (*Adonis,* ed. Knapp, pp. 243-244).
Nótese que *en medio* (cfr. italiano *in mezzo*) es preposición, y no adverbio: el sujeto del verbo principal es *arena* (v. 446).

448 Explica Herrera (H-558) que con el movimiento del agua parece que se bulle la arena.

449 Según Herrera (H-559), *derredor* se deriva por metátesis de *rededor,* "ambos de no buen sentido ni composición".

455-478 Todo esto sigue siendo traducción de la Prosa VIII de Sannazaro. Pero el truco mismo, así como el espejo de Narciso, era ya tradicional en la poesía cortesana de la Edad Media, y no desconocido en la literatura española; cfr., por ejemplo, G. Vicente, *Amadís,* vv. 460-464:

a conocer mi mal tenia el intento
y a escodriñar el ánimo doliente,
con nuevo ruego y firme juramento
me conjuró y rogó que le contasse
la causa de mi grave pensamiento,
y si era amor, que no me recelasse
de hazelle mi caso manifesto
y demostralle aquella que yo amasse;
que me jurava que también en esto
el verdadero amor que me tenía
con pura voluntad estava presto.
Yo, que tanto callar ya no podía
y claro descubrir menos osara
lo que en el alma triste se sentía,
le dixe que en aquella fuente clara
veria d'aquella que yo tanta amava
abiertamente la hermosa cara;
ella, que ver aquésta deseava,
con menos diligencia discurriendo
d'aquélla con que'l passo apresurava,
a la pura fontana fue corriendo,
y en viendo el agua, toda fue alterada,
en ella su figura sola viendo;

457 escrudinar *H*
462 D'hazelle *O*
manifiesto *BHTA*
468 osava *HA*

—¿Quién es ella, ansí gozéis?
Pídoos que me lo digáis.
—Señora, es la que miráis
quando al espejo os veis
tal que a todos despreciáis.

462 La palabra *manifesto* aparece en esta égloga tres veces sin diptongo (Ég. II.986 y 1138) y una sola vez con él (Ég. II.1310); hay que suponer que se trata de un italianismo, si no fue catalanismo del cajista.

474-475 Explica Herrera (H-560) que "el desseo de ver a la ninfa ... le hizo ir con tanta priesa que no le dio lugar al discurso", es decir que la diligencia física superó a la intelectual. Navarro (1911) se refiere a la candidez, "o acaso la coquetería", de Camila.

y no de otra manera arrebatada
del agua rehuyó que si estuviera
de la raviosa enfermedad tocada,
y sin mirarme, desdeñosa y fiera,
no sé qué allá entre dientes murmurando,
me dexó aquí, y aquí quiere que muera.
Quedé yo triste y solo allí, culpando
mi temerario osar, mi desvarío,
la pérdida del bien considerando;
creció de tal manera el dolor mío
y de mi loco error el desconsuelo
que hize de mis lágrimas un río.
Fixos los ojos en el alto cielo,
estuve boca arriba una gran pieça
tendido, sin mudarme en este suelo;
y como d'un dolor otro s'empieça,

481 toceda *O*
484 dixo *O* dexo *BHTAKR*
493 sin moverme *A*

480-481 Esta *rabiosa enfermedad* es por supuesto la hidrofobia canina, a la cual Herrera (H-561) dedica una larga nota más bien fisiológica que literaria.

482 (B-138) *Y sin mirarme, desdeñosa y fiera.* Petrarca, soneto *Senuccio* [CXII.8]:

Hor mansueta, hor disdegnosa, et fera.

484 Herrera (H-562) comenta la brevedad y la composición "incisa i cortada" de este verso.

491-493 Tamayo (T-121) encuentra en Ariosto (*Orlando,* XXIII.cxxxi.7-8, cxxxii.1-2) un personaje en situación semejante. Navarro encuentra el mismo aniquilamiento del ánimo en Ég. II.118 y 659 y en Ca. I.13 y 37; también (1911) dice que "la rusticidad de la vida pastoril disculpa la llaneza de esta figura..." Por *una gran pieça,* cfr. Ég. II.257 y Ég. III.81.

494 (B-139) *Y como de un dolor otro se empieça.* Prouerbio Latino: *Malis mala succedunt.* También dizen: *Bien uengas mal, si uienes solo.*

Según Herrera (H-563), "Marcial en el epigrama 72[?], del I, llama encadenados a los trabajos". Para él (H-564) el uso del verbo es arcaico; cfr. Ég. II.259 ("que assí d'un mal ageno bien s'empieça").

el largo llanto, el desvanecimiento,
el vano imaginar de la cabeça,
de mi gran culpa aquel remordimiento,
verme del todo, al fin, sin esperança
me trastornaron casi el sentimiento.
Cómo deste lugar hize mudança
no sé, ni quién d'aquí me conduxiesse
al triste alvergue y a mi pobre estança;
sé que tornando en mí, como estuviesse
sin comer y dormir bien quatro días
y sin que el cuerpo de un lugar moviesse,
las ya desmamparadas vacas mías
por otro tanto tiempo no gustaron
las verdes yervas ni las aguas frías;
los pequeños hijuelos, que hallaron
las tetas secas ya de las hambrientas
madres, bramando al cielo se quexaron;
las selvas, a su boz también atentas,
bramando pareció que respondían,

502 albergo *H*
506 desamparadas *BHTA*
513 parece que *O R* parecio *HA* Bramando me parece respondian *BT*

---

506 (B-140) *Las ya desamparadas uacas.* Esto, como dixe, todo es de Sanazaro, el qual lo tomó de Virgilio, Ecloga 5 [,24-26]:

Non ulli pastos illis egere diebus
Frigida, Daphni, boues ad flumina, nulla neque amnem
Libauit quadrupes, nec graminis attigit herbam.

Herrera (H-565) añade seis versos de Nemesiano (Ecl. II.27-32) y dos de Sannazaro (Ecl. V.48-49).

Quizá se debe enmendar el arcaico o rústico *desmamparadas* de la primera edición, ya que Garcilaso suele usar la forma moderna (cfr. Ég. I.65 y 294, Ég. II.575 y 1656, etc.).

513 A. Blecua (pp. 153-154) afirma con razón que, tanto por la distribución acentual como por el tiempo verbal, hay una errata en el *parece* de la primera edición: debe leerse o *pareció* (*DHA*) o *parecía* (enmienda sugerida por el mismo Blecua). Nos hemos atenido a *pareció,* no sólo por la antigüedad de esta enmienda sino por el predominio de pretéritos en los versos anteriores.

condolidas del daño y descontentas.
Aquestas cosas nada me movían;
antes, con mi llorar, hazia espantados
todos quantos a verme allí venían.
Vinieron los pastores de ganados,
vinieron de los sotos los vaqueros
para ser de mi mal de mí informados;
y todos con los gestos lastimeros
me preguntavan quáles avian sido
los acidentes de mi mal primeros;
a los quales, en tierra yo tendido,
ninguna otra respuesta dar sabía,
rompiendo con solloços mi gemido,
sino de rato en rato les dezía:
"Vosotros, los de Tajo, en su ribera
cantaréys la mi muerte cada día;

518 pastors *O*

---

518 (B-141) *Vinieron los pastores.* Esto lo dixo primero Theócrito en Griego en la primera Bucólica y de allí lo tomó Virgilio, Ecloga 10; y de allí, Sanazaro y dél, Garci Lasso. El lugar de Theócrito dize ansí en Latín:

Pastores uenere boum per pascua cuncti. El de Virgilio [Ecl. X. 19]:

Venit et upilio, tardi uenere subulci.

521 (B-142) *Y todos preguntauan.* Theócrito [I. 81] y Virgilio [Ecl. X. 21]:

Omnes unde amor iste rogant.

523 *acidentes de mi mal*: síntomas de mi enfermedad (cfr. S. XIX.8).

524-529 (B-143) *A los quales, en tierra yo tendido.* Estos seys versos son imitación de Virgilio en la misma 10 [.31-32]:

Tristis at ille tamen, cantabitis Arcades,
inquit,
Montibus haec uestris soli cantare periti.

Herrera (H-567) añade los dos versos siguientes de Virgilio y la imitación de Sannazaro (*Arcadia,* Prosa VIII: "Voi, Arcadi, cantarete nei vostri monti la mia morte; Arcadi, soli di cantare esperti, voi la mia morte nei vostri monti cantarete...). Luego dice: "Paréceme que

este descanso llevaré, aunque muera,
que cada día cantaréys mi muerte,
vosotros, los de Tajo, en su ribera."
La quinta noche, en fin, mi cruda suerte,
queriéndome llevar do se rompiesse
aquesta tela de la vida fuerte,
hizo que de mi choça me saliesse
por el silencio de la noche 'scura
a buscar un lugar donde muriesse,
y caminando por do mi ventura
y mis enfermos pies me conduxieron,
llegué a un barranco de muy gran altura;
luego mis ojos le reconocieron,
que pende sobre'l agua, y su cimiento
las ondas poco a poco le comieron.
Al pie d'un olmo hize allí mi asiento,
y acuérdome que ya con ella estuve
passando allí la siesta al fresco viento;
en aquesta memoria me detuve
como si aquésta fuera medicina

541 Llege *O*
546 Y acordeme *A*
548 Y en aquesta *BT*
Y con esta memoria *A*

---

haze grandíssima ventaja G. L. en estos dos tercetos a Sanazaro, i que no consiente de buena voluntad que se le igualen los cuatro versos de Virgilio, porque son incomparables..." Pondera el valor poético de la repetición y del trocamiento (anadiplosis y epanástrofe). Tamayo (T-122) amplifica el elogio de Garcilaso, notando otras hermosas repeticiones suyas (Ég. II.1275-1276 y 1501-1502, El. II.128, 130, 132).

Navarro (1911) comenta el arcaísmo en español de *la mi muerte,* pero veremos por el modelo que es más bien italianismo; no hay otro ejemplo en Garcilaso.

537 (B-414) *Por el silencio de la noche escura.* Sanazaro: *Per l'amica oscurita della notte.* Virgilio, 2 Aeneida [.255]:

Tacitae per amica silentia lunae.

549 (B-145) *Como si aquesta fuera medicina.* Virgilio, en la misma [Ecl. X. 60]:

Tamquam haec sit nostri medicina furoris.

También se encuentra en Sannazaro, la fuente directa.

de mi furor y quanto mal sostuve.
Denunciava el aurora ya vezina
la venida del sol resplandeciente,
a quien la tierra, a quien la mar s'enclina;
entonces, como quando el cisne siente
el ansia postrimera que l'aquexa
y tienta el cuerpo mísero y doliente,
con triste y lamentable son se quexa
y se despide con funesto canto
del espirtu vital que dél s'alexa:
assí, aquexado yo de dolor tanto
que el alma abandonava ya la humana
carne, solté la rienda al triste llanto:
"¡O fiera", dixe, "más que tigre hircana

559 espiritu *O R* espirtu *A*

554-559 (B-146) *Entonces, como quando el cisne.* Ouidio, en las Epístolas [VII. 1-2]:

Sic ubi fata uocant, udis abiectus in herbis,
Ad uada Maeandri concinit albus olor.

Martial:

Dulcia defecta modulatur carmina lingua,
Cantator Cygnus funeris ipse sui.

Cosa muy vulgar es dezir que el cisne canta dulcemente siempre, pero más al fin de su muerte. Dízelo Platón in Phaedone, y Plutarco y muchos poetas Griegos y Latinos. Pero Luciano se burla mucho desto, y Eliano, graue historiador, en el libro 1 de varia historia, y Plinio, libro 10, capítulo 23. Puede ser cosa que en unas tierras cantan y en otras no; a lo menos en España no sabemos que canten, más de que en Tordesillas oyeron muchas gentes entre los juncos del río unos gaznidos espantosos, tanto que pensaron ser alguna cosa monstruosa; y algunos se atreuieron a llegar allá y hallaron un Cisne que auía venido de otra parte, y murió muy presto; desto huuo muchos testigos.

Herrera (H-568) añade autoridades antiguas y modernas, pero no comenta el fenómeno de Tordesillas.

563 Herrera (H-569) documenta la proverbial ferocidad de las tigres hircanas, citando un verso de Virgilio (*Eneida,* IV.367: "...Hyrcanaeque admorunt ubera tigres") y añadiendo muchos datos geográficos.

y más sorda a mis quexas que'l rüydo
embravecido de la mar insana,
  heme entregado, heme aquí rendido,
he aquí que vences; toma los despojos
de un cuerpo miserable y afligido!
  Yo porné fin del todo a mis enojos;
ya no te offenderá mi rostro triste,
mi temerosa boz y húmidos ojos;
  quiçá tú, que'n mi vida no moviste
el passo a consolarme en tal estado
ni tu dureza cruda enterneciste,
  viendo mi cuerpo aquí desamparado,
vernás a arrepentirte y lastimarte,
mas tu socorro tarde avrá llegado.
  ¿Cómo pudiste tan presto olvidarte
d'aquel tan luengo amor, y de sus ciegos

564 roydo *O*
567 He aqui vences *BTA*
569 a tus enojos *BHTA*
571 y humildes ojos *B74*

564-566 Herrera (H-570) encuentra en Homero "ondas sordas" y en Horacio (Odas, III.vii.21) un hombre "scopulis surdior". Véase también los "insanis fluctis" de Virgilio (Ecl. IX.43).

567-569 (B-147) *He aquí que uences.* Ouidio, libro [XIV. 718-719 de las *Metamorfoses*]:

> *Vincis Anaxarete, neque erunt tibi taedia tandem*
> *Ulla ferenda mei.*

De donde emiendo: *Yo porné* [pondré (B89)] *fin del todo a tus enojos.* Antes estaua *A mis ojos.* Y lo mismo se saca de Sanazaro, en el dicho lugar.

Hay otra enmienda, o errata, en el texto del Brocense, que es la omisión de *que* en el verso 567, para lo cual hay que suponer hiato en *he aquí*; pero en su nota no hay tal omisión. Tamayo, Azara y Navarro (1911) repiten la omisión; pero desde 1924 Navarro sigue más estrechamente, aquí como en otros versos, el texto de Herrera.

577 Herrera (H-572) cita dos versos de don Juan de Mendoza:

> Llegará el socorro tarde,
> seré ya ceniza hecho.

ñudos en sola un ora desligarte?
¿No se te acuerda de los dulces juegos
ya de nuestra niñez, que fueron leña
destos dañosos y encendidos fuegos,
quando la enzina desta espessa breña
de sus bellotas dulces despojava,
que ývamos a comer sobre'sta peña?
¿Quién las castañas tiernas derrocava
del árbol, al subir dificultoso?
¿Quién en su limpia falda las llevava?
¿Quándo en valle florido, espesso, umbroso
metí jamás el pie que dél no fuesse
cargado a ti de flores y oloroso?
Jurávasme, si ausente yo estuviesse,
que ni el agua sabor ni olor la rosa
ni el prado yerva para ti tuviesse.
¿A quién me quexo?, que no escucha cosa
de quantas digo quien devria escucharme.
Ecco sola me muestra ser piadosa;
respondiéndome, prueva conortarme
como quien provó mal tan importuno,
mas no quiere mostrarse y consolarme.

582 niñyes *O*
588 deflicultoso *O*
591 jãmas *O*

---

594 Herrera (H-573) cita dos versos de Calpurnio (Ecl. III.11-12); pero la fuente directa, como en todo este episodio, es Sannazaro.

598 (B-148.1) *Ecco sola me muestra.* Ouidio, Epístola Ariadne [X.23-24]:

Et quoties ego, te toties locus ipse uocabat,
Ipse locus miserae ferre uolebat opem.

Herrera (H-574) pone muchos detalles de las fábulas de la ninfa Eco, quien, desesperadamente enamorada de Narciso, fue convertida en piedra y en mera voz incorpórea, incapaz de iniciar conversación (véase Ovidio, *Metam.* III.356-401); Herrera también pone detalles físicos y un epigrama de Ausonio.

599 *conortar*: conhortar, confortar.

601 Navarro (1924), por errata, introduce una variante (*mostrarme*).

¡O dioses, si allá juntos de consuno,
de los amantes el cuydado os toca;
o tú solo, si toca a solo uno! :
recebid las palabras que la boca
echa con la doliente ánima fuera,
antes que'l cuerpo torne en tierra poca.
¡O náiades, d'aquesta mi ribera

604 si toca solo a uno *A* 608 O Nayadas *B*

---

602 Herrera (H-575) da aquí una cita virgiliana, posible fuente de Sannazaro, que el Brocense amplifica algo en su edición de 1589:

(B-148.2) [*O dioses, si allá juntos de consuno.* Virgilio, 4 Eneida [.519-521]:

Testatur moritura deos, et conscia fati
Sidera, tum si quod non aequo foedere amantes
Curae numen habet, iustumque memorque, precatur. (B89<H)]

Tamayo (T-123) da otra fuente, quizá mejor (Ovidio, *Metam.* XIV.729-732):

Si tamen, o superi, mortalia facta videtis,
este mei memores (nihil ultra lingua precari
sustinet) et longo facite ut narremur in aevo,
et, quae dempsistis vitae, date tempora famae!

Como señala Mele, todo este pasaje (hasta el verso 631) fue imitado por Don Quijote en la Sierra Morena (*Don Quijote,* I, 25).

El adverbio *de consuno,* arcaico ya para Herrera, se encuentra también en Ég. I.361 y Ég. II.1453.

605-606 Mele cita la fuente en Sannazaro y varias imitaciones en Cervantes, anotadas ya por Rodríguez Marín a propósito de la canción de Grisóstomo (*Don Quijote,* I, 14; también se imita en dos pasajes del *Persiles*).

606 Cfr. el soneto de Pedro Laínez que comienza "Salga con la doliente ánima fuera".

608-623 (B-149) *O Náyades de aquesta.* Todo esto es de Sanazaro, como lo demás. Y para que se entienda la propriedad destas Nynfas que aquí pone, digo que Náyades son de los ríos, Napeas de los collados, Drýades de los bosques, Hamadryades de los árboles, Oréades de los montes, Hémides de los prados, y ansí en una silua dixo Politiano:

Unda choros agitat Nais, decurrit Oreas
Monte suo, linquunt faciles iuga celsa Napeae,
Nec latitat sub fronde Dryas.

corriente moradoras; o napeas,
guarda del verde bosque verdadera!,
alce una de vosotras, blancas deas,
del agua su cabeça rubia un poco,
assí, nympha, jamás en tal te veas;
podré dezir que con mis quexas toco
las divinas orejas, no pudiendo
las humanas tocar, cuerdo ni loco.
¡O hermosas oreadas que, teniendo
el govierno de selvas y montañas,
a caça andáys, por ellas discurriendo!,
dexad de perseguir las alimañas,
venid a ver un hombre perseguido,
a quien no valen fuerças ya ni mañas.
¡O drýadas, d'amor hermoso nido,
dulces y graciosíssimas donzellas
que a la tarde salís de lo ascondido,

609 corrientes moradoras *T*
612 la cabeça *H*
613 en sol *T*
617 Oreades *HK*
623 dryades *K*

Herrera tiene sendas notas sobre estas clases de ninfas: que las náyades son de las fuentes (H-576), las napeas de los bosques y valles cercados (H-577), las oréades de los montes (H-579), y las dríadas de los árboles (H-580). Garcilaso (verso 611) las llama aquí *deas,* o sea "diosas", que es la palabra corriente en sus églogas (Ég. I.377 y 379, Ég. II.190, 1373 y 1376, Ég. III.218 y 233).

609-613 A. de Castro aquí no sólo sigue la variante de Tamayo (v. 609: *corrientes moradoras*), sino que quita la ese al final de los versos 609 (*napea*), 611 (*blanca dea*) y 613 (*se vea*), dejando "el texto corregido, tal como lo escribió, o debió escribirlo, su autor" (p. VI). Navarro en 1911 deja deslizarse *se vea,* pero en 1924 pone *te veas.*

610 Navarro (1911): "*Las napeas son la verdadera guarda del bosque.* Creo, a pesar de Castro, que en esta frase no hay nada contrario a la Gramática".

615 Herrera (H-578) se indigna contra ciertos críticos de la combinación *divinas orejas,* que querían sustituirla por *divinos oídos.* Por esto se ve que ya era arcaico para algunos este uso (cfr. Ég. I.127 y Ég. II.333); pero Garcilaso también usaba a veces *oídos* (Ég. II.635, Ég. III.43 y 283).

625 En Garcilaso se lee a veces *asconder* (El. I.17 y 175, Ég. II.633), pero más a menudo *esconder* (El. I.171, Ég. I.325, etc.).

con los cabellos rubios que las bellas
espaldas dexan d'oro cubijadas!,
parad mientes un rato a mis querellas,
y si con mi ventura conjuradas
no estáys, hazed que sean las ocasiones
de mi muerte aquí siempre celebradas.
¡O lobos, o ossos, que por los rincones
destas fieras cavernas ascondidos
estáys oyendo agora mis razones!,
quedaos a Dios, que ya vuestros oýdos
de mi çampoña fueron halagados
y alguna vez d'amor enternecidos.
Adiós, montañas; adiós, verdes prados;
adiós, corrientes ríos espumosos:
vivid sin mí con siglos prolongados,
y mientras en el curso pressurosos
yréys al mar a dalle su tributo,
corriendo por los valles pedregosos,

636 campaña *O*
640 Venid *O*
Vivid *BHTAR*
Vevid *K*

---

627 Dos veces en Garcilaso encontramos *cubijadas* de cabello rubio las hermosas espaldas de las ninfas (cfr. Ég. III.99); en otros muchos pasajes encontramos el verbo *cubrir* y su participio *cubierto*.

632 (B-150) *O lobos, o Ossos, etc.* Todo es del dicho Sanazaro, pero está primero en Theócrito, en el primer Bucólica, do dize [vv. 115-121]:

O montana lupi quicunque haec lustra tenetis,
Thoes, et o altis habitantes montibus ursi
Non ego uos ultra per deuia lustra uidebo
Per nemora haec: Daphnin satis est uixisse: ualete.
Et fluuij, quicumque sacram sub Thymbridis undam
Influitis, uos extrema nunc uoce saluto.
Ille ego sum Daphnis, proprijs qui pascua bubus
Haec teneo, atque idem longo iam tempore Daphnis
Hos tauros, atque has uitulas ad flumina duco.

Dice Herrera (H-581): "Cosa ordinaria es en los poetas hablar con las fieras del campo, i lamentarse con ellas".

640 Herrera (H-582) encuentra el mismo imperativo en el modelo de Sannazaro (Virgilio, Ecl. VIII.58); Tamayo (T-124) cita cuatro versos de despedida que se encuentran en el Idilio I de Teócrito.

hazed que aquí se muestre triste luto
por quien, biviendo alegre, os alegrava
con agradable son y viso enxuto,
por quien aquí sus vacas abrevava,
por quien, ramos de lauro entretexendo,
aquí sus fuertes toros coronava."
Estas palabras tales en diziendo,
en pie m'alcé por dar ya fin al duro
dolor que en vida estava padeciendo,
y por el passo en que me ves te juro
que ya me iva a arrojar de do te cuento,
con passo largo y coraçón seguro,
quando una fuerça súbita de viento

654 iua arrojar *OK* iva a arrojar *BTAR*

---

646 Herrera (H-583) señala la fuente de *viso enxuto,* que no se encuentra en la Prosa VIII de Sannazaro: es el Poema XCIII.13 de Petrarca ("forse non avrai sempre il viso asciutto"), fuente confirmada por Mele. (También en el *Trionfo della Morte,* II.123 se encuentra "viso asciutto".) Navarro (1924) encuentra *viso* usado en la prosa medieval española con el sentido de *vista* ("El viso quando es sano et claro veye de lueñe las cosas...", *Partidas,* ed. Acad. II, 103). Pero en la poesía ("claro viso angelical", Villasandino, *Cancionero de Baena*) tenía probablemente el sentido petrarquista de "cara, rostro" (Poema CXCVII.13: "e di bianca paura il viso tinge"). Así es que aquí *viso enxuto* significa, no "ojos secos", sino "rostro seco", es decir, sin lágrimas.

653 Dice Herrera (H-584) que el verso 653 es "traído de medio de la plebe", es decir que es "forma popular de juramento" (Navarro).

654 Herrera (H-585) dice que esta forma de suicidio proviene "de la Égloga 8.[59-60] de Virgilio ('praeceps aërii speculâ de montis in undas / deferar...,), porque la muerte de hierro es trágica, i no conviene a la rustiqueza i simplicidad de pastores".

656-667 (B-151) *Y por el passo en que me ues te juro, etc.* Hasta aqui ha imitado o, por mejor decir, trasladado a Sanazaro; y este concepto está también en Sanazaro, mas de otra manera, diziendo que estando para echarse en el mar desde la roca, vinieron dos palomas, de las quales cobró esperança de mejoría, tomando agüero próspero, etc.

A Herrera (H-586) no le gustó que Garcilaso sustituyera a las palomas de Sannazaro por "una fuerça súbita de viento": "no avía mucha necessidad deste viento, que harto mejor estuviera vêr las palomas que

vino con tal furor que d'una sierra
pudiera remover el firme assiento.
  De espaldas, como atónito, en la tierra
desde á gran rato me hallé tendido,
que assí se halla siempre aquel que yerra.
  Con más sano discurso en mi sentido
comencé de culpar el presupuesto
y temerario error que avia seguido

660 m'halle *O* 661 s'halla *O*

---

vio Carino en la prosa 8 de Sanazaro". Esto provocó una discusión con Prete Jacopín, quien en su observación 26 afirma la superioridad de Garcilaso: que las palomas en Sannazaro eran solamente un agüero, suficiente para Carino, pero que Albanio estaba más desesperado, así que le convenía ser salvado por la fuerza física del viento. En su respuesta Herrera persiste diciendo que las palomas son de Venus, símbolos amorosos, pero que el viento es "trágico" y por eso menos conveniente para la égloga. Tamayo (T-125) naturalmente apoya a Prete Jacopín. Navarro (1911) dice de las palomas que "tal recurso es, acaso, más verosímil que el que utiliza Garcilaso, pero, desde luego, se advierte en la intención de éste el deseo de valerse de un fenómeno puramente natural, y al mismo tiempo decisivo, para vencer la voluntad de Albanio sin dejar sospecha sobre la firmeza y sinceridad de su resolución". Un antecedente de tal viento es la tormenta que despeñó las terneras de Dafnis (Idilio IX de Teócrito).

Siguen las discusiones entre Prete Jacopín y Herrera. Éste afirma (H-587) que el verso 661 es "sentencia mayor que lo que conviene a este lugar"; al referirse aquél (observación 27) a la sentenciosidad pastoril en Virgilio, contesta Herrera que la del verso 661 "es mayor que la que conviene a pastores".

A propósito del verso 667, Herrera (H-588) cita a autoridades filosóficas para definir la muerte fatal: "la que proviene de natural intemperie. La muerte que Virgilio [con respecto al suicidio de Dido] nombra *ante diem* es fuera del hado... la muerte no madura, que se da con hierro, ni es fatal ni natural..." Prete Jacopín (observación 45) dice que el hado lo causa todo, incluso la muerte violenta y el suicidio.

660 A propósito de Ca. I.13 y 37, Tamayo (T-43) sugirió que también en este verso *tendido* fuera sustituido por *rendido*. Su razonamiento es el siguiente: si la sentencia del verso 661 se refiere a *atónito* (v. 659), es floja; si se refiere a *tendido*, no tiene sentido; pero "si se lee *rendido*, parece que puede ser alusión al rendimiento del ánimo cuando se ha caído en la cuenta, haciendo equívoca la traslación. Los más ingeniosos lo juzguen".

en querer dar, con triste muerte, al resto
d'aquesta breve vida fin amargo,
no siendo por los hados aun dispuesto.
D'allí me fuy con coraçón más largo
para esperar la muerte quando venga
a relevarme deste grave cargo.
Bien as ya visto quánto me convenga,
que pues buscalla a mí no se consiente,
ella en buscarme a mí no se detenga.
Contado t'he la causa, el acidente,
el daño y el processo todo entero;
cúmpleme tu promessa prestamente,
y si mi amigo cierto y verdadero
eres, como yo pienso, vete agora;
no estorves con dolor acerbo y fiero
al affligido y triste quando llora.

SAL. Tratara de una parte
que agora sólo siento,
si no pensaras que era dar consuelo:
quisiera preguntarte
cómo tu pensamiento
se derribó tan presto en esse suelo,
o se cobrió de un velo,

677 Y si amigo *B74*
679 estorves un dolor *A*
686 deribo *O*
687 de velo *A*

662-664 (B-152) *Con más sano discurso en mi sentido.* Sanazaro, 7 prosa:

Tal che riuolto il fiero proponimento in piu regolato consiglio.

De acuerdo con esta fuente Navarro (1911) afirma con razón que *presupuesto* no es adjetivo, sino sustantivo, con el sentido de "motivo, causa o pretexto con que se ejecuta alguna cosa. (*Dicc. Aut.*)".

668 *con coraçón más largo*: más magnánimamente (cfr. Ég. II.188, "mano larga", y Son. XXI.9, "largo cielo").

671-673 Es decir que ahora puedes entender por qué me importa tanto (ya que yo no puedo ir a buscarla a ella) que ella se apresure a buscarme a mí.

681-682 "Yo trataría de un aspecto que tan sólo ahora se me ocurre..."

para que no mirasse
que quien tan luengamente
amó, no se consiente
que tan presto del todo t'olvidase.
¿Qué sabes si ella agora
juntamente su mal y el tuyo llora?

ALB. Cesse ya el artificio
de la maestra mano;
no me hagas passar tan grave pena.
Harásme tú, Salicio,
ir do nunca pie humano
estampó su pisada en el arena.
Ella está tan agena
d'estar dessa manera
como tú de pensallo,
aunque quieres mostrallo
con razón aparente a verdadera;
exercita aquí el arte
a solas, que yo voyme en otra parte.

SAL. No es tiempo de curalle

692-3 —faltan en *A*—
703 quieras *B77*
704 aparente o verdadera *TnA*

---

690 *no se consiente*: no se permite, no es posible.
694-695 "Déjese ya el arte del cirujano"; cfr. versos 355 y 709.
697-699 Significa, como dice Verdevoye, que "tú me harás creer lo que nadie podría admitir".

(B-153) *Estampó su pisada en el arena.* Petrarca, soneto 28 [xxxv. 4]:

Doue uestigio human l'arena stampi.

Herrera (H-589) añade otra cita italiana.
703-704 Es decir, "aunque pretendes demostrarlo con razones que parezcan verdaderas". Tamayo (T-126) hace este comentario: "Aunque tiene buen sentido, no sé que sea buena locución española, y así, por nuestro común modo de hablar, leyera *aparente o verdadera,* porque tiene más energía esta duda en la disuasión".
707-715 Lapesa (n. 129) ha descubierto aquí una imitación del Acto I de la *Celestina,* donde Sempronio dice, a propósito de Calisto, "...Con todo,

hasta que menos tema
la cura del maestro y su crüeza;
solo quiero dexalle,
que aun está la postema
intratable, a mi ver, por su dureza;
quebrante la braveza
del pecho empedernido
con largo y tierno llanto.
Yréme yo entretanto
a requirir d'un ruyseñor el nido,

709 La cara del *B74*
711 el apostema *HTA*
718 una alta *K*
719 Cravina *B*

---

quiérole dexar vn poco *desbrave*, madure, que oydo he dezir que es peligro abrir o apremiar las *postemas duras*, porque más se enconan. Esté vn poco; dexemos llorar al que dolor tiene, que las lágrimas e sospiros mucho desenconan el coraçón dolorido". Cfr. Cervantes, *Persiles*, III, 15: "El postema duele mientras no se ablanda, y el ablandarse requiere tiempo".

La cita que da Herrera (H-590) es más remota (Ovidio, *Ex Ponto*, I.iii.15-18):

Tempore ducetur longo fortasse cicatrix:
horrent admotas vulnera cruda manus.
Non est in medico semper relevetur ut aeger:
interdum docta plus valet arte malum.

716-719 (B-154) *A requerir de un ruyseñor el nido*. Sanazaro, Ecloga 9 [.67-69]:

Un bel colombo in una quercia antica
Viddi annidar poc'anzi, il qual riserbo
Per la crudel et aspra mia nemica.

Todos lo toman de Virgilio, Ecloga 3 [.68-69]:

Parta meae Veneri sunt munera: namque notaui
Ipse locum, aëriae quo congessere palumbes.

A estas dos citas añade dos más María Rosa Lida (135.23) en su estudio sobre el nido como regalo pastoril: Teócrito, Idilio V.96-97, y Nemesiano, Bucólica II.60-68.

Navarro en 1911 no sabía si Salicio hacía este regalo a Gravina "con agravio de la desdeñada *Galatea*", o si Gravina era un segundo nombre de esta misma; en 1924 Navarro dice que no se sabe si Gravina es alusión a persona real.

que está en un alta enzina
y estará presto en manos de Gravina.

CAM. Si desta tierra no é perdido el tino,
por aquí el corço vino   que á traído,
después que fue herido,   atrás el viento.
¡Qué rezio movimiento   en la corrida
lleva, de tal herida   lastimado!
En el siniestro lado   soterrada,
la flecha enerbolada   yva mostrando,
las plumas blanqueando   solas fuera,
y házeme que muera   con buscalle.
No passo deste valle;   aquí está cierto,
y por ventura muerto.   ¡Quién me diesse
alguno que siguiesse   el rastro agora,
mientras la herviente ora   de la siesta

726 va mostrando *H*
729 passò *BTA*
pásso *H*
aqui csta *O*
732 mientras l'ardiente ora *H*

720-765 Sobre Camila véanse nuestra introducción a esta égloga y nuestra nota al verso 170.

El corzo herido de este pasaje, como indica María Rosa Lida en su estudio sobre "El ciervo herido y la fuente" (135.31-52), proviene de la *Eneida* (IV.67-74), con algún contagio (Ég. II.744) del Salmo 41, "Quemadmodum desiderat cervus ad fontes aquarum". Aunque la docta argentina afirma que el animal aparece aquí "como elemento de narración, no como símil" (p. 37), hay que reconocer que nuestro Albanio se parece bastante a la Dido del símil virgiliano: la persona "que no ha alcanzado la sabiduría y que en continuo cambio de lugar y de ocupación pretende huir en vano de las desordenadas pasiones que lleva en su propia alma" (Lida, 135.33). Así es que I. Macdonald (150.8-9) afirma rotundamente: "El ciervo, la herida en el siniestro lado, todo nos indica el amante".

729 Como señala Navarro, el Brocense leyó *pasó* y Herrera *páso*. Ambas lecturas son igualmente posibles; *páso* se relaciona con el sentido del verso anterior, y *pasó* con el de la segunda parte de éste. Aunque por motivos semánticos Navarro dice que "parece preferible acentuar pasó", para nosotros es determinante la cuestión rítmica: *ceteris paribus,* es mejor evitar acentos en las sílabas impares (y esto a pesar de la dura acentuación de *aquí está cierto*).

732 En todas las églogas de Garcilaso (Ég. I.117, Ég. III.88, Ég. II *passim*) el lugar ameno sirve como defensa contra el calor de la siesta, la *hora sexta* o mediodía.

en aquesta floresta yo descanso!
¡Ay, viento fresco y manso y amoroso,
almo, dulce, sabroso!, esfuerça, esfuerça
tu soplo, y esta fuerça tan caliente
del alto sol ardiente ora quebranta,
que ya la tierna planta del pie mío
anda a buscar el frío desta yerva.
A los hombres reserva tú, Dïana,
en esta siesta insana, tu exercicio;
por agora tu officio desamparo,
que me á costado caro en este día.
¡Ay dulce fuente mía, y de quán alto
con solo un sobresalto m'arrojaste!
¿Sabes que me quitaste, fuente clara,
los ojos de la cara?, que no quiero
menos un compañero que yo amava,
mas no como él pensava. ¡Dios ya quiera
que antes Camila muera que padezca
culpa por do merezca ser echada
de la selva sagrada de Dïana!
¡O quán de mala gana mi memoria
renueva aquesta historia! Mas la culpa

734 fresco, manso y amoroso *BTA* 737 ardiende *O*

---

734 (B-155) *Ay uiento fresco, manso, etc.* Ouidio en la fábula de Procris [*Metam.* VII. 813-815]:

> *Aura (recordor enim) uenias, cantare solebam,*
> *Meque iuues, intresque sinus gratissima nostros,*
> *Utque facis, releuare uelis, quibus urimur, aestus.*

Herrera (H-592) repite los mismos versos ovidianos.

738 Herrera (H-593) compara este verso con el verso 858 ("abrase el blanco pie de mi enemiga").

740 "No se juntavan ombres en la caça de las ninfas i Diana, pero también eran ellos caçadores" (H-594).

742 *desamparo*: abandono.

751 Según Herrera (H-505), ésta es "alusión a la fábula de Calisto", ninfa desterrada por Diana de su compañía cuando la encontró embarazada, después de violada por Júpiter (Ovidio, *Metam.* II.417-465).

753-754 Cfr. Ég. II.149-160 (H-596).

agena me desculpa, que si fuera
yo la causa primera desta ausencia,
yo diera la sentencia en mi contrario;
él fue muy voluntario y sin respeto.
Mas ¿para qué me meto en esta cuenta?
Quiero bivir contenta y olvidallo
y aquí donde me hallo recrearme;
aquí quiero acostarme, y en cayendo
la siesta, yré siguiendo mi corcillo,
que yo me maravillo ya y m'espanto
cómo con tal herida huyó tanto.

[ALB.] Si mi turbada vista no me miente,
paréceme que vi entre rama y rama
una nympha llegar a aquella fuente.
Quiero llegar allá; quiçá si ella ama,
me dirá alguna cosa con que engañe,
con algún falso alivio, aquesta llama.
Y no se me da nada que desbañe

768 llegar aquella *OB* 771 aliuia *O*

---

758 *voluntario*: voluntarioso, violento.

Cfr. G. Vicente, *Amadís*, 580-584:

Mas él habló amores tales
y palabras tan odiosas
que passavan de coriosas,
y los oídos reales
no han de oír todas cosas.

766-786 Esta escena de reconocimiento se puede comparar con la de Salicio y Albanio, cuando éste estaba dormido (Ég. II.77-100); la fuente de ambos pasajes parece ser la Égloga II.10-18 de la *Arcadia* de Sannazaro.

772 A propósito del vocablo *desbañe* Herrera (H-597) nos da todo un discurso sobre la propiedad de los neologismos en general, pero no nos da ninguna definición de éste. Tamayo (T-127) aborda más concretamente el problema, confesando que "yo halucino, aunque arrojadamente en tanta novedad, fiado en la doctrina de G. L., que en todo lo que escribió tuvo acuerdo particular". Tamayo supone un calco de etimología griega (βαλανεῖον y ἀποβάλλειν τας ἀνίας) encontrada en San Agustín (*Confessiones*, IX.12: "quod anxietatem pellat ex animo"), de la cual

mi alma si es contrario a lo que creo,
que a quien no espera bien, no ay mal que dañe.
¡O santos dioses!, ¿qué's esto que veo?
¿Es error de phantasma convertida

773 si es contrario lo que creo *H*

---

saca la consecuencia de que, si *bañar* significa *aliviar*, "*desbañar* en Garcilaso será *afligir* o *congojar*" (cfr. A-91).

Quizá venga al caso la definición que da Pagés (*Gran Diccionario de la Lengua Castellana*, t. I, p. 757) de *azor desbañado*: "El que no ha tomado el agua los días que le hacen volar.

Ya sale el rey a cazar
con un azor desbañado..."

¿Hay también una relación posible entre *desbañar* y *desvanecer*?

Más importante es la nota de Keniston, quien encontró en Boscán la palabra *desbañar* con el sentido, según Keniston (p. 353), de *aliviar* (ed. Riquer, p. 58, vv. 106-110):

Ya después de ido, siento
el alma tan desvañada,
con un descontentamiento,
que no me culpo de nada,
y de todo m'arrepiento.

Véase también la Canción I de Boscán (ed. Riquer, p. 115, vv. 184-187):

Si m'iva sin que os viesse,
no se me hazía el ir muy cuesta arriva,
mas sin causa después me desvañava
y en todo aquel día nada acertava.

Estos dos pasajes indican que *desbañar* tiene más bien el sentido de *afligir, desatinar* o *confundir,* sentido que se confirma en el texto garcilasiano, que querrá decir: "y no me importa que la ninfa me confunda el alma diciéndome cosas contrarias a las que creo" (cfr. S. XII.4: "que es darme a entender yo lo que no creo").

774 A propósito de la estable desilusión, tópico estoico, de este verso, Herrera (H-598) cita una canción de Dragoneto Bonifacio: "che s'io non spero ben, più mal non temo".

776 "Los griegos llaman *fantasma* a la imagen de l'ánima que imagina, o a las visiones del ánimo" (H-599). Aunque la palabra *fantasía* (imaginación, o facultad imaginativa) aparece cinco veces en la poesía de Garcilaso, esta es la única vez que aparece la palabra *fantasma,* aquí femenina.

en forma de mi amor y mi deseo?
Camila es ésta que está aquí dormida;
no puede d'otra ser su hermosura.
La razón está clara y conoçida:
una obra sola quiso la natura
hazer como ésta, y rompió luego apriessa
la estampa do fue hecha tal figura;
¿quién podrá luego de su forma espressa
el traslado sacar, si la maestra
misma no basta, y ella lo confiessa?
Mas ya que's cierto el bien que a mí se muestra,
¿cómo podré llegar a despertalla,
temiendo yo la luz que a ella me adiestra?
Si solamente de poder tocalla
perdiesse el miedo yo... Mas ¿si despierta?
Si despierta, tenella y no soltalla.
Esta osadía temo que no es cierta.
¿Qué me puede hazer? Quiero llegarme;

794 Mas que me puede hazer *BHTA*

781-783 (B-156.1) *Rompió luego la estampa, etc.* Ariosto, canto 10 [.84.6-7]:

Non è un sí bello in tante altre persone:
Natura'l fece, et poi ruppe la stampa.

Herrera (H-600) y Mele repiten la misma fuente, citando éste la explicación del tópico que da Américo Castro (*El pensamiento de Cervantes,* cap. IV, "La naturaleza como principio divino e inmanente"). Tanto Navarro (1911) como Keniston comparan este terceto con el segundo del Soneto XXI. Navarro (1924) añade definiciones de estampa: "dibujo, molde principal (*Dicc. Auts.*); sello o cosa dura en que está tallada la imagen que se estampa (*Dicc. de Terreros*)..."

785 La *maestra* es, por supuesto, la *natura* (v. 781).

789 "Me adiestra: por me guía, o me conduce" (A-92). Según Navarro, *adestrar* o *adiestrar*: guiar, encaminar.

791-792 "Es figura antipófora..., con la cual nos proponemos los dichos de los contrarios, para responder a ellos" (H-601). Herrera cita luego un ejemplo virgiliano (*Eneida,* IV.603-604) y añade que también es diapóresis o dudanza, como al final del Soneto I.

en fin, ella está agora como muerta.
Cabe'lla por lo menos assentarme
bien puedo, mas no ya como solía...
¡O mano poderosa de matarme!,
¿viste quánto tu fuerça en mí podía?
¿Por qué para sanarme no la pruevas?,
que su poder a todo bastaría.
CAM. ¡Socórreme, Dïana!
ALB. ¡No te muevas,
que no t'é de soltar; escucha un poco!
CAM. ¿Quién me dixera, Albanio, tales nuevas?
¡Nymphas del verde bosque, a vos invoco;
a vos pido socorro desta fuerça!
¿Qué es esto, Albanio? Dime si estás loco.
ALB. Locura deve ser la que me fuerça
a querer más que'l alma y que la vida
a la que a aborrecerme a mí se 'sfuerça.
CAM. Yo devo ser de ti l'aborrecida,
pues me quieres tratar de tal manera,
siendo tuya la culpa conocida.
ALB. ¿Yo culpa contra ti? ¡Si la primera
no está por cometer, Camila mía,

801 Que tu poder *H*
810 que aborrecerme *O R*
que aborrecerme assi se esfuerça *BHT*
que a aborrecerme asi se fuerza *A*

---

795 Sobre el tópico del "somnus mortis imago" véase comentario al S. XVII.9-10 (H-602) y G. Sabat (217, *passim*); el mismo tópico aparecerá de nuevo en el verso 1029.

796 *Cab'ella*: al lado de ella. Este es el único ejemplo en Garcilaso de la preposición arcaica *cabe*.

798 Para Tamayo (T-128), ésta "es locución elegantísima que nuestra lengua heredó de la griega y latina". Da dos ejemplos horacianos (Odas, I.xii.26-27 y xxxv.1-3) del adjetivo con infinitivo y dice que es semejante la sintaxis de Ég. II.847-849.

806 A. de Castro acepta la variante de Azara: "socorro en esta fuerza".

814 "Eclissis [¿elipsis?], figura dicha defeto en lengua latina; sirve maravillosamente a los afetos, i es aposiopêsis" (H-605).

815 Es decir, "si todavía no he cometido la primera culpa contra ti".

en tu desgracia y disfavor yo muera!
CAM. ¿Tú no violaste nuestra compañía,
quiriéndola torcer por el camino
que de la vida honesta se desvía?
ALB. ¿Cómo, de sola una ora el desatino
á de perder mil años de servicio,
si el arrepentimiento tras él vino?
CAM. Aquéste es de los hombres el officio:
tentar el mal, y si es malo el sucesso,
pedir con humildad perdón del vicio.
ALB. ¿Qué tenté yo, Camila?
CAM. ¡Bueno es esso!
Esta fuente lo diga, que á quedado
por un testigo de tu mal processo.
ALB. Si puede ser mi yerro castigado
con muerte, con desonrra o con tormento,
vesme aquí; estoy a todo aparejado.
CAM. Suéltame ya la mano, que el aliento
me falta de congoxa.

818 Queriendola *K*
826 yo camilia *O*
833 mui grande miedo *T*

817-819 "Dicho figurada i onestíssimamente" (H-606).

820 Normalmente en la primera edición se imprimía *un ora,* por *una hora*; pero cfr. S. X. 9, S. XVI. 11 y Ég. II.1277.

823-825 Aunque en la tradición literaria del amor cortés había ya elocuentes defensas de la mujer (cfr. Diego de San Pedro, *Cárcel de amor,* y Juan del Encina, "Contra los que dicen mal de mujeres"), con este terceto de Garcilaso empieza lo que podemos llamar el feminismo pastoril de la literatura española, en el cual la mujer se defiende a sí misma: véanse la *Diana* (Selvagia) de Montemayor, la *Diana enamorada* de Gil Polo, el *Quijote* (Marcela) de Cervantes, y las famosas redondillas ("Hombres necios que acusáis") de Sor Juana Inés de la Cruz. Esta tradición ha sido notada ya por M. Arce de Vázquez (ed. 1961, p. 25) y por María Rosa Lida, en su estudio sobre la defensa de Dido (136.341-342).

828 Como señala Azara (A-93), aquí se usa *proceso* donde se esperaría *proceder* o *procedimiento.*

829-831 Tamayo (T-129) encuentra en Petronio "otro semejante ofrecimiento de un galán a una dama, aunque por diferente causa: 'In haec facinora quaere supplicium: sive occidere placet, ferro meo venio; sive verberibus contenta es, curro nudus ad dominam', etc.".

Alb. É muy gran miedo
que te me irás, que corres más que'l viento.
Cam. No estoy como solía, que no puedo
moverme ya, de mal exercitada;
suelta, que casi m'as quebrado un dedo.
Alb. ¿Estarás, si te suelto, sossegada,
mientras con razón clara te demuestro
que fuiste sin razón de mí enojada?
Cam. ¡Eres tú de razones gran maestro!
Suelta, que sí estaré.
Alb. Primero jura
por la primera fe del amor nuestro.
Cam. Yo juro por la ley sincera y pura
del amistad pasada de sentarme
y de 'scuchar tus quexas muy segura.
¡Quál me tienes la mano d'apretarme
con essa dura mano, descreýdo!
Alb. ¡Quál me tienes el alma de dexarme!
Cam. ¡Mi prendedero d'oro, si es perdido!

834 que viento *A*
839 clara yo te muestro *BTA*
841 rozones *O*

834-836 Herrera llama el 834 "velocíssimo verso" (H-607) y al 836 "tardo i cansado verso" (H-608). Prete Jacopín (observación 28), creyendo que son críticas, afirma que al contrario son alabanzas; Herrera en su respuesta se declara de acuerdo.

837 "Dicho con desdén" (H-609).

841 "Ironía... Es tropo con que mostramos, haziendo burla i escarnio con el gesto del cuerpo i con la pronunciación, que queremos i sentimos otra cosa que lo que hablamos" (H-610).

847-489 "Todo el terceto es bellísimo i figurado, i la alusión del sentido en el verso primero al último es maravillosa" (H-611).

848 Herrera dice que el vocativo aparece aquí hacia el final del verso como en Virgilio, *Eneida,* IV.305: "Dissimulare etiam sperasti, perfide, tantum / posse nefas...?" (H-612). Como señala Azara (A-94), *descreído* significa "incrédulo".

850 Cita Navarro: "*prendedero*: 'cierto instrumento, que se hace de hierro, alambre u otro metal, y consta de dos o tres ganchos pequeños, con que regularmente las aldeanas prenden sus sayas, cuando las enfaldan'. *(Dicc. Auts.)*".

¡O cuytada de mí, mi prendedero
desde aquel valle aquí se m'á caýdo!

ALB. Mira no se cayesse allá primero,
antes d'aquéste, al val de la Hortiga.

CAM. Doquier que se perdió, buscalle quiero.

ALB. Yo iré a buscalle; escusa esta fatiga,
que no puedo sufrir que aquesta arena
abrase el blanco pie de mi enemiga.

CAM. Pues ya quieres tomar por mí esta pena,
derecho ve primero a aquellas hayas,
que allí estuve yo echada un' ora buena.

ALB. Yo voy, mas entretanto no te vayas.

CAM. Seguro ve, ¡que antes verás mi muerte
que tú me cobres ni a tus manos ayas!

ALB. ¡A, nympha desleal!, ¿y dessa suerte
se guarda el juramento que me diste?

854 vall de *O*
valle de *R*
val de *BHTAK*
855 Doquiera que cayo buscalle quiero *A*
856 essa fatiga *H*
859 Pues que quires *A*
860 Drecho ve primero aquellas *O*
861 una hora *K*

Herrera (H-613) comenta "la paronomasia, o animación, o alusión de sílabas" de *prendedero* y *perdido;* además, en el verso siguiente se repite *prendedero*.

854 A. Blecua (p. 154) ha aclarado la prosodia de este verso: *ortiga,* a pesar de su etimología latina sin efe (*urtica*), se pronunciaba con *h-* aspirada. Así es que el catalanismo *vall* de la primera edición representa, no *valle,* sino el *val* de los topónimos castellanos (cfr. *Valparaíso*). De acuerdo, pues, con el Brocense y Herrera, hay que leer *val de la Hortiga,* con apócope (H-614) y hache aspirada.

856-858 Cfr. Virgilio, Ecl. X.48-49:

...ah, te ne frigora laedant!
Ah, tibi ne teneras glacies secet aspera plantas! (H-615)

863-866 Pese a la "increpación del juramento violado" (H-616), la falsedad de Camila se podría justificar con este verso ovidiano (*De arte amandi,* I. 633): "Iuppiter ex alto periuria ridet amantum" (cfr. T-93 y Eg. I. 91-95).

865ss. Para Keniston (p. 250), estos delirios ("ravings") de Albanio son una parodia de la descripción ovidiana de Narciso al lado de la fuente.
Sobre Eco, Narciso y Albanio, véase el estudio de Rivers (209).

¡A, condición de vida dura y fuerte!
¡O falso amor, de nuevo me hiziste
rebivir con un poco d'esperança!
¡O modo de matar nojoso y triste!
¡O muerte llena de mortal tardança,
podré por ti llamar injusto el cielo,
injusta su medida y su balança!
Recibe tú, terreno y duro suelo,
este rebelde cuerpo que detiene
del alma el espedido y presto buelo;
yo me daré la muerte, y aun si viene
alguno a resistirme... ¿a resistirme?:
¡él verá que a su vida no conviene!
¿No puedo yo morir, no puedo irme

867 O condicion *BTA*
870 matar penoso y *BHTA*
872 Por ti pobre llamar *H* al cielo *T*
876 i leve buelo *H*
878 a resistirme, resistirme *BTn* a resistirme, el resistirme *Tn*

---

870 (B-157) *O modo de matar enojoso.* Emendé: *penoso.*
Pero en la primera edición no hay hipermetría, pues se escribe *nojoso* en vez de *enojoso.* La forma apocopada es italianismo, y proviene probablemente de este verso de Petrarca (XXIII.85): "Nulla vita mi fia *noiosa* o trista" (cfr. XXXVII.48 y LXXII.27).

872 Aunque no en su edición de 1911, en la de 1924 Navarro sigue la variante de Herrera ("Por ti podré"). Herrera (H-617) cree ver aquí un eco de Virgilio (Ecl. V.23): "atque deos atque astra vocat crudelia...".

877-879 (B-158) *Yo me daré la muerte, etc.* Leo desta manera:

Yo me daré la muerte, y aun si uiene
alguno a resistirme, resistirme,
él uerá que a su uida no conuiene.

Herrera y Tamayo añaden un punto de interrogación después del segundo *resistirme*; y éste (T-130) también nos informa de una enmienda de Fonseca que evita toda inconsecuencia sintáctica: "el resistirme / él verá que a su vida no conviene".

Para Herrera (H-618) esta repetición es "anadiplosis ...Es mui familiar a los trágicos, i sirve mucho a los airados. Usamos della en los grandes efetos, porque significa la perpetuidad de la representación".

880 Herrera (H-619) ve aquí dialogismo (raciocinación) y diapóresis (dubitación); cfr. Virgilio, *Eneida,* IV.534 ("En, quid ago?...").

por aquí, por allí, por do quisiere,
desnudo espirtu o carne y huesso firme?
SAL. Escucha, que algún mal hazerse quiere.
¡O, cierto tiene trastornado el seso!
ALB. ¡Aquí tuviesse yo quien mal me quiere!
Descargado me siento d'un gran peso;
paréceme que buelo, despreciando
monte, choça, ganado, leche y queso.
¿No son aquéstos pies? Con ellos ando.
Ya caygo en ello: el cuerpo se m'á ydo;
solo el espirtu es este que ora mando.
¿Ále hurtado alguno o escondido
mientras mirando estava yo otra cosa?
¿O si quedó por caso allí dormido?
Una figura de color de rosa
estava allí dormiendo: ¿si es aquélla
mi cuerpo? No, que aquélla es muy hermosa.
NEM. ¡Gentil cabeça! No daria por ella

882 espiritu *O*
883-4 —se atribuyen a Camila en *A*—
888 granado *O*
891 espiritu *O*
892 Amele *T*
894 alli adormido *B*

---

882 (B-156.2) *Desnudo spíritu, o carne y huesso firme.* Petrarca, canción 4 [XXXVII.120]:

O spiritu ignudo, o huom di carne et ossa.

Garci Lasso, atrás, soneto 4 [.14]:

Desnudo spíritu, o hombre en carne y huesso.

Cfr. también Ég. II.919.

883-885 Para Herrera (H-620), "la repetición destas consonantes es harto licenciosa". Pero en efecto el verbo *quiere* se usa aquí en dos sentidos bastante diferentes, pues en el verso 885 significa *ama.*

894 *por caso*: por acaso.

898 Como ejemplo de la ironía de *gentil cabeça,* Herrera (H-621) cita a Virgilio (*Eneida,* VI.523: "egregia interea coniunx..."), pero dice que la fuente aquí es Terencio, *Eunuco* ("ridiculum caput").

yo para mi traer solo un cornado.
ALB. ¿A quién yré del hurto a dar querella?
SAL. Estraño enxemplo es ver en qué á parado
este gentil mancebo, Nemoroso,
ya a nosotros, que l'emos más tratado,
manso, cuerdo, agradable, virtüoso,
sufrido, conversable, buen amigo,
y con un alto ingenio, gran reposo.
ALB. ¡Yo podré poco o hallaré testigo
de quién hurtó mi cuerpo! Aunque esté ausente,
yo le perseguiré como a enemigo.
¿Sabrásme dezir dél, mi clara fuente?
Dímelo, si lo sabes: assí Phebo
nunca tus frescas ondas escaliente.

903 Y a nosotros *O K*
Ya a nosotros *R*

906 un grato ingenio *A*

---

899 *para mi traer*: giro popular que todavía se usa, con el sentido de "para tenerla yo", o algo parecido; cfr. Quevedo, *Poesía original,* ed. Blecua (1968), p. 940, no. 740.41.
cornado: "moneda de baja ley que llevaba un busto coronado; seis cornados hacían un maravedí de entonces" (Navarro). Se usaba corrientemente la palabra para ponderar el poco valor de algo; Navarro lo encuentra usado así por Frey Iñigo de Mendoza ("un miserable cornado") y por Sancho Panza ("un solo cornado", *Don Quijote,* I. 17); cfr. Gil Vicente, *Amadís,* 599 ("no lo tenga en un cornado").

901-906 Cfr. Ariosto, *Orlando,* I.ii.3-4:

che per amor venne in furore e matto,
d'uom che sí saggio era stimato prima.

903 Enmienda gráfica exigida por la sintaxis y el sentido; *ya* con el sentido italiano de "antes" se encuentra en Ca. V.54, El. II.41, Ég. I.255.

904-906 Según Herrera (H-622), "para más que pastor es este elogio". Prete Jacopín (observación 28) dice que sí puede ser así un pastor; responde Herrera que ni Virgilio ni Teócrito lo diría de ningún pastor.

905 *conversable*: tratable, sociable (cfr. Ég. II.208, *conversación*).

906 Sintaxis elíptica notada por Herrera (H-623): "oración falta, porque se á de suplir *que tenía*".

911 *Phebo*: el sol.

912 *escaliente*: caliente (cfr. Ca. IV. 39 *callentava,* Ég. I.359 *callientes,* y Ég. II.736 *caliente*).

Allá dentro en el fondo está un mancebo,
de laurel coronado y en la mano
un palo, propio como yo, d'azebo.
¡Olá! ¿quién está 'llá? Responde, hermano.
¡Válasme, Dios!, o tú eres sordo o mudo,
o enemigo mortal del trato humano.
Espirtu soy, de carne ya desnudo,
que busco el cuerpo mio, que m'á hurtado
algún ladrón malvado, injusto y crudo.
Callar que callarás. ¿Asme 'scuchado?
¡O santo Dios!, mi cuerpo mismo veo,
o yo tengo el sentido trastornado.
¡O cuerpo, éte hallado y no lo creo!
¡Tanto sin ti me hallo descontento,
pon fin ya a tu destierro y mi desseo!

NEM. Sospecho que'l contino pensamiento.
que tuvo de morir antes d'agora
le representa aqueste apartamiento.

SAL. Como del que velando siempre llora,
quedan, durmiendo, las especies llenas
del dolor que en el alma triste mora.

913 en lo hondo *BTA*
en lo fondo *H*
916 asta'lla *O*
917 Valgame *HT*
Valame *A*
Dios: tu *B74*
919 espiritu *O*
925 e t'hallado *O*
927 Pon fin a tu destierro *BTA*

---

915 *propio como*: lo mismo que, así como.
917 *válasme*: válgasme, valme (cfr. "válgame Dios").
919 Cfr. S. IV.14 y Ég. II.882.
920 Como nota Navarro (1924), la *h* de *hurtado* es aspirada, impidiendo la sinalefa, y hay sinéresis en *mio* (cfr. S. VII.10 y S. VIII.6).
922 *Callar que callarás*: cfr: "calla que te callas" en el lenguaje familiar actual.
930 *le representa*: le hace imaginarse.
931-933 Como nota Herrera (H-624), este terceto continúa el pensamiento, e incluso la sintaxis, del terceto anterior. También nota que tales ideas pertenecen a la psicología de Galeno, según la cual se guardan en la memoria "las especies i fantasmas i figuras de las cosas", y las imaginaciones del sueño suelen ser "como unas últimas resonancias de los cuidados del día".

ALB. Si no estás en cadenas, sal ya fuera
a darme verdadera forma d'hombre,
que agora solo el nombre m'á quedado;
y si allá estás forçado en esse suelo,
dímelo, que si al cielo que me oyere
con quexas no moviere y llanto tierno,
convocaré el infierno y reyno escuro
y rompiré su muro de diamante,
como hizo el amante blandamente
por la consorte ausente, que cantando
estuvo halagando las culebras

937 i si no estas *H* 941 rompere *B*

---

937 *forzado*: sujetado.

938-941 (B-159) *Dímelo, que si al cielo, etc.* Virgilio [*Eneida,* VII.312]:

Flectere si nequeo superos, Acheronta mouebo.

942-945 Referencia a la leyenda de Orfeo y Eurídice (H-626). Las *hermanas negras* son las Furias o Euménides, que tenían culebras entre las trenzas (cfr. Virgilio, *Eneida,* VII.450, citado en H-627):

(B-160) *De las hermanas negras.* Virgilio, 4 Geórgicas [.481-483]:

Quin ipse stupuere domus, atque intima Lethi
Tartara, caeruleosque impexis crinibus angues
Eumenides.

En las ediciones modernas de las *Geórgicas,* IV.482, se lee *implexae,* en vez de *impexis*; pero ésta parece ser la lectura que traducía Garcilaso con *mal peynadas.* (Cfr. Tibulo, I.iii.69; "Tisiphoneque impexa feros pro crinibus angues...") Según Ovidio (*Metam.* X.45-46), la música de Orfeo hizo llorar a las Euménides (Aleto, Tisífone y Magera), sobre las cuales tiene Herrera (H-627) una larga nota.

944-945 Herrera (H-627) critica la consonancia imperfecta de *culebras - negras* y de otras parejas semejantes que se encuentran en la Égloga II (997-998 *puedes - debes,* 1006 - 1007 *acabo - hago,* 1156-1157 *phaunos - silvanos,* 1205-1206, 1242-1243 *sangre - estambre,* 1257-1258 *campo - blanco* y 1663-1664 *sangre - hambre*). Dice que F. de Medina la llama "figura assonancia, cuando la sílaba, que suena para la consonancia, es poco diferente del' antecedente como avía de ser; i esta figura sirve para escusar el vicio, i no para imitallo, mas á de ser con tan poca diferencia que casi engañe al oído". Tamayo (T-131) aprueba, con

de las hermanas negras, mal peynadas.
NEM. ¡De quán desvarïadas opiniones
saca buenas razones el cuytado!
SAL. El curso acostumbrado del ingenio,
aunque le falte el genio que lo mueva,
con la fuga que lleva corre un poco,
y aunque éste está ora loco, no por esso
á de dar al traviesso su sentido,
en todo aviendo sido qual tú sabes.
NEM. No más, no me le alabes, que por cierto
como de velle muerto estoy llorando.
ALB. Estava contemplando qué tormento
es deste apartamiento lo que pienso.

951 Y aunque esta agora loco *BA* ahora loco *T*
955 De vello como muerto *HA*
957 Es este apartamiento, a lo que pienso *HA* deste apartamiento. A lo que *K*

Medina, esta licencia: "en este género de metro, como tan lleno de consonancias, no ofende al oído que alguna difiera en alguna letra..." (cfr. Navarro, nota al verso 997). Keniston (pp. 344-345) nota que en cada caso las dos consonantes son o sonoras o sordas, lo cual apoya su equivalencia acústica.

948-949 Herrera (H-628) define *ingenio* como "potencia natural" que nos da "noticia sutil de las cosas altas"; por otra parte (H-629), *genio* es "una virtud específica o propriedad particular de cada uno que vive".

952 *dar al travieso*: dar al través con, desbaratar; cfr. v. 1462.

956ss. (B-161) *Estaua contemplando qué tormento, etc.* Todo es de Ouidio, libro 3 [.448-453], Metamorfosis, en la fábula de Narcisso:

Quoque magis doleam, non nos mare separat ingens,
Nec uia, nec montes, nec clausis moenia portis;
Exigua prohibemur aqua: cupit ipse teneri,
Nam quoties liquidis porreximus oscula lymphis.
Hic toties ad me resupino nititur ore.
Posse putes tangi, minimum est quod amantibus obstat.

El Paterno imitó muy bien esto: 3 Ecloga de Ircilla, que por ser larga no se pone aquí.

Sobre la figura de Narciso en esta égloga, véase el estudio de Rivers (209).

956-957 Por creer que no estaba clara la sintaxis de estos versos, Herrera (H-630) enmendó "este lugar, que entre otros muchos que é restituido, tenía más necesidad de corrección". Pero el Brocense y A. Blecua no lo enmiendan. Es quizá discutible la acentuación de *qué tormento.* El tormento parece ser lo que piensa, es decir, sus pensamientos.

No nos aparta imenso mar ayrado,
no torres de fossado rodeadas,
no montañas cerradas y sin vía,
no agena compañía dulce y chara:
un poco d'agua clara nos detiene.
Por ella no conviene lo que entramos
con ansia desseamos, porque al punto
que a ti me acerco y junto, no te apartas;
antes nunca te hartas de mirarme
y de sinificarme en tu meneo
que tienes gran desseo de juntarte
con esta media parte. Daca, hermano,
écham' acá essa mano, y como buenos
amigos a lo menos nos juntemos
y aquí nos abracemos. ¡A, burlaste!
¿Assí te me 'scapaste? Yo te digo
que no es obra d'amigo hazer esso;
quedo yo, don traviesso, remojado,
¿y tú estás enojado? ¡Quán apriessa
mueves —¿qué cosa es essa?— tu figura!
¿Aun essa desventura me quedava?
Ya yo me consolava en ver serena
tu imagen, y tan buena y amorosa;

971 juntamos *O*   974 el hazer esso *T*

---

959 *fossado*: foso (Navarro 1911).

963 Según Herrera (H-631), *no conviene* significa "no se haze, o no es possible hazerse".

963-964 Dice Tamayo (T-131) que *entramos* es "voz acomodada a la consonancia del verso" (cfr. *deseamos*), y Azara (A-99) lo repite. Pero en efecto, según la primera edición, Garcilaso usa *entramos* (Ég. II.1453 y 1582) tanto como *entrambos* (Ég. II.200, Ég. III.298, S. XXXII.3); sólo en este caso la forma que "tiene más color popular" (Navarro 1911) aparece confirmada por la rima.

968-969 Según Herrera (H-632), tal deseo de juntarse las dos mitades es "alusión a la fábula platónica" que se encuentra en el *Simposio*: que los amantes formaban originariamente un solo ser que, dividido luego, busca restaurar su unidad primitiva.

969 *daca*: contracción popular de "da acá".

no ay bien ni alegre cosa ya que dure.
NEM. A lo menos, que cure tu cabeça.
SAL. Salgamos, que ya empieça un furor nuevo.
ALB. ¡O Dios! ¿por qué no pruevo a echarme dentro
hasta llegar al centro de la fuente?
SAL. ¿Qué's esto, Albanio? ¡Tente!
ALB. ¡O manifesto
ladrón!, mas ¿qué's aquesto? ¡Es muy bueno
vestiros de lo ageno y ante'l dueño,
como si fuesse un leño sin sentido,
venir muy revestido de mi carne!
¡Yo haré que descarne essa alma osada
aquesta mano ayrada!
SAL. ¡Está quedo!
¡Llega tú, que no puedo detenelle!
NEM. Pues ¿qué quieres hazelle?
SAL. ¿Yo? Dexalle,
si desenclavijalle yo acabasse
la mano, a que escapasse mi garganta.
NEM. No tiene fuerça tanta; solo puedes
hazer tú lo que deves a quien eres.
SAL. ¡Qué tiempo de plazeres y de burlas!

986 manifiesto *BHTA*
987 aquesto y es muy *BHTA*
988 duño *O*
989 si yo fuesse *O K*
si fuesse *BHTAR*
990 carme *O*
992 Ha, esta quedo *B77*
estate quedo *TA*
996 La mano y escapasse *BTA*
997 solo prueves *B77*
998 Hazer lo que tu deves *H*

986-987 Sobre el italianismo de *manifesto,* véase nuestra nota al verso 462. Herrera (H-633) da una definición jurídica: "según los iurisconsultos, *manifiesto ladrón* es el que hallamos con el hurto".
987 Quizá el hiato aquí se deba al acento enfático de *es,* con la cesura.
988 Aquí el tuteo cede al voseo, quizá insultante.
992 *está quedo*: estáte quieto. Es más difícil de explicar el hiato de este verso; quizá influya el cambio de personaje, con la cesura.
997-998 Es decir, "tú por ti solo eres capaz de defender tu honor". Según los términos corrientes de la época, el hombre defendía su honor haciendo lo que debía "a quien era" (su nombre o fama).

¿Con la vida te burlas, Nemoroso?
¡Ven, ya no 'stés donoso!
NEM. Luego vengo;
en quanto me detengo aquí un poco,
veré cómo de un loco te desatas.
SAL. ¡Ay, passo, que me matas!
ALB. ¡Aunque mueras!
NEM. ¡Ya aquello va de veras! ¡Suelta, loco!
ALB. Déxame 'star un poco, que ya 'cabo.
NEM. ¡Suelta ya!
ALB. ¿Qué te hago?
NEM. ¡A mí, no nada!
ALB. Pues vete tu jornada, y no entiendas
en aquestas contiendas.
SAL. ¡A, furioso!
Afierra, Nemoroso, y tenle fuerte.
¡Yo te daré la muerte, don perdido!
Ténmele tú tendido mientras l'ato.
Provemos assí un rato a castigalle;
quiçá con espantalle avrá 'lgún miedo.
ALB. Señores, si 'stoy quedo, ¿dexarésme?

1002 Y en quanto me detengo aqui en un poco *B77* me detengo yo aqui *HTA*
1008 i nunca entiendas *HT*
1009 En agenas contiendas *H*
1010 Nemoroso, tenle *H*

1002 Otro hiato que coincide con la cesura.
1004 Como adverbio, *passo* tiene el sentido de "blandamente" (*Dic. Ac.*); cfr. Ég. II.1028. Nos parece inverosímil la sugerencia de que *passo* represente la palabra italiana *pazzo* ("loco").
1005 Sobre la frase hecha, como "creación del pueblo" incorporada a la poesía, véase el estudio de M. Alcántara (5), del que las páginas 231-235 se dedican a Garcilaso.
1007 Según el Diccionario de la Academia, hay un sustantivo femenino, "nonada", que quiere decir "poco o muy poco". Pero aquí *no nada* es contestación adverbial negativa; cfr. Cervantes, *Pedro de Urdemalas,* hacia el final de la Jornada II ("¿Qué quieres hazer? —No nada.").
1010 La diptongación de *aferrar,* arcaica o desusada hoy, era corriente en los siglos XVI y XVII (Navarro, citando a Bello y Cuervo).
1015-1016 Aquí, *dejarés* y *matarés* por "dejaréis" y "mataréis".

SAL. ¡No!
ALB. Pues ¿qué, matarésme?
SAL. ¡Sí!
ALB. ¿Sin falta?
Mira quánto más alta aquella sierra
está que la otra tierra.
NEM. Bueno es esto;
él olvidará presto la braveza.
SAL. ¡Calla, que assí s'aveza a tener seso!
ALB. ¿Cómo, açotado y preso?
SAL. ¡Calla, escucha!
ALB. Negra fue aquella lucha que contigo
hize, que tal castigo dan tus manos.
¿No éramos como hermanos de primero?
NEM. Albanio, compañero, calla agora
y duerme aquí algún ora, y no te muevas.
ALB. ¿Sabes algunas nuevas de mí?
SAL. ¡Loco!
ALB. Passo, que duermo un poco.
SAL. ¿Duermes cierto?
ALB. ¿No me ves como un muerto? Pues ¿qué hago?
SAL. Éste te dará el pago, si despiertas,
en essas carnes muertas, te prometo.

NEM. Algo 'stá más quïeto y reposado
que hasta 'quí. ¿Qué dizes tú, Salicio?
¿Parécete que puede ser curado?
SAL. En procurar qualquiera beneficio
a la vida y salud d'un tal amigo,

1021 acotado *O*

1020 *s'aveza*: se aprende.
1028 Así también se duerme Hércules después de un arrebato (Séneca, *Hercules furens,* v. 1050).
1029 Herrera (H-634) nos remite al verso 795 por el tópico del "somnus mortis imago".
1032 En Garcilaso *quïeto* tiene diéresis; cfr. Ég. II.211.

haremos el devido y justo officio.
Nem. Escucha, pues, un poco lo que digo;
contaréte una 'straña y nueva cosa
de que yo fuy la parte y el testigo.
En la ribera verde y deleytosa
del sacro Tormes, dulce y claro rýo,
ay una vega grande y espaciosa,
verde en el medio del invierno frío,
en el otoño verde y primavera,
verde en la fuerça del ardiente estío.
Levántasse al fin della una ladera,
con proporción graciosa en el altura,
que sojuzga la vega y la ribera;
allí está sobrepuesta la espessura
de las hermosas torres, levantadas
al cielo con estraña hermosura,
no tanto por la fábrica estimadas,
aunque 'straña lavor allí se vea,
quanto por sus señores ensalçadas.
Allí se halla lo que se dessea:

1037 Hazemos *BTA*
1039 Contarte una *O*
Contarete una *BTA*
I contare una *H*
Contarte una *K*
Contarte é una *R*
1048 y en la altura *B74*
y en altura *B77*
1055 Cuanto de sus *H*
1056 s'halla *O*

1039 Para este verso hipométrico aceptamos la enmienda del Brocense, aunque quizá valga también la enmienda *contarte he una.*

1041-1055 Aquí se describe Alba de Tormes (cfr. v. 1072), sede familiar del duque. Herrera (H-635) dice que esta descripción es parébasis, disgresión o excurso.

1044-1046 Herrera (H-636), a propósito de la repetición de *verde,* cita otros ejemplos de anáfora en Virgilio, Ovidio, Ariosto y D. Diego Hurtado de Mendoza.

1049 Para Herrera (H-637) el verbo *sojuzga* se usa aquí metafóricamente.

1050-1052 Herrera (H-638) encuentra la misma hipérbole en Virgilio (*Eneida,* IV.88-89: "...minaeque / murorum ingentes aequataque machina caelo") y en Petrarca (CXXXVII. 10: "e le torre superbe al ciel nemiche"). También, a propósito del verso 1724 (H-748), cita un refrán según el cual "Alva de Tormes es baxa de muros i alta de torres".

virtud, linage, aver y todo quanto
bien de natura o de fortuna sea.
Un hombre mora allí de ingenio tanto
que toda la ribera adonde'l vino
nunca se harta d'escuchar su canto.
Nacido fue en el campo placentino,
que con estrago y destrución romana
en el antiguo tiempo fue sanguino,
y en éste con la propia la inhumana
furia infernal, por otro nombre guerra,

1059ss. Este hombre, llamado *Severo* en el verso 1073, se puede identificar con la persona histórica del monje benedictino italiano, Fr. Severo Varini (1470-1548), preceptor del joven D. Fernando de Toledo, futuro duque de Alba, a cuya carrera se dedica el resto de esta égloga. Según Menéndez Pelayo (*Antología*, t. XIII, p. 48, citado por Navarro, 1911), "Este fraile fue el que, abusando de la confianza del Duque de Alba, D. Fadrique, engañó miserablemente a Luis Vives, que era el verdadero preceptor que el Duque de Alba quería para su nieto..." Sobre Fr. Severo, además de las páginas de Menéndez Pelayo en su estudio sobre Boscán (*Obras completas*, t. XXVI, pp. 46-49), véanse el artículo (170.144-148) y la nota de Mele, y el artículo de M. Casella (45).

Además de tal antecedente histórico, el personaje garcilasiano de Severo tiene importantes antecedentes literarios; es en efecto un sabio mago de corte renacentista cuyos modelos más cercanos son la vieja anónima ("sagacissima maestra di magichi artifici") y el sabio pastor Enareto ("sopra gli altri pastori dottissimo") de la Prosa IX de la *Arcadia* de Sannazaro. Véase la nota del Brocense sobre los versos 1074-1085. Menéndez Pelayo (citado por Navarro, 1911, a propósito del verso 1094) se preguntaba si Fr. Severo era en efecto "un físico más o menos teósofo", o si este pasaje no es más bien "pura fantasmagoría poética".

1062-1064 "Fue Plazencia ciudad de la Galia Togata, que oi se dize la Romaña" (H-639), o Lombardía, donde nació fray Severo Varini. "Tito Livio, en el libro I de la *Segunda guerra púnica,* escrive largamente esta guerra" (H-640).

1065-1067 Con *la propia* hay que sobreentender *destrución* (que va bien con el verbo *rüina*) o quizá mejor *sangre* (exigida por el verbo *tiñe*).

"Abominación de la guerra por los nombres i epítetos" (H-641). M. Alcalá (3, separata, pp. 40-42) pondera el pacifismo de Garcilaso, comparándolo con el de Virgilio ("horrida bella", "caedis insana cupido", "Mars impius", etc.); cfr. S. XXXV.1, El. II.94-103, Ég. III.37 y la Carta III, de Garcilaso a Fr. Jerónimo Seripando.

le tiñe, le rüina y le profana;
  él, viendo aquesto, abandonó su tierra,
por ser más del reposo compañero
que de la patria, que el furor atierra.
  Llevóle a aquella parte el buen agüero
d'aquella tierra d'Alva tan nombrada,
que éste's el nombre della, y dél Severo.
  A aquéste Phebo no le 'scondió nada,

1067 le tiñe y le ruina *B74*
lo tiñe y lo arruinà *H*
le tiñe, le arruina *T*

1071 Leuole *O*
Llevole *BHTAKR*

1070 El verbo *atierra* se usa aquí, pese a los gramáticos que prefieren *aterra* para esta acepción, en el sentido metafórico de "consterna" (cfr. la cita de Menéndez Pidal que trae Navarro).

1074-1085 (B-162) *A aqueste Phebo no le escondió nada.* Sanazaro, prosa 9:

Et con suoi incantamenti inuiluppare il cielo di oscuri nuuoli, et a sua posta ritornarlo nela pristina chiarezza, et frenando i fiumi riuoltare le correnti acque ai fonti loro. Y más abaxo: *Et imporre con sue parole legge al corso de la incantata Luna, et di conuocare di mezzo giorno la notte.* Todos lo toman de Ouidio, en el 7 Metamorfosis, [.199-209] donde dize Medea:

Quorum ope quum uolui, ripis mirantibus, amnes
In fontes rediere suos: concussaque sisto,
Stantia concutio cantu freta: nubila pello,
Nubilaque induco, uentos abigoque uocoque, et infra.
... ...
Te quoque, Luna, traho, quamuis temerata labores
Aera tuos minuant, currus quoque carmine nostro
Pallent, ac pallet nostris Aurora uenenis.

Y Virgilio, en el 4 de la Aeneida [.489]:

Sistere aquam fluuijs, et uertere sidera retro.

Ariosto, canto 43, Stancia 21.

[*La luna de allá arriba baxaría, etc.* Tibullo, elegía 8 [.21-22], libro 1:

Cantus et e curru Lunam deducere tentat:
Et faceret, si non aera repulsa sonent.

Toca Catullo la antigua costumbre, que era que quando la Luna padecía eclipse, pensauan las gentes que algunos encantadores o hechizeras le hazían perder la color, y por ayudar y socorrer a la Luna, para que no oyesse las bozes de los encantadores,

antes de piedras, yervas y animales
diz que le fue noticia entera dada.
  Éste, quando le plaze, a los caudales
ríos el curso pressuroso enfrena
con fuerça de palabras y señales;
  la negra tempestad en muy serena
y clara luz convierte, y aquel día,
si quiere rebolvelle, el mundo atruena;
  la luna d'allá 'riba baxaría
si al son de las palabras no impidiesse
el son del carro que la mueve y guía.
  Temo que si dezirte presumiesse
de su saber la fuerça con loores,
que en lugar d'alaballe l'offendiesse.
  Mas no te callaré que los amores

1085 El son del hierro que en la tierra avia *Tn* 1087 De su saber su fuerça *TA*

---

salían por las plaças y calles, tocando bacías o campanas y otros metales; éstos se llamauan *aera auxiliaria Lunae.* Y Catulo los llama aquí *aera repulsa.* Nuestro poeta entendió que *aera repulsa* eran los carros de la Luna, cuios hierros sonauan como los de las ruedas del coche. (B89<H)]

Además de la importante cita de Tibulo, repetida por el Brocense en 1589 y luego por Tamayo y por Mele, Herrera (H-644) añadió otra de Ovidio (*Amores,* I.viii.9-10):

Cum voluit, toto glomerantur nubila caelo,
  cum voluit, puro fulget in orbe dies.

Tamayo (T-132) añade: "Semejante poder es el que confiesa tener sobre el cielo y la tierra Enothea en Petronio . . ."

1074 Navarro, quien en 1911 había leído "A aqueste Febo", lo corrigió en 1924: "A aquéste, Febo . . ."

1076 Para Herrera (H-643), *diz que,* "en vez de dizen que", es "apócope indina de usar en tan illustres versos".

1085 Tamayo (T-133) nos informa que la variante "corruptísima" que se encontraba en los manuscritos de D. Diego de Mendoza ("el son del hierro que la tierna i vía") fue enmendada por Fonseca de esta manera: "el son del hierro que en la tierra avía".

1089-1128 Según Lapesa (p. 116), "La nota autobiográfica es evidente en el relato que Nemoroso hace de su conversión por el mago Severo". Es

con un tan eficaz remedio cura
qual se conviene a tristes amadores;
  en un punto remueve la tristura,
convierte'n odio aquel amor insano,
y restituye'l alma a su natura.
  No te sabré dizir, Salicio hermano,
la orden de mi cura y la manera,
mas sé que me partí dél libre y sano.
  Acuérdaseme bien que en la ribera
de Tormes le hallé solo, cantando
tan dulce que una piedra enterneciera.
  Como cerca me vido, adevinando
la causa y la razón de mi venida,
suspenso un rato 'stuvo assí callando,
  y luego con boz clara y espedida
soltó la rienda al verso numeroso
en alabanças de la libre vida.

1091 Cuanto conviene a *HT*
1099 l'halle *O*
1100 qu'a una piedra *H*
1103 estuvo alli callando *HTA*

---

semejante este pasaje a los Sonetos I y VI y a la Canción IV. "Pero en los dos sonetos y en la canción la crisis se manifiesta en su mayor intensidad, mientras que en la égloga aparece como algo lejano y superado ya".

1091 A propósito de la debida proporción entre remedio y enfermedad, Herrera (H-646) cita a Galeno.

1092 *punto*: momento.

1094 Cfr. verso 1127 (H-647).

1099-1100 (B-163) *Tan dulce que una piedra enterneciera.* Petrarca canción 6 [CCCLIX.70]:

Con parole, che i sassi romper ponno.

Tamayo (T-134) comenta el uso adverbial de *dulce*, que se encuentra en varios autores: Catulo (lxi.215: dulce rideat ad patrem"), Horacio (I. xxii.23-24: "dulce ridentem Lalagen amabo / dulce loquentem") y Petrarca (CLIX.14: "et como dolce parla et dolce ride").

1101-1128 "Parece que apunta la istoria de Polemón, cuando Xenócrates lo apartó de la torpe i desordenada vida que tenía, como escrive Diógenes en el libro 4" (H-648).

Yo estava embevecido y vergonçoso,
atento al son y viéndome del todo
fuera de libertad y de reposo.
No sé dezir sino que'n fin de modo
aplicó a mi dolor la medicina
que'l mal desarraygó de todo en todo.
Quedé yo entonces como quien camina
de noche por caminos enrriscados,
sin ver dónde la senda o passo inclina;
mas, venida la luz y contemplados,
del peligro passado nace un miedo
que dexa los cabellos erizados:
assí estava mirando, atento y quedo,
aquel peligro yo que atrás dexava,
que nunca sin temor pensallo puedo.
Tras esto luego se me presentava,
sin antojos delante, la vileza
de lo que antes ardiendo desseava.
Assí curó mi mal, con tal destreza,
el sabio viejo, como t'é contado,
que bolvió el alma a su naturaleza
y soltó el coraçón aherrojado.

SAL. ¡O gran saber, o viejo frutüoso,
que'l perdido reposo   al alma buelve,
y lo que la rebuelve   y lleva a tierra

1112 Qu'l *O*   1116 Que venida *B77TA*

1113-1124 Herrera (H-649) sugiere como fuente una canción de I. Marmitta ("Qual chi col ciel sereno, in piana strada..."), pero según Mele no se publicaron hasta 1564 las obras de este poeta. Para Lapesa (n. 138), "es indudable la reminiscencia dantesca", aquí como en el Soneto I (p. 81): "el extravío de Dante por la selva oscura". Cfr. Son. VI y Ca. IV.

1129 Según el Brocense, en su carta del 17 de mayo de 1574, dirigida a Juan Vázquez del Mármol (Gallardo, *Ensayo,* IV. 450), había esta variante mala en su manuscrito: "¡Oh gran sabidor viejo!"

del coraçón destierra encontinente!
Con esto solamente que contaste,
assí le reputaste acá comigo
que sin otro testigo a dessealle
ver presente y hablalle me levantas.
NEM. ¿Desto poco te 'spantas tú, Salicio?
De más te daré indicio manifesto,
si no te soy molesto y enojoso.
SAL. ¿Qué's esto, Nemoroso, y qué cosa
puede ser tan sabrosa en otra parte
a mí como escucharte? No la siento,
quanto más este cuento de Severo;
dímelo por entero, por tu vida,
pues no ay quien nos impida ni embarace.
Nuestro ganado pace, el viento espira,

1136 ablalle *O* 1138 manifiesto *BHTAK*

1132 *encontinente*: incontinenti, sin demora.

1141 Parece que aquí *en otra parte* equivale a *por otra parte*, que es la frase normal en Garcilaso (Son. VI.9, Son. XX.9, Ég. II.155).

1142-1143 Para Herrera (H-650) estos dos versos "son umildes i infelices de lengua i pensamiento"; aunque para Prete Jacopín (observación 29) estaban muy bien, Herrera insistió en su respuesta que eran indignos de Garcilaso.

1142 Por lo visto *siento* se usa aquí con el sentido de "percibo", o quizá de "conozco".

1146-1153 (B-164) *Nuestro ganado pace, el uiento spira.* Sanazaro, Ecloga 9 [.37-38]:

...mentre le nostre tormora
Ruminan la herbe...

Y más abaxo [pero es más arriba, vv. 34-35]:

Vieni al'ombra, Montan, che l'aura mobile
Ti freme fra le fronde, e'l fiume mormora.

(B-165) *Gime la tortolilla sobre el olmo.* Virgilio, 1 Ecloga [.58]:

Nec gemere aëria cessabit turtur ab ulmo.

Preséntanos a colmo. Virgilio, Ecloga 9 [.40-41]:

Hic uer purpureum, uarios hic flumina circum
Fundit humus flores...

Filomena sospira   en dulce canto
y en amoroso llanto   s'amanzilla;
gime la tortolilla   sobre'l olmo,
preséntanos a colmo   el prado flores
y esmalta en mil colores   su verdura;
la fuente clara y pura,   murmurando,
nos está combidando   a dulce trato.
NEM. Escucha, pues, un rato,   y diré cosas
estrañas y espantosas   poco a poco.
Nymphas, a vos invoco;   verdes phaunos,

1156 verdes Fanos *BT*

Y esmalta en mil colores. Sanazaro, Ecloga 8 [.142-143]:

Vedi le ualli, e i campi che si smaltano
Di color mille.

La fuente clara. Sanazaro, Ecloga 2 [.7-8]:

Mentr'il mio canto e'l mormorar de l'onde
S'acordano.

Y el mismo Garci Lasso [Eg. II.64-66]:

Combida a un dulce sueño
Aquel manso ruido
Del agua que la clara fuente embía...

Otra fuente virgiliana, no citada por el Brocense, pero sí por María Rosa Lida (135.38), se encuentra en la Égloga X.42-43:

Hic gelidi fontes, hic mollis prata, Lycori,
his nemus...

Véase además lo que dice la docta argentina (135.24) sobre el ruiseñor como elemento del lugar ameno; Mele cita también a Ariosto (*Orlando,* XLV.xxxix-xl), a Castiglione (*Alcon*) y a Sannazaro, *Arcadia,* Prosa X.

En efecto, como demuestra Lapesa (pp. 94-95 y 98), la fuente directa de este lugar ameno garcilasiano es más que nada la Prosa X de Sannazaro, donde se encuentran ya asimiladas las fuentes clásicas citadas por el Brocense y los demás.

1148 *amanzilla*: entristece (Navarro 1911), lamenta; cfr. v. 1481.

1152-1153 Aquí vemos, según Herrera (H-653), la figura de metágoge, "cuando se refieren las cosas que pertenecen al sentido a las que carecen dél, como reír el campo, alegrarse la tierra, etc.".

1156-1157 Según Herrera (H-654), Francisco de Medina suprimía la *u* de *phaunos,* pronunciándolo "fanos" para que consonara con *silvanos*; Herrera cree que es verso licencioso.

sátiros y silvanos, soltá todos
mi lengua en dulces modos y sotiles,
que ni los pastoriles ni el avena
ni la çampoña suena como quiero.
Este nuestro Severo pudo tanto
con el süave canto y dulce lira
que, rebueltos en ira y torvellino,
en medio del camino se pararon
los vientos y escucharon muy atentos
la boz y los acentos, muy bastantes
a que los repugnantes y contrarios
hiziessen voluntarios y conformes.
A aquéste el viejo Tormes, como a hijo,
le metió al escondrijo de su fuente,
de do va su corriente començada;
mostróle una labrada y cristalina
urna donde'l reclina el diestro lado,
y en ella vio entallado y esculpido
lo que, antes d'aver sido, el sacro viejo
por devino consejo puso en arte,
labrando a cada parte las estrañas

1160 campaña *O*
1163 qne *O*
1168 Se hiciesen *A*
1177 Labrado *H*

1159 Navarro lee "la avena" en 1911 y "el avena" en 1924. Navarro (1911) cree que *los pastoriles* son instrumentos músicos, pero quizá sea mejor entender por esta frase los modos, o melodías, pastoriles que se asociaban con la flauta de avena y la zampoña.

1161-1168 (B-166) *A que los repugnantes y contrarios.* Sanazaro, prosa 9: *Incanti di resistere alli furiosi impeti delli discordeuoli uenti.*

1169 "Las cosas que se descriven con tanta maravilla que eceden la fe, atribuýan los poetas a alguna deidad" (H-657). En este caso la deidad es el río Tormes, personificado, *el sacro viejo* del verso 1175.

1172ss. Dice Cirot (40.169) que la *descriptio,* o ἔκφρασις, de la urna es imitación de la del escudo de Eneas (Virgilio, *Eneida,* VIII.369-453 y 608-731), probablemente también de la del de Aquiles (*Ilíada,* XVIII. 482-608) y quizá de la del de Hércules en Hesíodo. Pero, como había afirmado ya Mele, una fuente más directa era Sannazaro, *De Partu Virginis,* vv. 298 ss. Además, dice Mele, son comparables varios pasa-

virtudes y hazañas de los hombres
que con sus claros nombres illustraron
quanto señorearon de aquel río.
Estava con un brío desdeñoso,
con pecho corajoso, aquel valiente
que contra un rey potente y de gran seso,
que'l viejo padre preso le tenía,
cruda guerra movía, despertando
su illustre y claro vando al exercicio
d'aquel piadoso officio. A aquéste junto
la gran lavor al punto señalava
al hijo que mostrava acá en la tierra
ser otro Marte en guerra, en corte Phebo;
mostrávasse mancebo en las señales
del rostro, que'ran tales que 'sperança
y cierta confïança claro davan,
a quantos le miravan, que'l sería
en quien se informaría un ser divino.
Al campo sarracino en tiernos años
dava con graves daños a sentillo,

1197 grandes daños *H* (*errata*)

---

jes de *Orlando* de Ariosto (XXXIII.i-lviii, XLII.xiii ss. y XLVI.xlvi ss.), y las alabanzas de los Alba se pueden comparar con las de los Este que se encuentran al final del *Orlando*.

1181-1187 Se alude aquí al primer duque de Alba, don García de Toledo; éste se rebeló contra el rey don Juan II, quien tenía preso a su padre (cfr. Herrera, H-658, y Navarro, 1924, quien cita a Navarrete). Dice Herrera (H-657) que *aquel valiente* es ejemplo de énfasis, "figura en la cual significamos más con las palabras que lo que ellas traen consigo..."

1187-1214 Aquí se trata de don Faldrique de Toledo, segundo duque de Alba, quien primero militó en Granada contra los moros (vv. 1196-1200) y luego en Navarra contra los franceses (vv. 1201-1203), sitiando por fin la ciudad de Pamplona (vv. 1204-1214). Véanse otra vez Herrera (H-659) y Navarro.

1189 Según Herrera (H-660), aquí empieza la figura icon (comparación, imagen o parábola).

1193 *claro*: claramente.

1196 *sarracino*: sarraceno (por antísteco, H-661).

que como fue caudillo   del christiano,
exercitó la mano   y el maduro
seso y aquel seguro   y firme pecho.
En otra parte, hecho   ya más hombre,
con más illustre nombre,   los arneses
de los fieros franceses   abollava.
Junto, tras esto, estava   figurado
con el arnés manchado   de otra sangre,
sosteniendo la hambre   en el assedio,
siendo él solo el remedio   del combate,
que con fiero rebate   y con rüydo
por el muro batido   l'offrecían;
tantos al fin morían   por su espada,
a tantos la jornada   puso espanto,
que no ay lavor que tanto   notifique
quánto el fiero Fadrique   de Toledo
puso terror y miedo   al enemigo.
Tras aqueste que digo   se veýa
el hijo don García,   que'n el mundo
sin par y sin segundo   solo fuera
si hijo no tuviera.   ¿Quién mirara
de su hermosa cara   el rayo ardiente,

1207 siendo el solo remedio *BHTA* 1213 Faderique *O*

1198-1919 (B-167) *Que como fue caudillo*. Este lugar estaua escuro. Agora, con entender que *exercitó* es verbo, y en *el Christiano* se entiende *campo*, quedará claro.

Herrera (H-663) aclara de la misma manera estos versos, citando el uso del verbo *exercitar* en El. II.100 y Ég. I.24; cfr. también Ep. 27 y Ég. II.175, 836 y 1228.

1199-1200 *mano, seso, pecho*: "la valentía i prudencia i virtud militar" (H-664). Mele aduce versos de Ovidio (*Metam.* XIII.205: "...consilioque manuque...") y de Dante (*Inferno,* XVI.39: "...col senno... e con la spada...").

1211 *jornada*: expedición militar, sitio.

1215-1266 Este don García de Toledo había de morir antes de su padre, así que no heredó el título de duque, que pasó de su padre don Fadrique directamente a su hijo don Fernando. Don García murió a los 23 años en la desastrosa expedición contra la isla africana de los Gelves;

quién su resplandeciente y clara vista,
que no diera por lista su grandeza?
Estavan de crüeza fiera armadas
las tres iniquas hadas, cruda guerra
haziendo allí a la tierra con quitalle
éste, que'n alcançalle fue dichosa.
¡O patria lagrimosa, y cómo buelves
los ojos a los Jelves, sospirando!
Él está exercitando el duro officio,
y con tal arteficio la pintura
mostrava su figura que dixeras,
si pintado lo vieras, que hablava.
El arena quemava, el sol ardía,
la gente se caýa medio muerta;
él solo con despierta vigilança

1221 por vista su *BHTA*
1225 A este, qu'en *H*
alcalle *O*
alcançalle *BHTAKR*
1231 vieres *O*
la vieras *T*

---

también en la Elegía I.270-276 aparecen don Fadrique y don García, abuelo y padre del tercer duque y de don Bernardino.

1221 (B-168) *Que no diera por uista su grandeza?* Leyéndose este lugar con la interrogación que le puse, me parece que queda claro lo que antes a muchos era obscuro.

Pero el Brocense no comenta la enmienda o errata (*vista* repetido, en vez de *lista*) que parece haber surgido con la edición de 1569; tampoco la comenta A. Blecua. Atengámonos, pues, a la primera edición, entendiendo *lista* en el sentido de "preparada, madura".

1223 Estas *hadas* son las *Parcas,* de las cuales Herrera (H-667) nos da etimologías y leyendas.

1226-1227 (B-169) *Los ojos a los Gelues.* Gelues es una Isla junto a África, donde murió Don García, por quien se leuantó un cantar Español:

Y los Gelues, madre,
malos son de ganare, etc.

Herrera (H-668) añade un largo discurso histórico sobre los Gelves.

1231 Herrera (H-669) dice que aquí hay la figura de "ipotíposis".

1234 Herrera (H-670) llama la atención sobre la "síncopa" de *vigilança,* por "vigilancia".

dañava la tardança floxa, inerte,
y alabava la muerte gloriosa.
Luego la polvorosa muchedumbre,
gritando a su costumbre, le cercava;
mas el que se llegava al fiero moço
llevava, con destroço y con tormento,
del loco atrevimiento el justo pago.
Unos en bruto lago de su sangre,
cortado ya el estambre de la vida,
la cabeça partida rebolcavan;
otros claro mostravan, espirando,
de fuera palpitando las entrañas,
por las fieras y estrañas cuchilladas
d'aquella mano dadas. Mas el hado
acerbo, triste, ayrado fue venido,
y al fin él, confundido d'alboroto,
atravessado y roto de mil hierros,
pidiendo de sus yerros venia'l cielo,
puso en el duro suelo la hermosa

1250 Al fin el *H*

1235 *dañava*: maldecía, criticaba.

1236 Herrera (H-671) cree que la fuente de este verso es Virgilio (*Eneida,* II. 317: "...pulchrumque mori succurrit in armis").

1242 Mele compara este verso con un pasaje de Ariosto (*Orlando,* XXVII. xii.1-3):

> Giunge piú inanzi, e ne ritrova molti
> giacere in terra, anzi in vermiglio lago
> nel proprio sangue orribilmente involti ...

1253-1264 (B-170) *Puso en el duro suelo la hermosa cara, etc.* Estos doze versos tienen elegante imitación de algunos poetas: dize Ariosto [*Orlando,* XVIII.cliii.1-2]:

> *Come purpureo fior languendo more*
> *Ch'el uomere al passar tagliato lassa.*

Virgilio, libro nono [.435-437] *Aeneida* y libro undécimo [.68-71]:

> *Purpureus ueluti quum flos succisus aratro*
> *Languescit moriens: lassoue papauera collo*

cara, como la rosa matutina,
quando ya el sol declina al mediodía,
que pierde su alegría y marchitando
va la color mudando; o en el campo
qual queda el lirio blanco que'l arado
crudamente cortado al passar dexa,
del qual aun no s'alexa pressuroso
aquel color hermoso o se destierra,
mas ya la madre tierra descuydada
no le administra nada de su aliento,
que era el sustentamiento y vigor suyo:
tal está el rostro tuyo en el arena,
fresca rosa, açucena blanca y pura.
Tras ésta una pintura estraña tira
los ojos de quien mira y los detiene
tanto que no conviene mirar cosa
estraña ni hermosa sino aquélla.
De vestidura bella allí vestidas
las gracias esculpidas se veýan;

1255 a mediodia *BTA* 1267 Tras esto *HT*

Demisere caput, pluuia quum forte grauantur.
... ...
Qualem uirgineo demessum pollice florem
Seu mollis uiolae, seu languentis Hyacinthi,
Cui nec fulgor adhuc: nec dum sua forma recessit,
Non iam mater alit tellus, uiresque ministrat.

El Paterno también lo dize, Ecloga 5 de las tristes.

Herrera (H-672) añade pasajes de B. Tasso (canto XXI) y de los *Adonis* de G. Parabosco y de Diego Hurtado de Mendoza. Tamayo (T-135) cita además a Homero (muerte de Euforbo, *Ilíada,* XVII.60) y a Catulo (XI.22-24). Era, pues, un tópico ya clásico la muerte en batalla del buen mozo bello; cfr. la muerte de don Bernardino, El. I.115-129.

1265-1266 Mele aduce varios pasajes semejantes de Ariosto (*Orlando,* VII.xi. 56 y XXII.xciv), Poliziano (*Poesie latine,* "In Albieram Albitiam", 29-30), Virgilio (*Eneida,* XII. 68-69) y Ovidio (*Amores,* II. 37). Cfr. El. I.121-123.

1267 ss. Como observa Keniston (p. 252), quien sigue al Brocense, la historia de don Fernando se narra con una ornamentación poética sacada en gran parte del último canto del *Orlando* de Ariosto.

solamente trayan un delgado
velo que'l delicado cuerpo viste,
mas tal que no resiste a nuestra vista.
Su diligencia en vista demostravan;
todas tres ayudavan en una ora
una muy gran señora que paría.
Un infante se vía ya nacido
tal qual jamás salido d'otro parto
del primer siglo al quarto vio la luna;
en la pequeña cuna se leya
un nombre que dezía "don Fernando".

1278 A una *A*

1271-1275 Como observa Lapesa (p. 121), esta descripción nos hace pensar en Botticelli.

1271-1283 (B-171) *Todas tres ayudauan.* De las gracias, Ariosto, canto 46 [lxxxv.1-4]:

> *Quiui le Gratie in habito giocondo*
> *Una Regina aiutauano al parto.*
> *Si bello infante n'apparea, che'l mondo*
> *Non hebbe un tal, dal secol primo al quarto.*

1272 Herrera (H-673) nos da un breve discurso sobre las tres Gracias, sus fábulas y representaciones.

1275-1276 Sobre la rima de *vista* con *vista,* dice Navarro: "Palabras iguales, pero equívocas, pueden formar rima, porque, en realidad, al tener distinta significación, vienen a ser palabras diferentes..."

1277 Normalmente, en vez de una *ora,* encontramos en Garcilaso *un ora.*

1278 Como anota Navarro, ésta es doña Beatriz Pimentel, hija del conde de Benavente, mujer de don García y madre de don Fernando. Navarro en 1911 seguía el texto de Azara *(a una).*

1279-1283 Como anota Navarro, basándose en Navarrete, Don Fernando Álvarez de Toledo nació en Piedrahita (Ávila) en el año de 1507; había de morir en 1582.

1281 Según Navarro, "Pónese como término de ponderación el nacimiento de Jesús a los 4.000 años de la Creación". Pero también el *primer siglo* puede ser la edad de oro, y el *quarto* la de hierro (cfr. Ariosto, XLVI.lxxxv.4).

1282-1283 (B-172) *En la pequeña cuna se leya.* Ariosto, más abaxo [XLVI. lxxxvi.1-2]:

> *Hippolyto diceua una scrittura*
> *Sopra le fasce in lettere minute.*

Baxavan, dél hablando, de dos cumbres
aquellas nueve lumbres de la vida
con ligera corrida, y con ellas,
qual luna con estrellas, el mancebo
intonso y ruvio, Phebo; y en llegando,
por orden abraçando todas fueron
al niño, que tuvieron luengamente.
Visto como presente, d'otra parte
Mercurio estava y Marte, cauto y fiero,

1284 ablando *O*
1286 corrida; iva con *HTA*
1290 El niño *BTA*
1291 Vido *BA*

1284-1285 Según explica Herrera (H-675), "el monte Parnasso tiene dos collados", y las *nueve lumbres* son las musas (cfr. Ég. III.29).

1288 Herrera (H-676 y H-677) explica que *intonso* ("quiere dezir no cortado el cabello") y *Phebo* ("significa puro i no manchado") son epítetos tradicionales de Apolo.

1289 (B-173) *Por orden abraçando todas fueron.* Una epigrama ay de Sanazaro, libro 1 de Partu Nisae.

Pero no parece haber contacto directo entre estos versos de Garcilaso y el epigrama de Sannazaro, *Epigrammaton,* I, "De Partu Nisaeae Cheritei coniugis", que empieza "Dum parit et longas iterat Nisaea querelas".

1290-1291 Según Herrera (H-678), "quiere dezir que avía mucho tiempo que como si lo tuvieran presente, avían visto su belleza i valor i lo que avía de ser". Herrera y Navarro no ponen puntuación al final del verso 1290, y ponen punto final después de *presente.* Nos parece preferible terminar una frase con el verso 1290 ("al niño, que tuvieron durante mucho tiempo en sus brazos") y empezar otra nueva con la renovada descripción de la escultura ("De otra parte Mercurio estaba visto como presente..."). Sería rarísimo en Garcilaso encontrar un punto final en la mitad del verso. Semántica y sintácticamente, pues, es más normal nuestra puntuación.

1292-1298 (B-174) *Mercurio estaua y Marte, etc.* Todo es de Ariosto, canto 46 [.lxxxv.5-8]:

Vedeasi Gioue, e Mercurio facondo,
Venere, e Marte, che le aueano sparto
A man piene, e spargean d'eterei fiori,
Di dolci Ambrosia, e di celesti odori.

Y Flaminio, Elegía *de cardinale Farnesio*:

Illius crines flauos, corpusque decorum
Ambrosiae liquido sparsit odore Venus.

viendo el gran cavallero que 'ncogido
en el rezién nacido cuerpo estava.
Entonces lugar dava mesurado
a Venus, que a su lado estava puesta;
ella con mano presta y abundante
néctar sobre'l infante desparzía,
mas Phebo la desvía d'aquel tierno
niño y dava el govierno a sus hermanas;
del cargo están ufanas todas nueve.
El tiempo el passo mueve; el niño crece
y en tierna edad florece y se levanta
como felice planta en buen terreno.
Ya sin precepto ageno él dava tales
de su ingenio señales que 'spantavan
a los que le crïavan; luego estava
cómo una l'entregava a un gran maestro
que con ingenio diestro y vida honesta
hiziesse manifiesta al mundo y clara
aquel ánima rara que allí vía.

1305 ageno dava tales *HTA* 1311 Aquella anima *BHTA*

Herrera explica la etimología de Mercurio (H-679) y la propiedad del epíteto en *Marte cauto* (H-680: "para que sea moderada la fortaleza, i no dé en el estremo de la temeridad").

1295-1298 Herrera (H-681) nos da otra posible fuente, de Andrea Navagero:

> Affuit Idalio veniens e colle Dione
> nectare odorato crines perfusa fluentes
> assuetaeque leves Charites dictare choreas
> hae simul ambrosia puerum lavere liquenti
> et parvas tenui cunas stravere ligustro.

1302 Herrera nos da definiciones filosóficas del tiempo (H-682) y explica que *el passo* se usa aquí metafóricamente (H-683).

1303-1304 Mele cita aquí antecedentes griegos (Homero, *Ilíada,* XVIII.56 y Teócrito, *Idilio* XXIV.102-103).

1305-1307 Quizá haya aquí algún eco del niño Jesús encontrado entre los doctores del Templo (Lucas, II.46-47: "...Stupebant autem omnes qui eum audiebant, super prudentia et responsis eius").

1307 *estava*: se representaba.

Al niño recebía con respeto
un viejo en cuyo aspeto se via junto
severidad a un punto con dulçura.
Quedó desta figura como elado
Severo y espantado, viendo el viejo
que, como si en espejo se mirara,
en cuerpo, edad y cara eran conformes.
En esto, el rostro a Tormes rebolviendo,
vio que 'stava rïendo de su 'spanto.
"¿De qué t'espantas tanto?", dixo el río.
"¿No basta el saber mío a que primero
que naciesse Severo, yo supiesse
que avia de ser quien diesse la doctrina
al ánima divina deste moço?"
Él, lleno d'alboroço y d'alegría,
sus ojos mantenía de pintura.
Mirava otra figura d'un mancebo,
el qual venia con Phebo mano a mano,
al modo cortesano; en su manera
juzgáralo qualquiera, viendo el gesto
lleno d'un sabio, honesto y dulce affeto,

1316 viendo al viejo *H*
1318 De cuerpo *B74*
1331 Lo juzgara cualquiera *HT*

1312-1353 Este pasaje educativo corresponde de un modo general, como señalan Herrera (H-685) y Mele, a una octava de Ariosto (*Orlando,* XLVI. lxxxix).

1314 Como dice Herrera (H-684), *severidad* es sin duda alusión al nombre de Severo.

1322 *primero*: antes.

1324 Herrera (H-686) explica que "quiere dezir, quién avía de ser que diesse", haciendo interrogativo el pronombre, como objeto de *supiesse*; pero es más fácil entenderlo como relativo ("supiese que él [Severo] había de ser quien le diese la doctrina").

1327 (B-175) Sus ojos mantenía. Virgilio [*Eneida,* I.464]:

Atque oculos pictura pascit inani.

1328 Este mancebo, como luego se declarará en el verso 1349, es Boscán, ayo de don Fernando y traductor del *Cortesano* de Castiglione. (Son evidentes las alusiones a este libro en los versos 1330, 1334 y 1345.)

por un hombre perfeto en l'alta parte
de la difícil arte cortesana,
maestra de la humana y dulce vida.
Luego fue conocida de Severo
la imagen por entero fácilmente
deste que allí presente era pintado:
vio que'ra el que avia dado a don Fernando,
su ánimo formando en luenga usança,
el trato, la crïança y gentileza,
la dulçura y llaneza acomodada,
la virtud apartada y generosa,
y en fin qualquiera cosa que se vía
en la cortesanía de que lleno
Fernando tuvo el seno y bastecido.
Después de conocido, leyó el nombre
Severo de aqueste hombre, que se llama
Boscán, de cuya llama clara y pura
sale'l fuego que apura sus escritos,
que en siglos infinitos ternán vida.
De algo más crecida edad mirava
al niño, que 'scuchava sus consejos.
Luego los aparejos ya de Marte,

1337 entro *O*
1342 dulcura *O*
1343 apartada generosa *BTA*
1351 en los siglos *B77*

1343 No es fácil de entender aquí el sentido cortesano de *apartada*; parece ser algo estoico (cfr. Ég. I.100, "la esquividad y apartamiento"), quizá el aspecto antisocial de la virtud, que sin embargo es también *generosa.*

1346 *bastecido*: abastecido.

1349-1351 Verdevoye señala la estrecha relación entre estos versos sobre Boscán y otros escritos más tarde (El. II.145-153); en ambos pasajes Garcilaso se refiere al amor *(llama)* que inspiraba a Boscán.

1352 (B-176) *De algo más crecida edad.* Parece a lo de Virgilio [Ecl. IV.37]:

Hinc ubi iam firmata uirum te fecerit aetas.

1354-1361 Según indica Mele, este pasaje corresponde a la octava xci del último canto del *Orlando.*

1354 Para Herrera (H-688), *aparejos* es "umilde vocablo". Y *Marte* es ejemplo de metonimia (H-689: "cuando el nombre de la causa se trasfiere al efeto").

estotro puesto aparte, le traýa;
assí les convenía a todos ellos
que no pudiera dellos dar noticia
a otro la milicia en muchos años.
Obrava los engaños de la lucha;
la maña y fuerça mucha y exercicio
con el robusto officio está mezclando.
Allí con rostro blando y amoroso
Venus aquel hermoso moço mira,
y luego le retira por un rato
d'aquel áspero trato y son de hierro;
mostrávale ser yerro y ser mal hecho
armar contino el pecho de dureza,
no dando a la terneza alguna puerta.
Con él en una huerta entrada siendo,
una nympha dormiendo le mostrava;
el moço la mirava y juntamente,
de súpito acidente acometido,
estava embevecido, y a la diosa
que a la nympha hermosa s'allegasse

1356 conuenia todos *O*
1360 mañana *O*
1363 mo(o *O*
1369 Entrada en una huerta con el siendo *BHTA*
1373 y la diosa *O R*
y a la diosa *BHTA*
1374 se llegasse *H*

1356-1358 No es muy claro el sentido de estos tres versos, que querrán decir, más o menos, que el joven don Fernando se prestaba tan bien a las artes guerreras, que por mucho tiempo no hubo aprendiz que rivalizara con él.

1361 Según Navarro, el *robusto officio* es el de la caza (cfr. Ég. III.147-148: "en el robusto officio / de la silvestre caça").

1372 Este verso quiere decir "atacado de pronto por enfermedad (amorosa)". Las palabras *súpito* y *súbito* son equivalentes; cfr. Ég. II.656 *(fuerça súbita)* y Ég. II.1795 (*súpito sacado*).

1373-1376 A. Blecua (p. 155) demuestra que por el sentido el verso 1373 tiene que ser enmendado, como el Brocense y los demás lo hicieron: *y a la diosa*. Significa, como dice Blecua: "y (la pintura) mostraba (al joven) rogando a la diosa que se acercase a la ninfa, y parecía que la diosa no se atrevía". La métrica también confirma esta enmienda: sin la *a* sería un verso hipométrico.

mostrava que rogasse, y parecía
que la diosa temía de llegarse.
Él no podia hartarse de miralla,
de eternamente amalla proponiendo.
Luego venia corriendo Marte ayrado,
mostrándosse alterado en la persona,
y dava una corona a don Fernando.
Y estávale mostrando un cavallero
que con semblante fiero amenazava
al moço que quitava el nombre a todos.
Con atentados modos se movía
contra el que l'atendía en una puente;
mostrava claramente la pintura
que acaso noche 'scura entonces era.
De la batalla fiera era testigo

1378 Eternamente amalla *HA*
amalla prometiendo *A*
1381 I dava la corona *H*
1382 Estava le mostrando *H*
1386 el qu'atendia *H* (*errata*)
1389 fuera *O*
fiera *BHTAKR*

1382-1395 (B-177) *Contra el que le atendía en una puente.* En el año de xxiiij, en Burgos, un cauallero seruía a una dama, a quien también el Duque de Alua seruía, y aún no era Duque; y en aquel tiempo se auían començado a usar los arcabuzes, y teníase por caso de menos valer entre caualleros usar de arcabuzes, principalmente los que se preciauan de la espada. Y aquel cauallero preciáuase de gran tirador de arcabuz. Y estando los dos delante de la dama, sacó el duque un lienço y poniéndolo en las narizes, dixo: cómo hiede por aquí a póluora. Entonces rióse la dama y corrióse el cauallero y luego, lo más secreto que pudo, apartó al Duque y desafióle a espada y capa a la puente de Sant Pablo, a cierta hora de la noche. Y llegando el Duque, dixo el otro: Qué armas traéys? Dixo el Duque: Espada y daga. Dixo el otro: yo no tengo más que espada. Entonces el Duque sacó su daga y echóla de la puente abaxo en el río. Començaron su desafío, y allí se hizieron amigos, y trataron de que no se supiesse este hecho, más úuose de descubrir porque al tomar de las capas que estauan en el suelo, se trocaron, y el Duque no cayendo en ello descubrió en palacio la encomienda de Santiago, que tenía la capa del otro, y por aquí se vino a saber el desafío.

1386 En 1911 Navarro tiene *que le atendía,* pero en 1924 sigue la errata hipométrica de Herrera (*que atendía*). Como dice Azara (A-112), "*Atender* se usaba en lo antiguo por *esperar*".

Marte, que al enemigo condenava
y al moço coronava en el fin della;
el qual, como la estrella relumbrante
que'l sol embia delante, resplandece.
D'allí su nombre crece, y se derrama
su valerosa fama a todas partes.
Luego con nuevas artes se convierte
a hurtar a la muerte y a su abismo
gran parte de sí mismo y quedar bivo
quando el vulgo cativo le llorare
y, muerto, le llamare con desseo.
Estava el Hymeneo allí pintado,

1396 mueuas O   1400 com *O*

1392-1393 Mele encuentra algo semejante en Virgilio (*Eneida,* VIII.589-591):

qualis ubi Oceani perfusus Lucifer unda,
quem Venus ante alios astrorum diligit ignis,
extulit os sacrum caelo tenebrasque resolvit.

1396-1400 (B-178) *A hurtar a la muerte.* Bembo, soneto 1:

Use far a la morte illustri inganni.

No tiene la misma metáfora, de hurto o engaño, el *locus classicus* que cita Tamayo sobre la vida de la fama (T-139: Horacio, *Odas,* III. xxx.6-8):

Non omnis moriar multaque pars mei
vitabit Libitinam: usque ego postera
crescam laude recens.

1399 En 1911 Navarro lee *cautivo* (como Azara) en vez de *cativo* (como Herrera y los demás editores antiguos); cfr. Ca. V.31 y Ég. II.1684, donde la palabra significa claramente "preso".

1401-1405 (B-179) *Estaua el Hymeneo el diestro pie calçado.* Himeneo era el Dios de las bodas. El diestro pie calçado significa buen agüero para que el casamiento dure, porque la Reyna Dido, para desatar el casamiento de Eneas, tenía un pie descalço, como dize Virgilio [*Eneida,* IV.518]: *Unum exuta pedem uinclis, etc.*

Estotro es tomado de Catullo [LXI.9-10]:

Huc ueni niueo laeui
Ducens pede socum.

el diestro pie calçado   en lazos d'oro;
de vírgines un choro   está cantando,
partidas altercando   y respondiendo,
y en un lecho poniendo   una donzella
que, quien atento aquélla   bien mirasse
y bien la cotejasse   en su sentido
con la que'l moço vido   allá en la huerta,
verá que la despierta   y la dormida
por una es conocida   de presente.
Mostrava juntamente   ser señora
digna y merecedora   de tal hombre;
el almohada el nombre   contenía,
el qual doña María   Enrríquez era.
Apenas tienen fuera   a don Fernando,

1404 partidas alternando *BTA*

(La edición que cita Herrera, H-691, está de acuerdo con las modernas: "Huc veni niveo gerens / Luteum pede soccum".) Tamayo (T-140) tiene una larguísima nota sobre la cuestión de los calzados en la antigüedad.

(B-180) *De uírgines un choro, etc.* Todo estos ritos solían los antiguos usar en las bodas; y todo es tomado de Catulo en su Epitalamio.

Y Tamayo (T-141) tiene otra nota, citada por Navarro, sobre las costumbres antiguas.

1404 Quizá sea aceptable aquí la enmienda del Brocense.

1408 Cfr. v. 1369: es otra vez la misma mujer.

1414 "Esta señora era hija del conde de Alva de Liste, i prima i muger del duque" (H-692).

1415-1416 Herrera se indigna del v. 1416 (H-693). "Baxíssimo i torpe verso en número i sentencia; esto no sé cómo lo dixo Garci Lasso, que mui ageno es de su modestia i pureza..." Tamayo (T-138) defiende la métrica y, con ejemplos antiguos, la honestidad realista del verso, que como señala Mele, depende del mismo epitalamio de Catulo (LXI. 167-174):

Aspice, intus ut accubans
vir tuus Tyrio in toro
totus immineat tibi...
Illi non minus ac tibi
pectore uritur intimo
flamma, sed penite magis.

ardiendo y desseando estar ya echado;
al fin era dexado con su esposa
dulce, pura, hermosa, sabia, honesta.
En un pie estava puesta la fortuna,
nunca estable ni una, que llamava
a Fernando, que 'stava en vida ociosa,
porque en difficultosa y ardua vía
quisiera ser su guía y ser primera;
mas él por compañera tomó aquélla,
siguiendo a la que's bella descubierta
y juzgada, cubierta, por disforme.

1422 Por que difficultosa *OK*
Que por dificultosa *BHTA*

1424 tomo a aquella *H*
toma aquella *A*

1419-1423 Explica Herrera (H-694) que "quisiera la fortuna, viendo el valor del duque, acompañallo en sus hechos i tener en ellos mayor parte que la virtud... I es alusión de aquel lugar de Tulio en el lib. 10, en la epístola 3: *virtute duce, comite fortuna*".

Mele encuentra en Ovidio (*Ex Ponto,* IV.iii.31-32 y *Tristia,* V. viii.15) estos epítetos para la diosa Fortuna: "non stabilis", "volubilis".

1424-1426 (B-181) *Mas él por compañera tomó.* Toca aquí la fictión del Philósopho Pródico, la qual refiere Xenofón. Y es que Hércules siendo mancebo, yendo por un camino, llegó adonde se partían dos caminos, y estando dudoso por quál yría, vio venir por cada uno una donzella: una muy hermosa y otra robusta y varonil. Cada una le rogaua que fuesse por su camino. Y la muy hermosa al parecer exterior, que era Voluptas, prometía en su camino muchos regalos y descanso. La otra, que era Virtud, le prometía mal camino y muchos trabajos, pero prometía al cabo dellos descanso y fama, al reués de la otra. Hércules dixo que más quería trabajos con aquella condición y fuesse tras la virtud.

A propósito de *cubierta,* Hererra (H-695) cita a Horacio (*Odas,* IV. ix.29-30: "Paulum sepultae distat inertiae / celata virtus"), a Silio y a Claudiano (cuarto consulado de Honorio: "vile latens virtus..."). Añade Tamayo (T-142) citas de Jenofonte, Cicerón, Quintiliano, Prudencio y otros. Pero la principal influencia directa es probablemente la que cita Mele (Ariosto, *Orlando,* XLVI.lxxxvi.3-4):

In età poi piú ferma l'Aventura
l'avea per mano, e inanzi era Virtute.

1424 En 1911 Navarro sigue el texto de Azara *(toma)* y en 1924 el de Herrera *(tomó á).*

El nombre era conforme a aquesta fama:
virtud ésta se llama, al mundo rara.
¿Quién tras ella guïara igual en curso
sino éste, que'l discurso de su lumbre
forçava la costumbre de sus años,
no recibiendo engaños sus desseos?
Los montes Pyreneos, que se 'stima
de abaxo que la cima está en el cielo
y desde arriba el suelo en el infierno,
en medio del invierno atravesava.
La nieve blanqueava, y las corrientes
por debaxo de puentes cristalinas
y por eladas minas van calladas;
el ayre las cargadas ramas mueve,
que'l peso de la nieve las desgaja.
Por aquí se trabaja el duque osado,
del tiempo contrastado y de la vía,
con clara compañía de yr delante;
el trabajo constante y tan loable

1436 Por medio *H* atreuesaua *O*

1433-1742 Aquí tenemos la narración épica principal, que empieza con la salida del duque de Alba en febrero de 1532 y termina con su vuelta triunfal a Alba de Tormes en la primavera del año siguiente. Garcilaso mismo, durante gran parte de esta jornada, estuvo estrechamente asociado al duque (cfr. Ég. II.1452); véase Keniston, pp. 103-116.

1433 Navarro vacila entre *Pirineos* (1911) y *Pireneos* (1924).

1433-1435 Parece ser un tópico clásico esta ponderación de la altura de la sierra. Herrera (H-697) cita a Silio Itálico, libro III, sobre los Alpes; Mele añade a Virgilio y Ariosto. El *locus classicus* sería la *Eneida,* IV. 445-446 y las *Geórgicas,* II.291-292:

...quantum vertice ad auras.
aetherias, tantum radice in Tartara tendit.

Cfr. Garcilaso mismo (Ca. IV.75-77):

...y en tierra sus raízes ahondarse
tanto quanto su cima levantada
sobre qualquier altura haze verse.

1443 Significa que al duque le demoraban el mal tiempo y los malos caminos.

por la Francia mudable en fin le lleva.
La fama en él renueva la presteza,
la qual con ligereza yva bolando
y con el gran Fernando se parava
y le sinificava en modo y gesto
que'l caminar muy presto convenía.
De todos escogía el duque uno,
y entramos de consuno cavalgavan;
los cavallos mudavan fatigados,
mas a la fin llegados a los muros
del gran París seguros, la dolencia
con su débil presencia y amarilla
baxava de la silla al duque sano
y con pesada mano le tocava.
Él luego començava a demudarse
y amarillo pararse y a dolerse.
Luego pudiera verse de traviesso
venir por un espesso bosque ameno,
de buenas yervas lleno y medicina,
Esculapio, y camina no parando

1446 Según Herrera (H-698), *mudable* es "atributo proprio de los franceses".

1447-1451 Aquí, como en la poesía clásica, la fama aparece mitológicamente personificada, volando y comunicándose por medio de gestos; cfr., por ejemplo, Virgilio, *Eneida,* IV.173-197, y Ovidio, *Metam.* XII.39-66. En el pasaje garcilasiano, como en los lugares clásicos, la fama representa los rumores y avisos que circulan rápidamente; por tales noticias de la guerra el duque sabe que debe apresurarse para llegar cuanto antes a la corte imperial de Carlos V.

1452 Navarro cita aquí a Navarrete para demostrar que este *uno* representa a Garcilaso mismo.

1453 Para Herrera (H-699), *de consuno,* con el sentido de "juntos", era ya "antigua i desusada voz"; cfr. Ég. I.361 y Ég. II.602.

1456 "Enálage del género, por *la gran París*" (H-700).

1456-1459 A Tamayo (T-143) le parece que la dolencia o enfermedad personificada es alusión a la diosa Morbonia.

1459 Por errata Navarro (1911) lee aquí *con la pesada.*

1462 *de traviesso*: de travesía, atravesando; cfr. v. 952.

1465 (B-182) *Esculapio y camina.* Esculapio fue gran médico, tenido de los antiguos por Dios de la medicina. Fue hijo de Apollo y padre de Podalyrio y Machaón, grandes médicos.

hasta donde Fernando estava en lecho;
entró con pie derecho, y parecía
que le restituÿa en tanta fuerça
que a proseguir se 'sfuerça su vïage,
que le llevó al pasage del gran Rheno.
Tomávale en su seno el caudaloso
y claro rio, gozoso de tal gloria,
trayendo a la memoria quando vino
el vencedor latino al mismo passo.
No se mostrava escasso de sus ondas;
antes, con aguas hondas que engendrava,
los baxos ygualava, y al liviano
barco dava de mano, el qual, bolando,
atrás yva dexando muros, torres.
Con tanta priessa corres, navezilla,

1466 esta en el lecho *BHTA*
1469 s'sfuerça *O*
1470 llevo el passage *B74*
1473 Trayendo la memoria *O R*
Trayendo a la memoria *BHTA*

Herrera (H-701) añade detalles mitológicos.

1466 Quizá sea error de copista *estava en lecho,* por *está en un lecho* (cfr. Ég. II.1405).

1467 *con pie derecho*: con buena suerte.

1470 *Rheno*: "oy dicho el Rin" (H-702).

1473 Aceptamos la enmienda del Brocense.

1474 (B-183) *El uencedor Latino*. Dízelo por Iulio César, que passó el Rheno contra Alemanes. Ariosto, canto 7 [.xx.3]:

Di Cleopatra al uincitor Latino.

Herrera (H-703) cita a Suetonio ("Germanos qui trans Rhenum incolunt primus Romanorum ponte fabricato aggressus"); Mele cita a Julio César mismo (*De bello Gallico,* IV.xvi-xviii). Mele cree que fue cerca de Bonn donde César cruzó el Rin, y que de allí el duque y Garcilaso subieron el río hasta Colonia (vv. 1481-1490), donde desembarcaron. Fueron por tierra desde Colonia hasta el Danubio, y luego embarcaron de nuevo para llegar a Ratisbona o Regensburg (v. 1504).

1475-1479 Según nos indica Herrera (H-704), el Rin facilita el viaje aquí de la misma manera que más tarde (vv. 1602-1608) lo facilita el Danubio. Herrera cita otro viaje épico por río (*Eneida,* VIII.90 ss.).

que llegas do amanzilla una donzella,
y onze mil más con ella, y mancha el suelo
de sangre que en el cielo está esmaltada.
Úrsula, desposada y virgen pura,
mostrava su figura en una pieça
pintada; su cabeça allí se vía
que los ojos bolvía ya espirando.
Y estávate mirando aquel tirano
que con acerba mano llevó a hecho,
de tierno en tierno pecho, tu compaña.
Por la fiera Alemaña d'aquí parte
el duque, a aquella parte endereçado
donde el cristiano estado estava en dubio.
En fin al gran Danubio s'encomienda;
por él suelta la rienda a su navío,
que con poco desvío de la tierra

1484 Ursula desposada virgen pura *B*
1485 Mostraua tu figura *O K*
Mostrava su figura *B77TAR*
1488 Y estavala mirando *B77TA*
1490 su compaña *B77TA*

1481-1490 Herrera (H-705) nos da un resumen de la leyenda: "Fue Santa Úrsula hija de Dioneto, nobilíssimo príncipe de Inglaterra; padeció martirio con onze mil vírgenes de la mesma nación, en Colonia Agripina, a la ribera del Rin, por los capitanes de Atila, que la tenían cercada, en el año de nuestra salud 352, siendo emperador Marciano". En Colonia, donde se venera la tumba de Santa Úrsula, había varias series de pinturas que representaban las distintas etapas del martirio; Garcilaso describe aquí una de estas pinturas, semejante a la que se encuentra hoy en el Victoria and Albert Museum de Londres. Según Herrera (H-707), el *tirano* del verso 1488 era Julio, o Giula, capitán general de Atila.

1484-1490 Como nota Navarro (1924) a propósito del verso 1488, ha habido en el texto confusión de segunda y de tercera personas, con muchas enmiendas propuestas; nosotros nos hemos atenido al texto de la primera edición, enmendando solamente el verso 1485.

1489 *a hecho*: sin interrupción o distinción.

1490 *compaña*: compañía.

1493 *dubio*: duda (italianismo); aquí parece usarse con el sentido de "peligro".

1495 Herrera (H-708) cita como lugar clásico a Virgilio (*Eneida,* VI.1): "classique immittit habenas". Como demuestra Tamayo (T-144), la metáfora del navío como caballo era muy corriente entre autores antiguos.

entre una y otra sierra   el agua hiende.
El remo que deciende   en fuerça suma
mueve la blanca espuma   como argento;
el veloz movimiento   parecía
que pintado se vía   ante los ojos.
Con amorosos ojos,   adelante,
Carlo, César triumphante,   le abraçava
quando desembarcava   en Ratisbona.
Allí por la corona   del imperio
estava el magisterio   de la tierra
convocado a la guerra   que 'speravan;
todos ellos stavan   enclavando
los ojos en Fernando,   y en el punto
que a sí le vieron junto,   se prometen
de quanto allí acometen   la vitoria.
Con falsa y vana gloria   y arrogancia,
con bárbara jactancia   allí se vía
a los fines de Ungría   el campo puesto
d'aquel que fue molesto   en tanto grado
al úngaro cuytado   y afligido;
las armas y el vestido   a su costumbre,
era la muchidumbre   tan estraña
que apenas la campaña   la abarcava

1498 que de deciende *O*
1501 pintado le via *B74*
1510 assi *O K*
Que a si le *A*
1512 arogancia *O*
1518 mulchidumbre *O*
1519 la abarçaua *O*
la abraçava *BHTA*
la abarcava *KR*

1497 "Las colisiones [sinalefas] hazen más nervoso i lleno i ponderoso el verso" (H-709).

1502 ss. El Emperador Carlos V recibió al duque de Alba en Ratisbona (Regensburg), donde se había convocado la Dieta imperial en marzo de 1532. Allí se reunían para la "guerra del Baivoda" (H-711) las fuerzas armadas que iban a acudir a la defensa de Viena contra el príncipe turco, Solimán, quien, habiendo ocupado Hungría, asediaba por segunda vez la gran ciudad austríaca (cfr. Paolo Giovio, *Delle istorie del suo tempo,* y las notas de Herrera y de Navarro).

1519 "Imita lo que refiere Eródoto del exército de Xerxes" (H-712).

ni a dar pasto bastava, ni agua el río.
Cæsar con zelo pío y con valiente
ánimo aquella gente despreciava;
la suya convocava, y en un punto
vieras un campo junto de naciones
diversas y razones, mas d'un zelo.
No ocupavan el suelo en tanto grado,
con número sobrado y infinito,
como el campo maldito, mas mostravan
virtud con que sobravan su contrario,
ánimo voluntario, industria y maña.
Con generosa saña y biva fuerça
Fernando los esfuerça y los recoge
y a sueldo suyo coge muchos dellos.
D'un arte usava entre'llos admirable:
con el diciplinable alemán fiero
a su manera y fuero conversava;
a todos s'aplicava de manera

1525 diversas y opiniones *Tn*
1526 No ocupava *BA*
1533 I al sueldo *T*
1535 dicipinable *O*
1537 A todo *A*

1521-1522 Herrera (H-713) nos da la definición aristotélica de la fortaleza. Como señala Mele, Garcilaso en su oda latina sobre la invasión de África aplica al mismo Carlos V epítetos semejantes (Ode III.8): "sub rege intrepido et pio".

1524-1525 (B-184) *Vieras un campo junto de naciones.* Marcial [*De Spectaculis,* iii.11-12]:

> *Vox diuersa sonat, populorum est uox tamen una*
> *Quum uerus patriae diceris esse parens.*

A base de este mismo texto latino, con coma después de *populorum,* y no antes, Tamayo (T-145) rechaza una variante: *opiniones,* por *razones.* (En las ediciones modernas de Marcial se lee "populorum, tum tamen una est...") Navarro (1911) rechaza la puntuación de Castro, quien pone punto y coma después de *razones,* y ninguna puntuación al final del verso 1525.

1529 *sobravan*: excedían, sobrepujaban (A-118); superaban, como en Ég. I.28 y Ég. II.1719 (Navarro).

1535 "Alaba el orden i osservancia militar de los tudescos" (H-715).

que'l flamenco dixera que nacido
en Flandes avia sido, y el osado
español y sobrado, imaginando
ser suyo don Fernando y de su suelo,
demanda sin recelo la batalla.
Quien más cerca se halla del gran hombre
piensa que crece el nombre por su mano.
El cauto italiano nota y mira,
los ojos nunca tira del guerrero,
y aquel valor primero de su gente
junto en éste y presente considera;
en él vee la manera misma y maña
del que passó en España sin tardança,
siendo solo esperança de su tierra,
y acabó aquella guerra peligrosa
con mano poderosa y con estrago

1544 Pensa *O* 1548 en elte *O*

1539-1540 A propósito de *el osado español* Herrera (H-716) inserta un discurso patriótico.
1540 *sobrado*: el que excede a otro (A-119 y Navarro 1911); cfr. Ég. I.171, Ég. II.317 y 1527.

1543-1544 (B-185) *Quien más cerca se.* Ariosto, canto 44 [.xcvii. 3-5]:

Ogniun, quanto piú può, se gli auicina
e beato si tien chi appresso il vede,
e piú chi'l tocca...

Herrera (T-717) y Mele repiten este pasaje sobre Ruggiero.
1545 Con respecto al carácter internacional de este ejército, Navarro (1911) cita a Navarrete (pp. 32-33): había alemanes, flamencos, italianos y españoles, pero no había ni franceses ni ingleses.
1546 *tira*: quita, aparta (A-120; Navarro 1911; Keniston, p. 352).
1547-1557 Como dice Navarro, en el verso 1547 "*su gente* no se refiere al *guerrero*, sino al *cauto italiano*, a quien el valor del Duque le recordaba el de los famosos capitanes de la antigua Roma". Ya Herrera había explicado que el verso 1550 se refiere a Escipión "el primer Africano" (H-718), y el 1555 a Aníbal, "por circuición o perífrasis" (H-720). Para Herrera (H-719) los seis versos últimos de este pasaje (vv. 1552-1557) "son de espléndida i ilustre oración, que trata con clara i generosa composición su sentencia".

de la fiera Carthago y de su muro,
y del terrible y duro su caudillo,
cuyo agudo cuchillo a las gargantas
Italia tuvo tantas vezes puesto.
Mostrávasse tras esto allí esculpida
la embidia carcomida, a sí molesta,
contra Fernando puesta frente a frente;
la desvalida gente convocava
y contra aquél la armava y con sus artes

1558 trs *O*

1559 assi *O K*
a si *BTAR*

1556-1557 Herrera (H-721) encuentra en el verso 5 de la Segunda Lamentación de B. de Torres Naharro (ed. Gillet, I.153) "y el cuchillo a la garganta". Dice que "es enálage del número" el usar *gargantas* por *garganta,* y añade: "No sé yo, pues, si desta suerte se sufre, aunque sea metonimia i s'entiendan por *Italia* los italianos: si se junta bien *Italia* con *gargantas*". Prete Jacopín (observación 29) defiende la metonimia; Herrera está de acuerdo, pero sigue creyendo impropio que *Italia* tuviera *gargantas.*

1558-1574 Fernando no se deja vencer por las malas lenguas envidiosas.

1559 (B-186) *La embidia carcomida, a sí molesta.* Emendé este lugar diuidiendo aquella palabra (*assi*) en dos, que es en Latín *Sibi.*

Herrera añade una definición patrística, "la invidia es dolor i tristeza que proviene i nace de los bienes agenos" (H-723), y encuentra en Juan de Mena el mismo epíteto *carcomida.* Lapesa (p. 59) también cita el pasaje de Mena sobre el sexto vicio (*Coplas contra los pecados mortales,* NBAE, XIX.123):

Muerta con agena vida,
la sesta cara matiza
del color de la ceniza,
traspasada y carcomida.

Navarro explica "así molesta" como el equivalente de "tan molesta"; Keniston también rechaza la enmienda del Brocense ("does not fit the sense"). Pero en una clásica descripción de la Invidia, encontramos que ella es castigo para sí misma (Ovidio, *Metam.* II.781-782: "...carpitque et carpitur una / suppliciumque suum est..."), lo cual justifica plenamente la interpretación del Brocense. Leemos, pues, *a sí,* y no *assí.*

1562 (B-187.1) *Y contra aquella armaua.* No se entendía este lugar; yo diuido ansí: *y contra aquél la armaua.* En Latín dizen *contra illum.*

Pero así en efecto rezaba la primera edición.

busca por todas partes daño y mengua.
Él, con su mansa lengua y largas manos
los tumultos livianos assentando,
poco a poco yva alçando tanto el buelo
que la embidia en el cielo le mirava,
y como no bastava a la conquista,
vencida ya su vista de tal lumbre,
forçava su costumbre y parecía
que perdón le pedía, en tierra echada;
él, después de pisada, descansado
quedava y aliviado deste enojo
y lleno del despojo desta fiera.
Hallava en la ribera del gran río,
de noche al puro frío del sereno,
a Cæsar, que'n su seno está pensoso
del suceso dudoso desta guerra;
que aunque de sí destierra la tristeza
del caso, la grandeza trae consigo
el pensamiento amigo del remedio.

1574 lleno de despojo *H*
1577 penoso *TA*
1581 El pensamiento ambigo de remedio *Tn*

1564 *largas*: generosas.

1567 (B-187.2) *Quae* [sic] *la embidia en el cielo le miraua, etc.* Dízese comunmente que la imbidia siempre acomete lo alto: *Inuidia alta petit.* Pero también se dize que quando una cosa está muy alta, que la imbidia no llega allá; y en Latín se dize loando a uno: *Superas inuidiam.* (B89)

1575-1578 (B-188) *Que aunque de sí destierra la tristeza.* Virgilio, 1 Eneida [.209]:

Spem uultu simulat, premit altum corde dolorem.

Herrera repite la cita virgiliana a propósito del verso 1577 (H-726). También nos da citas (Silio Itálico, lib. 8; Quinto Curcio, lib. 8) sobre la vigilia del general antes de la gran batalla (H-725). Y a propósito del verso 1578, añade una sentencia de Séneca (*Tebas*): "fortuna belli semper ancipiti in loco est".

1581 Tamayo (T-145) sugiere la enmienda *ambigo* por *amigo*, refiriéndose a *dubio* (v. 1493) y a *dudoso* (v. 1578): "el sentido de la lección vulgar lo es tanto que no sé cómo no se á advertido antes..." Navarro defiende esta enmienda de Tamayo; Blecua no la comenta.

Entramos buscan medio   convenible
para que aquel terrible   furor loco
les empeciesse poco   y recibiesse
tal estrago que fuesse   destroçado.
Después de aver hablado,   ya cansados,
en la yerva acostados   se dormían;
el gran Danubio oýan   ir sonando,
quasi como aprovando   aquel consejo.
En esto el claro viejo   rio se vía
que del agua salía   muy callado,
de sauzes coronado   y d'un vestido,
de las ovas texido,   mal cubierto;
y en aquel sueño incierto   les mostrava
todo quanto tocava   al gran negocio,
y parecia que'l ocio   sin provecho
les sacava del pecho,   porque luego,
como si en bivo fuego   se quemara
alguna cosa cara,   se levantan
del gran sueño y s'espantan,   alegrando
el ánimo y alçando   la esperança.

1591 callando *O*
1592 y un vestido *O R*
i d'un vestido *HTA*
1596 Parecia que *A*
1598 biuio *O*

1586 ss. (B-189) *En la yerua acostados se dormían.* Toda esta fictión está sacada graciosamente de Virgilio, [*Eneida*] libro 8 [.29-35]:

AEneas tristi turbatus pectora bello
Procubuit, seramque dedit per membra quietem.
Huic Deus ipse loci fluuio Tyberinus amoeno
Populeas inter senior se attollere frondes
Visus, eum tenuis glauco uelabat amictu
Carbasus, et crines umbrosa tegebat arundo.
Tunc sic effari, et curas his demere dictis.

Herrera (H-728), Azara (A-123) y Mele reconocen el acierto del Brocense.

1590 "Prosopopeya" (H-729).

1592 *de sauces coronado*: cfr. "coronato di salici" en Sannazaro, *Arcadia,* Prosa XII (Mele). Aceptamos la enmienda de Herrera, exigida por la métrica y por el sentido.

El río sin tardança   parecía
que'l agua disponía   al gran viaje;
allanava el passaje   y la corriente
para que fácilmente   aquella armada,
que avia de ser guïada   por su mano,
en el remar liviano   y dulce viesse
quánto el Danubio fuesse   favorable.
Con presteza admirable   vieras junto
un exército a punto   denodado;
y después d'embarcado,   el remo lento,
el duro movimiento   de los braços,
los pocos embaraços   de las ondas
llevavan por las hondas   aguas presta
el armada molesta   al gran tirano.
El arteficio humano   no hiziera
pintura que esprimiera   bivamente
el armada, la gente,   el curso, el agua;
y apenas en la fragua   donde sudan

1614 Lleuan *O*
Llevavan *BHTAKR*
1615 el gran *O*
1617 esprimera *O*
1619 Y penassen *O*
Y apenas en *BTAKR*
Apenas en *H*

1602-1608 (B-190) *El río sin tardança parecía.* Prosigue lo de Virgilio [*Eneida,* VIII. 86-89]:

> *Tibris ea fluuium, quam longa est, nocte tumentem*
> *Leniit, et tacita refluens ita substitit unda,*
> *Mitis ut in morem stagni, placidaeque paludis,*
> *Sterneret aequor aquis, remo ut luctamen abesset.*

Herrera añade una referencia a Ég. II.1477: "los baxos ygualava". Mele, así como Herrera, repite el mismo pasaje virgiliano.

1605-1615 Navarro cita aquí a Navarrete (p.42): "Salió, el emperador, de Ratisbona con la caballería flamenca y un lucido tren de artillería, pasando por el Danubio a Linz, seguido de numerosa comitiva en barcas..." Mele cita a P. Jovio (*Delle istorie...*, Venecia, 1608, p. 242).

1611 A propósito de *el remo lento* Mele cita a Catulo (LXIV.183): "quine fugit lentos incurvans gurgite remos?"

1615 Según indica Navarro (1911), el *gran tirano* era el sultán de Turquía, Solimán el Magnífico (cfr. vv. 1512-1516).

1619-1622 (B-191.1) *Los cýclopes y mudan.* Los Cýclopes fueron unos saluajes en Sicilia que no tenían más de un ojo en la frente, y esso quiere

los cýclopes y mudan fatigados
los braços, ya cansados del martillo,
pudiera assí exprimillo el gran maestro.
Quien viera el curso diestro por la clara
corriente bien jurara a aquellas oras
que las agudas proras dividían
el agua y la hendían con sonido,
y el rastro yva seguido; luego vieras
al viento las vanderas tremolando,
las ondas imitando en el moverse.
Pudiera también verse casi biva
la otra gente esquiva y descreída,
que d'ensobervecida y arrogante
pensavan que delante no hallaran
hombres que se pararan a su furia.

1627 El rastro *BT* 1633 Pensaba *A*

---

dezir en Griego Cyclops. Dizen los poetas que son los herreros de Vulcano, al qual llaman aquí el gran Maestro. Y todo es tomado de Virgilio, [*Eneida*] libro 8 [.452-453]:

Illi inter sese multa ubi brachia tollunt
In numerum, uersantque tenaci forcipe massam.

Sanazaro, prosa 12: *La ardente officina di Vulcano, oue li ignudi Cyclopi sopra le sonanti incudi battoni i tuoni a Gioue.*

Herrera (H-731) añade más detalles sobre los Cíclopes, o Ciclópes, y cita otro pasaje virgiliano donde aparecen los mismos dos versos (*Geórgicas,* IV.170-175).

1624 Tamayo (T-146) sugiere que aquí *oras* es latinismo, por "riberas". Pero Navarro (1911) discute esta posibilidad y dice que *a aquellas oras* significa "entonces", refiriéndose a la Ca. IV.49, *a la ora,* que significa "luego, inmediatamente".

1625 "Áspero número es cuando se juntan palabras de tres o cuatro consonantes, pero en este lugar es conviniente" (H-732). Por supuesto, *prora* es "proa".

1625-1626 Mele encuentra en Homero (*Odisea,* XIII.34) y en Virgilio (*Eneida,* X.166: "secat aequora") la metáfora del barco que corta el agua.

1628 (B-191.2) *Al uiento las uanderas tremolando.* Es verso de Ariosto.

Pero ni siquiera Mele ha identificado este verso.

1634 *se pararan*: hicieran frente.

Los nuestros, tal injuria no suffriendo,
remos yvan metiendo con tal gana
que iva d'espuma cana el agua llena.
El temor enagena al otro vando
el sentido, bolando de uno en uno;
entrávasse importuno por la puerta
de la opinión incierta, y siendo dentro
en el íntimo centro allá del pecho,
les dexava deshecho un yelo frío,
el qual como un gran río en fluxos gruessos

1637 despuma... lleua *O*
1638 el otro *T*
1644 gruesso. *O*

1635 Herrera (H-733) cita a Tácito (*Historia,* lib. 2): "Non tulit ludibrium insolens contumeliae animus".

1637 (B-192) *Que yua despuma cana.* Virgilio, en la Eneida [III. 208]:

Adnixi torquent spumas et caerula uerrunt.

Herrera (H-734) cita el mismo verso de Virgilio, añadiendo que es "ilustre ipotíposis" o visualización. A propósito de la *espuma cana,* Mele cita a Homero (*Ilíada,* IV.428) y a Virgilio (*Geórgicas,* III.237-241 y, más importante, *Eneida,* VIII.672): "... sed fluctu spumabat caerula cano".

1638 Herrera (H-735) da una definición fisiológica del temor.

La puntuación de Azara (punto y coma al final de este verso), seguida por Navarro y por Rivers, es evidentemente inferior a la de la primera edición (dos puntos al final del verso 1639) y a la de Herrera (punto y coma al final del verso 1639), seguida ésta por Keniston.

1643-1645 (B-193) *Por medulas y huessos discurría.* Virgilio, en la Eneida, libro 3 [29-30]: *Mihi frigidus horror membra quatit.* Y en otra parte [VI. 54-55]: *Gelidusque per ima cucurrit ossa tremor.* Y Ariosto, canto 5 [.xi. 6]: *E per l'ossa un timor freddo gli scorre.* Y canto 45: *Per l'ossa andommi e per le uene un gielo.* Y en el canto 36, stancia 15. Y el mesmo Garci Lasso, en la carta a Boscán [El. II.43-44]:

De aquesto un frio temor assí a deshora
Por mis huessos discurre, etc.

Herrera (H-737) añade otro verso virgiliano (*Eneida,* X.452): "Frigidus Arcadibus coit in praecordia sanguis". Mele añade más versos de Virgilio y de Ariosto.

por medulas y huessos discurría.
Todo el campo se vía conturbado,
y con arrebatado movimiento
solo del salvamiento platicavan.
Luego se levantavan con desorden;
confusos y sin orden caminando,
atrás ivan dexando, con recelo,
tendida por el suelo, su riqueza.
Las tiendas do pereza y do fornicio
con todo bruto vicio obrar solían,
sin ellas se partían; assí armadas,
eran desamparadas de sus dueños.
A grandes y pequeños juntamente
era el temor presente por testigo,
y el áspero enemigo a las espaldas,
que les iva las faldas ya mordiendo.
Cæsar estar teniendo allí se vía
a Fernando, que ardía sin tardança
por colorar su lança en turca sangre.
Con animosa hambre y con denuedo
forceja con quien quedo estar le manda,
como lebrel de Irlanda generoso

1653 y el fornicio *BA*

1660 Que las iua *O*
Que les yva *BHTAKR*

1649-1660 Citando a Navarrete (pp. 42-43), Navarro (1911) dice: "Noticioso el Sultán de los preparativos con que acudía el Emperador, retiróse de Viena a Gratz, sin aventurarse a darle la batalla, y después retrocedió definitivamente a Constantinopla".

1666-1670 (B-194) *Como lebrel de Irlanda generoso*. Comparación de Ariosto, canto 39, Stancia 10.

Come levrier che la fugace fera
correre intorno et aggirarsi mira,
né può con gli altri cani andare in schiera,
che 'l cacciator lo tien, si strugge d'ira,
si tormenta, s'afflige e si dispera,
schiattisce indarno, e si dibatte e tira...

que'l javalí cerdoso   y fiero mira;
rebátesse, sospira,   fuerça y riñe,
y apenas le costriñe   el atadura
que'l dueño con cordura   más aprieta:
assí estava perfeta   y bien labrada
la imagen figurada   de Fernando
que quien allí mirando   lo estuviera,
que era desta manera   lo juzgara.
Resplandeciente y clara,   de su gloria
pintada, la Vitoria   se mostrava;
a Cæsar abraçava,   y no parando,
los braços a Fernando   echava al cuello.
Él mostrava d'aquello   sentimiento.
por ser el vencimiento   tan holgado.

1668 Rebatele *T*
Rebatase *A*
1669 Y penas *A*
1673 mirandola estuviera *A*
1674 manera bien juzgara *HT*

Pero según Herrera (H-740), tanto Garcilaso como Ariosto imitaban un pasaje de Séneca (*Thyestes,* 497-503):

Sic, cum feras vestigat et longo sagax
loro tenetur Umber ac presso vias
scrutatur ore, dum procul lento suem
odere sentit, paret et tacito locum
rostro pererrat; praeda cum propior fuit,
cervice tota pugnat et gemitu vocat
dominum morantem seque retinenti eripit...

Según Mele, "il paragone è tolto di peso dall' Ariosto". Es verdad que en *lebrel* se refleja *levrier,* y que hay una serie de verbos muy parecidos. Pero también hay *javalí,* que corresponde a *suem,* y *atadura* (*loro*) y *dueño* (*dominum*). Así es que Garcilaso debía de tener simultáneamente presentes los dos textos si no hay algún otro en que se combinen todos los elementos.

1668 Herrera (H-740) defiende la propiedad de la palabra *riñe* con un pasaje ovidiano (*Halieuticon,* 79-80) donde los perros de caza "increpitant" a su dueño.

1675-1676 *de su gloria pintada*: la victoria está, o pintada de gloria, o resplandeciente con gloria pintada.

1679-1680 Es decir, que el duque de Alba lamentaba que fuera tan fácil la victoria.

Estava figurado un carro estraño
con el despojo y daño de la gente
bárbara, y juntamente allí pintados
cativos amarrados a las ruedas,
con ábitos y sedas varïadas;
lanças rotas, celadas y vanderas,
armaduras ligeras de los braços,
escudos en pedaços divididos
vieras allí cogidos en tropheo,
con que'l común desseo y voluntades
de tierras y ciudades se alegrava.
Tras esto blanqueava falda y seno
con velas, al Tirreno, del armada
sublime y ensalçada y gloriösa.
Con la prora espumosa las galeras,
como nadantes fieras, el mar cortan
hasta que en fin aportan con corona
de lauro a Barcelona; do cumplidos
los votos offrecidos y desseos,

1695 proa *TA*

1681-1691 Se representa aquí un triunfo clásico. Una vez más, como señala Mele, el modelo parece ser un pasaje del libro VIII de la *Eneida* (VIII.714-728), donde en un escudo fabricado por Vulcano se representa proféticamente ante los ojos de Eneas el triunfo que tuvo César Augusto el año 29 antes de Cristo (cfr. nuestra nota a los versos 1172 ss.).

Para Herrera (H-741) estos versos son "de gravíssimo sonido".

1692-1694 Es decir, que las velas de la armada cubren de blanco el mar Tirreno.

1695-1698 Mele cita aquí dos versos de Virgilio (*Geórgicas,* I.303-304):

> ceu pressae cum iam portum tetigere carinae,
> puppibus et laeti nautae imposuere coronas.

El verbo *aportan* equivale a *portum tangunt,* "arriban al puerto" (de Barcelona).

Sobre *el mar cortan* dice Herrera (H-743) que es "traslación de la tierra al' agua" (cfr. vv. 1625-1626). También documenta con varias citas clásicas la costumbre antigua de coronar las naves, que tenían en la popa un "sagrario" (H-744).

1698-1699 Supone Herrera (H-745) que fue "en Monserrate" donde cumplieron los votos.

y los grandes tropheos ya repuestos,
con movimientos prestos d'allí luego,
en amoroso fuego todo ardiendo,
el duque iva corriendo y no parava.
Cathaluña passava, atrás la dexa;
ya d'Aragón s'alexa, y en Castilla
sin baxar de la silla los pies pone.
El coraçón dispone al alegría
que vezina tenía, y reserena
su rostro y enagena de sus ojos
muerte, daños, enojos, sangre y guerra;
con solo amor s'encierra sin respeto,
y el amoroso affeto y zelo ardiente
figurado y presente está en la cara.
Y la consorte cara, pressurosa,
de un tal plazer dudosa, aunque lo vía,
el cuello le ceñía en nudo estrecho
de aquellos braços hecho delicados;
de lágrimas preñados, relumbravan

1700 y repuestos *O*
ya repuestos *BHTAKR*
1701 mouimiento prestos *O K*
movimientos prestos *HTAR*
1717 Que aquelos braços hecho delicadas *O*
1718 preñadas *O*

1700 (B-195) *Y los grandes tropheos y repuestos.* Emendé: *Ya repuestos,* como se dize en Latín: *Repositis trophaeis.* Antes no se entendía este lugar por falta de una sola letra.

1702 (B-196) *En amoroso fuego todo ardiendo.* Este verso está en el soneto de Leandro [Son. XXIX. 2]; no sé quál fue primero. Es de Ariosto, canto 19 [xxvi. 8]:

Tutto infiammato di amoroso fuoco.

Mele ha encontrado en Ariosto otro verso semejante (*Orlando,* XXIII.lxvi.8): "tutto s'avampa d'amoroso fuoco".

1704-1705 Herrera da aquí dos notas históricas, sobre Cataluña (H-746) y Aragón (H-747).

1717 (B-197.1) *Que aquellos braços fecho.* Emendé: *de aquellos braços.*

los ojos que sobravan al sol claro.
Con su Fernando caro y señor pío
la tierra, el campo, el río, el monte, el llano
alegres a una mano estavan todos,
mas con diversos modos lo dezían:
los muros parecían d'otra altura,
el campo en hermosura d'otras flores
pintava mil colores desconformes;
estava el mismo Tormes figurado,
en torno rodeado de sus nymphas,
vertiendo claras limphas con instancia,
en mayor abundancia que solía;
del monte se veýa el verde seno
de ciervos todo lleno, corços, gamos,
que de los tiernos ramos van rumiando;
el llano está mostrando su verdura,

1725 d'otros *O*

1719 *sobraban*: superaban (cfr. Ég. I.28 y Ég. II.1529).
En una nota de 1911 Navarro critica la idea de Menéndez Pelayo de que el duque de Alba está dos veces representado en esta égloga: por el personaje de Albanio y por su propio personaje histórico. Pero en su nota de 1924 Navarro cree que "el convencionalismo de la poesía pastoril permitió a Garcilaso representar al Duque en esta Égloga como Duque en persona y como pastor..." Preferimos la conclusión de Lapesa (pp. 107-110); véase nuestra introducción a esta égloga.

1724-1726 En estos versos Herrera ve una transformación del Alba tradicional: "Dixo *parecían* porque Alva de Tormes, según el refrán, es baxa de muros i alta de Torres; i por esso dixo antes [v. 1051] *torres levantadas*" (H-748). También explica *otras flores* "porque es tierra seca i estéril i desnuda de flores" (H-749).

1725 En el texto de la primera edición se lee *d'otros flores,* lo cual, como dice Keniston, podría ser latinismo o italianismo. Pero, puesto que sería el único caso en todo el texto garcilasiano de *flor* en género masculino, hay que suponer que fue errata.

1727-1732 Según Mele, esta descripción del río Tormes con sus ninfas nos recuerda la del río Jordán que se encuentra en Sannazaro, *De partu Virginis,* III.281-325 (*passim*). Sin duda Garcilaso conocía este pasaje, que se refleja a veces en la Égloga III; pero aquí hay pocas coincidencias verbales.

1729 "Lo mesmo es *linfa* en griego que *agua* en nuestra lengua" (H-750).

tendiendo su llanura assí espaciosa
que a la vista curiosa nada empece
ni dexa en qué tropiece el ojo vago.
Bañados en un lago, no d'olvido,
mas de un embevecido gozo, estavan
quantos consideravan la presencia
déste cuya ecelencia el mundo canta,
cuyo valor quebranta al turco fiero.
Aquesto vio Severo por sus ojos,
y no fueron antojos ni ficiones;
si oyeras sus razones, yo te digo
que como a buen testigo le creyeras.
Contava muy de veras que mirando
atento y contemplando las pinturas,
hallava en las figuras tal destreza
que con mayor biveza no pudieran
estar si ser les dieran bivo y puro.
Lo que dellas escuro allí hallava
y el ojo no bastava a recogello,
el río le dava dello gran noticia.
"Éste de la milicia", dixo el río,
"la cumbre y señorío terná solo
del uno al otro polo; y porque 'spantes
a todos quando cantes los famosos
hechos tan gloriosos, tan illustres,
sabe que'n cinco lustres de sus años

1735 assu *O*
especiosa *B74*
1736 Que a la vida curiosa *A*
1746 Que como buen testigo *BTA*
1758 A todos quantos cantes *A*

1749-1751 "Esto mesmo dize en la Égloga III [.265-272]" (H-751).

1759 A propósito de *gloriosos,* Navarro cita la diéresis del mismo adjetivo en Ég. I.37 y Ég. II.1256 y 1694, y la de *odiosas* en Son. XVI.1 y Ég. III.160 (pero cfr. *odiosa* en Ég. II.403); señala por contraste la sinéresis de *curiosa* en Ég. II.1736 (y en Ep. 11) y la de *codicioso* en Ep. 75.

1760 Según Herrera (H-752), *lustres* es "antítesis por *lustros*", período primitivamente de cuatro, y ahora de cinco, años. Como señala Navarro, el duque tenía 25 años cuando hizo la expedición a Alemania (1532).

hará tantos engaños a la muerte
que con ánimo fuerte avrá passado
por quanto aquí pintado dél as visto.
Ya todo lo as previsto; vamos fuera;
dexarte é en la ribera do 'star sueles".
"Quiero que me reveles tú primero",
le replicó Severo, "qué's aquello
que de mirar en ello se me offusca
la vista, assí corrusca y resplandece,
y tan claro parece allí en la urna
como en ora noturna la cometa."
"Amigo, no se meta", dixo el viejo,
"ninguno, le aconsejo, en este suelo
en saber más que'l cielo le otorgare;
y si no te mostrare lo que pides,
tú mismo me lo impides, porque en tanto
que'l mortal velo y manto el alma cubren,
mil cosas se t'encubren, que no bastan
tus ojos que contrastan a mirallas.

1763 della visto *O*
del has visto *BTAK*
della as visto ***HR***

1767 Le suplico Severo *T*
1778 tencubren *O*
1779 contrasten a mirrallas *O*

1761 Herrera (H-753) cita un verso de Bembo (Son. I): "use far alla morte illustri inganni".

1763 El texto de la primera edición (*pintado della visto*) requiere enmendación. Aunque la enmienda de Herrera (*pintado della as visto*), seguida por Rivers, se ciñe más al texto original, su sentido ("pintado por la muerte"), como dice A. Blecua (pp. 155-156), no está de acuerdo con los versos 1780-1781. Mejor es, pues, la enmienda del Brocense, seguida por Keniston: *pintado dél has visto* ("pintado acerca de él, sobre su vida").

1771 A propósito de *cometa* Herrera (H-754) da explicaciones físicas y fabulosas. Según Keniston, ésta es probablemente una referencia al famoso cometa Halley, que apareció en 1531; cita el primer verso del Soneto IX de Boscán ("Como suele en el ayre la cometa").

1777 Como dice Herrera (H-755), *mortal velo* es perífrasis que se refiere al cuerpo (cfr. Ég. I.398).

1779 *contrastan*: luchan, pelean (cfr. Son. XXIX.6, Son. XXX.8, Ca. I.48, Ég. II.365, Ég. III.38).

No pude yo pintallas con menores
luzes y resplandores, porque sabe,
y aquesto en ti bien cabe, que esto todo
que'n ecessivo modo resplandece,
tanto que no parece ni se muestra,
es lo que aquella diestra mano osada
y virtud sublimada de Fernando
acabarán entrando más los días,
lo qual con lo que vías comparado
es como con nublado muy escuro
el sol ardiente, puro y relumbrante.
Tu vista no es bastante a tanta lumbre
hasta que la costumbre de miralla
tu ver al contemplalla no confunda;
como en cárcel profunda el encerrado
que súpito sacado le atormenta
el sol que se presenta a sus tinieblas,
assí tú, que las nieblas y hondura
metido en estrechura contemplavas,
que era quando miravas otra gente,
viendo tan differente suerte d'hombre,
no es mucho que t'assombre luz tamaña.
Pero vete, que baña el sol hermoso

1787 Acabaron
Acabarà en entrando *BT*
Acabaràn *HA*
1790 puro, relumbrante *H*
1797 honduras *A*
1798 estrechuras *A*
1799 Que era quanto miravas *A*

1794-1801 Tal deslumbramiento puede relacionarse con el del filósofo de Platón cuando sale de la oscura cueva de las apariencias y ve claramente las ideas puras.

1795 *súpito*: de súbito (cfr. Ég. II.1372).

1802 (B-197.2) *Pero vete, que baña el sol.* Virgilio, 5 *Eneida* [.738-739]:

Iamque vale: torquet medios nox humida cursus,
Et me Phoebus equis oriens afflauit anhelis. (B-89)

(En las ediciones modernas se lee *saevus* en vez de *Phoebus.*)

su carro presuroso   ya en las ondas,
y antes que me respondas,   será puesto."
Diziendo assí, con gesto   muy humano
tomóle por la mano.   ¡O admirable
caso y cierto espantable!,   que'n saliendo
se fueron estriñendo   d'una parte
y d'otra de tal arte   aquellas ondas
que las aguas, que hondas   ser solían,
el suelo descubrían   y dexavan
seca por do passavan   la carrera
hasta que'n la ribera   se hallaron;
y como se pararon   en un alto,
el viejo d'allí un salto   dio con brío
y levantó del río   espuma'l cielo
y comovió del suelo   negra arena.
Severo, ya de agena   ciencia instruto,
fuésse a coger el fruto   sin tardança
de futura 'sperança,   y escriviendo,
las cosas fue exprimiendo   muy conformes

1803 en las hondas *A*
1808 restriñendo *TA*
1809 aquelles *O*

1807-1813 (B-198) *Caso y cierto espantable, que.* Imitación de Virgilio, 4 Geórgicas [.359-360]:

> *...Simul alta iubet discedere late*
> *Flumina, qua iuuenis gressus inferret...*

Sanazaro, prosa 12: *Viddi subbitamente le acque dall'un lato et dall'altro restringersi, et dare luogo per mezzo.*

En *se fueron estriñendo* ("encogiendo") se ve la influencia directa del verbo *restringersi* de Sannazaro.

1815-1817 (B-199) *El uiejo de allí un salto dio. Virgilio,* 4 Geórgicas [.528-529]:

> *Haec Protheus, et se iactu dedit aequor in altum,*
> *Quaque dedit, spumantem undam sub uertice torsit.*

1818-1827 En este pasaje vemos que Severo, después de haber visto las esculturas proféticas hechas por el dios del río Tormes, dejó escrito lo que significaban; Nemoroso luego leyó lo que había escrito Severo y ahora se lo ha explicado oralmente a Salicio.

a las que avia de Tormes   aprendido;
y aunque de mi sentido   él bien juzgasse
que no las alcançasse,   no por esso
este largo processo,   sin pereza,
dexó por su nobleza   de mostrarme.
Yo no podia hartarme   allí leyendo,
y tú d'estarme oyendo   estás cansado.

SAL. Espantado me tienes
con tan estraño cuento,
y al son de tu hablar embevecido.
Acá dentro me siento,
oyendo tantos bienes
y el valor deste príncipe escogido,
bullir con el sentido
y arder con el desseo
por contemplar presente
aquel que, 'stando ausente,
por tu divina relación ya veo.
¡Quién viesse la escritura,
ya que no puede verse la pintura!

Por firme y verdadero,
después que t'é escuchado,
tengo que á de sanar Albanio cierto,
que según me as contado,
bastara tu Severo
a dar salud a un bivo y vida a un muerto;

1828 destarme *O*
1838 A aquel qu'estando *H*
1846 bastarà *H* bastára *T*
1847 Dar salud a un enfermo, vida a un muerto *Hn*

1847 Herrera (H-758) sugiere modestamente que "otro dixera por ventura: *dar salud a un enfermo, vida a un muerto*". Cuando Prete Jacopín (observación 29) dice que es una enmienda mal sugerida, Herrera la defiende diciendo que no todos los vivos están necesitados de salud.

Como ejemplo clásico de tal verso "equidico", de contrarios correlativos, Herrera cita uno de Virgilio (Ecl. II.18): "alba ligustra cadunt, vaccinia nigra leguntur".

que a quien fue descubierto
un tamaño secreto,
razón es que se crea
que qualquiera que sea
alcançará con su saber perfeto,
y a las enfermedades
aplicará contrarias calidades.

NEM. Pues ¿en qué te resumes, di, Salicio,
acerca deste enfermo compañero?
SAL. En que hagamos el devido officio:
luego de aquí partamos, y primero
que haga curso el mal y s'envegezca,
assí le presentemos a Severo.
NEM. Yo soy contento, y antes que amanezca
y que del sol el claro rayo ardiente

1850 que lo crea *B74*
1857 SAL. En... *BHTAK*
1858. SAL. Luego *OR*

1851 *cualquiera*: cualquier secreto.

1857 Según la primera edición, la contestación de Salicio empieza con el verso 1858; en tal caso habría que leer de esta manera la pregunta de Nemoroso (vv. 1855-1857):

> Pues ¿en qué te resumes, di, Salicio,
> acerca deste enfermo compañero,
> en que hagamos el devido officio?

Esta puntuación mantiene la integridad sintáctica de los tercetos. Pero, siguiendo a A. Blecua (pp. 156-157), hemos aceptado ahora la más fácilmente comprensible división hecha unánimemente por el Brocense, Herrera, Tamayo, Azara y Keniston, en cuyas ediciones la contestación de Salicio empieza con el verso 1857. (Blecua señala una contestación parecida de Salicio que empieza con el verso 1035.)

1858-1859 Herrera (H-759) cita aquí a Ovidio (*Remedia amoris,* 91-92):

> Principiis obsta; sero medicina paratur
> cum mala per longas convaluere moras.

1861-1863 (B-200) *Antes que amanezca, etc.* Sanazaro, prosa 9: *I raggi del Sole apparendo ne le sommità degli alti monti...*

sobre las altas cumbres se parezca,
el compañero mísero y doliente
llevemos luego donde cierto entiendo
que será guarecido fácilmente.
SAL. Recoge tu ganado, que cayendo
ya de los altos montes las mayores
sombras con ligereza van corriendo;
mira en torno, y verás por los alcores
salir el humo de las caserías
de aquestos comarcanos labradores.
Recoge tus ovejas y las mías,
y vete tú con ellas poco a poco

1865 cierto espero *OK*
cierto entiendo *BHTAR*
1868 Ya dellos *O*
1874 I vete ya con ellas *HT*

1865 Sólo Keniston mantiene la lectura de la primera edición (*cierto espero*), aunque reconoce el defecto de la rima. Herrera (H-760) afirma, en cambio: "assí emendé el error del verso en la consonancia", enmienda hecha ya antes de él.

1867-1869 (B-201) *Recoge tu ganado, que cayendo.* Virgilio, Ecloga [III.20]:

Tityre, coge pecus.

Y en la primera Ecloga [.83]:

Maioresque cadunt altis de montibus umbrae.

Petrarcha, canción 5 [L.16-17]:

Per dar luogo a la notte, onde discende
Dagli altissimi monti maggior l'ombra.

1870-1872 (B-202) *Salir el humo de las caserías.* Virgilio, en el mismo lugar [Ecl. I.82]:

Et iam summa procul uillarum culmina fumant.

Según Mele, este final es lugar común encontrado en muchos poetas, además de los bucólicos: Poliziano, *Giostra,* I.54 ss.; Ariosto, cantos XIV (lxi.3-8) y XXIII (cxv.4-6).

Añade Herrera (H-761) que el poeta "descrive pastoralmente el tiempo de la cena, de la cual es indicio el humo"; para Herrera éste es ejemplo de "sinédoque o inteleción . . . , porque quiso sinificar que se acercava la noche, i lo dixo de otra suerte".

por aquel mismo valle que solías;
yo solo me averné con nuestro loco,
que pues él hasta aquí no se á movido,
la braveza y furor deve ser poco.
NEM. Si llegas antes, no te 'stés dormido;
apareja la cena, que sospecho
que aun fuego Galafrón no avrá encendido.
SAL. Yo lo haré, que al hato iré derecho,
si no me lleva a despeñar consigo
d'algún barranco Albanio, a mi despecho.
Adiós, hermano.
NEM. Adiós, Salicio amigo.

1877 Que pues que hasta *BA*
1880 cena y que *O*
cena que *BHTAKR*
1881 Gualafrõ *OK*
Galafron *BHTAR*

1876 *averné*: avendré.
1881 *Galafrón* fue mencionado antes en el verso 129 (véase nota).

ÉGLOGA TERCERA

Personas: TIRRENO, ALZINO

Para Keniston (pp. 150-151) la Égloga III fue escrita durante la primavera y el verano de 1536; en esto Lapesa (p. 188) está de acuerdo, diciendo que "nació... durante una campaña que hubo de ser la de Provenza (iniciada en el verano de 1536)". Se trata, pues, del último gran poema de Garcilaso.

Se ha discutido la posible identificación de personajes históricos. Según Herrera (H-762), "piensan algunos que [esta égloga] fue dirigida a la duquesa de Alva, otros a doña María de Cardona, marquesa de la Padula; pero lo cierto, según l' afirmación de don Antonio Puertocarrero, es a la señora doña María de la Cueva, condesa de Ureña, madre de don Pedro Girón, primer duque de Ossuna". Keniston (pp. 255-258), sin embargo, no se deja convencer por esta afirmación, y presenta buenos argumentos a favor de doña María Osorio Pimentel, esposa de don Pedro de Toledo, quien estaba entonces en Nápoles; cree Keniston, además, que las cuatro ninfas de la égloga pueden representar a las cuatro hijas (Leonor, Juana, Ana, Isabel) de esta señora, y los dos pastores a dos hijos suyos (probablemente don Fadrique y don García). La identificación de doña María Osorio Pimentel ha sido aceptada por Navarro (1924, p. XLIII) e implícitamente por Lapesa (p. 166). Aparecen también, en la última tela bordada (vv. 193-264), las figuras de Elisa y Nemoroso, ya identificadas en la Égloga I como trasuntos poéticos de Isabel Freyre y el poeta mismo.

Las únicas octavas reales de Garcilaso son éstas de la Égloga III. Herrera (H-762) habla del origen en Boccaccio de esta estrofa, y de su perfeccionamiento en Poliziano y en Ariosto; para Navarro (1924, p. LVII) Garcilaso seguía el ejemplo de la Égloga *Tirsi* de Castiglione y César Gonzaga. Más importante es la influencia de varios textos de Virgilio y de Sannazaro. Dice Herrera (H-762) que "esta égloga, cuya primera parte se texe con el canto de solo el poeta, parece que imita la travazón i variedad de la nona de Virgilio". También menciona (H-778, H-842) el tercer libro del *De partu Virginis* de Sannazaro. Keniston (p. 259) subraya la importancia de la Prosa XII de la *Arcadia* de Sannazaro, creyendo que sugirió a Garcilaso el artificio de las ninfas. Lapesa (p. 167) añade a ésta la influencia del libro IV de las *Geórgicas,* diciendo que estos pasajes de Sannazaro y de Virgilio son "las mismas fuentes del soneto XI"; que el canto amebeo, en cambio, proviene de la Égloga VII de Virgilio y de las II y IX de la *Arcadia* de Sannazaro. Cirot (49.245-247) encuentra en esta Égloga III menos de Virgilio y más de Sannazaro; pero Lapesa (pp. 172-173) responde que "la *Arcadia,* empalagosamente dulce, no posee nada comparable a la riente soltura de que hace gala nuestro poeta, más próxima tal vez al estilo de Ariosto". Sólo Mele y A. Blecua subrayan debidamente la influencia directa, no sólo de la *Arcadia,* sino del *De partu Virginis,* de Sannazaro. Y por su estructura general esta égloga se parece algo al largo poema LXIV de Catulo, donde también hay primero una descripción de tapices y luego unas canciones (cfr. H-818). Ténganse también en cuenta las narraciones tejidas de Ovidio en *Metam.* IV.1-41 y 389-415.

Aunque hoy sea más popular la Égloga I de Garcilaso, en el Siglo de Oro la III no le iba en zaga. Varias veces en el *Quijote* (II, 8, 10 y 69-70) hay referencias que demuestran lo bien que la conocía Cervantes; y por su forma de fábula mitológica y pastoril, el *Polifemo* de Góngora recibió una profunda influencia de esta égloga, que, según Tamayo (T-147), "es la última de las obras de G. L. en orden, y no en diligencia, porque es la parte en que más se descubre su felicidad inafectada y felice". Cirot (49.252) comenta brevemente su dualismo estilístico. Keniston (pp. 254-261) y Lapesa (pp. 166-173) dedican páginas importantes al análisis de la Égloga III. Hay dos estudios sobre su versificación: el de T. Navarro (181), de 1951-2, y el de A. Mas (163), de 1962. Y hay interpretaciones especiales de Spitzer (230), de Rivers (204) y de Poullain (194).

Aquella voluntad honesta y pura,
illustre y hermosíssima María,
que'n mí de celebrar tu hermosura,
tu ingenio y tu valor estar solía,
a despecho y pesar de la ventura

(O, B, Mg, Mp)

---

2 Sobre la identificación de esta *María* con la virreina de Nápoles, doña María Osorio Pimentel, véanse nuestra nota introductoria y las razones de Keniston (pp. 255-258). J. M. Alda Tesán (6) ha comentado la fortuna de este verso, del que se hace eco en la poesía de Silvestre, de Barahona de Soto, de Góngora (quien repite el mismo verso en dos sonetos suyos) y de Lope.

que por otro camino me desvía,
está y estará tanto en mí clavada
quanto del cuerpo el alma acompañada.

Y aun no se me figura que me toca
aqueste officio solamente'n vida,
mas con la lengua muerta y fria en la boca
pienso mover la boz a ti devida;

7 estara en mi tanto clavada *O R*
tanto en mi clavada *MgB77*
10 solamente en un dia *Mg*
11 Que con *Mg*
fria la boca *Tn*

---

7 Para este verso A. Blecua (p. 172) no puede decidirse entre la lectura de *O* ("está y estará en mí tanto clavada") y la de *Mg* y *B* ("está y estará tanto en mí clavada"). Pero, siendo fuentes de igual autoridad, la coincidencia de *Mg* y *B* y la rareza del ritmo de *O* nos inclinan a rechazar esta lectura. Para Navarro (181.207) los acentos de este verso (2-5-6-7-10) constituyen un caso único en la Égloga III; sólo en el caso, también discutible, del verso 141 (2-4-5-6-7-10) tenemos otra combinación de acentos en las sílabas 5-6-7. La combinación de acentos en las sílabas 6 y 8 (más de cien casos en la Égloga III) es por supuesto mucho más frecuente que la de 6 y 7 (unos 16 casos).

8 Según Herrera (H-763), "muestra por esta descrición la firmeza de su voluntad hasta el fin de la vida, que es unión del' alma con el cuerpo: Virgilio, en el IV [.336] de la *Eneida,* 'dum memor ipse mei, dum spiritus hos reget artus', que lo trasladó el mesmo Lasso en la Égloga II [.161-162]".

9-16 Como señala Mele, en el *Quijote* (II, 69) se canta esta estrofa en la ocasión de la "muerte" de Altisidoro; luego, en el capítulo 70, don Quijote pregunta al músico: "... ¿qué tienen que ver las estancias de Garcilaso con la muerte desta señora?"

11-12 (B-203) *Mas con la lengua muerta y fría.* Imita a Virgilio, 4 Geórgicas [.525-526]:

...Eurydicen vox ipsa et frigida lingua,
Ah miseram Eurydicen! anima fugiente uocabat.

Quizá haya también influencia, como nos ha sugerido nuestro amigo Francisco Rico, de estos versos de Petrarca (*Trionfo d'amore,* IV.13-15):

vidi colui che sola Euridice ama,
e lei segue all'inferno, e, per lei morto,
con la lingua già fredda anco la chiama.

libre mi alma de su estrecha roca,
por el Estygio lago conduzida,
celebrando t'irá, y aquel sonido
hará parar las aguas del olvido.

Mas la fortuna, de mi mal no harta,
me aflige y d'un trabajo en otro lleva;
ya de la patria, ya del bien me aparta,
ya mi paciencia en mil maneras prueva,
y lo que siento más es que la carta
donde mi pluma en tu alabança mueva,
poniendo en su lugar cuydados vanos,
me quita y m'arrebata de las manos.

14 estrecho lago *T*
20 paciencia mil maneras *B77*
22 mi pluma tu alabanza *A*
23 cnydados *O*

Tamayo (T-148) critica el verso 11, diciendo que "parece demasía sin fructo dezir que la lengua está en la boca, pues ¿adónde avía de estar?" Lo enmienda omitiendo la preposición *en* ("mas con la lengua muerta, y fría la boca"); A. de Castro acepta esta enmienda, pero Navarro la rechaza.

13 Sobre *roca* dice Herrera (H-765) que es "perífrasis del cuerpo, a quien llama cárcel del'alma". (En italiano *ròcca* quiere decir "fortaleza, recinto fortificado, ciudadela".)

14-16 Normalmente se llamaba "la laguna Estigia", o "el Estige" (cfr. H-766); *las aguas del olvido,* en cambio, son las del río Lete (H-768).

Aunque el poeta se refiere a su propia voz, *aquel sonido,* como dice Herrera (H-767), "toca la fábula de la música de Orfeo", implícita en toda la estrofa.

18 (B-204) *Me afflige y de un trabajo en otro lleua.* Martial, libro 1 [xv. 7]:

Exspectant curae, catenatique labores.

Herrera (H-769), refiriéndose también al epigrama de Marcial, compara este verso con Ég. II.494: "y como d'un dolor otro s'empieça".

19-20 Herrera (H-770) llama la atención sobre la anáfora de *ya,* repetido tres veces en estos versos.

21 Según Tamayo (T-149), es latinismo el uso de *carta* (cfr. "charta") con el sentido de "papel"; pero, como dice Azara (A-127), también puede ser italianismo, y efectivamente Petrarca usa a menudo la palabra en su poesía.

24-25 Sigue siendo el sujeto *la fortuna* del verso 17.

Pero por más que'n mí su fuerça prueve,
no tornará mi coraçón mudable;
nunca dirán jamás que me remueve
fortuna d'un estudio tan loable;
Apollo y las hermanas todas nueve
me darán ocio y lengua con que hable
lo menos de lo que'n tu ser cupiere,
que'sto será lo más que yo pudiere.

En tanto, no te offenda ni te harte
tratar del campo y soledad que amaste,
ni desdeñes aquesta inculta parte
de mi estilo, que'n algo ya estimaste;
entre las armas del sangriento Marte,

27 I no diran jamas *T* se remueve *Mg*

---

28 Aquí la palabra *estudio* tiene el sentido de un empeño concreto.

30-32 Herrera (H-772) se refiere al mismo verso en Boscán (Ca. I.312-315; ed. Riquer p. 118):

> En fin, pues donde fuere,
> á d'ir tras mí la llama en que me quemo,
> hablaré ya lo menos que tuviere,
> questo será lo más que yo pudiere.

Para Herrera, tales versos tienen su fuente directa en Ariosto (*Orlando*, I.iii.8: "che quanto io posso dar, tutto vi dono"; véase nuestra nota al verso 51 de esta égloga) e indirecta en Tibulo (*Panegyricus Messallae*, 6-7: "... dictis ut non maiora supersint, / est nobis voluisse satis"). Tamayo (T-150) añade una frase de Petronio, que es la ponderación que hace Polyeno de la hermosura de Circe (hacia final del cap. CXXVI): "quicquid dixero minus erit". Se ha discutido la prioridad de Boscán o de Garcilaso (véase nota de Navarro); Lapesa (nota 99) cree que fue Garcilaso quien le tomó el verso a Boscán.

35-36 Tamayo (T-151) encuentra una humildad semejante en la dedicatoria de Catulo a Cornelio Nepote (I.3-4):

> Corneli, tibi: namque tu solebas
> meas esse aliquid putare nugas.

37 (B-205) *Entre las armas del.* Virgilio, 10 ecloga [.44-45]:

> [Nunc insanus amor] *duri me Martis in armis,*
> *Tela inter media, atque aduersos detinet hostes.*

do apenas ay quien su furor contraste,
hurté de tiempo aquesta breve suma,
tomando ora la espada, ora la pluma.

Aplica, pues, un rato los sentidos
al baxo son de mi çampoña ruda,
indigna de llegar a tus oýdos,
pues d'ornamento y gracia va desnuda;
mas a las vezes son mejor oýdos
el puro ingenio y lengua casi muda,
testigos limpios d'ánimo inocente,
que la curiosidad del eloqüente.

38 su favor *Mp*
39 del tiempo *O R*
de tiempo *MgBA*
48 Ques la curiosidad *Mg*

---

40 (B-206) *Tomando ora la espada, ora la pluma.* Ausonio en el primer epigrama [XIX *De diversis rebus,* xxvi "De Augusto", 7-8]:

> *...Et Geticum moderatur Apolline Martem,*
> *Arma inter.*

Y Marullo en el primer epigrama [del lib. I]:

> *Quaeque manus ferrum, posito fert ense libellos,*
> *Et placet, et Musis est sine dulce nihil.*

Mele descubre en poetas italianos dos ecos de este verso. Uno se encuentra en el soneto de Tansillo que empieza "Spirto gentil, che con la cetra al collo": "La spada al fianco ognor, la penna in mano". El otro se encuentra en la Elegía XIV de Paterno: "E però fia, senz' altro ufficio mio, / prendere ora la spada, ora la penna". Véase también el otro artículo de Mele (170.39 y 41).

41-42 Según Herrera (H-775), algunos decían que aquí Garcilaso se abatía, o bajaba de estilo poético; él lo niega, diciendo que "pide atención para el canto de los pastores, que es çampoña ruda, i no canto ilustre i noble como el passado", es decir, el de la Égloga II.

45-48 Bayo (29.133) afirma que estos versos están "estrechamente relacionados con los del *Epilogus* de Prudencio", pero es muy discutible tal afirmación. El *Epilogus* contiene tópicos tradicionales de la modestia, tales como se encuentran en muchos prólogos antiguos y modernos.

45 *a las vezes*: a veces (cfr. Ep. 19). El uso del artículo, raro hoy, se acepta en el *Dic. de Aut.*; cfr. "a las vezes lleva el hombre a su casa con que llore" (refrán citado por Covarrubias), "alle volte" (Sannazaro, *Arcadia,* Prosa VII).

48 *curiosidad*: artificio, sofisticación.

Por aquesta razón de ti escuchado,
aunque me falten otras, ser merezco;
lo que puedo te doy, y lo que é dado,
con recebillo tú, yo me 'nrriquezco.
De quatro nymphas que del Tajo amado
salieron juntas, a cantar me offrezco:
Phillódoce, Dinámene y Climene,
Nise, que en hermosura par no tiene.

50 faltan *B74*
54 Salierod *O*
55 Diamane *OK*
Diamene *B*
Dinamene *HAR*
Dinameno *T*
Diamene, Climene *Mg*

---

51 (B-207) *Lo que puedo te doy.* Ariosto, canto I [.iii.8]:

Che quanto io posso dar, tutto ui dono.

Este verso de Ariosto, citado por Herrera y Mele a propósito del verso 32 de esta misma égloga, se relaciona más estrechamente con este verso 51.

53 Mencionado de paso ya en el Son. XXIV.12, en la Ég. I.118, en la Ég. II.528 y 532, y en la Ode II.18, el río Tajo es mucho más importante en esta Égloga III, donde figura como elemento principal no sólo del escenario primario sino también de uno de los secundarios (la cuarta tela bordada, vv. 193-264). Herrera (H-776) nos da datos geográficos sobre el río Tajo, desde su nacimiento cerca de Albarracín (Aragón) o de Tragacete (Castilla) hasta su desembocadura en Lisboa, después de pasar "regando casi entorno la ciudad de Toledo".

55-56 Herrera es quien primero establece la lectura *Dinámene* ("Diamane" y "Diamene" en *O*, "Diamene" en *B y Mg*), citando como fuente Hesíodo, Homero, Apolodoro y Sannazaro (*De partu Virginis,* III); cree que el nombre etimológicamente significa "poderosa en el mar". Encuentra los demás nombres en las *Geórgicas* (IV.336-345) de Virgilio: *Phyllodoce* ("quien coge hojas"), *Clymene* ("riego") y *Nesaee* ("nadar, isla"). Para Cirot (49.248-249) es importante la influencia de Homero (*Ilíada,* XVIII.35-47), no sólo por ser, según él, la única fuente del nombre *Dinámene,* sino por el hecho de que en Homero también vemos a las ninfas saliendo del agua. Pero tanto Mele (170.231-237, *passim*) como A. Blecua (pp. 158-176, *passim*) subrayan la importancia de las poesías latinas de Sannazaro, sobre todo del *De partu Virginis,* en la elaboración de toda esta égloga. Vemos en efecto que en las *Eclogae piscatoriae* aparecen *Nisa* (III.51) y *Dinamene* (IV.7); y en la escena del río Jordán, del *De partu Virginis,* vuelve a aparecer *Dinamene* (III.288). Así que todos los nombres de las cuatro ninfas se pueden explicar a base de Virgilio y Sannazaro, sin necesidad de

Cerca del Tajo, en soledad amena,
de verdes sauzes ay una espessura
toda de yedra revestida y llena,

58 salzes *Mg*

---

remontar a fuentes homéricas. Sólo es algo anómala la forma del nombre *Nise*, que en Virgilio es *Nesaee* y en Sannazaro *Nisa*: quizá sea una combinación de estas dos formas. Tanto Bayo (29.139-142) como Valbuena Prat (235.492-493) creen que *Nise* ha de relacionarse con *Inés de Castro*, la ya famosa portuguesa quien fue literalmente *degollada* (cfr. Ég. III.230); citan las trovas de García de Resende (1516) y la *Nise lastimosa* (1577) de J. Bermúdez.

Parecida es la escena de ninfas que se encuentra en el *Leandro* de Boscán (vv. 1175 ss.; ed. Riquer, pp. 275 ss.), donde encontramos los nombres de *Phylodoce* (v. 1182), *Nisea* (v. 1186) y *Climine* (v. 1198).

Tanto Navarro (1924) como Mele aceptan la identificación que hace Keniston (pp. 254 ss.) de las cuatro ninfas con las cuatro hijas de los virreyes.

Lapesa (p. 172) comenta "el sesgo juguetón con que el segundo verso [del pareado] recoge la consonancia exigida en el primero" al final de las octavas (vv. 55-56, 119-120, 127-128, 207-208).

57-80 Herrera (H-781) no sabe si es "topografía o topotesia: si es topografía, es verdadera descrición de lugar, i si topotesia, fingida". En todo caso se trata del conocido tópico literario que se llama el "locus amoenus". En este caso Mele lo quisiera relacionar con una descripción semejante de Ariosto (*Orlando*, XIV.xcii-xciii) donde se encuentra la misma pareja inicial de rimas (*amena* con *piena* o *llena*):

Giace in Arabia una valletta amena,
lontana da cittadi e da villaggi,
ch'all'ombra di duo monti è tutta piena
d'antiqui abeti e di robusti faggi.
Il sole indarno il chiaro dí vi mena;
che non vi può mai penetrar coi raggi,
sí gli è la via da folti rami tronca:
e quivi entra sotterra una spelonca.
Sotto la negra selva una capace
e spazïosa grotta entra nel sasso,
di cui la fronte l'edera seguace
tutta aggirando va con storto passo...

Si Garcilaso en efecto ha tenido presente este pasaje italiano, sin duda también tenía presentes otros muchos lugares clásicos.

Para el sentido estético de esta descripción, véase el fino análisis estilístico que hizo Dámaso Alonso en su *Poesía española* (1950).

59 La palabra *revestida* lleva aquí implícita una metáfora arquitectónica (cfr. "revestimiento"); no es así en el otro pasaje donde se encuentra la palabra (Ég. II.990).

que por el tronco va hasta el altura
y assí la texe arriba y encadena
que'l sol no halla passo a la verdura;
el agua baña el prado con sonido,
alegrando la yerva y el oýdo.

Con tanta mansedumbre el cristalino
Tajo en aquella parte caminava

60 ellaltura *Mg* 65 masedumbre *O*
64 Alegrando la vista i el *H*

61-63 (B-208) *Quel Sol no halla passo a la uerdura.* Ariosto, canto 1 [.xxxvii.7-8]:

E la foglia coi rami in modo è mista
Ch'il sol non u'entra, non che minor uista.

Quinto Curcio, libro 4 [vii. 16], hablando del oráculo de Amón:

Ita undique ambientibus ramis, uix in densam umbram cadente Sole, contecta est (B77-89)

Tamayo (T-153) cita a Eustathio (principio del libro I de *Ismene y Ismenia,* parafraseado por G. Gualmino): "Tantum autem solis radios admittunt quantum leniter flans Zephyrus contextas frondes concutiendo dimovet". Mele añade otros lugares clásicos: "lentae texunt umbracula vites" (Virgilio, Ecl. IX.42), "spissa ramis laurea fervidos / excludet ictus" (Horacio, *Odas,* II.xv.9-10), "quella, tessendo vaghe e liete ombrelle, / pur con pampinee fronde Apollo scaccia" (Policiano, *Giostra,* I.84). Cfr. los versos ariostescos ya citados (en la nota a los versos 57-80: *Orlando,* XIV.xciii.3-4) y también otros del propio Garcilaso (Ég. I.243-244).

64 A. Blecua (pp. 159-164) se inclina a aceptar la enmienda que hizo Herrera (sustitución de *yerva* por *vista*). Sus elocuentes argumentos se basan en "lo extraordinario de... la relación copulativa que se establece entre dos conceptos pertenecientes a categorías distintas: *la yerba* y *el oýdo*". Para Blecua el sistema estético renacentista excluía la posibilidad de este "verso desconcertante, inarmónico y profundamente original" (p. 163). Para nosotros, sin embargo, es muy original ya la metáfora sinestética del verso anterior; y hay una correlación rigurosa entre los versos 63 y 64 (*prado-yerva, sonido-oído*). Además, si nos choca el verso 64, tenemos que reconocer que toda la Égloga III significa un gran paso hacia la estética barroca del *Polifemo* gongorino.

65-68 (B-209) *Con tanta mansedumbre.* Galanamente parece que traslada las palabras de Caesar, libro 1 de bello Gallico, hablando del río Arar: *In Rhodanum influit incredibili lenitate, ita ut oculis, in*

que pudieran los ojos el camino
determinar apenas que llevava.
Peynando sus cabellos d'oro fino,
una nympha del agua do morava
la cabeça sacó, y el prado ameno
vido de flores y de sombras lleno.

67 pudieron *O R*
Que pudieran *MgBHTA*
69 su cabello *Mg*
72 de sombra lleno *MgBHTA*

---

utram partem fluat, iudicari non possit. También dixo Pomponio Mela del río Araxes [*Chorographia,* III.40]: *Labitur placidus, et silens, neque in utram partem fluat, quanquam intuearis, manifestum.*

Herrera (H-782) añade que Silio (IV.85) dice lo mismo del río Tesín, "que parece que no corre: *vix labi credas*..." Mele encuentra pasajes semejantes en Ovidio (*Metam.* V.589: "...quas tu vix ire putares") y en Ariosto (*Orlando,* XIV.lxiv.4: "e se vada o se stia mal si presume"); también señala la influencia (ya notada por Rodríguez Marín, *Barahona de Soto,* p. 302) que tuvo este pasaje de Garcilaso en la poesía de don Diego Hurtado de Mendoza (*Fábula de Adonis,* ed. Knapp, p. 243) y de Barahona de Soto (*Fábula de Acteón,* ed. Rodríguez Marín, p. 463). En 1960 Hernández Vista (118) vuelve a tratar la cuestión de la fuente inmediata de Garcilaso; por medio de un detenido análisis estilístico determina que no fue el pasaje ovidiano sugerido por Mele sino el cesariano citado por el Brocense y por Herrera.

67 Tanto Macrí como A. Blecua (p. 168) aceptan la enmienda de *pudieron* (*O*) que se encuentra en el Brocense y *Mg*: hay que leer *pudieran,* subjuntivo encontrado también en la fuente cesariana (*possit*). Cfr. enmienda de Ég. I.375.

70-72 En la página 486 de su gran edición de los *Bucolica et Georgica* (Lugduni, 1619) de Virgilio, el P. Juan Luis de la Cerda señala una fuente de estos versos (*Geórgicas,* IV.350-351):

...sed ante alias Arethusa sorores
prospiciens summa flavum caput extulit unda.

A ésta añadió otra Mele (Sannazaro, *De partu Virginis,* III.323-325):

...dum sublevat undis
muscosum caput et taurino cornua vultu:
adspicit insuetas late florescere ripas.

Parece que aquí, como en otras partes, Garcilaso ha sabido fundir perfectamente las dos fuentes.

Movióla el sitio umbroso, el manso viento,
el suave olor d'aquel florido suelo;
las aves en el fresco apartamiento
vio descansar del trabajoso buelo;
secava entonces el terreno aliento
el sol, subido en la mitad del cielo;
en el silencio solo se 'scuchava
un susurro de abejas que sonava.

Aviendo contemplado una gran pieça
atentamente aquel lugar sombrío,

74 d'aquell *O*
81 Auiendo ya *OK*
Ya aviendo *R*
Aviendo contemplado MgBHTA
82 Atentamiente *O*
lugar umbrio *Mg*

73-80 "Hermosa i bien repartida estança, i llena de proprios i bellos epítetos" (H-783).

77-78 (B-210) *El Sol subido en la mitad del cielo.* Theócrito, I Edilio:

Et medium iam Sol conscenderat axem.

Y Virgilio, 4 libro, Geórgicas [.426-427]:

...Et medium Sol igneus orbem
Hauserat...

Herrera (H-784), notando la "cronografía o descrición del tiempo", cita otros versos virgilianos (*Geórgicas,* IV.401-402):
...medios cum sol accenderit aestus,
cum sitiunt herbae [et pecori iam gratior umbra est]...

También añade un verso de Boiardo (libro I, canto XVII.lxi.5):
Era salito a mezzo il cielo il sole.

79-80 La fuente de tan amena y aliterativo susurro de abejas son estos versos virgilianos (Ecl. I. 53-55):

...saepes
Hyblaeis apibus florem depasta salicti
saepe levi somnum suadebit inire susurro.

81 A. Blecua (p. 168), para este verso hipermétrico en *O,* con mucha razón prefiere la lectura unánime de los buenos textos antiguos; suprímase, pues, la enmienda de Rivers.

81 *una gran pieça*: un buen rato (cfr. Égl. II. 257 y 492).

82 A. Blecua (pp. 170-172) se inclina a preferir la variante única de *Mg*

somorgujó de nuevo su cabeça
y al fondo se dexó calar del río;
a sus hermanas a contar empieça
del verde sitio el agradable frío,
y que vayan, les ruega y amonesta,
allí con su lavor a estar la siesta.

No perdió en esto mucho tiempo el ruego,
que las tres d'ellas su lavor tomaron
y en mirando defuera vieron luego
el prado, hazia el qual endereçaron;
el agua clara con lascivo juego

83 somergujo *B77T*
la cabeça *K*
87 les ruegue *Mg*
las ruega *A*
91 Y en saliendo a fuera *B77*
mirando fuera *K*
92 Al prado *B74*

(*umbrío* por *sombrío*), afirmando que "puede considerarse *difficilior* y que concuerda mejor con la evolución latino-italianizante de Garcilaso". Pero reconoce que *umbrío* no se documenta en Garcilaso, mientras *sombrío* se encuentra dos veces (Son. XV.3 y Ég. I.404), y *umbroso* siete veces (Ele. I.56 y 146, Égl. I.99, Ég. II.186, 417 y 590, Égl. III.73). Conservemos, pues, la lectura de *O*.

83-84 Estos dos versos, analizados ya por Dámaso Alonso en *Poesía española,* fueron sometidos por Francisco García Lorca (97) a un análisis todavía más detallado, análisis criticado luego por P. Groult (113).

83 *somorgujó*: "verbo con pequeña corrución traído entero de sumergo latino, que significa meter debaxo l'agua, o çabullir" (H-785). Navarro da como étimon **submergulio* y como forma variante *somormujar* (chapuzar); en 1924 cita el comentario de Lope (*La Dorotea,* ed. A. Castro, p. 162), que el verbo, "aunque es significativo, es áspero".

84 (B-211) *Y al fondo se dexó calar del río.* Virgilio, libro 12 [.886], Eneida:

Et se fluuio Dea condidit alto.

Herrera (H-786) repite la cita virgiliana "aunque más parece de Pontano en los *Meteoros*: *desilit illa petens imum*". Navarro explica que *calar* significa "bajar, descender"; cita a Cervantes (*Don Quijote,* II.22), "le dejaron calar al fondo de la caverna espantosa".

93-95 El Brocense (en su nota B-219, a propósito de Ég. III.203-204) dice que el verso 94 había sido criticado por ripioso, pero que se debe añadir puntuación después de *dividieron* para indicar que *cortaron* se une

nadando dividieron y cortaron
hasta que'l blanco pie tocó mojado,
saliendo del arena, el verde prado.

Poniendo ya en lo enxuto las pisadas,
escurriendo del agua sus cabellos,
los quales esparziendo cubijadas
las hermosas espaldas fueron dellos,
luego sacando telas delicadas
que'n delgadeza competían con ellos,
en lo más escondido se metieron
y a su lavor atentas se pusieron.

94 Mandando dividieron *Mg*
96 al verde *B*
Sacaron del arena al verde prado *Mp*
98 Y escorriendo *Mg*
Escurrieron *B77TA*
100 dellas *K*
103 ascondido *Mg*

---

sintácticamente a la cláusula siguiente. Contestando a la misma crítica, Herrera (H-787) dice que la combinación de dos verbos casi sinónimos, *dividieron y cortaron,* es "expolición, i no suplemento de verso".

97-104 Herrera (H-788) critica a Garcilaso por haber sacado a las Náyades del río y haberlas puesto a labrar en tierra; le acusa de haber cometido la falta que describe Horacio (*Ars poetica,* 29-30: "qui variare cupit rem prodigialiter unam / delphinum silvis appingit, fluctibus aprum..."). Prete Jacopín (observación 30) naturalmente defiende a Garcilaso; Herrera contesta que no es nuevo sacar a las Náyades a coger flores, pero que sí lo es a labrar telas y a encontrar más fresco el bosque que las grutas submarinas. Tamayo (T-151) defiende a Garcilaso diciendo que los grandes poetas sacaban a tierra a Neptuno, a Tetis, a Galatea.

98 La enmienda tardía *(B77)* que hace el Brocense no es necesaria; *H* mantiene la lectura de *O,* apoyada por *Mg.*

Herrera (H-789) dice que *escurriendo* es "verbo indino de la hermosura de los cabellos de las Náyades, porque los de las Neréides... son verdes...". Prete Jacopín (observación 31) critica la falta de lógica en la anotación de Herrera; éste contesta que en las Náyades los cabellos verdes son una belleza natural y por ende lógica, y que los cultismos son preferibles a los vulgarismos.

99 *cubijadas*: cobijadas, cubiertas.

102 Según Navarro (1911), las desinencias de *delgadeza,* de *domestiqueza* (Ég. II.128) y de *selvatiquez* (S. XXXVIII.6) son de procedencia italiana.

Las telas eran hechas y texidas
del oro que'l felice Tajo embía,
apurado después de bien cernidas
las menudas arenas do se cría,
y de las verdes ovas, reduzidas

105-112 —En *Mg* esta estrofa sigue al verso 120—

109 verdes hojas *O R* • verdes ovas *Mg*

105-120 Estas dos estrofas sirven de introducción a la serie de cuadros bordados; otra estrofa (vv. 265-272) le sirve de epílogo. En las tres estrofas se comentan tanto los materiales como la técnica artística de los cuadros. Tal descripción poética, o ἔκφρασις, de obra pictórica, sea real o imaginada, pertenece a una larga tradición literaria que empezó con la descripción del escudo de Aquiles, en la que el poeta comenta el efecto realista del claroscuro (*Ilíada,* XVII.548-549). Entre los antecedentes clásicos más cercanos a las telas bordadas garcilasianas es el concurso de tejedoras (Palas y Aracne) en Ovidio, quien también comenta los matices (*Metam.* VI.53-69), y el manto de oro y púrpura descrito por Virgilio (*Eneida,* V.250-257). Véanse los estudios de Spitzer (230) y de Rivers (204). Una fuente inmediata de estas dos estrofas fue señalada ya por el Brocense:

> (B-212) *Las telas eran hechas y texidas.* Esta estancia con la siguiente son tomadas elegantemente destas palabras de Sanazaro, prosa 12: *Et quiui di nero sopra uerdi tapeti trouammo alcune Nynfe sorelle di lei, che con bianchi et sottilissimi cribri cerneuano oro separato dalle minute arene. Altre filando il riduceuano in mollissimo stame, et quello con sete di diuersi colori intesseuano in una tela di marauiglioso artificio.*

(Herrera [H-790] encuentra otra imitación del pasaje sannazariano en G. Bosso [*Genealogía de la casa de Austria,* canto V].) Pero también hay que tener en cuenta siempre otra fuente sannazariana, que es el ya referido pasaje del *De partu Virginis,* III (episodio del río Jordán), cuya importancia ha sido subrayada sólo por Mele y por A. Blecua (cfr. nuestra nota al verso 109).

105-108 Con referencia al legendario oro del Tajo, lugar común ya de la literatura latina, Tamayo (T-154) cita a varios autores clásicos: a Plinio ("Tagum ob auriferas arenas ceteris amnibus praetulerunt" [cfr. *Hist. nat.* IV. 115]), Catulo, Ovidio, Juvenal, Séneca, Marcial y otros.

109 Con solidísimos argumentos A. Blecua (pp. 164-167) demuestra que la lectura de *Mg (ovas)* debe sustituir a la tradicional de *O B H* y demás (*hojas*): además de ser aquélla la *lectio difficilior,* las *virides ulvae* virgilianas (Ecl. VIII. 87) serían más adecuadas para hilar y tejer (cfr. Ég. II.1592-1593: "un vestido de las *ovas* tejido") y más propias del mundo acuático de las ninfas. La prueba definitiva que

en estambre sotil qual convenía
para seguir el delicado estilo
del oro, ya tirado en rico hilo.

La delicada estambre era distinta
de las colores que antes le avian dado
con la fineza de la varia tinta
que se halla en las conchas del pescado;
tanto artefício muestra en lo que pinta
y texe cada nympha en su labrado
quanto mostraron en sus tablas antes
el celebrado Apelles y Timantes.

114 de los colores *Mg* 119 mostravan *Mg*

---

aduce A. Blecua es la fuente sannazariana, que en este caso no es la Prosa XII de la *Arcadia* (cuya seda podría provenir de hojas), sino el *De partu Virginis* (III.495-496):

> Naïades, molli ducentes stamina *musco*
> Sidonioque rudes saturantes murice telas.

110 Aunque para Cirot (49.242) *estambre* significaba "urdimbre", Navarro (1924) dice que "parece preferible la acepción más corriente de 'hebra', 'hilo' empleada por el mismo Garcilaso en 'cortado ya el estambre de la vida', Égl. II. 1243...".

113-114 Es evidente que aquí la palabra *distinta* no significa *diferente,* sino que tiene uno de los sentidos del participio latino *distincta*: adornada (cfr. "pocula gemmis distincta", Cicerón). Véase también Ep. 6. Así es que las *verdes ovas* del verso 109 fueron teñidas antes de ser hiladas *(reducidas en estambre sotil).*

115-116 Herrera (H-791) explica largamente la historia de la púrpura, tinte que se extraía del molusco múrice. La fuente directa es la señalada por Mele y A. Blecua (Sannazaro, *De partu Virginis,* II. 496): "Sidonioque rudes saturantes murice telas". Pero también hay que tener en cuenta el pasaje ovidiano (*Metam.* VI. 61-69), donde no sólo se mencionan hilos de púrpura tiria y de oro, sino que también se pondera la delicadeza de los matices.

120 (B-213) *El celebrado Apeles y Timantes.* Fueron grandes pintores Griegos, y este verso es de Ariosto.

Pero, según Mele, no se encuentra en Ariosto tal verso, aunque los dos pintores se mencionan, entre otros, al principio del Canto XXXIII (i.2-3). Herrera dedica sendas notas históricas (H-792 y H-793) a los dos pintores griegos, señalando el ingenio mostrado por Timantes en su cuadro del sacrificio de Ifigenía, ingenio ponderado ya por Quin-

Phillódoce, que assí d'aquéllas era
llamada la mayor, con diestra mano
tenía figurada la ribera
de Estrimón, de una parte el verde llano
y d'otra el monte d'aspereza fiera,
pisado tarde o nunca de pie humano,
donde el amor movió con tanta gracia
la dolorosa lengua del de Tracia.

Estava figurada la hermosa
Eurídice, en el blanco pie mordida

123 Tenia ya figurada *Mg*
127 Donde amor *Mg*
129 figurada alli la *OK*
figurada la *MgB77HTAR*

---

tiliano (II.xiv), Cicerón y Plinio (XXXV.x). En la écfrasis de la Prosa III de su *Arcadia,* Sannazaro hace que su pintor imite el ingenio de Timantes: "diffidandosi di fare Venere si bella, come bisognava, la dipinse vòlta di spalle, scusando il difetto con la astuzia".

Lapesa (p. 172) comenta el "sesgo juguetón" de la rima *antes - Timantes* (cfr. nuestra nota a los versos 55-56).

121-123 Herrera (H-794) cita aquí una serie de pinturas poéticas: las puertas de bronce en las que se veía la caída de Troya (*Eneida,* I.453-493), las puertas de Dédalo (*Eneida,* VI.14-33), el concurso ovidiano de Palas y "Araña", la égloga *Davalo* de G. Vida, el último canto del *Orlando.* Mele cita también la *Fávola d'Orfeo* de Policiano.

123-144 (B-214) *Tenía figurada la ribera de Strimón.* En estas tres Estancias pinta la fábula de Orpheo, la qual por ser vulgar la dexo; quien quisiere verla largamente, con la causa de la muerte de Eurýdice, vea Virgilio en el quarto de sus Geórgicas.

Herrera (H-795, H-796, H-797) explica los detalles geográficos: que el Estrimón es el río más grande de Tracia, patria de Orfeo; que el monte del verso 125 se llama Ródope; que Tracia "oi se llama la Romania".

129-136 (B-215) *Eurýdice en el blanco pie.* Sanazaro, [*Arcadia*] *prosa 12: Eurydice, si come nel bianco piede punta dal uelenoso Aspide fu costretta di eshalare la bella anima: e come poi per ricourarla discese al inferno, et ricourata la perdè la seconda uolta lo smemorato marito.*

Petrarcha, canción [CCCXXIII] *Standomi:*

Punta poi nel tallon da un picciol angue
come fior colto langue.

de la pequeña sierpe ponçoñosa,
entre la yerva y flores escondida;
descolorida estava como rosa
que ha sido fuera de sazón cogida,
y el ánima, los ojos ya bolviendo,
de la hermosa carne despidiendo.

136 De la su hermosa *OK* de su hermosa *HR*
De la hermosa *MgMpBTA*

Todos estos autores dizen que era pequeña la fiera que mordió a Eurýdice, porque dizen que era Aspis, y el Aspis es como bíuora, y aun algunos dizen que es todo uno. Virgilio dize que era una gran culebra de agua que guardaua la ribera —4 Geórgicas—, si ya no dixéssemos que *immanis* no dize grande sino cruel, ponçoñosa [.458-459]:

Immanem ante pedes hydrum moritura puella
Seruantem ripas alta non uidit in herba.

Según Mele, el "colto fiore" de Petrarca reaparece en Policiano (*Orfeo,* II.166-167) y en M. Molza (*Ninfa Tiberina,* 80.1-5); en Garcilaso es el lirio cortado por el arado (Ég. II.1258-1259). Pero aquí la fuente exacta es la ariostesca, también citada por Mele (*Orlando,* XXIV, lxxx.4-6):

...languidetta come rosa,
rosa non colta in sua stagione, sí che'lla
impallidisca in su la siepe ombrosa...

136 Hay que sospechar que para la primera edición este verso fue mal enmendado por la misma persona que rechazaba la *h* aspirada del verso 129; pero si en Boscán no son raras las haches (de *f-* latina) no aspiradas, en Garcilaso sólo se encuentran aquí. Así es que, a pesar de Keniston, hay que restaurar los dos versos de acuerdo con *Mg* y el Brocense. En el verso 129 fue evidente a todos que había de omitir *allí.* En este verso 136 sólo discrepa Herrera "por la única razón de no seguir a *B*" (A. Blecua, p. 169). Aunque el arcaísmo sintáctico de *la su hermosa carne* se corrige lo mismo omitiendo el artículo que el pronombre, la tradición unánime de *Mg, Mp, F, G, B, T* y *A* se puede apoyar con otros versos garcilasianos señalados por A. Blecua (p. 169, n. 10), que son Ég. II.561-562:

que *el alma* abandonava ya *la humana*
carne...

Figurado se vía estensamente
el osado marido, que baxava
al triste reyno de la escura gente
y la muger perdida recobrava;
y cómo, después desto, él, impaciente
por mirarla de nuevo, la tornava
a perder otra vez, y del tyrano
se quexa al monte solitario en vano.

Dinámene no menos artificio
mostrava en la lavor que avia texido,
pintando a Apollo en el robusto officio
de la silvestre caça embevecido.
Mudar presto le haze el exercicio

137 veia *B*
139 reyno y a la escura gente *Mg*
141 desto muy paciente *Mg*
145 Diamene *OK*
Dinamene *HTAR*
no con menos *Mg*
147 pintado *MgT*
149 Mudar luego le haze *H*

---

138 Herrera (H-799) explica que *osado marido* es perífrasis de Orfeo; luego cita fábulas y largos textos literarios.

139-140 A propósito de estos versos Herrera (H-800) cita el famoso de Dante (*Inferno,* III.3): "per me si va tra la perduta gente". Pero lo notable es la adjetivación recíprocamente metonímica del verso 139: partiendo de *oscuro reino* y *triste gente,* el poeta ha hecho una fusión genial del infierno y sus habitantes.

143 El *tirano* de este verso (cfr. Virgilio, *Geórgicas,* IV.492-493: "...immitis rupta tyranni / foedera...") es por supuesto el rey del infierno.

147-148 (B-216) *Pintando a Apollo en el robusto officio.* La fábula de Apollo y Daphne largamente cuenta Ouidio en el primero del Metamorfosis, donde están sacadas estas estancias.

Añade Mele que en la tela de Dinámene se representan precisamente los tres momentos de la fábula de Dafne tal como se narra en Ovidio (*Metam.* I.452-567): la venganza de Cupido, la huida de Dafne, y su transformación en laurel. Cirot (49.243) señala una referencia a esta fábula, la cual se encuentra en Sannazaro, *Arcadia,* Égloga II.101-116; puesto que estas dos estrofas influyen directamente en el canto amebeo de Tirreno y Alcino (Garcilaso, Ég. III.305-320), Cirot cree que aquí también hay una influencia de Sannazaro que le llevaba a Ovidio. Mele añade un pasaje (Poema XXIII.41-49) en el que Petrarca compara su enamoramiento con una transformación en laurel.

la vengativa mano de Cupido,
que hizo a Apollo consumirse en lloro
después que le enclavó con punta d'oro.

Daphne, con el cabello suelto al viento,
sin perdonar al blanco pie corría
por áspero camino tan sin tiento
que Apollo en la pintura parecía
que, porque'lla templasse el movimiento,
con menos ligereza la seguía;
él va siguiendo, y ella huye como
quien siente al pecho el odïoso plomo.

Mas a la fin los braços le crecían
y en sendos ramos bueltos se mostravan;
y los cabellos, que vencer solían
al oro fino, en hojas se tornavan;
en torcidas raýzes s'estendían
los blancos pies y en tierra se hincavan;
llora el amante y busca el ser primero,
besando y abraçando aquel madero.

Climene, llena de destreza y maña,
el oro y las colores matizando,
yva de hayas una gran montaña,
de robles y de peñas varïando;

151 consumir en lloro *Mp*
153 el cuchillo suelto *Mg*
157 Que por ella *Mg*
160 en el pecho *Mp*
161 Mas al fin *Mg*
164 El oro *Mg*
169 lleña *O*
170 los colores *Mg*

152, 160 Explica Ovidio (*Metam.* I.468-473) que Cupido usa aquí dos clases diferentes de flecha: la que inspira amor tiene punta de oro, y la que hace huir la tiene de plomo. Según Herrera (H-803), el plomo es frío y el oro templado. Cfr. Garcilaso, Ode I.6-7.

161-168 Esta octava está estrechamente relacionada con el Soneto XIII, también basado en la descripción ovidiana (*Metam.* I.548-552) de la ninfa Dafne que se va transformando en árbol.

un puerco entre ellas, de braveza estraña,
estava los colmillos aguzando
contra un moço no menos animoso,
con su venablo en mano, que hermoso.

Tras esto, el puerco allí se via herido
d'aquel mancebo, por su mal valiente,
y el moço en tierra estava ya tendido,
abierto el pecho del ravioso diente,
con el cabello d'oro desparzido
barriendo el suelo miserablemente;
las rosas blancas por allí sembradas
tornavan con su sangre coloradas.

176 enla mano *OK*
Con un venablo en mano *Mg*
Con su venablo en mano *BHTAR*
177 se veya *OK*
se via herido *MgBHTAR*
184 Tornava *MgBHTA*

173-192 (B-217.1) *Un puerco entre ellas de braueza estraña.* Venus tenía por su amado a Adonis, al qual, andando a caça, mató un puerco jaualí; y quieren dezir que aquel puerco no era sino el dios Marte, conuertido en aquella fiera por los zelos que tenía. La fábula cuenta largamente Ouidio, libro 10 [.708-739], Metamorfosis, y acaba el libro con ella. ⌈Vide fol. 101. (B89)⌋

En el folio 101 se encuentra la nota 59 del Brocense, la cual se refiere a otra mención de Venus y Adonis que se halla en la Elegía I.223-225.
Herrera (H-804) añade más detalles de la fábula, citando a Fausto Sabeo (*Epigramas,* lib. I: "Siccabat Veneris lacrymas plorantis Adonim...").

175 *contra*: para atacar.

183-184 A propósito de las rosas, Herrera (H-805) cita otra vez a Sabeo, y a Aftonio y a Bion, cuyo Idilio I (atribuido a Teócrito como Idilio XXIII) contiene detalles interesantes. En este caso el Brocense sigue a Herrera:

(B-217.2) ⌈*Las rosas blancas por allí sembradas, etc.* Cuenta Aphitonio [Aphthonio] Sophista en sus *Progymn*[*asmata*] que en acabándose de partir la diosa Venus de la conuersación de su Adonis, que se quexaua de las heridas que le auía dado un puerco jaualí, ella, muy alborotada, corrió para donde staua Adonis; y por no rodear, entróse por medio de unos rosales y lastimóse en ellos; y de la sangre que se vertió quedaron de aý en adelante las rosas coloradas, que antes todas eran blancas. Vide annotación 59. (B89<H)⌋

La anotación 59, como hemos dicho, se refiere a la Elegía I.223-225.

Adonis éste se mostrava que'ra,
según se muestra Venus dolorida,
que viendo la herida abierta y fiera,
sobre'l estava casi amortecida;
boca con boca coge la postrera
parte del ayre que solia dar vida
al cuerpo por quien ella en este suelo
aborrecido tuvo al alto cielo.

185 Adonis se mostrava este que era *Mg*
188 casi mortecida *Mg* Estava sobre'l casi amortecida *H* quasi *K*
192 el alto cielo *Mg*

189-190 (B-218) *Boca con boca.* Ariosto, canto 24, estancia 82 [.5-8]:

> Cosí dicendo, le reliquie estreme
> de lo spirto vital che morte fura
> va ricogliendo con le labra meste
> fin ch'una minima aura ve ne reste.

También vemos la influencia de algunos versos anteriores, citados ya a propósito de Ég. III.129-136, que son estos de la estrofa lxxx.1-4:

> A questo la mestissima Issabella,
> declinando la faccia lacrimosa,
> e congiungendo la sua boca a quella
> di Zerbin, languidetta come rosa...

Quizá esté relacionado además un verso del romance "Ferido está don Tristán", publicado en el *Cancionero de romances* (Amberes, sin año, 1548), f. 192, vv. 9-10: "Júntanse boca con boca / cuanto una misa rezada".

Herrera (H-806) oye en el verso 189 "complosiones torpes"; Tamayo (T-155) dice que "melindre es llamar complosiones torpes estos afectos cuidadosos", pues es imitación de Virgilio y docta alusión a la costumbre antigua "de recibir con la boca los parientes y amigos el último aliento de los que se morían". Tamayo y Mele citan varios lugares clásicos (Virgilio, *Eneida,* IV.684-685; Ovidio, *Ars amatoria,* III.745-746; etc.); las fuentes principales son las ya citadas estrofas de Ariosto y, menos inmediata, el Idilio I de Bion.

La blanca Nise no tomó a destajo
de los passados casos la memoria,
y en la lavor de su sotil trabajo
no quiso entretexer antigua istoria;
antes, mostrando de su claro Tajo
en su labor la celebrada gloria,
la figuró en la parte donde'l baña
la más felice tierra de la España.

Pintado el caudaloso rio se vía
que en áspera estrecheza reduzido,
un monte casi alrededor ceñía,
con ímpetu corriendo y con rüido;

199 Le figuro *Mg*
Lo figurò *HTA*
donde baña *MgA*
201 se veya *OK*
se via *MgMpBHTAR*
202 aspera estrechura *MpB*
203 alrededor tenia *OK*
en derredor ceñia *Mg*
al rededor ceñia *B74TAR*
al derredor ceñia *B77*
204 y con miedo *O*
corriendo ya ceñido *Mp*
y con ruydo *MgBHTAKR*

---

193 Según Herrera (H-807), la palabra *destajo* "parece indino de Garcilasso"; en su respuesta a la observación 31 de Prete Jacopín, Herrera declara preferir cultismos a tales vulgarismos. Sin duda en la España de Garcilaso se solía hacer a destajo el trabajo de tejer, y era humorístico enfocar de esa manera la obra de la ninfa; cfr. el humorismo con el cual dice Lazarillo, del arca del clérigo de Maqueda, que "parescíamos tener a destajo la tela de Penélope, pues quanto él texía de día, rompía yo de noche".

197-216 El toledano Tamayo (T-156) se entusiasma por esta descripción de Toledo: "...tanta grandeza y suavidad de palabras que dudo haya cosa mejor tratada en todas sus obras..." Tamayo cita también otros versos toledanos de la *Isabela* de Góngora:

Esta montaña que precipitante
ha tantos años que se viene abajo...

En el mismo año 1950 E. Moreno Báez (179) y Dámaso Alonso (10) comparaban los versos de Garcilaso con los de Góngora.

203-204 (B-219) *Un monte casi alrededor tenía, con ímpetu corriendo y con miedo.* Ansí hallé estos dos versos en todas las impressiones, y me espanto, no de que aya yerros en los libros, sino siendo un libro tan nueuo y tener tantos descuydos de impressión, que aun-

querer cercarlo todo parecía
en su bolver, mas era afán perdido;
dexávase correr en fin derecho,
contento de lo mucho que avia hecho.

Estava puesta en la sublime cumbre
del monte, y desd' allí por él sembrada,
aquella illustre y clara pesadumbre
d'antiguos edificios adornada.
D'allí con agradable mansedumbre
el Tajo va siguiendo su jornada
y regando los campos y arboledas
con artificio de las altas ruedas.

205 cercarle *MgB74A*
cercarlo *B77T*
cercallo *H*
213 E alli *Mg*

---

que yo en estas annotaciones no hago mención sino de pocas emiendas, puedo jurar que emendé más de duzientas, no contando distinctiones y apuntaciones y interrogaciones, cosas que no suelen estoruar poco al sentido, como en la dozena estancia [vv. 93-95] desta ecloga burlaua un poeta de aquel verso: *Nadando diuidieron y cortaron,* porque parece que ay allí ripia para henchir el verso y sobre el *cortaron.* Digo que, de no entender el punto, se erraua él, porque se ha de leer: *El agua clara con lasciuo juego nadando diuidieron: y cortaron, hasta que el blanco pie, etc.* Pues digo que me pareció que auía de leerse aquel lugar assí:

Un monte casi alrededor ceñía
Con ímpetu corriendo y con rüido.

216 De las *altas ruedas* dice Tamayo (T-157) que "hoy se llaman *azudas,* voz arábiga..." Explica Navarro que las *azudas* (1911), o *azudes* (1924), son "máquinas hidráulicas con que se saca agua de los ríos por el impulso de su misma corriente". Keniston señala la misma imagen en la Ode II. 70: *prata gyris uvida roscidis* ("prados regados por las ruedas rociadas").

Cervantes comenta el *artificio de las altas ruedas* garcilasianas y su relación con la naturaleza cuando en el libro VI de la *Galatea* Elicio describe el valle del Tajo (ed. Avalle-Arce, 1961, t. II, pp. 170-171): "Y la industria de sus moradores ha hecho tanto, que la naturaleza, encorporada con el arte, es hecha artífice y connatural del arte, y de entrambas a dos se ha hecho una tercia naturaleza, a la cual no sabré dar nombre... ¿Qué diré de la *industria de las altas ruedas,* con cuyo continuo movimiento sacan las aguas del profundo río y humedecen abundosamente las eras que por largo espacio están apartadas...?".

En la hermosa tela se veýan,
entretexidas, las silvestres diosas
salir de la espessura, y que venían
todas a la ribera pressurosas,
en el semblante tristes, y traýan
cestillos blancos de purpúreas rosas,
las quales esparziendo derramavan
sobre una nympha muerta que lloravan.

Todas, con el cabello desparzido,
lloravan una nympha delicada
cuya vida mostrava que avia sido
antes de tiempo y casi en flor cortada;

219 espessura que venian *Mg*
220 Todas las riberas *Mg*
a las riberas *A*
221 triste que traian *Mg*
triste y traian *Mp*
222 de purpuras y rosas *Mg*
228 tiempo casi *Mg*

217-248 Como explica Lapesa (p. 168), la base de este "bellísimo cuadro fúnebre" son los versos con los que Mopso, en la Égloga V.20 ss. de Virgilio, lamenta la muerte de Dafnis. Además de sendos epitafios grabados en la corteza de un árbol, los dos poemas tienen ambientes geográficos muy semejantes. Pero también hay la influencia de Sannazaro y el sepulcro de Androgeo en *Arcadia,* Prosas V y VI, Égloga V (cfr. Cirot, p. 245, y Lapesa, n. 198).

222-224 Tamayo (T-158) explica que aquí Garcilaso imita una costumbre de los entierros antiguos: que se esparcían flores sobre los cuerpos, o sepulcros, de los difuntos. El Mopso virgiliano dice (Ecl. V.40): "spargite humum foliis". Por la prevista muerte de Marcelo exclama Anquises (*Eneida,* VI.883-884): "Manibus date lilia plenis; purpureos spargam flores". Tamayo cita también a San Jerónimo (Epist. 26): "...spargunt violas, *rosas,* lilia, floresque *purpureos*". Como señala Mele, el detalle de los *cestillos blancos* proviene de Sannazaro (*Arcadia,* prosa V): para el sepulcro de Androgeo "le convicine Ninfe... vengono oro tutte con *canistri bianchissimi* pieni di fiori". A propósito del verso 228, *casi en flor cortada,* añade Tamayo (T-160) que el esparcimiento de las flores es para dar a entender la fragilidad de la vida, que retratan las rosas, como en el Soneto XXIII.

225 Garcilaso usa *desparzir* tanto como *esparzir,* y en las mismas acepciones.
Tamayo (T-159) dice que, tanto entre los hebreos como entre los gentiles, "era señal de tristeza el desperdicio de los cabellos"; cita varios lugares clásicos, a los cuales se les podría añadir otro pasaje garcilasiano (El. I.139-140).

cerca del agua, en un lugar florido,
estava entre las yervas degollada
qual queda el blanco cisne quando pierde
la dulce vida entre la yerva verde.

230 las yervas ygualada *MgB77* entre la ierva degollada *H*

---

230 (B-220) *Estaua entre las yeruas degollada.* No puede dezir *degollada* porque habla de Elisa, que fue Doña Isabel Freile, que murió de parto, como se cuenta en la Ecloga primera; y era portuguesa, por lo qual dize abaxo: *Al mar de Lusitania, etc.* [En un libro muy antiguo de mano dize *ygualada,* y así se ha de leer, que quiere dezir *amortajada*; en Latín es *Posita sic.* (B77-89)]

La vacilación de esta nota se explica en la carta que el Brocense escribió el 17 de mayo de 1574 a Juan Vázquez de Mármol, secretario del rey, quien por lo visto vigilaba las notas del Brocense. Este escribe (Gallardo, *Ensayo,* IV, 450): "V. md. puede entre las erratas mandar tornar y restituir las que no le contentaren. Yo no osé también en otras ser porfiado; que con saber cierto que había escripto Garci-laso

Estaba entre las yerbas *igualada,*

dejé aquella bestialidad 'degollada'; y quité la anotación, porque más quiero pecar de obediente que de porfiado". Pero en su segunda edición (1577) el Brocense restauró su texto y nota.

Es muy difícil la cuestión textual, magistralmente reseñada por A. Blecua (pp. 172-176). La anotación de Herrera (H-809) mantiene la lectura *degollada*: "Doña Isabel Freire... murió de parto, i assí dize *degollada,* por dessangrada, como dezimos, cuando sangran mucho a uno, que lo degolló el barvero". Tamayo (T-161) apoya a Herrera, citando a don Juan de Fonseca y Figueroa, quien decía que Garcilaso "usó de voz ajustada a la significación que pretendía, porque murió doña Isabel Freire... de un flujo de sangre precedido de un parto... De suerte que es lo mismo *degollada* que muerta por heridas o flujo de sangre. Verifícase más esto con la comparación de la blancura del cisne, propriedad de los desangrados". Los editores modernos (Azara, A. de Castro, Navarro) mantienen la lectura *degollada,* aportando Castro el testimonio de Covarrubias ("cuando sacan a uno mucha sangre por las venas, solemos decir que conviene *degollarle*..."). Bayo (29.139-142) y Valbuena Prat (235.492-493) también apoyan esta lectura, relacionando a *Nise* con Inés de Castro, la portuguesa literalmente degollada; cfr. E. Martínez-López (162.16).

A pesar de tal unanimidad, A. Blecua señala que la opinión de Herrera en gran parte se puede descontar por su sistemática oposición al Brocense, y que la lectura variante de éste tiene el significativo apoyo del manuscrito *Mg.* La semejanza gráfica entre *ygualada* y *degollada* indica, no una doble redacción, sino un lapso de copista; en

Una d'aquellas diosas que'n belleza
al parecer a todas ecedía,
mostrando en el semblante la tristeza
que del funesto y triste caso avía,
apartada algún tanto, en la corteza
de un álamo unas letras escrivía
como epitaphio de la nympha bella,
que hablavan ansí por parte della:

234 excedia *K*
236 Que del siniestro y triste *Mg*
238 estas letras escrevia *H*
240 Que hablava *Mg*

---

tal caso la *lectio difficilior* sería *ygualada,* pues el Brocense tuvo que explicar su sentido ("amortajada"), acepción que no se encuentra en los diccionarios. Blecua sugiere como posible el sentido de "tendida" (cfr. *Autoridades*: dejado como muerto por un golpe de vara). Finalmente, Blecua considera raro el uso del plural *(entre las yerbas),* enmendado por Herrera; pero la medida del verso, si leemos *ygualada,* exige este plural.

Hay dos interesantes estudios recientes que reafirman la lectura *degollada.* El de Porqueras Mayo (193), ya discutido por Blecua (pp. 175-176), se basa en un cuadro italiano de la época, en el que se ve una ninfa tendida en un prado y herida de punta en la garganta; según Covarrubias, *degollada* se usaba alguna vez en esta acepción también. El de Martínez-López (162) cita textos clásicos para apoyar la violenta imagen de una ninfa literalmente degollada. A Blecua le parece que tal violencia es ajena al idealizado mundo de la égloga. Si se mantiene la lectura *degollada,* Blecua (p. 174) sugiere que significa "con el cuello doblado o dislocado", como el del cisne de los versos inmediatos. En cualquier acepción la palabra *degollada* se aplica más fácilmente que *ygualada* al cisne moribundo, cuya *dulce vida* bien puede representar su sangre que se pierde *entre la yerva verde.* (Pero también puede representar su último canto.) Mientras no tengamos un concepto más claro de los significados de *ygualada,* habrá que tener presente la posibilidad de que sea lectura, no *difficilior,* sino corrupta. Atengámonos, pues, por ahora a la lectura más generalmente aceptada.

231-232 Alcalá (3, separata, p. 10) cree ver aquí un eco de Virgilio (*Geórgicas,* II.198-199): "...campum / pascentem niveos herboso flumine cycnos". Cossío pondera la perfección de los dos versos garcilasianos en "Un experimento de poética" (55.30-33).

239 De *epitaphio* dice Herrera (H-810): "lo mesmo que iscrición; no se devía poner aquí esta voz". Para Prete Jacopín (observación 32) es apropiado el cultismo, pues "no habla pastor, sino Garcilaso". Herrera responde que "epitafio no es voz para verso...".

"Elissa soy, en cuyo nombre suena
y se lamenta el monte cavernoso,
testigo del dolor y grave pena
en que por mí se aflige Nemoroso
y llama 'Elissa'; 'Elissa' a boca llena
responde el Tajo, y lleva pressuroso

241 con cuyo nombre *Mg*
242 No solamente el monte *Mg*
245 Mas aun Elisa, Elisa *Mg*
Y llama a Elisa: Elisa, a boca llena *A*

241-244 Tenemos aquí, evidentemente, una referencia directa a la canción de Nemoroso, que constituye la segunda parte de la Égloga I. Otra vez Elisa representa a doña Isabel Freyre, muerta de sobreparto. (El monte que se hace eco del lamento se parece al de Ég. I.228-230).

245-246 Como indican Herrera (H-37) y Cirot (49.245), la repetición y eco de un nombre personal se encuentra tanto en Virgilio (*Geórgicas,* IV. 252-257, y Ecloga VI.44) como en Sannazaro (*Arcadia,* Égloga V. 51-52):

...Eurydicen vox ipsa et frigida lingua,
a miseram Eurydicen! anima fugiente vocabat,
Eurydicen toto referebant flumine ripae.

...ut litus "Hyla, Hyla" omne sonaret.

...tal che al chiaro et al fosco
"Androgeo Androgeo" sonava il bosco.

(Véanse también Virgilio, Ecl. II.69, y Teócrito, Id. I.123.)

También hay otra influencia no notada hasta ahora. En Gil Vicente se encuentran estos versos (*Sibila Casandra,* ed. Hart, vv. 475-477):

y el niño Dios estava
y la llamava
"madre, madre" a boca llena.

Es notable aquí ver cómo Garcilaso en su memoria funde la tradición clásica con la castellana, conservando una frase tan popular como *a boca llena,* frase que sin embargo no extrañó a Herrera.

Es quizá discutible la puntuación de estos dos versos. Hemos seguido la establecida por Herrera, Azara y Navarro, según la cual se separan los dos vocativos; tal separación, aunque no pertenece a la tradición literaria, da al verbo *responde* un complemento directo y subraya de un modo original el efecto de eco.

al mar de Lusitania el nombre mío,
donde será escuchado, yo lo fío."

En fin, en esta tela artificiosa
toda la istoria estava figurada
que en aquella ribera deleytosa
de Nemoroso fue tan celebrada,
porque de todo aquesto y cada cosa
estava Nise ya tan informada
que, llorando el pastor, mil vezes ella
se enterneció escuchando su querella;

y porque aqueste lamentable cuento
no sólo entre las selvas se contasse,
mas dentro de las ondas sentimiento
con la noticia desto se mostrasse,
quiso que de su tela el argumento
la bella nympha muerta señalasse

249 con esta *Mg*
253 todo esto *K*
257 Y por aqueste *Mp*
258 se cantasse *Mg*
261 de tu tela *Mp*

247-248 Navarro (1924) cree que tenemos aquí una alusión no sólo a que era portuguesa Isabel Freyre, sino también a que en Portugal había de oír su nombre Sa de Miranda, pues éste la había llorado en su égloga *Celia* (1535), égloga que ya conocía Garcilaso. Por otra parte, después de la muerte de éste, Sa de Miranda le dedicó la égloga titulada *Nemoroso* (Navarro, 1924, "Introducción", pp. XLVI-XLVII).

257-264 El verso 258 se refiere, sin duda, a la canción pastoril de Nemoroso en la Égloga I. La divulgación de tierra en mar de un sufrimiento amoroso se encuentra también el final del *Don Duardos,* de Gil Vicente (ed. Hart, vv. 1982-1987):

Y pues sabe este pumar
y la huerta mi dolor
tan profundo,
quiero que sepa la mar
que el amor es el señor
de este mundo.

y ansí se publicasse de uno en uno
por el húmido reyno de Neptuno.

Destas istorias tales varïadas
eran las telas de las quatro hermanas,
las quales con colores matizadas,
claras las luzes, de las sombras vanas
mostravan a los ojos relevadas
las cosas y figuras que eran llanas,
tanto que al parecer el cuerpo vano
pudiera ser tomado con la mano.

263 se supiesse *Mg*
264 septuno *Mg*
268 Muy claramente de las sombras vanas *Mg*
I claras luzes *TA*

---

264 Herrera (H-811, H-812), encontrando en Virgilio (*Geórgicas,* IV.363) la frase "humida regna", comenta la perífrasis de *húmido reyno de Neptuno*: "hizo más ilustre su oración con aquellas vozes sublimes i altas, que resplandecen con su dinidad i amplitud, como son los nombres de los dioses".

267-272 Herrera, en una larga nota (H-813), relaciona estos versos con teorías renacentistas de la pintura desarrolladas a base de Aristóteles (*Metafísica,* X), de Plinio (XXXV) y del *De pictura* de León Battista Alberti: "claro i oscuro... que práticamente llaman aguada i realce... la prospetiva, porque con las reglas i demostraciones de los ángulos causados de líneas visuales... se viene en perfeto conocimiento de las cantidades que se escorçan en los mesmos cuerpos verdaderos, de tal suerte que, dispuestas estas cantidades por sus cánones, aparece lo fingido en el plano como si fuesse verdaderamente corpóreo i relevado". A esta nota añade referencias clásicas Tamayo (T-163). Francisco Pacheco cita esta estrofa en su *Arte de la pintura* (1638, libro I, cap. IV; ed. Sánchez Cantón, t. I, p. 71), diciendo que "la pintura... con los perfiles y sombras muestra todo el redondo y fondo de las cosas naturales, manifestando lo que no se ve..." Este "engaño a los ojos" lo aclara L. Spitzer en su nota dedicada a la estrofa (230), mostrando que no es cuestión de perspectiva geométrica, sino sólo de claroscuro, tal como lo define Alberti: "il lume e l'ombra fanno parere le cose rilevate".

Spitzer también explica la sintaxis de esta difícil frase (vv. 267-270): "las [telas], con colores matizadas, [siendo] claras las luces, mostraban a los ojos [como] relevadas de las sombras vanas [vacías o ficticias] las cosas y figuras que [en realidad] eran llanas". Por no entender que *claras las luzes* es cláusula absoluta, Tamayo (seguido por Azara y Navarro 1911) la enmendó, leyendo "con colores matizadas / y claras luces".

Los rayos ya del sol se trastornavan,
escondiendo su luz al mundo chara
tras altos montes, y a la luna davan
lugar para mostrar su blanca cara;
los peces a menudo ya saltavan,
con la cola açotando el agua clara,
quando las nymphas, la labor dexando,
hazia el agua se fueron passeando.

En las templadas ondas ya metidos
tenian los pies y reclinar querían
los blancos cuerpos quando sus oýdos
fueron de dos çampoñas que tañían
süave y dulcemente detenidos,
tanto que sin mudarse las oýan

279 de labor alçando *Mg*
281 hondas ya metidas *Mg*
283 Los blandos cuerpos *Mp*

273-275 (B-221) *Los rayos del sol.* Sanazaro, [*Arcadia*] prosa 12: *Quando tra le sommità de monti il sole bassando i rubicondi raggi uerso l'occidente, ne fe' conoscere l'hora esser tarda.*

273 *se trastornavan*: se transponían, se ocultaban (según Navarro, quien encuentra en la Égloga III de Barahona de Soto la misma acepción del verbo: "al levantar del sol o al trastornarse").

276 Herrera (H-816) encuentra cacofónica la combinación *blanca cara* y sugiere como enmienda "blanda cara" (de acuerdo con Plinio, II. xviii).

277-278 Cfr. Virgilio a propósito de los delfines (*Eneida,* V.595): "...luduntque per undas" (H-817).

281 Por errata, el texto de Navarro, después de 1911, trae *hondas* en vez de *ondas.*

281-283 Mele señala que aquí Garcilaso tuvo presentes las ninfas de este pasaje de Sannazaro (*Salices,* 98-100):

...iamque in fluvium se mergere adortae,
membra reclinabant et aquas prono ore petebant,
cum subito obriguere pedes...

284 Si no es posible que *tañían* se entienda como verbo intransitivo, hay que entenderlo como plural de sujeto indefinido.

286 *tanto*: es decir, "tan suave y dulcemente que las oían sin demudarse".

y al son de las çampoñas escuchavan
dos pastores a vezes que cantavan.

Más claro cada vez el son se oýa
de dos pastores que venian cantando
tras el ganado, que también venía
por aquel verde soto caminando
y a la majada, ya passado el día,
recogido le llevan, alegrando
las verdes selvas con el son süave,
haziendo su trabajo menos grave.

290 De los pastores *TA*
292 Para aquel *Mg*
294 Recogido le lleuauan allegando *O*
Recogendo lo llevan alegrando *Mg*
Recogido le llevan alegrando *BAR*
Recogido llevavan, alegrando *HT*
Recogido le llevavan alegrando *K.*
296 Y el trabajo haziendo menos grave *Mg*

---

288 *a vezes que cantavan*: que cantaban alternadamente.

A propósito de los *dos pastores,* dice Herrera (H-818): "Desde aquí adelante es esta égloga de pastores, porque la pintura no lo era, i es casi al modo de la de Ariadna en Catulo [LXIV], si no queremos que sea parergo, porque lo que promete cantar es las ninfas, aunque dize que escuche su çampoña ruda [Ég. III. 42]".

289-294 "No se puede dexar de conceder que no se valiesse aquí G. L. de la buena consideración i decoro poético, porque introduze estos *pastores* ya al caer del día, haziéndolos cantar con suavíssimos versos cuando recogen su ganado, provando quién merece la gloria de sus canciones a imitación de Virgilio" (H-819).

295-296 (B-222) *Haziendo su trauajo menos graue.* Virgilio, Eclogas [IX.64]:

Cantantes licet usque (minus uia laedet) eamus.

Petrarcha, canción 1 [XXIII.4]:

Per che cantando il duol si disacerba.

Herrera (H-820) añade una nota sobre el valor platónico de la música para los que trabajan. Mele encuentra en Ariosto una idea parecida, con la misma rima al final de la octava (*Orlando,* III.lxv.5-8):

Thyrreno destos dos el uno era,
Alzino el otro, entrambos estimados
y sobre quantos pacen la ribera
del Tajo con sus vacas enseñados;
mancebos de una edad, d'una manera
a cantar juntamente aparejados
y a responder, aquesto van diziendo,
cantando el uno, el otro respondiendo:

303 Y al responder *OK*
Y a responder *MgHTAR*

304 vno, y el *OK*
uno, el otro *BHTAR*

E perché men l'andar fosse noioso,
di piacevoli e bei ragionamenti,
di quel che fu piú conferir soave,
l'aspro camin facean parer men grave.

297-298 El nombre *Thyrreno* es gentilicio de origen clásico (Tyrrhenus), encontrándose en Virgilio, Ovidio y otros autores; Garcilaso lo tomó probablemente de Sannazaro, quien lo usa una vez al final de la Prosa XI de la *Arcadia*, con el sentido normal de etrusco o toscano. Pero es más frecuente en Sannazaro la forma femenina, que se encuentra en las Églogas II y IX de la *Arcadia*; y estas dos églogas, sobre todo la II, influyen directamente en el canto amebeo de Garcilaso.

El nombre *Alzino*, en cambio, parece relacionarse, como dice María Rosa Lida (135.53), con el del rey de los feacios Alcínoo, por medio del de la maga Alcina (Ariosto, *Orlando*, VI-VIII, passim).

298-300 Herrera explica que *sobre* se usa por "más que" (H-821) y que *pacen* se usa por "apacientan" (H-822); es evidente, pues, que la frase significa "más estimado e instruidos que todos los pastores del Tajo". (Pero, según A. de Castro, Ulloa y otros leen "pasen" en vez de *pacen*.)

301-304 (B-223) *Mancebos de una edad, de una manera.* Virgilio, 7 Ecloga [.4-5]:

Ambo florentes aetatibus, Arcades ambo,
Et cantare pares, et respondere parati.

(B-224) *Cantando el uno, el otro, etc.* Virgilio, en la misma [Ecl. VII. 18]:

Alternis igitur contendere uersibus ambo
Coepere...

A esta fuente virgiliana Herrera (H-823) le añade pasajes de Teócrito (Idilio VIII), Nemesiano (Ecloga II), Sannazaro (*Arcadia*, Prosa IV) y

THYRRENO

Flérida, para mí dulce y sabrosa
más que la fruta del cercado ageno,
más blanca que la leche y más hermosa
que'l prado por abril de flores lleno:

Diego Hurtado de Mendoza (Égloga I). Como ha señalado Cirot (49.242), el pasaje significativo es el sannazariano, imitado más de cerca que el virgiliano (pares, parati: apparecchiati: aparejados): "...ambiduo di Arcadia, et egualmente a cantare et a rispondere apparecchiati".

Aquí y en los versos amebeos que siguen, Cirot (49.242-248) ve la fusión de Sannazaro con Virgilio, mientras Bayo (29.142-159) subraya más la influencia virgiliana.

305-368 (B-225.1) *Flérida, para mí.* Aquí comiença un género de Bucólica que llaman los Griegos canto Amebeo, que es responsiuo, en el qual se suele guardar esta ley: que el que comiença es libre y puede mudar propósitos, mas el que responde y sigue o ha de dezir mucho más en la misma materia o lo contrario; y ansí se haze aquí, imitando el proceder de Virgilio en la tercera y séptima Ecloga.

Cirot (49.248) nos recuerda que el canto amebeo es algo parecido a la recuesta o disputa de dos trovadores, y que aquí en forma clásica Garcilaso la resuscita.

Trend encuentra este canto con música de Pisador (1552).

305-312 (B-225.2) En esta primera estancia no traslada, pero imita a Virgilio en los quatro versos de la 7 écloga, que comiençan *Nerine Galathea.*

Flérida, para mí dulce y sabrosa / más que la fruta. Adagio es Latino: *Aquae furtiuæ dulciores.* Mucho sabe lo hurtado. *Dulce pomum quum abest custos.*

Mas blanca que la nieue, etc. Sanazaro, Ecloga 2:

Phyllida mia, piu che i ligustri bianca,
piu uermiglia ch'il prato a mezzo Aprile.

Cirot (49.243-246) confirma la importancia de las dos fuentes señaladas aquí por el Brocense: Virgilio, Ecl. VII.37-40, y Sannazaro, *Arcadia,* Egl. II.101-116.

Ha llamado la atención la sustitución de la esdrújula "Fillida" sannazarina por la *Flérida* de Garcilaso. Spaulding (229) señaló el origen caballeresco de este nombre, que aparece también en el *Don Duardos* de Gil Vicente. María Rosa Lida (135.52-63) ha estudiado magistral-

si tú respondes pura y amorosa
al verdadero amor de tu Thyrreno,
a mi majada arribarás primero
que'l cielo nos amuestre su luzero.

ALZINO

Hermosa Phyllis, siempre yo te sea
amargo al gusto más que la retama,

312 te amuestre *Mg*
nos demuestre *BTA*

313-376 —faltan en *Mg*—

---

mente el esquema "Flérida, para mí dulce y sabrosa / más que la fruta del cercado ajeno...": sus antecedentes en Teócrito, Virgilio y Sannazaro, y su gran influencia en las poetas renacentistas españoles: Montemayor, Gil Polo, Camoens, Barahona de Soto, Francisco de la Torre, Balbuena, Gálvez de Montalvo, y otros muchos.

A los adagios citados por el Brocense, Herrera (H-825) les añade referencias a Diógenes Laercio (libro VI) y a Juvenal (Sat. XIII.33-34). Tamayo (T-165) encuentra más ejemplos clásicos de tal envidia (en Ovidio, Persio, Juvenal...) y rechaza los proverbios hebreo ("aquae furtivae dulciores") y erasmiano ("dulce pomum cum abest custos"), citados por el Brocense, diciendo que "no viene[n] aquí a propósito, porque es differente su sentido...". Pero para María Rosa Lida (135.61-62) la fuente es precisamente aquel "adagio latino" indicado por el Brocense, que proviene de los *Proverbios* (IX.17): "Aquae furtivae dulciores sunt et panis absconditus suavior". Según ella, "Garcilaso ha reemplazado las aguas y el pan por la fruta, símbolo de la Tentación y de la Caída". Cita versos parecidos (El. II.104-105: "...contemplando / mi amado y dulce fruto en mano ajena") intentando demostrar que es una imagen muy particular de Garcilaso: "no pertenece a los modelos grecolatinos ni a las lecturas italianas, sino al fondo remoto de su alma, de donde la sabiduría bíblica sólo aflora en un momento de lucha interior...". Sin embargo, no se puede quitar esta vez toda la razón al clasicismo de Herrera y Tamayo: *la fruta del cercado ageno* se parece menos a la frase bíblica "aquae furtivae" que a "fertilior seges est alienis semper in agris" (Ovidio, *Ars amatoria,* I.349), por ejemplo.

312 Según Herrera (H-826), el *luzero* es el planeta de Venus.

313-320 (B-226) *Hermosa Phylis.* Virgilio, Ecloga 7 [.41-43]:

Imo ego Sardois uidear tibi amarior herbis,
Horridior rusco, proiecta uilior alga,
Si mihi non haec lux toto iam longior anno est.

y de ti despojado yo me vea
qual queda el tronco de su verde rama,
si más que yo el murciégalo dessea
la escuridad, ni más la luz desama,
por ver ya el fin de un término tamaño
deste dia, para mí mayor que un año.

THYRRENO

Qual suele, acompañada de su vando,
aparecer la dulce primavera,
quando Favonio y Zéphyro, soplando,

317 murcielago *K*
319 por ver el fin *A*
323 Cuando Favonio Zephiro *Hn*

Aunque en esta segunda estrofa se sigue a Virgilio, y no a Sannazaro, el nombre Phyllis se puede relacionar tanto con la primera estrofa sannazariana (*Arcadia,* Egl. II.101: "Fillida mia...") como con posteriores versos virgilianos (Ecl. VII.59, 63). Herrera (H-827) nota que "Filis" se escribe "*Phyllis* en lengua trasmarina, de las hojas de los árboles".

320 Aunque este verso depende directamente del ya citado verso virgiliano (Ecl. VII.43: "si mihi non haec lux toto iam longior anno est"), Herrera y Mele señalan en Marco Flaminio versos semejantes.

321-328 Herrera (al final de la larga nota H-830) dice que "la imitación desta estança es de la tercera égloga de Sanazaro [Ecl. III.54-57]...":

Qualis tranquillo quae labitur aequore cymba,
cum Zephyris summae crispantur leniter undae,
tuta volat luditque hilaris per transtra inventus:
talis vita mihi, mea dum me Chloris amabat.

La estructura de la estrofa ("Qualis... talis...": *Qual ... en tal manera...*) y la mención de *Zéphyro* indican en efecto una influencia directa, comprobada por la continuación de la influencia en la estrofa siguiente (véase abajo). Sin embargo, Mele rechaza aquí esta influencia, y afirma la de Virgilio (Ecl. VII.45-48), que es más discutible. Herrera (H-829) y Mele citan otras descripciones de la primavera que forman parte de la amplia tradición poética: J. B. Giraldo Cintio (*Hércules,* I: "Tal quando scalda al toro ambe le corna..."), M. A. Flaminio (Lusus XVI: "Cum ver purpureum tepidi fert aura Favoni...").

323 (B-227) *Quando Fauonio y Zéphyro soplando.* Aquí sin duda se descuydó nuestro poeta porque haze dos vientos siendo uno; porque

al campo tornan su beldad primera
y van artificiosos esmaltando
de roxo, azul y blanco la ribera:
en tal manera, a mí Flérida mía
viniendo, reverdece mi alegría.

ALZINO

¿Vees el furor del animoso viento
embravecido en la fragosa syerra

---

al que los Griegos llaman Zephiro, porque trae vida, llaman los Latinos Fauonio, porque fauorece a la vida, de modo que la cosa es una y los nombres son dos. Esto dizen todos los que tratan de los vientos. Mas si alguno quisiere defender a Garci Lasso, sepa que Turnebo, varón doctíssimo, en la segunda parte de sus *Aduersarios*, II parte, capítulo 32, dize que son differentes vientos, y que lo dize Estrabón declarando un verso de Homero; yo no he hallado el lugar de Estrabón.

También a Herrera (H-830) le preocupa esta cuestión, y sugiere que se pudiera leer "Favonio Zéfiro", haciendo que uno sea epíteto del otro. Pero cree que Garcilaso seguía a Flavio Vegecio, única autoridad antigua que decía que eran dos vientos. Tamayo (T-166) declara equivocados al Brocense y a Herrera, citando al padre Martín del Río, quien a propósito de un verso de Séneca (*Hercules furens*, 549) citó a Estrabón (*Geografía*, VI) y a Garcilaso mismo para probar que eran dos vientos diferentes.

325 Mele señala acertadamente el uso del mismo verbo en Sannazaro (*Arcadia*, Égl. VIII.142-143):

> Vedi le valli e i campi che si *smaltano*
> di color mille...

327-328 (B-228) *Viniendo, reuerdece mi alegría.* Virgilio, 7 Ecloga [.59]:

> *Phyllidis aduentu nostrae nemus omne uirebit.*

329-336 (B-229) *Ves el furor del animoso uiento*. Imita a Virgilio en la tercera Ecloga [.80-81]:

> *Triste lupus stabulis, maturis frugibus imbres,*
> *Arboribus uenti, nobis Amaryllidis irae.*

[Annotación 43. (B89)]

La estrofa es, en efecto, amplificación de los dos versos de Virgilio, que aparece en otro canto amebeo suyo, fundidos con la estrofa de

que los antigos robles ciento a ciento
y los pinos altíssimos atierra,
y de tanto destroço aun no contento,
al espantoso mar mueve la guerra?
Pequeña es esta furia comparada
a la de Phyllis con Alzino ayrada.

---

cuatro versos que cita Herrera (H-832) de la Ecloga Piscatoria III (.58-61) de Sannazaro, imitación a su vez de Virgilio:

> Aspicis iratae feriant ut saxa procellae,
> ut validis imae Coris turbentur harenae?
> Iam scopulis furit unda, tremit iam terra tumultu:
> fallor, an haec ipsa est Nisae indignantis imago?

El editor moderno de las *Piscatorias,* W. P. Mustard (Baltimore, 1914, p. 41), confirma esta reminiscencia. Pero tampoco en este caso clarísimo quiere Mele admitir la influencia de Sannazaro, y en vez de ella sugiere la muy discutible de Ariosto (*Orlando,* XXIV.xcix.3-8):

> ... come vento che prima a pena spire,
> poi cominci a crollar frassini e cerri,
> et indi oscura polve in cielo aggire,
> indi gli arbori svella e case atterri,
> sommerga in mare, e porti ria tempesta
> che'l gregge sparso uccida alla foresta.

329 La tardía alusión que hace el Brocense a su anotación 43, la cual se refiere a Ca. V.4 (*del animoso viento*: "*animoso* es soplador; Virgilio, 'animosi flatibus Euri' "), fue motivada sin duda por la anotación de Herrera (H-831): "*animoso*: de gran espíritu i aliento, i soplador". Y luego Herrera cita con una variante el mismo fragmento, por lo visto apócrifo, que el Brocense ya había citado en su anotación 43: "animosis flatibus Euri". (Esta frase no se encuentra en los textos virgilianos modernos. Sería una conflación de Georg. II.339 y 441: "hybernis parcebant flatibus Euri" y "quas animosi Euri assidue frangunt...") Herrera cita también un verso de Ovidio (Amores I.vi.51) donde se encuentra el sustantivo *ventus* con el mismo epíteto: "... inpulsa est animoso ianua vento". Este verso ovidiano parece ser la fuente de la combinación *animoso viento* (cfr. Ca. V.4 y nuestra nota), la cual, según Mele, se encuentra también en Francisco de la Torre (Églogas II y VI).

330 A propósito del epíteto *fragosa,* Mele cita el *locus classicus* ovidiano (Metam. IV.778): "... et silvis horrentia saxa fragosis".

THYRRENO

El blanco trigo multiplica y crece;
produze'l campo en abundancia tierno
pasto al ganado; el verde monte offrece
a las fieras salvages su govierno;
adoquiera que miro, me parece
que derrama la Copia todo el cuerno:

337-368 Para todos los comentaristas (véase abajo) es evidente que en estas cuatro estrofas Garcilaso sigue imitando "felicemente" (H-841) a Virgilio (Ecl. VII.53-68). Pero Cirot (49.245) se pregunta si no imita también a Sannazaro en las dos primeras estrofas (*Arcadia,* Égl. IX.91-96):

EL. Il bosco ombreggia; e se 'l mio sol presente
non vi fuesse or, vedresti in nova foggia
secchi i fioretti e le fontane spente.
OF. Ignudo è il monte, e più non vi si poggia;
ma se 'l mio sol appare, ancor vedrollo
d'erbette rivestirsi in lieta pioggia.

Pero claro es que Sannazaro mismo imita a Virgilio, aquí como en muchos lugares.

337-344 (B-230) *El blanco trigo multiplica.* Dilátalo de Virgilio, écloga 7 [.55-56]:

Omnia nunc rident, at si formosus Alexis
Montibus his abeat, uideas et flumina sicca.

A esta fuente Herrera (H-833) le añade los dos versos anteriores (53-54), completando la estrofa de Coridón:

Stant et iuniperi et castaneae hirsutae,
strata iacent passim sua quaeque sub arbore poma...

340 Incitado por Cirot (49.252), Navarro explica en su segunda edición (1924) que *govierno* significa "alimento, comida", y nos remite a su nota a Ég. I.192, donde aparece con la misma acepción.

342 (B-231) *Que derrama.* Horacio, libro I, epístola [xii. 28-29]:

...Aurea fruges
Italiae pleno diffudit copia cornu.

Aunque el Brocense no la imprime con mayúscula, en estos versos Horacio personificaba, como dorada diosa, a la abundancia ("Copia").

mas todo se convertirá en abrojos
si dello aparta Flérida sus ojos.

ALZINO

De la esterelidad es oprimido
el monte, el campo, el soto y el ganado;
la malicia del ayre corrompido
haze morir la yerva mal su grado;
las aves veen su descubierto nido
que ya de verdes hojas fue cercado:
pero si Phyllis por aquí tornare,
hará reverdecer quanto mirare.

345 esterilidad *K*

Cfr. Garcisánchez de Badajoz (ed. Gallagher, p. 85): "Tráxome colmado el cuerno / del veneno chineo Copia..." Se podría alegar que Garcilaso no la personifica, pues le antepone el artículo; pero hay también el caso de *la Victoria* (Ég. II.1676). Por la fuente horaciana, y por el adjetivo *todo*, sabemos que es la Copia que derrama el cuerno, y no el cuerno que derrama la copia, o abundancia.

Herrera (H-833) dice que el cuerno de la abundancia, o de Amaltea, no era de buey sino de plata.

345-352 (B-232) *De la esterilidad es oprimido.* Imita a Virgilio y traslada el postrer verso, que poco antes auía imitado (Ecloga 7 [.57-59]):

Aret ager: uitio moriens sitit aeris herba:
Liber pampineas inuidit collibus umbras:
Phyllidis aduentu nostrae nemus omne uirebit.

Herrera (H-835) añade el verso siguiente (60): "Iuppiter et laeto descendet plurimus imbri".

347-348 Herrera intenta explicar científicamente lo que es "la corrución del aire viciado por alguna mala calidad" (H-834) y lo que es la muerte (H-835: "división i apartamiento de alma i cuerpo"). Pero para Tamayo (T-167) la muerte es sencillamente "la resolución de la forma", sea de animales, de plantas, o de ríos.

350 *ya*: antes.

THYRRENO

El álamo de Alcides escogido
fue siempre, y el laurel del roxo Apollo;
de la hermosa Venus fue tenido
en precio y en estima el mirtho solo;
el verde sauz de Flérida es querido
y por suyo entre todos escogiólo:
doquiera que sauzes de oy más se hallen,
el álamo, el laurel y el mirtho callen.

359 Do quier...hallarẽ *OK*
se hallen *Mp*
Doquiera que de oy mas sauzes se hallen *BHTA*

360 alamo, y el *OK*
El alamo, el laurel y el mirtho callen *BHAR*
El alamo, el laurel, el mirto callen *T*

353-360 (B-233) *El álamo de Alcides.* Toda esta estancia es de Virgilio, 7 Ecloga [.61-64]:

Populus Alcidae gratissima, uitis Iaccho,
Formosae myrtus Veneri, sua laurea Phoebo;
Phyllis amat corylos, illas dum Phyllis amabit,
Nec myrtus uincet corylos, nec laurea Phoebi.

Mele demuestra que al traducir estos versos de Virgilio, y la estrofa siguiente, Fray Luis de León tenía presente la imitación que había hecho Garcilaso.

353-357 Herrera tiene notas (H-836, H-837, H-838, H-839) sobre todos estos árboles. Según él, el "populus" se debe llamar "povo" en español, pero Garcilaso por licencia poética puso *álamo* ("alnus") por "povo". Explica la relación mitológica y emblemática entre el povo y Hércules (Alcides). Que el olor del laurel tenía un valor medicinal contra la contagión del aire. Que el mirto también tiene buen olor y la gracia de Venus, siendo planta marítima. Que el sauce se encuentra en lugares húmedos.

358 A. de Castro cita un comentario que hizo sobre *escogiólo* Andrés Rey de Artieda en sus *Discursos, epístolas y epigramas de Artemidoro* (Zaragoza, 1605): que Garcilaso debió decir "escogióle", con pronombre no neutro sino masculino. Pero en esto Garcilaso solía evitar tales extremos de leísmo, no usando el pronombre *le* por objeto directo impersonal.

Alzino

El frexno por la selva en hermosura
sabemos ya que sobre todos vaya;
y en aspereza y monte de 'spessura
se aventaja la verde y alta haya;
mas el que la beldad de tu figura
dondequiera mirado, Phyllis, aya,
al frexno y a la haya en su aspereza
confessará que vence tu belleza.

Esto cantó Thyrreno, y esto Alzino
le respondió, y aviendo ya acabado
el dulce son, siguieron su camino
con passo un poco más apressurado;
siendo a las nymphas ya el rumor vezino,
juntas s'arrojan por el agua a nado,

362 Sabremos *O R*
Sabemos *MpBHTA*
369 Es tanto *Mp*
374 Iuntas s'arrojaron por el agua [falta lo demás] *OK*
Juntas se arrojan por el agua a nado *BTAR*
Todas juntas se arrojan por el vado *H*

361-368 (B-234) *El frexno por la selua en hermosura.* Virgilio, en la misma [Ecl. VII.65-68]:

Fraxinus in siluis pulcherrima, pinus in hortis,
Populus in fluuijs, abies in montibus altis;
Saepius at si me, Lycida formose, reuisas,
Fraxinus in siluis cedat tibi, pinus in hortis.

361-364 Según Herrera (H-840, H-841), el fresno es árbol alto y rollizo, de lugares húmedos; que Garcilaso usa *haya* ("fagus") por "abeto" ("abies").

362 A. Blecua (p. 169) afirma con razón que el tiempo futuro de *sabremos* (*OKR*) no corresponde al sentido.

374 (B-235) *Iuntas se arrojan por el agua a nado.* Ansí se restituyó este verso, del original de mano.
Aunque A. Blecua no comenta aquí el texto, la lectura de *O* es una errata evidente, y hay que respetar el manuscrito del Brocense, frente a la arbitraria enmienda de Herrera.

y de la blanca espuma que movieron
las cristalinas ondas se cubrieron.

374-376 Herrera (H-842) anota como fuente de estos versos el *De partu Virginis* (III.503-504) de Sannazaro:

> atque ita se tandem currenti reddidit alveo
> spumeus et motas aspergine miscuit undas.

Mele se refiere además a Homero (*Odisea,* IV.570) y a Virgilio (*Geórgicas,* IV.527-528):

> Haec Proteus, et se iactu dedit aequor in altum,
> quaque dedit, spumantem undam sub vertice torsit.

ODAS LATINAS

con versión española

[ODE I]

GARCILASSI HISPANI

No hay referencias personales ni históricas en esta oda mitológica (estrofas asclepiádeas segundas), pero ya que se encuentra en el mismo manuscrito con otra oda que pertenece al período napolitano, podemos suponer que es de fecha contemporánea (1532-1536). El tono juguetón es de tradición anacreóntica; como señala J. Gutiérrez Volta (116), este poema, además de sus muchas alusiones mitológicas y giros clásicos, tiene cierto movimiento dinámico y dramático.

Sedes ad cyprias Venus,
   cui centum redolent usque calentia
thure altaria sacro,
   sertis vincta comas, nuda agitans choros
gaudebat, cum puer appulit,
   depromptis iaculis e pharetra aureis,
depromptis quoque plumbeis,
   queis terras violens subdit et aequora,
queis coeleste sibi genus.
   Tum mater, miserans terrigenum simul
divorumque vicem, prior
   demulcens leviter caesariem auream

(Mx)

---

3 Según Keniston, este verso es métricamente falto.

4 Cfr. Virgilio (*Georg.* IV.533): "illa choros lucis agitabat in altis" (K).

6-7 Cfr. Ovidio (*Metam.* I.466-471) y Garcilaso mismo (Ég. III.148-160): las flechas de oro causaban el amor, y las de plomo el odio (K).

[ODA I]

DEL ESPAÑOL GARCILASO

En sus moradas de Chipre, Venus,
  a quien exhalan perfume de incienso sagrado
cien altares siempre ardiendo, ceñidos
  los cabellos de guirnaldas, dirigiendo desnuda los coros,
saltaba de gozo, cuando llegó el niño,
  habiendo sacado de su aljaba flechas doradas
y también las de plomo,
  con las cuales como tirano domina las tierras y los mares
e igualmente la raza celeste.
  Entonces la madre, compadecida a la vez del infortunio
de los terrenales y de los dioses, primero
  acariciándole tiernamente la dorada cabellera

melliti pueri, incipit:
"Heu, nate, usque adeo flagitiis eris
istis insatiabilis,
non tantum ut miserum perditum eas genus
humanum, exscrucians modis
indignis homines, verum etiam in deos
ausis stringere spicula?
Impulsu altitonans saepe tuo induit
quam turpem deo imaginem!
Nunc taurus nivea conspicuus nota
frontem, caetera candidus,
imber nunc liquido virgineum aureus
fluxu per gremium micat.
Lunam per tacitum saepe silentium
saxis sub Iove latmiis
sopiti rapidis ignibus exscitam
coeli culmine devocas.
Cessare ad Clymenem crinigerum facis
Phoebum, qui quasi negligens
terris officium solvere debitum,
auriga est habitus piger.
In me si sceleris quid meditabere
matrem, ut mos tibi, perfide, est,
non aegre aut graviter perpetiar modo
figas nequitiae modum.

18 etiam deos *Mx*
etiam in Deos *Mele, K*
20 Altisonans *Mele*
26 Luna *Mx*
Lunam *Mele, K*
30 Glymenem *Mele*

22-23 Cfr. Horacio (Od. IV.ii.59-60), citado por Mele:

qua notam duxit, niveus videri,
cetera fulvus.

24-25 Alusión a la fábula de Danae (K), en la que se basa la tragedia *Imber aureus* de Telesio (véase Ode II).
26-28 Fábula de Endimión (K).
30-33 De los amores de Apolo y Climenes nació Faetón (K).
36-37 Cfr. Horacio (Od. III.xv.2), citado por Keniston:
"Tandem nequitiae fige modum tuae".

al dulce niño, empieza:
"Ay, hijo, ¿hasta cuándo serás tan insaciable
de esos castigos vergonzosos
que no sólo vas aniquilando a la desgraciada raza
humana, atormentando de manera
malvada a los hombres, sino que también contra los dioses
te atreves a disparar tus flechas?
A tu impulso Júpiter mismo muchas veces reviste
una figura tan indigna de un dios:
ahora en forma de toro, célebre por el níveo lunar
de la frente, blanco en el resto del cuerpo,
ahora como lluvia dorada en líquida corriente
por el regazo de una virgen brilla.
A la Luna muchas veces, por el callado silencio
hasta los peñascos de Latmio, a cielo raso,
inflamada de veloces ardores, desde la cumbre
del cielo dormido la llamas abajo.
Detenerse ante Climenes haces al crinado
Febo, quien casi descuidando
desempeñar el oficio que debe a la tierra,
es considerado como auriga perezoso.
Si contra mí, tu madre, proyectas algún
crimen, como tienes por costumbre, oh pérfido,
sin disgusto ni pesar lo soportaré con tal que
señales un límite a tus delitos.

Sed quid, cum dominam figere Dindymi
laetaris, tibi vis, puer?
Longeva atque parens pene deum omnium
cum sit nec ioco idonea,
illam caecus eo perpulit at furor
Attyn perdite ut arserit.
Cumque ignes penitus viscera permeent,
iunctis vecta leonibus
Idae per nemorum saxa virentium
fertur, quam volitans cohors
recta consequitur parsque micantibus
palmis tympana verberat
ingentique sonat voce nemus virens
cunctorumque simul fera
insanum rabies pectus agit. Proin
....
mater cuncta timens (omen inane sit!)
tristi discrucior metu
ne forte Cybele, si resipiscat aut
haec pergat potius suo
insanire modo, saeva leonibus
te natum tenerum imperet
se coram ut lacerent namque erit aut sui
vindex aut animi impotens."
"Praesenti esto animo, mater," ait puer,
"nec te sollicitet metus,
mitescunt adeo namque mihi feri
isti, quos metuis, iuba ut
prensa ritu equitis non trepide insidens

40 penẽ *Mx*
poene *Mele*
pene *K*

44 Cum ignes *Mx*
Cumque ignes...permeant *Mele*
Cumque ignes *K*
65 quos metius *Mele*

38-52 La "dueña del Díndimo" es la *magna mater* Cibeles (véase v. 56); Gutiérrez Volta nos remite a Catulo (LXIII.25-30).

53 Falta un verso glicónico.

Pero, cuando te gozas en afligir a la dueña del Díndimo,
¿qué pretendes tú, niño mío?
Aunque es anciana y la madre de casi todos
los dioses y nada idónea al juego,
a ella sin embargo un ciego furor la arrastró de tal forma
que por Atis locamente se consumió de amor.
Y cuando el fuego le penetra hondamente las entrañas,
llevada por leones uncidos pasa
a través de las rocas de los verdes bosques
del Ida, y a ella un séquito revoloteador
la sigue en derechura, y un grupo con trémulas
palmas golpea los tímpanos,
y con potentes voces resuena el verde bosque,
y al mismo tiempo de todos un fiero
delirio agita el pecho enloquecido. Por esto
....
como madre que todo lo teme (¡en vano sea el presagio!),
me desgarra el miedo sombrío
de que acaso Cibeles, si recobra la razón o,
más aún, si prosigue en la locura
a su modo, cruelmente a los leones
mande que a ti, mi tierno hijo,
en su presencia te destrocen, pues será o vengadora
de sí misma o incapaz de dominarse."
"Ten presencia de ánimo, madre", dice el niño,
"y no te inquiete ese temor,
pues se ablandan tanto conmigo esas
fieras, a quienes temes, que cogiéndoles yo
la melena y a modo de jinete intrépidamente montando

tergis hos agitem vagus;
caudis incipiunt, auribus et mihi
adblandirier interim,
dumque ori digitos dumque manum insero,
reddunt innocuam mihi.
Postremo, quid ego pecco tibi aut aliis
cum res sedulus offero
pulcras ante oculos monstroque lucidis
pictas usque coloribus?
Vos iam desinite aut appetere omnia haec
aut sic obicere id mihi.
Num vis, mater, uti Mars tuus haud te amet
posthac, nec redames eum?
Natus sum atque potens; impera et obsequar."
"Nulla ut non superans, puer,
in re es, quin celeri bile etiam tumes,
nostro haud subtrahe te, puer,
amplexu; peto nil praeter id amplius."

69 Ablandirier *Mele, K*

81 Nullae *Mx*
Nulla ut *Mele, K*

82 Gutiérrez Volta cita a Horacio (Od. I.xiii.4): "fervens difficili bile tumet iecur".

83 Gutiérrez Volta cita a Virgilio (*Eneida,* VI.465): "teque aspectu ne subtrahe nostro".

sus lomos, los llevo de acá para allá;
con las colas y las orejas empiezan
a halagarme mientras tanto,
y cuando en su boca meto los dedos o la mano,
me la devuelven ilesa.
Por último, ¿en qué peco contigo o con los demás
cuando afanoso os ofrezco cosas
bellas ante los ojos y las presento pintadas
siempre de brillantes colores?
Vosotros cesad ya o de apetecer todo esto
o de echármelo así en cara.
¿Deseas acaso, madre, que tu Marte no te quiera
en adelante, o no corresponderle tú a él?
Soy tu hijo y poderoso; manda, y obedeceré."
"Como no hay cosa, hijo, en que no seas
vencedor, sino que incluso se te exalta la rápida bilis,
no te substraigas, hijo, a nuestros
abrazos; fuera de esto, nada te pido más."

ODE [II],

TRICOLOS TETRASTROPHOS, AD THYLESIUM

Esta oda pertenece evidentemente al período napolitano, pues se dedica al poeta latino y pensador neoplatónico Antonio Telesio, autor del *Imber Aureus* (v. 37), y hay en ella referencias a amigos comunes en la Academia Pontaniana, que después de la muerte de Sannazaro se reunía en casa de Escipión Capece, poeta y catedrático napolitano (véase referencia en el verso 61 a su "honesta domus"). Para Keniston, esta oda fue escrita poco después de la llegada de Garcilaso a Nápoles (otoño de 1532). Pero tardarían algo en formarse tales amistades. Sólo se puede afirmar que se escribió antes de la muerte de Telesio, ocurrida en 1534.

La Oda II es de interés autobiográfico; alude al exilio del poeta, a la ausencia de esposa, hijos y hermanos, y a la consolación encontrada entre amigos napolitanos. La estrofa alcaica, aquí usada, es corriente entre las odas de Horacio.

Uxore, natis, fratribus, et solo
exul relictis, frigida per loca
musarum alumnus, barbarorum
ferre superbiam et insolentes

(Mx)
título: Garcilassi de Vega Toletani ad Antonium Thylesium Ode *Opera*
4 superbian *Mele*

2-8 El poeta se refiere aquí a su estancia en Alemania, estando confinado en la isla del Danubio cerca de Ratisbona; cfr. su Canción III.

ODA [II],

EN TRÍCOLOS TETRÁSTROFOS, A TILESIO

La esposa, los hijos, los hermanos y la patria
abandonados, desterrado, por frías regiones
discípulo de las musas, de los bárbaros
a soportar la soberbia y las insolentes

mores coactus, iam didici invia
per saxa, voces ingeminantia
fletusque, sub rauco querelas
murmure Danubii levare.

O nate tristem sollicitudine
lenire mentem et rebus atrociter
urgentibus fulcire amici
pectora docte manu, Thylesi!,

iam iam sonantem Delius admovet
dexter tacentem barbiton antea;
cantare Sebethi suadent
ad vaga flumina cursitantes

nymphae; iam amatis moenibus inclyte
non urbis, amnis quam Tagus aureo
nodare nexu gestit, ultra
me lacerat modum amor furentem;

sirenum amoena iam patria iuvat
cultoque pulchra Partenope solo
iuxtaque manes considere,
vel potius cineres, Maronis.

5 didici et inuia *Mx*
didici, invia et *Mele*
didici invia *K*
19 gestat *Mx*
gestit *Mele, K*
21 iam prima iuvat *Mx*
iam patria iuvat *Mele*
amoena in margine me iuvat *K*

---

13 *Delius*: Apolo, o sea la inspiración poética.
15 El Sebeto es río napolitano.
18-19 El tópico clásico del oro del Tajo se encuentra también en la Égloga III.106. La *urbis* es, por supuesto, Toledo, abrazado por el Tajo, como en la Égloga III.201-206.
21 Aceptamos la enmienda de Keniston.
21-24 Keniston encuentra semejante un pasaje de Estacio (*Silvae*, IV.iv.52-54). *Parthenope*, la sirena que tradicionalmente se identifica con Nápoles, se encuentra también en el Soneto XVI.14. Según la tradición, Virgilio

costumbres forzado, he aprendido ya por intransitables
peñascos, que multiplican las voces
y los gemidos, bajo el ronco murmullo
del Danubio, a lanzar mis quejas.

¡Oh nacido para tranquilizar el espíritu
entristecido con cuidados y en empresas terriblemente
urgentes docto de mano para fortificar
el pecho del amigo, Tilesio!,

ya Delio maneja la sonora
lira, diestro, que antes callaba;
a cantar me invitan junto
a la corriente agua del Sebeto juguetonas

las ninfas; ya de la ciudad famosa
por sus amadas murallas, la que el río Tajo con áureo
abrazo se complace en sujetar, aquel amor no me
atormenta, estando yo sobremanera enardecido;

de las sirenas en la apacible patria y en el suelo
cultivado, me agrada ya la hermosa Parténope,
y el sentarme junto a los manes,
o más bien las cenizas, de Marón.

Aegro deorum quis tulerit rogas
herbis repostis auxilium potens
mentisque consternationem
cantibus et fidibus levarit:

idem sonanti cui vaga flumina
sistunt, silentes margine vortices
ventosque narratur frementes
per nemora ardua conquiesse.

Hic nam revinxit me tibi vinculo,
gratis Camoenae quod mihi nexibus
texere, praelargus; quid ultra
me miserum potuit iuvare?

Imbrem beatis nubibus aureum
vivaque talum compede candidum
nexam puellam coniugemque
languidulis oculis querentem,

carmen canentis sic animum rapit
mentemque ut omnes subiaceant graves
curae et labores evolemque
aliger his super elevatus.

25 Ah egro *Opera, K*
33 His nam *K*
35 praelargis *K*
41 animus rapit *Mx*
animum rapit *Mele, K*

---

está enterrado en la ladera napolitana de Posilipo, con este epitafio (citado por Gutiérrez Volta):

Mantua me genuit, Calabri rapuere, tenet nunc
Parthenope: cecini pascua, rura, duces.

Cerca estaba también la tumba de Sannazaro.

23 Por motivos métricos Keniston enmienda *considere* con la forma no clásica *consedere*.

29-32 Estos versos se refieren a Orfeo; cfr. v. 68.

37-44 Referencia a la tragedia *Imber aureus,* sobre la fábula de Danae; fue escrita por Telesio y publicada en 1529.

41-44 Gutiérrez Volta cree que este pasaje fue inspirado en Virgilio (Ecl. V.45-47).

Al enfermo quién de los dioses le habrá prestado, preguntas,
poderoso auxilio de hierbas exóticas,
y la turbación de su mente
le habrá aliviado con cantos y lira:

el mismo ante quien, cantando, los vagarosos ríos
se detienen, y silenciosos en la orilla los torbellinos
y los vientos se cuenta que, rugidores
por los altos bosques, se amansaron.

Éste, pues, me ató de nuevo a ti con un vínculo
que las musas me tejieron con gratos nudos,
este generosísimo; ¿qué cosa más
pudo agradarme en la desdicha?

La lluvia de oro desde divinas nubes
y la joven atada en el blanco tobillo
por viva cadena, quien por el esposo
con lánguidos ojitos suspira,

el poema del que canta estas cosas tanto me conmueve
el ánimo y pensamiento que quedan vencidos todos mis graves
cuidados y afanes, y vuelo
como alado, por encima de éstos levantado.

Te, mi Thylesi, te comite obtulit
sese parentis quem veneror loco,
cui dulce pignus nostri amoris
non animum pigeat patere:

arcana divum dum reserat, novus
huic pectus alte sollicitat furor,
curare seu mortalium res
coelicolas grave sive monstrat

natos parentum crimina ob impia
vexari, ut, auras carpere dum licet,
nec luxui ipsi indulgeant nec
poena parentibus ulla desit.

Haec aure cuncti praecipue imbibunt
alte silentes et Marius meus
rerumque multarum refertus
atque memor Placitus bonarum.

Honesta cunctos hinc domus accipit
liberque sermo nascitur, haud tamen
impune, nam si tortuosis
nexibus implicitum quid audes

53 crimina ab impia *Opera*

---

46 Según Keniston, no sabemos a quién se refiere aquí el poeta; pero probablemente es a Fray Girolamo Seripando, entre cuyos papeles se encuentra el manuscrito de esta oda, y a quien Garcilaso mandó la Carta III (véase su nota preliminar).

49-56 Aquí el poeta se refiere probablemente a las 109 *Quaestiones* teológicas de Seripando.

58 *Marius meus*: Mario Galeota, quien figura en la Canción V y en el Soneto XXXV.

60 *Placitus*: Placido di Sangro, caballero literario de Nápoles (véase Mele, 170.135-136).

61-62 Aquí el poeta se refiere sin duda a las reuniones de la Academia Pontaniana en casa de Escipión Capece (véase V. Angelillo, *Scipione Capece*

Contigo, Telesio mío, contigo por compañero se me
ofreció el que venero como a un padre,
al cual, como dulce prenda de nuestro amor,
no me avergüenza descubrir el alma.

Mientras descifra los secretos divinos, un nuevo
furor a éste le agita profundamente el pecho,
bien exponga que los dioses se preocupan
gravemente de los asuntos humanos, bien que

los hijos por los impíos crímenes de sus padres
sufren, para que, mientras gozan de vida,
ni se entreguen al exceso ellos ni
les falte algún castigo a los padres.

Estas cosas con atento oído todos las captan
en profundo silencio, y también mi Mario,
así como Plácido, lleno de muchas cosas
y no olvidado de las buenas.

Después una honrada casa nos acoge a todos
y surge una conversación sin trabas, aunque no
impunemente, pues si de algo entre tortuosos
rodeos envuelto te atreves

suadere, sperans ingeniosius
quam verius nos pertrahere ad tuum
sensum, statim aggressa est cohors te,
ut ciconum irruit in canentem.

Num tu fluentem divitiis Tagum,
num prata gyris uvida roscidis
mutare me insanum putabas
dulcibus immemoremque amicis?

65 ingeniosus *Mele*

70 gyris auida rosidis *Mx*
giris uvida roscidis *Mele, K*

---

umanista, Napoli, 1921). En 1535 Capece dedicó a Garcilaso su edición napolitana de los comentarios de Donato en la *Eneida* de Virgilio (véase Keniston, *Garcilaso,* p. 438).

68 Las *cicones,* mujeres de Tracia, atacaron así a Orfeo, matándole; véase Ovidio (*Metam.* XI.20-43), quien también le llama "el cantador" (*attonitas…voce canentis*).

69 Otra referencia al oro del Tajo (cfr. vv. 19-20).

70 *gyris*: referencia a las azudas toledanas; cfr. "las altas ruedas" de la Égloga III.215-216.

a convencernos, esperando más por el ingenio
que por la verdad arrastrarnos a tu
parecer, al punto el grupo nuestro te acomete
como el de las cicones cayó sobre el cantador.

¿Pensabas tú que el Tajo que fluye por riquezas
o los prados regados por las ruedas rociadas,
los cambiaba yo, insensato
y desmemoriado, por los dulces amigos?

GARSIAE LASI

ODE [III]

AD GENESIUM SEPULVEDAM

Esta oda pertenece al final del período napolitano, entre noviembre de 1535 y marzo de 1536; el humanista español Juan Ginés de Sepúlveda estaba en Roma, y Garcilaso le llevó una copia de la historia que Luis de Ávila y Zúñiga había escrito de la jornada de Túnez (verano de 1535; véase Keniston, *Garcilaso,* pp. 139-141). En su alabanza (vv. 9-36) del César Africano, Carlos V, Garcilaso imita, en estrofas asclepiádeas terceras, la descripción del joven militar ideal imaginada por Horacio en tres primeras estrofas de la Oda II de su Libro III:

Angustam amice pauperiem pati
robustus acri militia puer
condiscat et Parthos feroces
vexet eques metuendus hasta,
vitamque sub divo et trepidis agat
in rebus. Illum ex moenibus hosticis
matrona bellantis tyranni
prospiciens et adulta virgo
suspiret: "Eheu, ne rudis agminum
sponsus lacessat regius asperum
tactu leonem, quem cruenta
per medias rapit ira caedes."...

Junto con la imitación de estas imágenes y palabras, Garcilaso trae también ecos verbales virgilianos, sobre todo del libro XII de la *Eneida.* El resultado es que, de sus tres odas latinas, sea ésta la más clásica.

Arcum quando adeo relligionis et
saevae militiae ducere longius,
ut curvata coire
inter se capita haud negent,

uni musa tibi, docte Sepulveda,
concessit: pariter dicere et Africam
incumbit pavitantem
sub rege intrepido et pio,

qui insigni maculis vectus equo citos
praevertit rapidus densa per agmina
ventos, fervidus hastam
laetalem quatiens manu;

dat cui non aliter turba locum leves
quam flammis stipulae per nemus aridum
aut coelum per apertum
ventis dant nebulae vagis.

Pugnax perpetuo dum trepidos agit
giro, saevus uti Massylias leo

(Mo)
10 Praevortit *Bonilla, Mele*
18 Massylas *Mo*
Massylius *Mele*
Massylias *K*

1-4 Según Keniston, el poeta se refiere aquí al *Democrates* de Sepúlveda; en este diálogo, dedicado al duque de Alba, Sepúlveda intenta reconciliar las crueldades de la guerra con las enseñanzas cristianas.

6-8 Sepúlveda había de escribir, para su libro *De rebus gestis Caroli quinti,* la sección *De bello africo a Caesare gesto* (*hoc est, de tunetana expeditione commentarium*).

9-14 Gutiérrez Volta señala en estos versos varios influjos virgilianos: *maculis insignis* (*Geórg.* III.56), *equo praevertere ventos* (*Eneida,* II.345), *telum immane manu quatiens* (*En.* XII.442), *qua venti incubuere, fugam dant nubila caelo* (*En.* XII.367).

18-19 Además del león horaciano (Od. III.ii.11), Keniston señala estas dos fuentes clásicas:

Obsequium tigrisque domat Numidasque leones
(Ovidio, *Ars amat.* II.183)

DE GARCILASO

ODA [III]

A GINÉS DE SEPÚLVEDA

Ya que el arco de la religión y
de la fiera milicia poner tan tenso
que a juntarse doblados
sus extremos no se resistan,

sólo a ti la musa, docto Sepúlveda,
te lo ha concedido: de igual modo te incumbe
también narrar la historia de África pavorosa
ante un rey intrépido y piadoso,

quien montado en un caballo notable por sus lunares
con rapidez a través de los apretados escuadrones adelanta
a los ligeros vientos, enardecido la lanza
mortal blandiendo en su mano;

a quien la muchedumbre le deja lugar no de otro modo
que el ligero rastrojo a las llamas por el campo reseco
o por el cielo abierto
las nubes se lo dejan a los vagorosos vientos.

Mientras que él impetuoso hostiga a los tímidos
con vueltas constantes, así como el feroz león

per sylvas Nomadasve
imbelles agitat feras,

suspirant timido pectore, turribus
ex altis aciem lata per aequora
campi tendere suetae,
sponsae nuper amoribus

orbatae: "Heu, iuvenes, Caesaris", inquiunt,
"vitate imparibus viribus armaque
congressusque nefandos.
Quando nomina posteris

mater caesa dedit, dum puerum student
languentem eruere e visceribus, genus
hinc est caesareum, hinc est
gaudens caede nova: putas

saevum funereo limine qui pedem
ad vitam imposuit, non ferat indidem
ingeneretque furorem
et caedis calidae sitim?"

19 Homadasve *Bonilla*
Numidasve *K*
24 Sposae *K*
27 nefastos *Mele*
29 studet *K*
35 Ingentemque *Mele*

Auditur quantum Massyla per avia murmur
Innumero quotiens silva leone furit...

Sed cuius temerent ipsi quoque iura leones,
Cui diadema daret marmore picta Nomas.
(Marcial, *Epig.* VIII.lv.1 ss.)

22-23 Cfr. *aequore campi* (Virgilio, *Eneida,* VII.781, citado por Keniston).
28-36 Aquí el poeta desarrolla las implicaciones de la etimología tradicional del nombre *Caesar* ("a caeso matris utero"): si nació por sección cesárea, matando a su propia madre, ¿cómo no ha de ser gran guerrero matador?

por las selvas de Masilia o Numidia
persigue a las pacíficas fieras,

suspiran con tembloroso pecho, desde
las altas torres a tender la mirada por las anchas
llanuras del campo acostumbradas,
las esposas, de sus amores recién

privadas: "¡Ay, jóvenes, del César", dicen,
"evitad, con fuerzas desiguales, las armas
y los encuentros desastrosos!
Ya que nombre a su posteridad

se lo dio la madre inmolada, mientras se afanan
por sacar de sus entrañas al débil niño,
de ahí procede la raza cesárea, de ahí está
alegrándose de nueva matanza: ¿crees

que quien por umbral funéreo puso fiero
pie en la vida, no lleve de ahí mismo
y engendre un furor
y sed de cálida sangre?"

CARTAS

[CARTA I]

A la muy manífica señora doña Gerónima Palova de Almogávar.

Esta carta se publicó en abril de 1534 como prólogo de la traducción que había hecho Boscán del *Cortesano* de Castiglione; se había escrito probablemente en abril o mayo del año anterior, cuando Garcilaso pasó por Barcelona y revisó con su amigo esa traducción.

Después de su poesía, la Carta I es la obra más importante que nos queda de Garcilaso, siendo la única muestra de su prosa literaria. Se dirige a doña Gerónima Palova de Almogávar, mujer del primo hermano materno de Boscán, a la cual iba dedicada la edición. En esta carta nos interesan especialmente las opiniones de Garcilaso sobre el poco valor de la literatura castellana anterior, y sobre el gran valor de la obra italiana de Castiglione, y de su traducción hecha por Boscán. Además del análisis de Keniston (*Garcilaso,* 265-269), es importante el de L. Terracini (*Tradizione...,* 84-89).

Si no uviera sabido antes de agora dónde llega el juizio de vuestra merçed, bastárame para entendello ver que os pareçía bien este libro. Mas ya estávades tan adelante en mi opinión que pareçiéndome este libro bien hasta aquí por muchas causas, la prinçipal por donde aora me lo pareçe es porque le avés aprovado de tal manera que podemos dezir que le avés hecho, pues por vuestra causa le alcançamos a tener en lengua que le entendemos. Porque no solamente no pensé poder acabar con Boscán que le traduxese, mas nunca me osé poner en dezírselo, según le vía siempre aborreçerse con los que rromançan libros, aunque él a esto no lo llama rromançar, ni yo tanpoco, mas aunque lo fuera, creo que no se escusara dello mandándolo vuestra merçed.

Estoy muy satisfecho de mí, porque antes que el libro viniese a vuestras manos, ya yo le tenía en tanto como entonçes devía, porque si aora después que os pareçe bien, empeçara a conoçelle, creyera que me llevava el juizio de vuestra opinión. Pero ya no ay que sospechar en esto, sino tener por çierto que es libro que mereçe andar en vuestras manos para que luego se le parezca dónde anduvo y pueda después andar por el mundo sin peligro. Porque una de las cosas de que mayor neçessidad ay, doquiera que ay hombres y damas prinçipales, es de hazer no solamente todas las cosas que en aquella su manera de bivir acreçientan el punto y el valor de las personas, mas aun de guardarse de todas las que pueden abaxalle; lo uno y lo otro se trata en este libro tan sabia y tan cortesanamente que no me pareçe que ay que desear en él sino vello cumplido todo en algún hombre, y tanbién iva a dezir en alguna dama, si no me acordara que estávades en el mundo para pedirme cuenta de las palabras oçiosas. Demás de todo esto, puédese considerar en este libro que como las cosas muy açertadas sienpre se estienden a más de lo que prometen, de tal manera escrivió el conde Castellón lo que devía hazer un singular cortesano que casi no dexó estado a quien no avisasse de su ofiçio. En esto se puede ver lo que perdiéramos en no tenelle.

Y tanbién tengo por muy prinçipal el benefiçio que se haze a la lengua castellana en poner en ella cosas que merezcan ser leídas, porque yo no sé qué desventura á sido sienpre la nuestra, que apenas á nadie escrito en nuestra lengua sino lo que se pudiera muy bien escusar (aunque esto sería malo de provar con los que traen entre las manos estos libros que matan hombres). Y supo vuestra merçed muy bien escoger persona por cuyo medio hiziésedes este bien a todos, que siendo a mi pareçer tan dificultosa cosa traduzir bien un libro como hazelle de nuevo, dióse Boscán en esto tan buena maña que cada vez

44-45 Es enigmática la frase *estos libros que matan hombres*. Menéndez Pelayo, en su estudio de Boscán, sugirió que podía ser una referencia a los libros de caballerías.

que me pongo a leer este su libro, o (por mejor dezir) vuestro, no me pareçe que le ay escrito en otra lengua; y si alguna vez se me acuerda del que é visto y leýdo, luego el pensamiento se me buelve al que tengo entre las manos. Guardó una cosa en la lengua castellana que muy pocos la an alcançado, que fue huir del afetaçión sin dar consigo en ninguna sequedad, y con gran limpieza de estilo usó de términos muy cortesanos y muy admitidos de los buenos oýdos, y no nuevos ni al pareçer desusados de la gente. Fue demás desto muy fiel tradutor, porque no se ató al rigor de la letra, como hazen algunos, sino a la verdad de las sentencias, y por diferentes caminos puso en esta lengua toda la fuerça y el ornamento de la otra, y assí lo dexó todo tan en su punto como lo halló, y hallólo tal que con poco trabajo podrían los defensores deste libro responder a los que quisiessen tachar alguna cosa dél.

No hablo en los hombres de tan tiernos y tan delicados oýdos que entre mil cosas buenas que terná este libro, les ofenderá una o dos que no serán tan buenas como las otras, que destos tales no puedo creer sino que aquellas dos les agradan y las otras les ofenden; y podríalo provar con muchas cosas que ellos fuera desto apruevan. Mas no es de perder tiempo con éstos, sino remitillos a quien les habla y les responde dentro en ellos mismos, y bolverme a los que con alguna aparençia de razón podrían en un lugar desear satisfaçión de algo que les ofendiesse, y es que allí donde se trata de todas las maneras que puede aver de dezir donayres y cosas bien dichas, a propósito de hazer reýr y de hablar delgadamente, ay algunas puestas por enxemplo que pareçe que no llegan al punto de las otras ni mereçen ser tenidas por muy buenas de un hombre que tan avisadamente trató las otras partes, y de aquí podrían inferir una sospecha de no tan buen juizio ni tanta fineza del autor como le damos. Lo que a esto se puede responder es que la intinçión del autor fue poner diversas maneras de hablar graçiosamente y de dezir donaires, y porque mejor pudiésemos

73-74 Castiglione trata los donaires, o burlas, en los Capítulos 5 y 6 de su Libro II, sección que sigue siendo de un valor discutible.

conoçer la diferençia y el linage de cada una de aquellas maneras, púsonos enxemplo de todas, y discurriendo por tantas suertes de hablar, no podía aver tantas cosas bien dichas en cada una déstas que algunas de las que dava por enxemplo no fuesen algo más baxas que otras; y por tales creo yo que las tuvo, sin engañarse punto en ellas, un autor tan discreto y tan avisado como éste. Assí que ya en esto se vee que él está fuera de culpa. Yo solo avré de quedar con una, que es averme alargado más de lo que era menester; mas enójanme las sinrazones, y házenme que las haga con una carta tan larga a quien no me tiene culpa.

Confieso a vuestra merçed que uve tanta inbidia de veros mereçer sola las graçias que se deven por este libro que me quise meter allá entre los renglones o como pudiesse. Y porque uve miedo que alguno se quisiesse meter en traduzir este libro, o (por mejor dezir) dañalle, trabajé con Boscán que sin esperar otra cosa hiziesse luego inprimille, por atajar la presteza que los que escriven mal alguna cosa suelen tener en publicalla. Y aunque esta traduçión me diera vengança de qualquier otra que uviera, soy tan enemigo de çisma que aun ésta tan sin peligro me enojara, y por esto casi por fuerça le hize que a todo correr le pasasse; y él me hizo estar presente a la postrera lima, más como a hombre acogido a razón que como ayudador de ninguna enmienda. Suplico a vuestra merçed que pues este libro está debaxo de vuestro amparo, que no pierda nada por esta poca de parte que yo dél tomo, pues en pago desto os le doy escrito de mejor letra, donde se lea vuestro nombre y vuestras obras.

Garçilasso de la Vega

[CARTA II]

Keniston (*Garcilaso,* 147-148) explica las circunstancias históricas de esta carta del 20 de mayo de 1536: Garcilaso había sido enviado a Génova por el Emperador, y como maestre de campo de los tres mil soldados españoles que venían a unirse a la expedición contra Francia, desembarcándose en Savona, él había de tenerlos parados entre Génova y Alessandria hasta que el Emperador llegara a este pueblo. En la carta Garcilaso anuncia la llegada de tropas españolas, refiriéndose al príncipe Andrea Doria, al capitán Jorge Sánchez de Sabajosa, y al embajador Gómez Suárez de Figueroa. El original autógrafo se encuentra en Simancas (nuestro manuscrito 13).

[sobre:] A la S*acra* C*atólica* C*esárea* M*agestad* del Emperador Rey n*uestr*o s*eñ*or.

[carta:] ✠

S. C. C. M^{t}.

La orden q*ue* el príncipe á dado en el caminar de la gente es q*ue* se desenbarquen en Baya o en Saona y de allí tomen el camino la vía de Alexandría y paren en medio desta ciudad y de Alexandría, lo qual se pone luego en obra, y yo me parto delante para tener proveýdo lo necessario en Saona.

El capitán Sabajosa va a lo q*ue* el príncipe y el embaxador escriven. La gente q*ue* viene, segú*n* todos afirman, es muy

---

9 Se lee *proveýdo,* no *provisto,* como han leído otros transcriptores.

buena. N*uest*ro Se*ñ*or la s*acra* persona de V*uestra* M*ages*t*ad* guarde con acrece*n*tamie*n*to de nuevos reynos y se*ño*ríos. De Génova, xx de mayo, 1536.

S. C. C. Mt.

Criado de Vs. Mt.

Garcilasso

[CARTA III]

Otra vez es Keniston (*Garcilaso,* 148-150) quien nos explica las circunstancias históricas de esta carta: las fuerzas imperiales estaban en Savigliano desde el 22 de junio, preparándose para cruzar las montañas y entrar en territorio francés; empezaron a marcharse el 17 de julio, dos días después de escrita esta carta.

Fray Girolamo Seripando, agustiniano, estaba en Nápoles desde 1524. En 1530, animado por la Academia Pontaniana, escribió en contra del espiritualismo de Juan Valdés 109 *Quaestiones,* en las que expone un platonismo cristiano, con ciertos rasgos tomistas. (Después fue arzobispo de Salerno, cardenal y gran teólogo tridentino.) Al parecer, Garcilaso le fue presentado por Antonio Telesio y se hizo luego amigo de confianza y admirador espiritual (véase Oda II.45-56). Con Seripando discutía textos horacianos (según carta de Seripando a Plácido di Sangri), y a él le mandaba sus odas latinas (dos se encuentran entre los papeles del teólogo); Seripando trasmitió algunas a Bembo (*Lettere di Bembo,* t. 1, de Padua, 10 de agosto de 1535, a O. Fascitelo). En esta Carta III, única muestra de la prosa familiar de Garcilaso, vemos algo del tono amistoso de la Epístola en verso a Boscán. No sabemos quiénes eran los enemigos personales a los que se refiere. La carta autógrafa se encuentra en Nápoles, entre los papeles del cardenal (nuestro manuscrito 14).

[sobre:] Al s*eñ*or el s*eñ*or fray Gerónimo Seripando mi s*eñ*or.

[carta]: Señor:

No espere v*uestra* p*aternidad* un proemio de desculpas por no averos escrito hasta agora, q*ue* una de las cosas en q*ue* tengo hecha esperiencia del amor q*ue* ay entre nosotros es parecerme q*ue* no puedo ofender a v.p. en cosa de las q*ue* hago, aunq*ue* sea tan mala como aver dexado de escreviros tantos días. Esta seguridad es tan rara en las amistades como lo son las partes v*uest*ras q*ue* fueron causa de n*uest*ra amistad. Yo estoy bueno de salud, y estaríalo de todas las otras cosas si tuviesse enemigos q*ue* valiessen más o q*ue* valiessen menos, mas el no valer mucho les haze q*ue* me dañen no como cavalleros, y el no ser en todo poco haze q*ue* les suceda parte de lo q*ue* procura*n*; mas con todo esto llora*n* más vezes al día q*ue* ríen.

El papa á hecho su oficio, y haze, en desear la paz, lo qual será de poco momento si las dificultades q*ue* ay en seguir la guerra no le ayudan a pacificar las cosas. Todavía dizen por cierto q*ue* pasaremos d'aquí a ocho días los montes, y estando resolutos en esto, [f. 1^{v}] no lo estamos en lo q*ue* haremos después de passados. <Y> Esto solo basta aver dicho a v.p., *et crimine ab uno disce omnes.* De Sevillán, xv de julio, MDxxxvi.

Servidor de v.p.,

Garcilasso

---

20 <Y> Se indica así lo tachado.

21 Virgilio, *Eneida,* II.65-66: "Accipe nunc Danaum insidias et crimine ab uno / disce omnis..." ("Oye ahora las trampas de los griegos, y de un crimen suyo apréndelas todas").

TESTAMENTO

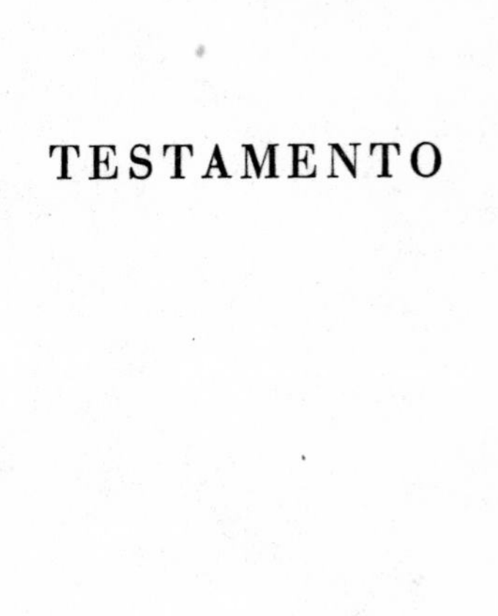

TESTAMENTO

El testamento de Garcilaso fue firmado en Barcelona el 25 de julio de 1529, dos días antes de embarcarse la Corte imperial para Italia. La primera sección, en letra notarial, establece el mayorazgo de su hijo mayor; en los tres memoriales autógrafos, Garcilaso explica detalladamente sus deudas particulares. Estos documentos se encuentran actualmente en una carpeta especial del archivo de Toledo (nuestro manuscrito 15).

[Después de varias legalizaciones, en el folio 10^{r} empieza el testamento cerrado, escrito en letra notarial.]

✠

In Dey nomine, amen. Sepan quantos esta carta de testamento e húltima boluntad vieren como yo, Garçilaso de la Vega e de Guzmán, vezino desta muy noble çibdad de Toledo, digo que, por quanto, si la boluntad de Dios Nuestro Señor fuere, tengo deliverado e determinado de yr e pasar con la magestad del Emperador Rrey don Carlos nuestro señor en Ytalia y en las otras partes donde él fuere servido de quererse de mí servir, e porque la muerte es natural a los honbres, y es cosa cierta, y la ora y día en que á de ser es yncierta, e de las buenas obras que ubiéremos hecho daremos qüenta en el día temeroso del juiçio, por ende, teniendo e creyendo firmemente en nuestra santa fe católica como bueno e fiel cristiano, para salbaçión de mi ányma e descargo de mys culpas e conçiençia,

---

9 Fórmula legal basada en una frase bíblica (S. Mateo, XXV.13: "...quia nescitis diem neque horam...").

hordeno este mi testamento en la forma e manera syguiente:

Primeramente, encomiendo mi ánima a Dios Nuestro Señor para que a él le plega e sea servido, quando fuere su boluntad, de levar mi ánima a la su gloria, donde los fieles cristianos deseamos yr y estar.

Yten, digo que por quanto yo dexo un memorial de mi letra e firmado de mi nonbre de los descargos e obras pías que mando hazer e dezir después de los días de mi bida, quiero y es mi boluntad que el dicho memorial asý se cunpla e guarde e pague como en él se contiene.

Yten, porque así mysmo dexo por memorial firmado de mi nonbre lo que yo debo e soy a cargo a las personas en el dicho memorial contenidas e lo que a mí se me debe, mando que sea pagado e conplido de lo mejor parado de mi hazienda e se cobre lo que paresçiere que a mí se me deve.

Yten, digo que por quanto yo soy casado legítimamente con doña Helena de Çúñiga, mi muger, y con ella rreciví en dotte e casamiento setenta mill maravedís de juro de los de a catorze mill maravedís, que le sean bueltos e rrestituidos con todo lo demás que paresçiere a mi poder aver traýdo, lo qual se le dé y pague de lo mejor parado de mi hazienda.

[f. 10v] Yten, por quanto, segund derechos e leys destos rreynos usados e guardados, qualquier padre o madre puede en su bida, por donaçión o por húltima boluntad o por contrato o título oneroso, mejorar al hijo o hija que quisiere en el terçio de sus bienes y en el rremanente del quinto de sus bienes, por ende yo, el dicho Garçilaso de la Vega e de Guzmán, usando como quiero usar e uso de las dichas leys e benefiçio dellas en la mejor forma e manera que puedo e de derecho devo, mejoro e ago mejoría del terçio de todos mis bienes e del rremanente de todo lo que rrestare por quinto de mis bienes, conpliendo primero las mandas e legatos píos, a Garçilaso de la Vega e de Guzmán, mi hijo legítymo e de doña Helena, mi muger, para que lo aya y tenga, y le señalo para en que lo aya e tenga juntamente con la legítima que de mis bienes le pertenesçiere e ubiere de aver, con los çiento e veynte mill maravedís que tengo de rrenta de yerva en las dehesas de la Lapa y en la dehesa del rrincón de Gila, que son en término de Vadaxoz, y en los maravedís de rrenta de yerba que tengo por daçión e donaçión que doña Sancha de Guzmán, mi madre, me hizo e donó en las dehesas de Castrejón e Albaladexo y el Allozar y en el pan y tributos del lugar de Bargas, contenydo en la dicha escritura que dello se hizo, que fue de la señora doña María de Rribera, mi tía, que lo ubo y heredó la dicha doña Sancha de Guzmán, mi señora, para que el dicho terçio y rremanente de quynto con la dicha legítima lo tenga e posea y sea del dicho Garçilaso de la Vega e de Guzmán, mi hijo, e de sus herederos e susçesores legítimos después dél, para que lo tenga e posea e desfrute por todos los días de su bida, con los bínculos e condiçiones e con cada uno dellos de yuso contenydos en las dichas dehesas e posesyones de suso declarados.

Primeramente, que lo que montare el dicho terçio e rremanente de quinto e legítima lo tenga e posea el dicho Garçilaso, mi hijo, por todos los días de su bida, e después de su fin e muerte lo tenga e posea y desfrute su hijo mayor del dicho Garçilaso, my hijo, seyendo legítimo e de legýtimo matrimonio avydo, e después su hijo [f. 11r] e nieto mayor del dicho Garçilaso, mi hijo, e sus desçendientes [sucesi]bamente uno en pos de otro por la linia rreta, prefiriéndo[se] sienpre por la dicha linia los barones a las enbras, y en defeto d[e] hijos lo aya la [*y* tachada] hija mayor e después de la hija su hijo mayo[r] varón, por la dicha rregla suso dicha e declarada, llamándose sienpre el que ubiere de suçeder en la dicha mejoría e legítima de mi apellido de la Vega e de Guzmán e trayendo las ynsinias e armas de los de la Vega e de Guzmán; e sy el dicho Garçilaso falleçiere antes de hedad de casar o después de casado no dexando hijos legítimos e de legítimo matrimonio, co[mo] dicho es, questa mejoría y legítema venga y la aya don Yñygo de Çúñiga, mi hijo segundo e de la dicha doña Helena, e asý su hijo mayor e deçendientes por la rregla e forma suso dicha; e sy por caso (lo que Dios no quiera) el dicho don Yñigo no hallegare a hedad de casar, o casado falleçiere syn hijo[s] legítimos, questa dicha mejoría e legítima venga a don Pedro de Guzmán [*Çúñiga* tachado y *Guzmā* escrito en letra de Garcilaso], mi hijo terçero e de la dicha doña Helena, mi muger, e a sus deçendientes legítimos por la forma e manera de suso dicha; y en defeto de los dichos mys tres hijos e de sus deçendientes legítemos, benga esta dicha mejoría e legítema a lo que pariere, barón o enbra, doña Helena, mi muger, sy al presente está preñada o se enpreñare durante el matrimonio entre mí y ella, e a sus deçendientes por la dicha horden como dicho es; y en defeto de todos los dichos mis hijos que agora son e de sus deçendientes e de los hijos o hijas que en mi bida yo hubiere, questa dicha mejoría e legítima venga a don Garçilaso de la Vega, hijo mayor del señor don Pedro Laso, mi hermano, e después dél a quien hubiere y heredare casa e mayoradgo del comendador mayor don Garçilaso de la Vega e doña Sancha de Guzmán, mis señores padres, [e] biniere y en él suçediere, para que todo se junte e yncorpore en uno debaxo de las condiçiones e bínculos en el dicho mayoradgo contenidos.

Et con condiçión questos bienes en que señalo el dicho terçio, rremanente de quinto e legítima no se pueda vender ny donar ny trocar ny canbiar ny atributar [f. 11v] [n]y obligar a dotte ny a obligaçión de rrey por ninguna rrazón ny causa que sea, e que sy en contrario algo se hiziere, que los dichos bienes queden libres para el suçesor que biniere a ello.

Yten, con condiçión que sy por caso (lo que Dios no quiera) el que fuere tenedor de los dichos bienes cometiere algund delito grave o gravísemo o de aquellos por los quales el que los comete es pribado e pierde *yso jure* sus bienes y biene al fisco, que en tal caso no se pierdan y luego vengan y se trespasen en el suçediente en grado, y el que cometiere el tal delito o delitos sea excluso e avido como sy fuera muerto antes que los cometiera.

Yten, con condiçión que si el que hubiere de suçeder en los dichos bienes fuere en echo o en consejo de matar al que los tubiere o poseyere, o le acusare creminalmente de algund delito, o por fuerça e contra boluntad del tenedor se entrare en los dichos bienes o le tomare parte alguna dellos, que sea escluso y pierda la suçesión, e vengan los dichos bienes al siguiente en grado por su horden.

Yten, quel que hubiere de suçeder en esta dicha mejoría e legítema e bienes no sea loco de atar ni mudo ni ciego de entramos hojos ni tullido de entramos pies o de entramos braços, y sy lo fuere, que benga al suçediente en grado de legítimo, e sy por caso, después de abidos estos bienes, la persona que los hubiere de aver por enfermedad o por otra causa le sobrebiniere alguna de las dichas henfermedades o defetos, que no sea pribado ni despojado de los dichos bienes, salbo que los tenga por los días de su bida.

Yten, quiero y es mi boluntad que, si Dios fuere servido que en este camino donde voy yo haya de moryr, que este mi testamento aya hefeto, e no muriendo yo, aya e tenga los dichos bienes e después de mis días aya hefeto este testamento, e que sy yo falleçiere antes que doña Helena de Çúñiga, mi muger, que la dicha doña Helena sea madre e tutriz de los dichos sus hijos e mýos, e llebe el usufruto de los dichos mis bienes [f. 12^{r}] para los criar hasta que los dichos mis hijos sean de hedad para [adminis]trar sus bienes, esto si la dicha doña Helena no casare.

Yten, ynstituyo e nonbro por mys legítimos e huniversales herederos, para en todos mis bienes, a los dichos Garçilaso e don Yñygo de Çúñiga e don Pedro de Guzmán e al póstumo o póstuma que pariere la dicha doña Helena, para que los ayan y hereden por partes yguales, sacando primero de todos ellos el dicho terçio e quinto en que mejoro al dicho Garçilaso, my hijo, para que lo aya en las dichas dehesas e posesyones de suso dichas e declaradas, e sy más montare el dicho terçio e rremanente de quinto e legítima del dicho Garçilaso de lo que balen e rrentan las dichas dehesas e posesyones, que lo aya en los otros mis bienes, e sy menos, que se defalque e quite de las dichas posesyones.

Et para conplir e pagar y esecutar este my testamento e postrimera boluntad, ynstituyyo e señalo y nonbro por mis albaçeas testamentarios y esecutores a doña Helena de Çúñiga, mi muger, e a los señores Juan Rrodríguez Puertocarrero e al licenciado Pedro de [la] Pena, canónigo de la santa yglesia de Toledo, juez e vycaryo general, a los quales e a los dos dellos, si todos tres no se juntaren, doy todo mi poder conplido. [fecha y firma autógrafas:] Hecho en la ciudad de Barcelona a vey*n*te y cinco días del mes de julio de mill y quinie*n*tos y vey*n*te y nueve años.

Garcilasso

[Firma rubricada y subrayada dos veces; la primera *s* es larga. Y así se repite la firma en los documentos siguientes.]

[A continuación, en el f. 12^{v}, se encuentra escrita en letra notarial diferente la legalización de Francisco de Barreda, escribano y notario público, firmada también en Barcelona el 25 de julio de 1529 por Garcilaso mismo y por los testigos siguientes: Juan Boscán, vecino de Barcelona; don Pedro Laso de la Vega, de Toledo; Cristóbal Guerra, de Salamanca; Lorenzo Rodríguez, de Zamora; Alonso de Salazar, de Esquivias; Pascual Tomás, de Tarazona; Jaime Pascual, de Cervera; y el mismo Francisco de Barreda. En el folio 13^{r} empiezan los memoriales ológrafos. Las **negritas** indican lo escrito con pluma de punta más gruesa, que son unas cifras posteriormente añadidas por Garcilaso mismo; las abreviaturas resueltas se indican con *letra bastardilla;* las palabras tachadas se ponen < > así.]

Missas por mi alma **se digan mill**

Misas por las ánymas de Purgatorio **ciento**

Misas por mi alma con comemoración de la Cruz **cincue*n*ta.**

Cincue*n*ta misas por mi alma con comemoración de N*ues*tra Señora.

Trey*n*ta misas por mi alma con comemoración de San Jherónimo.

Limosna para la cera del Santo Sacrame*n*to en mi perrocha de Santa Leocadia.

175-178 Las formas antiguas *perrocha, perrochanas* correspondían a las modernas *parroquia, parroquianas* (véase Corominas, *DCELC*).

Limosna q*ue* baste para casar [espacio en blanco] huérfanas q*ue* sean perrochanas de Santa Leocadia <u de> y si no uviere en esta perrocha ninguna, cáse*n*se de Cuerva u de Batres las q*ue* faltaren de mi perrocha, u todas si no uviere ninguna. <Esto ...>

Limosna a personas pobres y necesitadas, así honbres como mugeres, en mi perrocha de Santa Leocadia, y estas personas an de ser de las que no lo piden, sino q*ue* conste q*ue* son necesitadas, la <qual> examinación de la qual y de las uérfanas q*ue* se casaren, para q*ue* todo lleve la orden q*ue* cumple a mi alma, rremítolo a las buenas conciencias de mis albaceas.

Entiérrenme en San P*edr*o Mártil, en la capilla de mis agüelas, y si muriere pasado la mar, déxe*n*me donde me enterraron. [f. 13v] No co*n*biden a nadie p*ar*a mis honrras ni aya sermó*n* en ellas.

Don Lorenço, mi hijo, sea sustentado en alguna buena uni*ver*sidad y aprenda ciencias de humanidad hasta q*ue* sepa bien en esta facultad, y después, si tuviere inclinació*n* a ser clérigo, estudie cánones, y si no, dése a las leyes, y sienpre sea sustentado hasta q*ue* tenga alguna cosa de suyo.

Las limosnas q*ue* aquí no van señaladas en la cantidad q*ue* se an de hazer, rremito a mi muger principalme*n*te y a mis albaçeas, conforme a la facultad de mi hazienda. Y si e*n* los dineros q*ue* montaren estas obras pías se quisiere entremeter la cruzada u otro alguno como cosa q*ue* le perteneçe, por ser mandas generales, en tal caso mando la cantidad q*ue* estas dichas obras pías y mandas pueden montar a doña Elena de Çúñiga, mi muger, para sí, y dello la constituyo por mi heredera. Y porq*ue* en mi testame*n*to me rremito a un memorial q*ue* dexo escrito de mi mano y firmado de mi no*n*bre p*ar*a q*ue* se cunpla lo en él contenido, quiero q*ue* éste valga como d*ic*ho es, <y> así como el de las deudas q*ue* dexo por memoria, y q*ue*

---

194 La palabra *humanidad* se usaba en el sentido de humanidades o letras; cfr. Gracián, *Discreto,* cap. XXV.

aq*ué*l y éste sea todo uno y se cunpla como en ellos se contiene, en firmeza de lo qual lo firmé de mi no*n*bre.

Garcilasso

[f. 14^{r}]

Lo q*ue* a mí me deve el Rrey de mis gajes, poco más u menos, se verá por la rrazón de los libros del maestre de cámara, y lo q*ue* aora hasta el día de la hecha me puede dever, poco más u menos, serán dozi*en*tos ducados.

Garcilasso

[El folio 14^{v} está en blanco; el segundo memorial empieza en el folio 15^{r}.]

Las deudas q*ue* yo tengo, las quales se an de pagar con mucha brevedad, son las siguientes:

Al cura de las Ventas pasado, q*ue* no me acuerdo cómo se llamava, devo ciertos dineros de q*ue* creo q*ue* tiene conocimi*ent*o mío, y si no lo tiene, Fr*ancis*co Rruiz, criado de mi señora, terná noticia dellos y de su no*n*bre del d*ic*ho cura.

pagado: < A Bernabé de F[¿uen?]tes, [cinquenta] d*ucad*os ——— xviii *mi*ll dccl >

A don Fadriq*ue* de Acuña, diez ducados ——— iii *mi*ll dccl

Al canónigo Ortiz, sobre un joyel y un collarejo de doña Elena, ochenta d*ucad*os ——— xxx *mi*ll

En un lugar de Navarra, a uno q*ue* se llamava Martín devo un rrocín q*ue* le tomaro*n* los franceses por mi causa;

esto se pague u co*n*poniéndose con la Cruzada u haziéndose bien por su alma u lo más seguro q*ue* a un bue*n* letrado pareciere; el q*ua*l rrocín podía valer < son > diez ducados ——— iii *mi*ll dccl

Hágase bien por el alma de Sazedo, un paje mío q*ue* murió, en cantidad de ocho d*ucad*os, [añadido en el margen:] u si pareciere mejor a un letrado dar estos dichos d*ucad*os a una hermana deste Sazedo, dénsele, q*ue* bive en Palma y fue criada de la *condes*a mi hermana; mas todavía se haga de alguna parte dellos algún sacrificio por su alma ——— iii *mi*ll

Devo a doña Ysabel de Bracamo*n*te, sobre un diama*n*te de doña Elena, dos ducados ——— dccl

Devo a don Fr*ancis*co, mi hermano, dos ducados ——— dccl

Devo a Gutierre López de Padilla trey*n*ta d*ucad*os ——— xi *mi*ll ccl

Devo a P*er*o López, su hermano, sobre un jarro de plata, ocho ducados, y por otra parte quatro d*ucad*os, q*ue* son por todos doze d*ucad*os ——— iii *mi*ll d

(Estos dineros de P*er*o López son por todos diez, porq*ue* yo le pagué la rresta.)

[f. 15v]

Devo a Gutierre López de Padilla dozie*n*tos d*ucad*os q*ue* me prestó sobre más cantidad de plata, la qual devo a mi señora doña Sancha, q*ue* me la prestó, y ásele de bolver co*n*forme a una memoria q*ue* está en poder de doña Elena, y en esta plata entra el jarro q*ue* tiene P*er*o López enpeñado, como ya está dicho lxxv *mi*ll

Devo al maestrescuela de T*oled*o

pasado, u a quien por él los uviere de aver, diez ducados que me prestó por una firma q*ue* dizen que es de mi *señora* doña Sancha ——— iii *mi*ll dccl

Devo a Castillo, texedor de oro tirado, vezino de T*oledo*, vey*n*te mil m*aravedí*s, de los quales tiene obligación mía [añadido en el margen y luego tachado:] < Déstos de Castillo son pagados los trey*n*ta ducados, así q*ue* se an de desco*n*tar de los dichos vey*n*te mil m*aravedí*s. > [En el cuerpo del texto, y solamente tachadas las cifras que indicaban el residuo:] Déstos tiene rrecebidos treynta ducados q*ue* le situé en el maestro de la cámara, q*ue* se an de desco*n*tar de los vey*n*te mil m*aravedí*s. xx *mi*ll

Devo a la ciudad un marco de plata q*ue* llevé sin tener el oficio de rregimi*ento* ——— ii *mi*ll ccx

Dévole más dos mil m*aravedí*s q*ue* llevé de un oficio q*ue* me cupo sin serville ni dar quien lo sirviese ——— ii *mi*ll

Devo a Ju*an* de San P*edr*o, mercader difu*n*to, ii *mi*ll y ta*n*tos m*aravedí*s ——— ii *mi*ll

pagado: < Devo a Cabeças, un calcetero de la Corte, dos ducados > ———

[f. 16r]

A Ju*an* de Madrid, barvero, denle quatro mil m*aravedí*s, q*ue* me á servido algunos días sin dalle nada ——— iiii *mi*ll

A < J > Carrillo, un paje q*ue* fue mío, denle tres mil m*aravedí*s q*ue* le soy en cargo ——— iii *mi*ll

Yo creo q*ue* soy en cargo a una moça de su honestidad. Llámase Elvira; pienso q*ue* es natural de la Torre u del

Almendral, lugares de Estremadura, a la qual conoçe don Fr*ancis*co, mi hermano, u Bariana, el alcayde q*ue* era de los Arcos, u S[?]arra, su muger; éstos dirán quién es. Enbíe*n* allá una persona honesta y de buena conciencia q*ue* sepa della si yo le soy en el cargo sobredicho, y si yo le fuere en él, denle diez mil m*aravedís*. Y si fuere casada, téngase gran consideración en esta diligencia a lo q*ue* toca a su honrra y a su peligro.

x *mi*ll

Porq*ue* en la guerra de las Comunidades, u en la q*ue* se hizo en Francia quando se tomó Fuenterravía, yo u criados míos seríamos en algún cargo q*ue* ni la cantidad ni el dueño no se pudiese averiguar, téngase alguna manera [f. 16ᵛ], u haziendo alguna conposición con la Cruzada u otra cosa alguna, con q*ue* la conciencia q*ue*de segura, a consejo de algú*n* letrado.

En un lugar del príncipe de Navarra que se llama Salvatierra, devo a un çurujano, en cuya casa posé quando tomamos aq*ue*l lugar, algunas cosas q*ue* le comieron de mantenimi*ent*os allí en su casa; montarían, a mi parecer, cinco u seys ducados. Si se pueden pagar sin hazer más gasto en la diligencia de lo principal, y se hallare el dueño u sus herederos, páguese; y si no, hágase lo q*ue* determinare un buen letrado para asegurar la conciencia.

Devo a un honbre de aý de T*oled*o, que no sé cómo se llama, un ducado, el qual le libró en mí Galvarro, un criado q*ue* era de don Manrriq*ue* de Silva; sépase quién es y páguesele, q*ue* Gumiel le conoçe.

Si aliende destas deudas q*ue* yo aquí escrivo parecieren otras, u por conocimi*ent*os y escrituras u por juram*en*to de las

---

307 *Sarra* era la forma normal de *Sara* (mujer de Abraham); véase Cervantes, *Don Quijote,* I.12, y la *Galatea* (ed. Avalle-Arce, t. 1, p. 238, nota). Cfr. *sarraceno* (Covarrubias).

partes, páguense enteramente; y a los q*ue* no truxeren otro contrato ni provança sino su juramento, pídaseles alguna provança demás de aq*ue*llo p*ar*a q*ue* conste q*ue* yo lo devo; mas aunq*ue* no la trayga ni la tenga, no se le dexe de pagar lo q*ue* en forma jurare q*ue* yo le devo.

Y porq*ue* en el testamento q*ue* tengo hecho me rremito a este memorial de mi mano, firmado de mi no*n*bre, p*ar*a q*ue* valga lo en él co*n*tenido, digo q*ue*, porq*ue* así sea, lo firmo de mi no*n*bre.

Garcilasso

APÉNDICE

Se imprimen a continuación los dos extensos pasajes de la *Arcadia* de Sannazaro que han tenido gran influencia en la Égloga II (versos 161-667), en el Soneto XI y en la Égloga III.

De la Prosa VIII

...Era io dunque, benchè sia ancora e sarò mentre lo spirto regerà queste membra, insino da la mia fanciullezza acceso ardentissimamente de l'amor d'una, che al mio giudicio con le sue bellezze non che l'altre pastorelle d'Arcadia, ma di gran lunga avanza le sante Dee; la quale, però che dai teneri anni a' servigi di Diana disposta, et io similmente nei boschi nato e nudrito era; volentieri con meco et io con lei per le selve inseme ne demesticammo, e, secondo che volsero gli Dii, tanto ne trovammo nei costumi conformi, che uno amore et una tenerezza sì grande ne nacque fra noi, che mai nè l'uno nè l'altro conosceva piacere nè diletti, se non tanto quanto inseme eravamo. Noi parimente nei boschi di opportuni instrumenti armati a la dilettosa caccia andavamo; nè mai da li cercati luoghi carichi di preda tornavamo che, prima che quella tra noi divisa fusse, gli altari de la santa Dea non avessemo con debiti onori visitati ed accumulati di larghi doni, offerendogli ora la fiera testa del setoso cinghiale, et ora le arboree corna del vivace cervo, sovra gli alti pini appiccandoli. Ma come che di ogni caccia prendessemo sommamente piacere, quella de li semplici et innocenti ucelli oltra a tutte ne dilettava; però che con più sollaccio e con assai meno fatica che nessuna de l'altre si potea continuare. Noi alcuna volta in sul fare del giorno, quando appena sparite le stelle, per lo vicino sole vedevamo lo oriente tra vermigli nuvoletti rossegiare, n'andavamo in qualche valle lontana dal conversare de le genti, e quivi fra duo altissimi e dritti alberi tendevamo la ampia rete, la quale, sottilissima tanto che appena tra le frondi scernere si potea, *Aragne* per nome chiamavamo, e questa ben maestrevolmente, come si bisogna, ordinata, ne moveamo da le remote parti del bosco, facendo con le mani rumori spaventevoli, e con bastoni e con pietre di passo in passo battendo le macchie, verso quella parte, ove la rete stava, i tordi, le merule e gli altri ucelli sgridavamo: li quali dinanzi a noi paurosi fuggendo, disavedutamente davano il petto ne li tesi inganni, et in quelli inviluppati, quasi in più sacculi diversamente pendevano. Ma al fine veggendo la preda essere bastevole, allentavamo appoco appoco i capi de le maestre funi, quelli calando; ove quali trovati piangere, quali semivivi giacere, in tanta copia ne abondavano, che molte volte fastiditi di ucciderli e non avendo luogo ove tanti ne porre, confusamente con le mal piegate reti ne li portavamo insino agli usati alberghi. Altra fiata, quando nel fruttifero Autunno le folte caterve di storni volando in drappello raccolte si mostrano a' riguardanti quasi una rotonda palla nell'aria, ne ingegnavamo di avere duo o tre di quelli, la qual cosa di leggiero si potea trovare, al piedi de' quall un capo di spagnetto sottilissimo unto di indissolubile visco legavamo, lungo tanto quanto ciascuno il suo potea portare; e quindi, come la volante schiera verso noi si approssimava, così li lasciavamo in loro libertà andare: li quali subitamente a' compagni fuggendo, e fra quelli, sì come è lor natura, mescolandosi, conveniva che a forza con lo inviscato canape una gran parte de la ristretta moltitudine ne tirasseno seco. Per la qual cosa i miseri, sentendosi a basso tirare et ignorando la cagione, che il volare le impediva, gridavano fortissimamente, empiendo l'aria di dolorose voci; e di passo in passo per le late campagne ne li vedeamo dinanzi ai piedi cadere; onde rara era quella volta, che con li sacchi colmi di caccia non ne tornassemo a le nostre case. Ricordami avere ancora non poche volte riso de' casi de la male augurata còrnice; et udite come. Ogni fiata, che tra le mani, sì come spesso addiviene, alcuna di quelle ne capitava, noi subitamente n'andavamo in qualche aperta pianura, e quivi per le estreme punte de le ali la legavamo resupina in terra, nè più nè meno come se i corsi de le stelle avesse avuto a contemplare; la quale non prima si sentiva così legata, che con stridenti voci gridava e palpitava sì forte, che tutte le convicine còrnici faceva intorno a sè ragunare: de le quali alcuna forse più de' mali de la compagna pietosa, che de' suoi avveduta, si lasciava a le volte di botto in quella parte calare per agiutarla, e spesso per ben fare ricevea mal guiderdone. Con ciò sia cosa che non si tosto vi era giunta, che da quella, che 'l soccorso aspettava, sì come da desiderosa di scampare, subito con le uncinute unghie abbracciata e ristretta non fusse; per maniera che forse volentieri avrebbe voluto, se possuto avesse, svilupparsi da' suoi artigli: ma ciò era niente; però che quella la si stringeva e riteneva sì forte, che non la lasciava punto da sè partire; onde avresti in quel punto veduto nascere una nova pugna; questa cercando di fuggire, quella di agiutarsi; l'una e l'altra egualmente più de la propria, che de l'altrui salute sollicita, procacciarsi il suo scampo. Per la qual cosa noi, che in occolta parte dimoravamo, dopo lunga festa sovra di ciò presa, vi andavamo a spicciarle, e, racquetato alquanto il rumore, ne riponevamo a l'usato luogo, da capo attendendo, che alcuna altra venisse con simile atto a radoppiarne lo avuto piacere. Or che vi dirò io de la cauta grue? Certo non gli valeva, tenendo in pugno la pietra, farsi le notturne escubie; però che dai nostri assalti non vivea ancora di mezzo giorno secura. Et al bianco cigno che giovava abitare ne le umide acque per guardarsi dal foco, temendo del caso di Fetonte, se in mezzo di quelle non si potea egli da le nostre insidie guardare? E tu, misera e cattivella perdice, a che schifavi gli alti tetti, pensando al fiero avvenimento de la antica caduta, se ne la piana terra, quando più secura stare ti credevi, ne li nostri lacciuoli incappavi? Chi crederebbe possibile, che la sagace oca, sollicita palesatrice de le notturne frode, non sapeva a se medesma le nostre insidie palesare? Similmente de' fagiani, de le turture, de le colombe, de le fluviali anitre, e degli altri ucelli vi dico: niuno ne fu mai di tanta astuzia da la natura dotato, il quale da' nostri ingegni guardandosi, si potesse lunga libertà promettere. Et acciò che io ogni particella non vada racontando, dico adunque, che venendo, come udito avete, di tempo in tempo più crescendo la età, la lunga e continua usanza si convertì in tanto e sì fiero amore, che mai pace non sentiva, se non quanto di costei pensava. E non avendo, sì come tu poco inanzi dicesti, ardire di discoprirmegli in cosa alcuna, era divenuto in vista tale, che non che gli altri pastori ne parlavano, ma lei, che di ciò nulla sapendo di buon zelo affettuosissimamente mi amava, con dolore e pietà inestimabile ne stava maravigliata: e non una volta, ma mille con instanzia grandissima pregandomi, che l' chiuso core gli palesasse, e 'l nome di colei, che di ciò mi era cagione, gli facesse chiaro, io, che del non potermi scoprire intolerabile noia portava ne l'animo, quasi con le lacrime in su gli occhi gli rispondea, a la mia lingua non essere licito di nominare colei, cui io per mia celeste deità adorava; ma che dipinta la sua bellissima e divina imagine, quando commodo stato mi fusse, gli avrei dimostrata. Et avendola con cotali parole molti e molti giorni tenuta, avvenne una volta che, dopo molto ucellare, essendo io e lei soletti e dagli altri pastori rimoti, in una valle ombrosa, tra il canto di forse cento varietà di belli ucelli, i quali di loro accenti facevano tutto quel luogo risonare, quelle medesme note le selve iterando, che essi esprimevano; ne ponemmo ambiduo a sedere a la margine d'un fresco e limpidissimo fonte, che in quella sorgea. Il quale nè da ucello, nè da fiera turbato, sì bella la sua chiarezza nel selvatico luogo conservava, che non altrimente che se di purissimo cristallo stato fusse, i secreti del translucido fondo manifestava; e d'intorno a quello non si vedea di pastori nè di capre pedata alcuna; perciò che armenti già mai non vi soleano per riverenza de le Nimfe accostare; nè vi era quel giorno ramo, nè fronda veruna caduta da' sovrastanti alberi; ma quietissimo senza mormorio o rivoluzione di bruttezza alcuna discorrendo per lo erboso paese, andava sì pianamente, che appena avresti creduto che si movesse. Ove, poi che alquanto avemmo refrigerato il caldo, lei con novi preghi mi ricominciò da capo a stringere e scongiurare per lo amore, che io gli portava, che la promessa effigie gli mostrasse; aggiungendo a questo col testimonio degli Dii mille giuramenti, che mai ad alcuno, se non quanto a me piacesse, nol ridirebbe: a la quale io da abondantissime lacrime sovragiunto, non già con la solita voce, ma tremante e sommessa, rispusi, che ne la bella fontana la vedrebbe: la quale, sì come quella che desiderava molto di vederla, semplicemente senza più avante pensare, bassando gli occhi ne le quiete acque, vide se stessa in quelle dipinta; per la qual cosa, se io mal non mi ricordo, ella si smarrì subito, e scolorisse nel viso per maniera, che quasi a cader tramortita fu vicina; e senza cosa alcuna dire o fare, con turbato viso da me si partì. Ora quale mi dovesse io in quel punto rimanere, vedendomi da quella con ira e con cruccio lasciare, la quale poco avanti blanda, amicissima e di mie piaghe pietosa, quasi per compassione piangere veduta avea ciascuno, senza che io il raconti, sel puo considerare. Io per me, non so se morto in quel punto o vivo mi fusse, nè chi a casa me ne portasse; ma tanto vi dico, che quattro soli et altre tante lune, il mio corpo nè da cibo nè da sonno fu riconfortato; e le mie vacche digiune non uscirono da la chiusa mandra, nè gustarono mai sapore di erba, nè liquore di fiume alcuno; onde i miseri vitelli sugando le secche poppe de le affamate madri e non trovandovi lo usato latte, dolorosi appo quelle reimpivano le circostanti selve di lamentevoli muggiti; de la qual cosa io poco curandomi, gittato ne la piana terra, ad altro non intendeva che a piangere, talchè nessuno, che veduto mi avesse nei tempi de la mia tranquillità, mi avrebbe per Carino riconosciuto. Venivano i bifolci, venivano i pastori di pecore e di capre, inseme con li paesani de le vicine ville, credendo me essere uscito dal senno, come già era, e tutti con pietà grandissima dimandavano qual fusse la cagione del mio dolore; ai quali io niuna risposta facea; ma al mio lacrimare intendendo, così con lamentosa voce dicea: — Voi, Arcadi, cantarete nei vostri monti la mia morte: Arcadi, soli di cantare esperti, voi la mia morte nei vostri monti cantarete. O quanto allora le mie ossa quietamente riposeranno, se la vostra sampogna a coloro, che dopo me nasceranno, dirà gli amori, e i casi mici! Finalmente a la quinta notte desideroso oltra modo di morire, uscendo fuora de lo sconsolato albergo, non andai a la odiosa fontana, cagione infelicissima de' miei mali; ma errando per boschi senza sentiero e per monti asprissimi et ardui, ove i piedi e la fortuna mi menavano; a gran fatica mi ricondussi in una ripa altissima, pendente sovra al mare, onde i pescatori sogliono da lungi scoprire i notanti pesci. E quivi, prima che 'l sole uscisse, appiè di una bella quercia, ove altra volta mi ricordai essermi nel seno di lei riposato, mi pusi a sedere, nè più nè meno come se questa stata fusse medicina del mio furore; e dopo molto sospirare, a guisa che suole il candido cigno presago de la sua morte cantare gli essequiali versi, così dirottamente piangendo incominciai: — O crudelissima e fiera più che le truculente orse, più dura che le annose querce, et a' miei preghi più sorda che gli insani mormorii de l'enfiato mare! Ecco che vinci già, ecco che io moio; contèntati, che più non avrai di vedermi fastidio. Ma certo io spero che 'l tuo core, il quale la mia lieta fortuna non ha potuto movere, la misera il piegherà; e tardi divenuta pietosa, sarai constretta a forza di biasmare la tua durezza, desiderando almeno morto di vedere colui, a cui vivo non hai voluto di una sola parola piacere. Oimè, e come può essere, che 'l lungo amore, il quale un tempo son certo mi portasti, sia ora in tutto da te fuggito? Deh non ti tornano a mente i dolci giochi de la nostra puerizia? quando inseme andavamo per le selve cogliendo le rubiconde fragole, e dagli alti faggi le saporose ghiande, e le tenere castagne da le pungenti scorze? Sèiti dimenticata tu de' primi gigli e de le prime rose, le quali io sempre da le cercate campagne ti portava? tal che appena le api aveano gustato ancora i fiori, quando tu per me andavi ornata di mille corone. Lasso, quante fiate allora mi guirasti per gli alti Dii, che quando senza me dimoravi, i fiori non ti olivano, e i fonti non ti rendevano il solito sapore! Ahi dolorosa la vita mia! E che parlo io? e chi mi ascolta, altro che la risonante Ecco? la quale credente a' miei mali, sì come quella che altra volta provati gli ha, mi risponde pietosa, murmurando al suono degli accenti miei: ma non so pure ove nascosa si stia: che non viene ella ora ad accompagnarsi meco? O Idii del ciclo e della terra, e qualunque altri avete cura de' miseri amanti; porgete, vi prego, pietose orecchie al mio lamentare, e le dolenti voci, che la tormentata anima manda fuori, ascoltate. O Najadi, abitatrici de' correnti fiumi; o Napee, graziosissima turba de' riposti luoghi e de' liquidi fonti, alzate alquanto le bionde teste da le chiare onde, e prendete le ultime strida anzi ch'io moia. E voi, o bellissime Oreadi, le quali ignude solete per le alte ripe cacciando andare, lasciate ora il dominio degli alti monti, e venite al misero; che son certo vi porgerà pietà quello, che a la mia cruda donna porge diletto. Uscite da' vostri alberi, o pietose Amadriadi, sollicite conservatrici di quelli, e parate un poco mente al fiero supplicio, che le mie mani testè mi apparecchiano. E voi, o Driadi, formosissime donzelle de le alte selve, le quali non una volta, ma mille, hanno i nostri pastori a prima sera vedute in cerchio danzare all'ombra de le fredde noci con li capelli biondissimi e lunghi pendenti dietro le bianche spalle, fate, vi prego, se non sète inseme con la mia poco stabile fortuna mutate, che la mia morte fra queste ombre non si taccia, ma sempre si estenda più di giorno in giorno ne li futuri secoli, acciò che quel tempo, il quale da la vita si manca, a la fama si supplisca. O lupi, o orsi, e qualunque animali per le orrende spelunche vi nascondete, rimanetevi: addio: ecco che più non vedrete quel vostro bifolco, che per li monti e per li boschi solea cantare. Addio, rive; addio, piagge verdissime e fiumi; vivete senza me lungo tempo; e mentre murmurando per le petrose valli correrete ne l'alto mare, abbiate sempre ne la memoria il vostro Carino, il quale qui le sue vacche pasceva; il quale qui i suoi tori coronava; il quale qui con la sampogna gli armenti, mentre beveano, solea dilettare. — E queste parole dicendo, mi era alzato già per gittarmi da la alta ripa; quando subitamente dal destro lato mi vidi duo bianchi colombi venire, e con lieto volo appoggiarsi alla fronzuta quercia, che di sovra mi stava, porgendosi in breve spazio con affettuosi mormorii mille basci dolcissimi. Dai quali io, sì come da prospero augurio, prendendo speranza di futuro bene, cominciai con più saldo consiglio a colpare me stesso del folle proponimento, che seguire voluto avea, cioè di cacciare con cruda morte reparabile amore. Nè guari in questo pensiero stato era, che io mi sentii, e non so come, sovragiunto da quella, che di tutto ciò mi era cagione: la quale, sì come tenera de la mia salute, appieno ogni cosa da occolto luogo veduto et udito avea. E non altrimente, che farebbe pietosa madre nei casi del suo unico figliuolo, amorosamente piangendo e con dolci parole et accoglienze onestissime riconfortandomi, seppe sì ben fare, che da disperazione e da morte ne la vita e ne lo stato, che voi mi vedete, mi ricondusse. Dunque che diremo noi de la ammirabile potenzia degli Dii, se non che allora in più tranquillo porto ne guidano, che con più turbata tempesta mostrano di minacciarne? Per la qual cosa, Sincero mio, se a' racontati casi porgi credenza alcuna, e sei uomo, come io credo, ti devresti omai riconfortare, come gli altri fanno, e sperare ne le avversità fermamente, di potere ancora con la aita degli Dii venire in più lieto stato: che certo non può essere, che fra tanti nuvoli alcuna volta non paja il sole; e, come tu dèi sapere, le cose desiate quanto con più affanno si acquistano, tanto con più diletto, quando si possedono, sogliono esser care tenute. — E così detto, perchè tardi gli si faceva dopo il lungo parlare, postasi la sua vacca dinanzi, e dicendo Addio, da noi si partì. ...

De la Prosa XII

...Venimmo finalmente in la grotta, onde quella acqua tutta usciva; e da quella poi in un'altra, le cui volte, sì come mi parve di comprendere, eran tutte fatte di scabrose pomici; tra le quali in molti luoghi si vedevano pendere stille di congelato cristallo, e d'intorno a le mura per ornamento poste alcune marine conchiglie; e 'l suolo per terra tutto coverto di una minuta e spessa verdura, con bellissimi seggi da ogni parte, e colonne di translucido vetro, che sustenevano il non alto tetto. E quivi dentro sovra verdi tappeti trovammo alcune Nimfe sorelle di lei, che con bianchi e sottilissimi cribri cernivano oro, separandolo da le minute arene; altre filando il riducevano in mollissimo stame, e quello con sete di diversi colori intessevano in una tela di maraviglioso artificio; ma a me, per lo argomento, che in se contineva, augurio infelicissimo di future lacrime. Con ciò sia cosa che nel mio intrare trovai per sorte, che tra li molti ricami tenevano allora in mano i miserabili casi de la deplorata Euridice: sì come nel bianco piede punta dal velenoso aspide fu costretta di esalare la bella anima: e come poi per ricoprarla discese a l'Inferno, e ricoprata la perdè la seconda volta lo smemorato marito. Ahi lasso e quali percosse, vedendo io questo, mi senti' ne l'animo, ricordandomi de' passati sogni; e non so qual cosa il cuore mi presagiva: che, benchè io non volesse, mi trovara gli occhi bagnati di lacrime, e quanto vedeva, interpretava in sinestro senso. ...

ÍNDICE DE NOMBRES CITADOS

(Se omiten los de cita constante: Brocense, Herrera, Tamayo, Azara, Navarro, Mele, Keniston, Lapesa, A. Blecua)

ÍNDICE DE PALABRAS Y FRASES COMENTADAS

(Véase también Sarmiento, *Concordancias* [*270*])

ÍNDICE DE PRIMEROS VERSOS

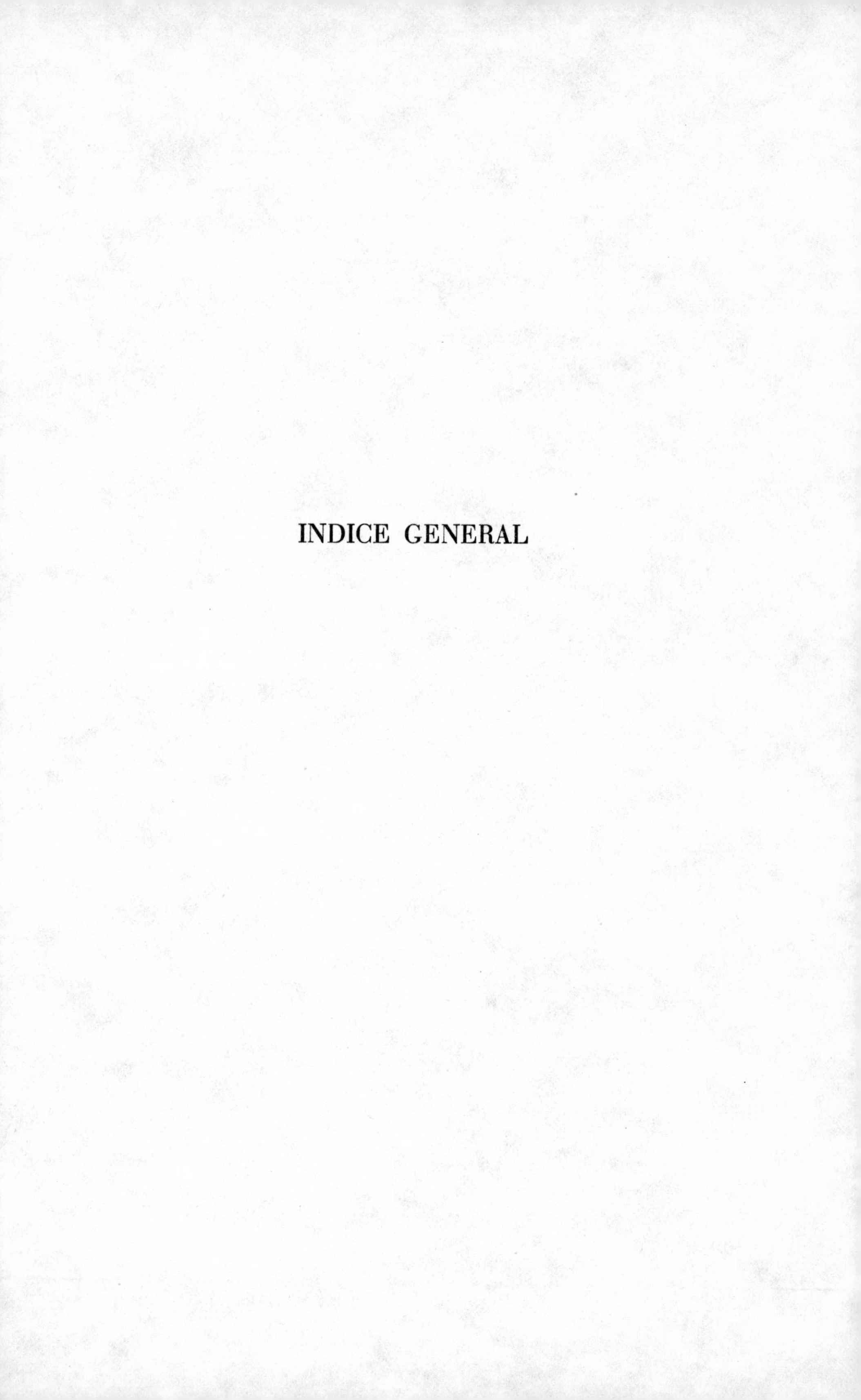

INDICE GENERAL

Págs.

Canciones:

SE ACABÓ DE IMPRIMIR ESTE LIBRO
EL DÍA 18 DE ABRIL DE 1974 EN
ARTES GRÁFICAS SOLER, S. A., DE
VALENCIA (ESPAÑA)